12세기 르네상스

Charles H. Haskins
*The Renaissance
of the Twelfth Century*

12세기 르네상스

C. H. 해스킨스 지음 | 이희만 옮김

혜안

12세기 르네상스라는 제목은 많은 사람들에게 엄청난 모순으로 보일 수도 있다. 12세기 르네상스라니! 무지와 정체, 어둠의 시대였던 중세는 그 뒤를 잇는 르네상스기의 빛, 진보, 자유와 날카롭게 대비되지 않는가? 덧없는 이 현세에서의 기쁨과 아름다움, 지식에 대해서는 안목도 없고 관심이라곤 줄곧 내세에 대한 공포에만 맞추어져 있던 중세에 어떻게 르네상스가 가능하였단 말인가? 노새를 타고 가면서 깊은 상념에 젖어 레만 호수의 아름다운 풍광에는 눈도 돌리지 않았던 성 베르나르에 대한 사이먼[1]의 묘사 같은 것이 중세 전 시기를 대변하고 있지 않은가? 즉 "잘 닦인 도로를 따라가면서 죄와 죽음, 심판에 대한 공포에 사로잡혀 있던 시대의 한 사려깊은 순례자 베르나르는 레만 호수의 멋진 장관이 감상할 가치가 있음을 무시하거나 거의 인식하지 못하던" 시대의 전형이었다는 것이다. 아니면 그 같은 삶이 축복이었던가?

이러한 질문들에 대한 필자의 답변은 다음과 같다. 역사의 연속성은 연이은 시대들 간의 날카롭고 강렬한 대비를 거부하고, 오늘날의 연구에 따르면 이전 사람들이 알고 있던 것에 비해 중세는 덜 어둡고 덜 정적이며, 이탈리아 르네상스는 덜 밝고 덜 급격한 변화를 경험하였다는 것이다.

---

1) |옮긴이| J. A. Symonds, 1840-93. 영국의 시인이자 문화비평가. 대표적인 저작으로 『이탈리아 르네상스』가 있으며, 셜리, 미켈란젤로 등에 관한 여러 전기도 남겼다.

생명, 화려한 색채 및 변화를 보여주는 중세는 지식과 아름다움을 강렬하게 추구하였을 뿐 아니라 예술과 문학, 제도 분야에서도 매우 창조적인 업적을 이룩하였다. 이탈리아 르네상스와 유사한 운동들이, 비록 영향을 미치는 범위는 덜했어도, 이탈리아 르네상스보다 앞서 나타났다. 사실상 이탈리아 르네상스는 중세로부터 점진적으로 유래된 것이었다. 르네상스가 언제 시작되었는가를 둘러싸고 역사가들의 견해는 일치하지 않으며, 일부 역사가는 이탈리아 르네상스라는 용어 자체를 폐기하려고 하였다. 심지어는 15세기에 르네상스가 있었다는 사실까지 폐기하려고 하였을 것이다.

이 책은 초기의 부활들 가운데 가장 중요한 부활이자 종종 중세 르네상스라고 불리는 '12세기 르네상스'를 다루었다. 성 베르나르가 노새를 타고 활동한 12세기는 많은 점에서 신선함과 활력이 넘친 시대였다. 이 시기 서유럽에서는 십자군 운동이 일어났고, 도시와 초기 관료제적 국가가 태동하였으며, 로마네스크 양식이 절정에 달하였을 뿐 아니라 고딕 양식도 출현하였다. 또한 12세기에는 속어 문학이 나타나고, 라틴 고전 및 라틴어 시 그리고 로마법이 부활하였다. 아랍의 과학지식이 가미된 그리스의 과학과 철학이 다수 부활하였을 뿐 아니라, 최초의 유럽 대학들이 형성되기도 하였다. 12세기는 고등교육, 스콜라 철학, 유럽의 법률체계, 건축과 조각, 종교극, 라틴어 시와 속어 시 같은 분야에서 의미 있는 흔적을 남겼다. 이러한 주제들은 책 한 권이나 학자 한 사람이 다루기에는 너무 광범위하다. 12세기의 예술과 속어 문학 분야는 널리 알려져 있기 때문에 필자는 12세기 르네상스의 라틴적 양상, 즉 넓은 의미의 지식의 부활을 주제로 삼고자 한다. 다시 말하자면 라틴 고전과 그 영향, 새로운 법학, 매우 다양한 역사서술, 그리스 및 아랍의 새로운 지식과 서양의 과학과 철학에 대한 그리스 및 아랍 지식의 영향, 그리고 새로운 교육제도 등 이 모든 것을 당대의 지적 중심지와 문화적 배경

하에서 조망해 보고자 한다. 이들 전반적인 주제와 관련하여 달리 연구성
과가 없을 경우, 필자는 불가피하게 주로 이차 자료에 의존할 수밖에
없었다. 이 점에 대해서는 독자들의 이해를 바란다.

이 책의 몇몇 부분은 필자의 『중세 과학사 연구』 Studies in the History
of Mediaeval Science(제2판, 캠브리지, 1927)와 현재 준비 중인 『중세 문화
연구』 Studies in Mediaeval Culture에서 언급한 필자의 독자적인 연구성과물이
다. 독자들은 각 장 말미에 붙인 참고문헌을 활용하기 바란다. 참고문헌을
보면 알겠지만 대부분의 주제는 여전히 심도 있는 연구를 필요로 하고
있다. 독자들의 눈에는 필자가 문헌적 내지 지리적 구성에 비해 주제별
체제를 선호하는 것처럼 보일 것이다. 한편 특정 인물이나 특정 국가에
대한 설명을 생략함으로써 생길 수밖에 없는 불가피한 불편은 색인을
통해 부분적으로나마 보완하였다. 동시에 12세기 르네상스에서 주요
국가들이 행한 역할은 물론 피터 아벨라르, 존 솔즈베리 및 라틴어 시인들
등 몇몇 주요 인물들의 역할도 명확히 드러나기를 기대해 본다.

필자의 원고를 꼼꼼히 읽어준 하버드 대학의 동료 교수 랜드(E. K.
Rand), 맥일웨인(C. H. McIlwain), 사르통(G. Sarton), 그리고 소르본 대
학의 질송(E. Gilson) 교수에게 감사를 표한다. 이 글을 탈고하는 마지막
단계에서는 하버드 대학의 인문자연과학 대학원장 비서 로빈슨(George.
W. Robinson)의 학문적 엄격함과 건강한 비판정신에서 많은 도움을
받았다. 또한 필자는 리드(I. H. Reed) 양, 러셀(J. C. Russel) 박사 그리고
특히 코민스키(M. G. Cominsky) 부인에게 고마움을 표한다. 이들의 도움
으로 책의 내용을 많이 보완할 수 있었으며 오류와 실수도 크게 줄일
수 있었다.

C. H. 해스킨스

캠브리지 매사추세츠

1927년 1월

한국어판 서문

『12세기 르네상스』는 근대 역사서술에서 중요한 저서들 중 하나다. 이 책은 간행될 당시 필요한 책이었으며, 다른 중요한 저서들과는 다르게 오늘날에도 여전히 유용하다. 1920년대에 미국과 영국의 많은 역사가들은 중세 유럽을 여전히 모호하고 폭력적인 시대로 이해하려는 경향을 띠고 있었다. 12세기는 '암흑기'의 연속이 아닌가? 해스킨스가 노르망디와 영국에 대한 연구를 통해 분명하게 발견한 것은, 만약 1000년 이후 사회에 관해 우리가 가진 사료들이 그 이전 시기 것들보다 풍부해졌고 보다 많은 정보를 담고 있다면, 당시 유럽 사회가 이전에는 결코 경험한 적 없던 성장을 하였다는 사실이다. 말하자면 유럽 인구가 증가하였고, 부가 확대되었으며, 기록물들은 더욱 늘어났다. 그리고 유럽인들은 모든 측면에서 더 많은 것을 성찰하게 되었다. 해스킨스는 "[정신의] 전반적인 활력에 힘입어 자연스럽게 역동적인 삶이 뒤따랐다"라고 지적하였다. 12세기 르네상스는 근대 초기의 르네상스 못지않은 인간의 놀라운 재탄생이지 않은가?

해스킨스 이후의 학자들은 그의 결론을 정교화하면서도 해스킨스의 논지 자체는 부정하지 못하고 있다. 오히려 이후 역사 연구의 전반적인 흐름은 성 안셀름, 존 솔즈베리, 토마스 베켓 등 이 시기의 위대한 인물들과 샹파뉴 정기시, 교회법 등 새롭게 대두한 역사적 산물의 중요성을 뚜렷하게 보여주고 있다. 그리고 주교좌성당 학교가 대학으로 발전하고, 제후군주들 및 도시공동체들이 사회질서를 유지하기 위해 권력을 행사하게 된 이 시기 유럽의 전반적인 역사적 상황에 대해 훌륭한 안내서 역할을 하는 해스킨스의 이 책은 오늘날에도 그 가치가 명확하다.

한국 독자들은 이희만 박사의 노력으로 해스킨스의 고전적인 이 저서의 가치를 알 수 있게 될 것이다. 필자는 이희만 박사가 번역한 한국어판 책을 기쁜 마음으로 추천하며, 이 책이 한국에서의 유럽 중세사 연구에 기여하기를 기대한다.

토마스 N. 비슨Thomas N. Bisson
(하버드 대학 사학과 명예교수)
2013년 10월 31일

옮긴이의 글

미국 펜실베이니아주 메드빌에서 태어난 C. H. 해스킨스(Charles Homer Haskins, 1870-1937)는 불과 17세에 존스 홉킨스 대학을 졸업하고, 약관 20세에 같은 대학에서 박사학위를 취득하였다. 1902년 교수로 부임한 이래 1932년 은퇴할 때 까지 해스킨스는 하버드 대학을 중심으로 활발한 지적 활동을 하였다. 해스킨스의 학문적인 주요 관심사는 제도사 및 문화사였다. 그의 주요 저작들인 *Norman Institutions* (1918), *The Rise of Universities* (1923), *Studies in the History of Mediaeval Science* (1924), *Studies in Mediaeval Culture* (1929) 등에서 알 수 있듯이, 해스킨스는 중세 유럽이 어떻게 로마 제국 와해 이후의 암흑기를 극복하고 합리적 효율적 정치제도 내지 사회제도를 확립하게 되었으며, 이를 기반으로 어떻게 고유한 문화 를 꽃피우게 되었던가 라는 문제의식에서 지적 탐구를 시작하였다. 이는 20세기 초엽 당시 미국의 합리적 정치제도의 역사적 연원을 중세 유럽에서 발견하고자 하였던 해스킨스의 학문적 관심을 반영한 것이기도 하였다. 오늘날 미국에서 볼 수 있는 중세 유럽의 제도사 및 지성사 분야에서의 활발한 연구와 전통은 해스킨스의 중요한 지적 유산이기도 하다.

이 책은 해스킨스의 대표적인 저술인 *The Renaissance of the Twelfth Century* (Cambridge : Mass., 1927)를 우리말로 옮긴 것이다. T. 비슨(Thomas N. Bisson) 교수가 〈한국어판 서문〉에서 지적하고 있듯이, 20세기 초엽에 간행된 이 책은 오늘날에도 중세 유럽의 역사와 문화, 특히 12세기 역사에 관한 고전으로 평가받고 있다. 해스킨스의 이 책이 간행되기 이전에는 라틴 고전의 부활에 기초한 개성과 자아의 발견, 예술 작품으로서의 국가의 태동, 자연과 세계에 대한 새로운 인식 등을 특징으로 하는 부르크하르트류의 르네상스 개념이 지배적이었다. 부르크하르트류의 개념은 기본적으로 중세와 이탈리아 르네상스기 간의 역사적 문화적 단절을 전제하고 있었다. 해스킨스는 중세 유럽 사회가 고유의 역동성과 문화적 창조성에 의해 12세기 르네상스를 성취하였을 뿐만 아니라 12세기 르네상스가 이탈리아 르네상스를 포함한 근대 유럽의 문화와 제도에도 적지 않은 영향을 끼쳤다고 지적하였다. 르네상스라는 개념을 중세로까지 소급하여 확대 적용함으로써 역사의 연속성과 변화를 강조하고 있는 이 책은 12세기 르네상스를 포함한 중세 르네상스는 물론 이탈리아 르네상스에 대한 새로운 이해와 지적 담론도 제공하고 있다.

해스킨스는 12세기 르네상스를 협의의 의미의 고대 라틴 고전의 부활로 한정하지 않고, 광의의 의미의 지적 문화적 운동으로 이해하였다. 그에 따르면, 12세기 르네상스는 단지 라틴 고전의 단순한 모방 내지 부활에 그친 것이 아니라, 창조적인 라틴 문학은 물론 속어 문학도 태동시켰으며, 새로운 학문인 법학도 탄생시켰다. 역사서술 분야에서도 라틴어로 된 연대기, 연보 및 성인전 등의 전통적인 역사서술 이외에 속어로 작성된 역사서, 도시연대기 등의 역사서술도 출현하게 되었다. 또한 12세기 유럽인들은 과학 분야에서 중세 초기의 백과사전적 지식에서 벗어나 아랍 및 그리스 학문을 적극적으로 수용하고 활용함으로써 수학과 천문학 등에서 괄목할 만한 진전을 이룩하였다. 지적 제도적 측면에서도 12세기에 형성된 대학이라는 고등교육기관은 오늘날에도 여전히 존속하고 있는 중세 유럽의 역사적 유산이다. 15세기 이탈리아 르네상스 이전에도 이미 12세기 르네상스가 있었으며, 12세기 르네상스와 15세기 르네상스 간에는 역사적 문화적 연속성이 존재한다는 것이 해스킨스의 주된 논지였다. 요컨대 12세기 르네상스는 문학, 역사서술, 법학, 과학, 대학 등의 다양한 분야에서 창조적 업적을 이룩한 진정한 르네상스였다는 것이다. 이는 유럽 중세가 암흑기였다는 부르크하르트류의 르네상스관에 대한 비판이자 중세 유럽의 역사와 문화에 대한 새로운 인식의 지평을 여는 것이기도 하였다.

해스킨스는 뛰어난 역사가였을 뿐만 아니라 훌륭한 교육가이자 선각 자이기도 하였다. 무엇보다 문서 내지 사료에 대한 과학적 접근과 분석이 라는 학제적인 방식을 도입하고, 하버드 대학을 비롯한 미국 대학에서 중세사의 위상을 강화하는 데도 크게 기여하였다. 특히 1926년 미국 중세사학회(Medieval Academy of America)의 창설 및 그 학회지인 *Speculum*의 창간에 주도적인 역할을 수행한 해스킨스는 유럽 중세사 연구를 위한 중요한 제도적 초석을 놓았다. 오늘날 해스킨스의 학문적 위상은 1940년 이래 매년 미국 중세사학회가 학술상 수상자에게 수여하는 해스킨스 메달 및 그의 지적 유산을 계승 발전시키기 위해 미주 및 유럽의 학자들에 의해 1982년 창설된 해스킨스 학회(Haskins Society)에서 여실히 드러나고 있다.

12세기 중세 유럽의 역사와 문화에 관한 필독서인 이 책이 유럽의 중요한 지적 전통인 고전, 인문주의, 대학, 르네상스 등에 학문적 통찰을 제공할 수 있다면, 옮긴이로서는 보람이 될 것이다. 다양한 분야에 대한 저자의 폭넓은 지식과 예리한 분석을 얼마나 충실히 우리말로 옮겼는지에 대해서는 두려움이 앞서는 것이 사실이다. 이 책에는 옮긴이가 가진 역량의 한계로 여러 오류가 있을 수 있으며, 이는 전적으로 옮긴이의 잘못이다. 독자 여러분의 지적을 통해 이들 오류가 시정될 수 있기를 기대해본다. 이 책이 나오기까지 여러 분들의 도움을 받았다. 무엇보다 한국의 독자들을 위해 한국어판 서문을 기꺼이 작성해주신 하버드 대학 사학과의 T. 비슨 명예 교수님께 진심으로 감사 드린다. 비슨 교수님으로 부터 오래 전에 가르침을 받았고 수년 전에는 한국어판 서문을 받았음에도 불구하고, 옮긴이의 불민함으로 이 책의 간행이 늦어지게 되었다. 이제야 마음의 무거운 짐을 조금이나마 덜게 되었다. 옮긴이의 원고를 읽고 좋은 지적을 해주신 손채연 선생님과 옮긴이의 궁금한 점에 대해 친절하게 답을 주신 홍용진 선생님께도 고마움을 전하고자 한다. 마지막으로 주변 여건이 녹록치 않음에도 불구하고, 이 원고가 햇빛을 볼 수 있도록 책의 간행을 허락해주신 혜안의 오일주 사장님과 원고를 꼼꼼히 검토하면서 좋은 책으로 만들어준 김현숙 편집장님께 깊은 감사를 드린다.

이 희 만

2017년 10월

차 례

제 1 장

역사적 배경

유 럽의 중세는 복합적이고 다양한 시대였을 뿐 아니라 인류 역사에
서도 꽤 많은 기간을 차지한다. 천년에 이르는 중세 유럽에는
매우 다양한 민족, 제도 및 문화가 대두하였으며, 중세 유럽은 역사적
발전의 많은 과정을 보여준다. 그리고 근대 문명을 형성한 여러 요소들이
중세 유럽에서 기원하였다. 동유럽과 서유럽, 북유럽과 지중해, 유서깊은
것과 새로운 것, 신성한 것과 세속적인 것, 이상과 실재 간의 대비는
12세기에 생명, 색채 및 활력을 제공하며, 중세와 고대 세계 및 근대
세계와의 밀접한 연관성은 인류 역사의 지속적인 발전에서 중세가 차지하
는 위상을 보여준다. 모든 위대한 역사 시대가 실제로 그러하듯, 중세를
특징짓는 두 가지 요소는 연속성과 변화다.

　필자의 이러한 생각은 일반 대중은 물론이고 대중보다 더 많은 지식을
가진 식자층 사이에 폭넓게 자리 잡고 있는 견해와도 상충된다. 대중과
지식인들에게 있어 중세란 획일적이고 정적이며 퇴행적인 모든 것과
동의어다. 말하자면 버나드 쇼가 우리에게 환기시켜주고 있듯이, 이전
세대에 유행한 최신 의상에조차 '중세적'이라는 수식어를 붙이는 것처럼

'중세적'이라는 용어는 부적절하게 사용되고 있다. 이는 고트족과 반달족의 야만성이 뒤이은 세기들로 확산되었으며, 심지어 인류 역사상 가장 창조적인 건축의 하나로 간주되는 '고딕'[1] 건축에까지 적용되었다. 중세의 무지와 미신은 르네상스기의 계몽과 대비되었으며, 중세를 뒤이은 시대에도 줄곧 성행하였던 연금술과 악마론은 기이하게도 중세에는 무시되었다. 또한 '암흑기'는 476년부터 1453년에 이르는 모든 시기를 포괄하여 확대 적용되었다. 심지어 중세가 암흑기가 아님을 알고 있던 지식인들조차 중세 성기盛期 즉 약 800년부터 약 1300년에 이르는 시기를 종종 '암흑기'로 간주한다. 중세 성기는 봉건제, 교회제도 및 스콜라주의라는 중세의 위대한 제도 내지 역사적 산물을 낳았을 뿐만 아니라, 이 시기를 전후하여 보다 급격한 변화가 일어나기도 하였다. 중세가 암흑기라는 사고는 중세 성기 유럽의 다양한 지역에서 일어난 상이한 발전, 중요한 경제적 변화, 동방의 새로운 지식의 전래, 중세인의 생활과 사유에서 보이는 새로운 흐름을 무시한다. 특히 중세의 지적 분야에서의 라틴 고전과 법학의 부활, 고대 지식의 수용과 관찰을 통한 지식의 확대, 그리고 중세 성기의 시와 예술 분야에서 이룩된 창조적 업적을 간과하고 있다. 800년의 유럽과 1300년의 유럽은 많은 점에서 비슷하기보다는 차이가 더 크다. 정도는 덜하지만, 8세기와 9세기의 문화, 약 1100년과 약 1200년의 여건, 그리고 12세기의 지적 흐름과 13세기 및 14세기의 새로운 시대의 지적 흐름에서도 이와 비슷하게 차이가 보인다.

한때 15세기 이탈리아 르네상스에만 배타적으로 사용되던 어휘를 모방해서 카롤링 왕조 르네상스, 오토 왕조 르네상스, 12세기 르네상스

---

1) |옮긴이| 바자리(1511-74)가 『미술가 평전』에서 중세 건축을 격하시키기 위해 게르만족 일파인 고트족에서 비롯되었다고 붙인 명칭으로, 르네상스 문화와 대비해 중세 문화 전반을 폄하하려는 의도가 있었다.

같은 명칭이 편의상 사용되었다. 사실 몇몇 학자들은 르네상스라는 용어의 사용을 아예 거부한다. 왜냐하면 르네상스라는 용어 자체가 15세기의 급격한 변화와 고유하고 독창적인 문화에 대한 잘못된 인식을 전달할 뿐만 아니라 전반적으로 과거의 어떤 것에 대한 진정한 부활이라는 뜻도 포함하고 있기 때문이라는 것이다. 즉, 금기시된 르네상스라는 용어를 전혀 사용하지 않고 두 권으로 된 『16세기의 사상과 표현』이라는 책을 집필한 테일러[2]는 자신의 저술에 자긍심을 가졌다.[3] 그럼에도 불구하고, 르네상스라는 용어가 15세기나 16세기 같은 다른 용어들에 비해 오해의 소지가 더 많은지의 여부에 대해서는 의문을 제기할 수 있다. 그리고 이 용어는 사용하기 매우 편리할 뿐 아니라 단단히 정착되어 있으며, 마치 오스트리아라는 단어처럼 그 용어가 없었더라면 달리 다른 용어를 만들어 내야 했을 것이다. 그러므로 우리가 그것을 어떤 이름으로 부르든 이탈리아 르네상스는 존재하였으며, 호머의 시를 호머라는 동명이인의 시라고 이해해서는 아무것도 얻을 수 없다. 하지만 중요하고 위대하다는 이탈리아 르네상스가 우리가 생각했던 것만큼 그렇게 대단하게 고유하지도 않고, 결정적이지도 않았다는 사실을 대체로 인정해야 한다. 인문주의자들이나 근대의 그 추종자들이 이해했던 것만큼 중세와 르네상스기의 문화 차이는 그렇게 크지 않았다. 지적 부활들은 중세에도 있었고, 중세 이후의 시대에도 영향력을 잃지 않았으며, 널리 알려진 15세기의 지적 운동과 동일한 성격을 띠었다. 필자가 여기서 다루고자 하는 것은 이러한 지적 부활들 중 하나인 12세기 르네상스로서, 이것은 중세 르네상스라고도 알려져 있다.

---

2) |옮긴이| Henry O. Taylor, 1856-1941. 미국의 역사가 겸 평론가. 특히 고대와 중세에 관한 『고대의 이상』(1896), 『중세인의 심성』(1911), 『역사가의 신념』(1939) 등의 저술을 남겼다.

3) H. O. Taylor, *Thought and Expression in the Sixteenth Century* (New York, 1920).

12세기 르네상스는, 후대의 이탈리아 르네상스처럼, 백년간 내지 11세기 말엽부터 1204년 유럽의 콘스탄티노플 약탈과 13세기의 도래를 알리는 사건들에 이르기까지 백년 이상에 걸친 유럽의 모든 변화를 포괄할 정도로 매우 광범하게 적용될 수 있다. 하지만 이러한 견해는 이 시기의 일반적인 역사를 제외한 특정 분야에 적용하기에는 지나치게 광범하고 모호하다. 12세기 르네상스라는 용어를 이 시기의 문화사로 한정시키는 편이 더 적절할 것이다. 즉, 이 용어는 로마네스크 양식의 절정, 고딕 양식의 대두, 서정시와 서사시라는 두 양식으로 이루어진 속어 시의 만개, 라틴어로 된 새로운 지식과 새로운 문학 등을 특징으로 한다. 전성기를 맞이한 주교좌성당 학교들과 더불어 개막된 12세기는 살레르노, 볼로냐, 파리, 몽펠리에 및 옥스퍼드 등에서 이미 확고하게 자리 잡은 초기 대학들과 함께 막을 내렸다.

　　아직 완전한 모습을 갖추지 못한 상태였던 7자유학과 더불어 막을 연 12세기는 로마법, 교회법, 아리스토텔레스, 유클리드와 프톨레마이오스의 새로운 지식, 그리고 그리스 및 아랍의 의학 지식과 함께 막을 내렸다. 이들 지식을 통해 새로운 철학과 과학이 가능해졌다. 12세기에는 라틴 고전, 라틴어 산문 그리고 힐데베르의 고대 양식과 골리아드의 새로운 운율이라는 두 가지 양식의 라틴어 시 및 예배 극이 부활하였다. 전기, 회고록, 궁정연보, 속어로 작성된 역사서, 도시연대기 같은 새로운 유형의 역사서술은 풍요로운 시대의 다양성은 물론 깊이도 반영하고 있다. 약 1100년경의 도서관 서고라고 하면, 성서와 라틴 교부들의 저서, 이 저서들에 대한 카롤링 왕조 시대의 주석서, 교회에 필수불가결한 서적, 성인전, 보에티우스 및 다른 작가들의 저술, 약간의 국지적인 역사서, 그리고 몇몇 라틴 고전들이 종종 먼지를 둘러쓴 채 비치되어 있는 장소 그 이상이 아니었다. 약 1200년경 내지 그로부터 몇 년이 지난 후, 이 유서 깊은 책들을 복제한 양질의 책들이 대단히 많이 발견되었다.

뿐만 아니라 『로마법 대전』Corpus Juris Civilis이나 그동안 방치되었다가 일부 복원된 고전들이 발견되기도 하였다. 그라티아누스[4]와 그보다 이른 시기의 교황들의 교회법 선집, 성 안셀름[5]과 피터 롬바르드[6]의 신학 저술들, 초기 스콜라주의자들의 저서들도 발견되었다. 성 베르나르[7]의 저술들과 수도원 운동의 지도자들의 저술, 엄청난 양의 새로운 역사책, 시집, 서한집 그리고 중세 초기에는 알려지지 않다가 12세기에 그리스 및 아랍 저술들을 통해 부활한 철학, 수학 및 천문학 서적들이 발견되었다. 217권에 달하는 라틴 교부 전집Patrologia은 상당 부분이 이 시기의 작품이다. 이제 우리는 프랑스의 뛰어난 봉건 서사시와 프로방스의 빼어난 서정시는 물론 중세 고지대의 초기 독일어 작품들도 확보해야 된다. 또한 로마네스크 양식이 절정에 도달하였다가 쇠퇴한 반면, 파리, 샤르트르 및 이들 지역보다 덜 중요하였던 일 드 프랑스의 중심지에서 고딕이라는 새로운 건축 양식이 확고하게 자리를 잡게 된다.

12세기의 유럽 문화 전체를 개관하다 보면 매우 낯선 것들과 마주치게 될 터인데, 많은 분야에서 이 시기에 대한 사전 연구가 여전히 부족한

---

4) ┃옮긴이┃ Gratian, ?-1159?. '교회법의 대부'로 불리는 교회법학자. 스콜라적 방법론을 활용하여 성서, 교황 교서, 공의회 법률 등의 전거들에서 조화되지 않는 교회법을 조화시키고자 하였다. 주저 『교회 법령집』은 오랫동안 교회법의 표준적 교과서로 간주되었다.

5) ┃옮긴이┃ St. Anselm, 1033-1109. 캔터베리의 대주교. 교권 및 속권과 관련하여 윌리엄 루푸스 및 군주 헨리 1세와 일련의 갈등을 빚기도 하였다. 안셀름은 『신은 왜 인간이 되었던가』라는 저서를 통해 그리스도의 성육신이라는 논쟁을 정교하게 논증하였으며, 스콜라주의의 중요한 지적 토대를 제공하였다.

6) ┃옮긴이┃ Peter Lombard, 약 1160년경 사망. 그는 주저 『명제집』Liber Sententiarum에서 교회 조직에 대한 노련한 설명, 신학적 논쟁들을 종합하고자 하였다. 『명제집』은 수세기에 걸쳐 신학의 표준 교과서로 활용되었다.

7) ┃옮긴이┃ St. Bernard of Clairvaux, 1090-1154. 시토 수도회 클레르보 수도원의 원장이자 12세기의 대표적인 교회 지도자. 1146년 제2차 십자군 원정을 독려하는 설교를 하였으며, 아벨라르의 이론을 정죄하는 데 주도적 역할을 담당하였다. 『신의 사랑에 관하여』, 『명상론』 등의 저작을 남겼다.

실정이다. 물론 이 책의 지면 및 필자가 가진 지적 한계로 인해 12세기의 건축과 조각은 물론 속어 문학을 다루지 못하였다. 필자는 이 시기의 라틴어 저술들에 초점을 맞춰, 이 저술들에서 드러나는 삶과 사유에 집중하고자 하였다. 예술과 문학은 결코 분리된 것이 아니었으며, 라틴어와 속어 역시 뚜렷하게 구분되지 않았다. 라틴어 문학과 속어 문학은 종종 병행되었으며, 서로의 영역을 넘나들며 수렴되기도 하였기 때문이다. 한때 식자층의 작품과 일반 대중의 작품을 구분해야 한다는 인식을 근거로 양자 사이에는 명확한 경계가 존재한다는 종래의 주장은 이제 설득력을 잃고 있다. 우리는 라틴어 문학과 속어 문학 간의 상호 영향력을 지속적으로 염두에 두어야 한다. 그렇다고 해도 양자는 독립적으로 논의될 수 있으며, 라틴어 문학에 비해 속어 문학에 관심이 과도하게 집중되었기 때문에, 특별히 라틴 르네상스에 관해 서술하는 것은 당연하다.

연대기적 경계를 설정하기란 쉽지 않다. 세기라는 것은 기껏해야 우리네 역사적 사유를 방해하거나 왜곡하는 일을 막기 위한 자의적인 편의에 불과하다. 만약 역사를 수백 년을 단위로 해서 구분할 경우, 그것은 역사로 남을 수조차 없게 된다. 분명하게 지적할 수 있는 것은 다음과 같다. 11세기 말엽에 정치, 경제, 종교 및 학문 분야에 새로운 징후가 많이 등장하였는데, 로마법의 부활이라든가 고전에 대한 새로운 관심 같은 징후들이 언제 등장하였는지 그 시점을 특정하기가 쉽지 않다는 것이다. 예컨대 1096년에 시작된 제1차 십자군은 편의상 하나의 전환점으로 설정할 수 있지만, 지성사의 경우 결정적으로 중요성을 띤 이러한 특정 사건이 존재하지 않으며, 이보다 약 50년 전에 진정한 변화가 시작되었다는 점을 충분히 염두에 두어야 한다는 것이다. 게다가 12세기 르네상스의 종점은 시점보다 더 불명확하다. 지적 생활이 일단 다시 활력을 되찾게 되자, 이완되거나 그 성격이 급격하게 변하지는 않았다. 13세기가 12세기로부터 성장하였듯이, 14세기는 13세기로부터 성장하였다. 따라서 중세 르네상스와 15세기 르네상스 사이에 진정한 단절이 없었다. 언젠가 한 학부생이 단테[8]에 대해 "한 발은 중세에 디디고, 다른 한 발은 르네상스의 떠오르는 별을 향해 있었다"라고 주장한 바 있다. 보다 유동적인 형성기이자 선행되었던 시기와 더불어 대비되었던 1250년경의 문학, 예술 및 사유에서 13세기의 특징이 쉽게 발견된다면, 이 두 시기를 구분하는 경계선을 그을 수가 없다. 12세기로부터 13세기로의 전환기에 일어난 콘스탄티노플 약탈, 아리스토텔레스 체계의 새로운 수용, 문학에 대한 논리학의 승리 그리고 라틴어 및 프랑스어로 된 시의 창조적인 시기의 쇠퇴는 간과해서는 안 될 역사적 전환을 표상한다고 지적할 수 있다. 한편 이로부터 두 세대 후가 되면 새로운 과학과 철학이 알베르투스 마그누스[9]와 토마스 아퀴나스에 의해 형성된 질서로 축소되었다. 1200년경 중세 르네상스는 크게 진전되어, 1250년경에는 그 위업을 대부분 성취하였다. '12세기 르네상스'라는 용어에서 '세기'라는 어휘가 12세기는 물론 그 직전과 직후의 기간까지 포괄하려면 매우 유연하게 활용되어야 한다. 하지만 12세기 문화의 두드러진 특징을 파악하려면 핵심 시기에 충분히 초점을 맞추어야 한다. 12세기 르네상스 전체를 이해하기 위해서는 12세기 이전 50년이나 그보다 앞선 시기는 물론

---

8) |옮긴이| Dante Alighieri, 1265-1321. 이탈리아의 인문주의자이자 위대한 문인. 베아트리체를 기념한 『새로운 삶』을 출간하여 문학적 재능이 알려졌다. 피렌체의 정무관으로 시정에 참여하였다가, 정쟁으로 추방되어 오랫동안 유랑 생활을 하였다. 그의 주저인 『신곡』은 중세 가톨릭의 우주관과 종교적 이상을 문학적으로 집대성한 작품으로 평가받고 있으며, 『제정론』에는 그의 정치사상이 집약되어 있다.

9) |옮긴이| Albertus Magnus, 1200-80. 도미니크 탁발수도회 수도사로서 파리 대학의 대표적인 아리스토텔레스주의자였을 뿐만 아니라 토마스 아퀴나스의 스승이기도 하였다. 아리스토텔레스의 저작에 관해 주석을 달았던 그는 그리스도교 교리 내에서 자연 과학연구의 정당성을 적극 변론하였던 당대의 위대한 학자였다.

멀리는 12세기 이후 거의 50년에 이르기까지의 시기도 포함시켜야 한다.

마치 후대 이탈리아 르네상스에 등장하는 고전 학문의 부활, 이탈리아에서 예술의 대두 그리고 콜럼버스와 코페르니쿠스의 발견이 시기적으로 정확하게 일치하지 않듯이, 12세기 르네상스의 여러 국면들도 시기적으로 정확히 일치하지 않는다. 사실상 라틴 고전의 부활이 카롤링 왕조 이래의 지속적인 발전의 산물이 아니라면, 이는 11세기에 시작된 것이 확실하다. 반면, 새로운 인문주의의 동력은 12세기가 끝나기 전에 대부분 소진되었다. 한편 새로운 과학은 12세기 후반에 대두하여 그리스 및 아랍 학문이 완전히 수용될 때까지 적어도 13세기까지 단절되지 않고 지속되었다. 12세기에 부활되기 시작한 철학은 13세기에 절정을 맞이하였다. 모든 역사에서 그러하였듯이, 이 점에서도 단일한 시점이 모든 발전 선상에서 동일한 중요성을 지니지는 않는다.

12세기 르네상스는 카롤링 왕조 르네상스와는 달리 특정 궁정이나 특정 왕조의 산물이 아니었다. 게다가 12세기 르네상스는 이탈리아 르네상스처럼 한 국가에서 시작된 것도 아니었다. 설사 로마법, 교회법 및 그리스 저술들의 번역과 관련해서 이탈리아가 나름의 역할을 수행했다 하더라도 법률 분야를 제외하면 그 역할은 결정적인 것이 아니었다. 전반적으로 보아 더 중요한 역할을 한 것은 프랑스였다. 말하자면 수도사와 철학자들, 파리 대학의 모태가 된 주교좌성당 학교들과 더불어 프랑스는 골리아드파, 속어 시 및 고딕 예술 분야에서 핵심적 역할을 수행하였다. 영국과 독일의 경우, 문화의 기원을 이룬 나라는 아니지만, 프랑스와 이탈리아를 통해 문화가 확산되었다는 점에서 주목할 만하다. 사실상 12세기 말엽 독일이 몇몇 분야에서 쇠퇴한 반면, 라틴어와 속어 분야에서 프랑스와 밀접한 관계를 맺고 있었던 영국은 이 시기에 성장하였다. 스페인은 이슬람 학문을 유럽에 전달하는 주요 매개자였다. 스페인에서 활동하던 이슬람 번역자들의 면면을 보면, 새로운 학문 추구라는 유럽적 특징을 보여준다. 존 세비야, 휴 산탈라, 플라토 티볼리, 제라드 크레모나, 헤르만 카린티아, 루돌프 브뤼쥐, 로베르트 체스터 등 일군의 학자들이 여기에 속한다. 단, 그리스도교도 지배 하의 스페인은 지식을 북유럽에 전달하는 역할만 하였다.

대부분의 경우 그저 이름뿐인 이들의 명단은 이탈리아 르네상스기에 등장하는 많은 부 및 수많은 위대한 인물이 12세기에는 부재했음을 보여준다. 15세기에 넘쳐나던 회고록과 서한이 12세기에는 많지 않으며, 뛰어난 인물도 비교적 소수에 불과하였다. 또한 이 시기에는 초상화에 대한 예술적 관심이 있었다고도 보기 어렵다. 12세기 예술은 조각과 건축 분야에서 뛰어난 작품을 많이 남겼다. 하지만 이것은 개인이 남긴 예술이 아니라 유형의 예술이었다. 12세기의 학자나 문인의 초상화로서 현재 남아 있는 것은 없으며, 심지어 지배자나 고위 성직자의 초상화조차 손에 꼽아야 할 정도다. 만투아의 곤가자 공들의 궁정을 장식한 그림에 묘사된 말과 유사한 그런 그림조차 남아 있지 않다.

12세기의 지적 부활을 태동시킨 선행 조건은 무엇일까? 그런데 11세기에 관해서는 많은 사실이 모호한 상태로 남아 있고, 10세기는 11세기보다 더 불확실하여 제대로 된 사실을 바탕으로 지적 운동의 연원을 추적하기란 쉽지 않다. 11세기의 말[馬]과 관련해서 분명하게 지적할 수 있는 한 가지 사실은 교역 내지 상업이 급격히 성장하였고, 특히 이탈리아에서 그러하였다는 것이다. 또 이탈리아에서는 상업의 발달에 힘입어 도시 생활이 촉진되었다. 15세기 이탈리아 르네상스를 설명할 때 근년의 학자들이 강조했던 경제적 선례와 도시적 선례를 비교하려는 시도가 있었다. 하지만 12세기 르네상스는 특별히 이탈리아적 현상이 아니었고, 사실 몇 가지 측면에서는 경제적 부활이 거의 없었던 알프스 이북지역에서 두드러졌다. 따라서 12세기 르네상스는 경제적 결정주의로만 설명될 수는 없다. 노르만족이 지배한 영국과 시칠리아, 카탈로니아 그리고 봉건제가 공고해진 프랑스가 보여주듯이, 상당한 정치적 발전이 있었다. 이러한 정치적 성장은 평화와 사회안정의 표식이라 할 여행과 소통을 어느 정도 진작시켰다. 그 영향력이 지중해는 물론 지중해와 북유럽 간의 상호작용에서도 감지되었던 데 비해, 제2장에서 살펴볼 보다 번영을 구가한 봉건 제후와 군주의 궁정은 라틴어 문학과 속어 문학을 모두 선호한 지적 중심지였다. 물론 교회도 성장과 번영을 공유하였다. 따라서 재속 사제와 수도 사제는 여행이나 필사본의 구입 내지 복제에 보다 많은 시간과 비용을 들였고, 지식과 학문에 대한 물리적 기회도 증가하였다. 교황청 국가의 성장에 힘입어 많은 서기와 속인들이 로마를 찾았으며, 다수의 무훈시의 주인공으로 배출된 많은 종교적 전사들도 다른 순례 길과 함께 로마로 가는 길을 빈번히 활용하였다. 더욱이 교회제도에 대한 세밀권 정의가 서임권 투쟁을 다룬 팸플릿, 뒤이어 등장한 교리서 그리고 방대하고 체계적인 매우 다양한 기록물에 주로 반영되었다.

정신의 전반적인 활력에 힘입어 12세기의 삶은 보다 역동적이 되었으며, 몇몇 사례에서는 지적 운동과의 직접적인 연관성이 확인된다. 따라서 약 1100년경 이탈리아에서 일어난 로마법의 부활은 이렇게 우수한 법학이 적용될 수 있는 사회경제적 여건의 성장과 밀접하게 결부되어 있었다. 순례 로망스의 형성은 로마 내지 콤포스텔라로 가는 길을 이용한 순례자의 수적 증가와 그 맥을 같이하였다. 아랍의 과학 및 철학 저술이 라틴어로 번역된 것은 그리스도교도에 의한 북부 스페인의 영토 회복과 결부되어 있으며, 1085년에는 톨레도, 1118년에는 사라고사가 회복되었다. 이렇게 해서 이베리아 반도에 크게 의존하던 북유럽 출신의 그리스도교도 학자들에게 이슬람 학문이 개방되었다. 그리스 고전이 라틴어로 번역된 것은 노르만족이 시칠리아 및 남부 이탈리아를 정복함으로써, 그리고 북부

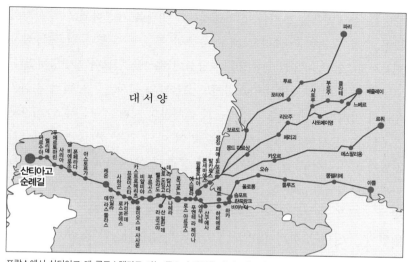

프랑스에서 산티아고 데 콤포스텔라로 가는 주요 순례길은 파리, 베즐레이, 르퓌, 아를에서 각기 시작하였다.

이탈리아의 도시 공화국들과 콘스탄티노플의 외교적 관계를 통해 수월해졌다. 살레르노가 의학 분야의 중심지로 부상할 수 있었던 것은 명백히 그 지리적 이점과 관련되어 있었다. 여러 가지 활동과 관심이 증가함에 따라 역사책은 더욱 두꺼워지고 더욱 다양해졌다. 말하자면 십자군의 역사는 아예 역사가에 앞서 십자군들을 요구하였다!

12세기와 13세기에 일어난 다른 모든 변화에 대한 설명이 그러하듯이, 십자군 자체가 12세기 르네상스를 폭넓게 설명하는 데 기여한 때가 있었다. '많은 비용이 들고 위험하기까지 했던 십자군 원정'이 군주정을 강화시키지 (혹은 약화시키지) 않았던가? 십자군 원정이 교황청의 권위를 제고하는 대신 봉건제도를 잠식하고, 도시를 태동시키고, 인간 정신을 해방하였을 뿐만 아니라 전반적으로 새로운 시대도 불러오지 않았던가? 예컨대 기번[10]은 십자군에 참여하였다가 가난해진 제후들이 "노예에게는

---

10) | 옮긴이 | E. Gibbon, 1737-94. 영국의 합리주의 역사가로서 『로마 제국 쇠망사』를

해방을, 농민에게는 토지를, 장인에게는 작업장을 제공하였으며, 사회의 많은 수를 차지하고 그리고 매우 유용한 부분에 실체와 영혼을 점차 회복시켜주었던 자유의 특허장을 자긍심에 손상을 입으며 강탈당하였다"고 주장하지 않았던가? 유감스럽게도 오늘날의 역사가들은 이런 손쉬운 추측과 가벼운 수사에 대해 십자군과 십자군의 시대를 구분하고, 십자군은 역동적인 시대의 매우 중요한 국면이 아닌 그저 한 국면에 지나지 않았다고 지적하고 있다. 십자군은 동방과 유럽 사이에 긴밀한 접촉을 가져왔고, 교역과 교통 및 화폐의 사용을 자극하였으며, 이미 진행 중이던 여러 흐름을 촉진하였다. 그러나 이것이 가져온 각별하면서도 진정한 영향력은 덜 분명하며 아마도 덜 중요할 것이다. 만약 '보다 최근에 일어난 사건들'이 이유의 전부가 아니라면 "다양한 이유로 인해 세심하고 열렬한 호기심이 유럽에서 초래되었다"는 기번의 지적은 적절한 것이다. 또한 최근 한 작가는 "어떤 사람은 여러 지역을 여행하지만 여행한 지역을 거의 제대로 이해하지 못 한다"라고 주장하였다. 그리하여 "주앵빌[11]이 우리에게 보여주고 있듯이, 성왕 루이나 주앵빌 자신은 십자군에 참여했으나 어떤 지적인 변화를 경험하지 않았다"[12]는 것이다. 어쨌든 라틴 르네상스는 제1차 십자군이 일어나기 오래 전에 시작되었고, 이들 두 운동은 서로 영향을 거의 주고받은 바가 없었다. 따라서 십자군은 라틴 르네상스를 촉발시킨 요인이 아니었다.

좋든 싫든, 이 모든 설명이 소진되자 그 유사한 분석방법으로는 설명이

　　저술하였다. 6권으로 된 방대한 『로마 제국 쇠망사』는 역사를 바라보는 그의 뛰어난 안목과 유려한 문장으로 많은 이들에게서 사랑을 받고 있다.

11) |옮긴이| Jean de Joinville, 1224-1317. 중세 프랑스의 탁월한 연대기 작가. 제7차 십자군 원정에 참여한 프랑스의 성왕 루이와 동행하였으며, 그의 생애를 집필하였다.

12) E. J. Passant, *Cambridge Medieval History*, v, p.331.

안 되는 최종 부산물이 남게 되었다. 안셀름, 아벨라르, 이르네리우스, 투롤드 (내지 『롤랑의 노래』의 저자가 누구든), 12세기 말엽에 활동한 아델라르 바스, 프리드리히 2세, 프란체스코 아시시와 그 밖의 위대한 학자들로, 이들은 시대라든가 여건을 고려한다고 해서 설명이 되는 것이 아니고, 더 이상 추적할 수 없는 (아마도 프리드리히 2세를 제외한) 유산으로는 더욱이 설명이 되지 않는다. 우리의 지식이 누적됨에 따라, 이러한 개별적인 천재의 존재와 인간사에서 매우 활기찬 시대가 정신사에서도 마찬가지로 활력이 넘쳤을 것이라는 모호한 일반화 사이에 심도 있는 탐구의 여지가 여전히 남아 있다. 이 탐구를 위해서는 12세기 르네상스의 기원과 관련하여 모호한 시기인 특히 11세기로 거슬러 올라갈 필요가 있다. 이 모호한 시기는 새로운 운동의 비밀을 간직하고 있으며, 십자군이나 정복 등의 몇몇 사건들은, 12세기 르네상스보다 시기적으로 뒤늦게 일어났기 때문에, 12세기 르네상스를 설명하기에는 적절하지 않다. 한편 12세기 르네상스의 기원 문제는 새로운 창조보다 지적 활동의 강화를 다루어야 하고, 아울러 9세기와 12세기 사이의 연속성이 결코 완전하게 와해되지 않았다는 사실을 환기함으로써 우리는 이 문제를 어느 정도 단순화할 수 있다. 전반적으로 "중세의 모든 세기가 바로 앞선 시기의 이미 알려진 유산을 상속받은 점을 제외하고서, 이 모든 세기가 멀리 떨어져 있는 보화를 얻고자 먼 과거로 거슬러 올라가려 하였다"[13]는 것이 사실이긴 해도, 12세기는 더 활짝 다가갔고, 더 많은 것을 되찾았다.

카롤링 왕조 르네상스로 알려진 9세기의 학문 내지 문학 부활의 원천과 중심지는 샤를마뉴 대제와 그 계승자들의 궁정이었다. 애초에

---

13) H. O. Taylor, *Thought and Expression in the Sixteenth Century*, i, p.viii.

카롤링 왕조 서체

프랑크족 성직자의 지적 수준을 제고시키기 위한 프로그램으로 기획된 이 운동은 학문에 대한 관심을 진작시켰고, 영국과 이탈리아 및 스페인 출신의 학자들을 갈리아로 규합하였으며, 이들 과업을 수행하게 될 후속 세대를 양성하였다. 카롤링 왕조 르네상스는 새로운 탄생이라기보다는 재생이었다. 즉, 카롤링 왕조 르네상스는 바로 이전 시기인 '암흑기'에 심각한 타격을 받았던 라틴 교부들의 저술, 라틴 고전 및 라틴어를 재생시켰다. 신학 저술은 교부들의 저술을 가지고 편찬되었고, 라틴 산문과 운문은 주로 진부한 주제를 다루었다. 물론 이것들은 후세대를 위한 작문의 새로운 표준을 확립하였다. 이 운동은 독창적 성격을 띠었다기보다는 보전적 성격을 지니고 있었다. 하지만 카롤링 왕조 르네상스는 오늘날에도 사용되고 있는 카롤링 왕조 서체를 만들어 유럽 서체를 혁신하였고, 이 서체는 근대 세계에 라틴 고전을 전수하였다. 이들 고전 중 거의 대부분이 카롤링 왕조의 사본을 통해 직·간접적으로 우리에게 전달되었다. 개인 서고에 있던 장서가 수집되었고, 루푸스 페리에르[14]와 요하네스 스코투스[15] 같은 인문주의자들이 등장하였다. 라틴어는 결코 메로빙 시대의 침체에 빠지지 않았으며, 유럽의 지식인들은 9세기의 위대한 업적도 결코 상실하

---

14) |옮긴이| Lupus of Ferrière, 약 805-약 862. 베네딕트회 수도사로 페리에르의 수도원장을 역임하였다. 신학자이자 인문주의자로서 서한집을 비롯하여 『세 가지 쟁점들에 관하여』 등의 저술을 남겼다.

15) |옮긴이| John the Scot, 약 815-약 877. 아일랜드의 신학자 겸 문인. 특히 그리스 철학 및 신학에 대한 이해가 깊었으며, 위 디오니우스의 저술을 라틴어로 번역하고 주석을 달기도 하였다.

지 않았다.

　궁정과 궁정학교를 중심으로 전개된 카롤링 왕조 르네상스는 9세기 말엽 프랑크 제국의 해체와 함께 막을 내렸으며, 프랑크 제국을 이은 소규모 왕국들의 궁정은 이것을 직접 계승하지 못하였다. 공식적인 연보는 "군주의 법령집이라는 수원지가 고갈되었다"는 구절과 함께 882년에 종결되었다. 제국의 관리들은 더 이상 경계하고 다니지 않았다. 하지만 다행스럽게도 샤를마뉴는 모든 수도원과 주교좌성당에 학교를 설립하는 일을 고수하였다. 따라서 이 시기의 지적 운동의 중심지는 주로 수도원과 주교좌성당이라는 국지적 장소였다. 위대한 수도원이 자리 잡았던 투르, 풀다, 라이헤나우, 생 골, 로쉬, 플뢰리, 생 리퀴에르, 코르비 등이 지적 운동의 중심지였다. 주교좌성당 학교의 중심지는 메츠, 캉브레, 랭스, 옥세르 및 샤르트르 등이었다. 카롤링 왕조의 운명과 상관없이 샤를마뉴로부터 부와 특권을 하사받은 이들 기관에서는 교육과 저술 활동이 자연스럽게 이루어졌다. 하지만 이들 기관은 샤를마뉴가 이룩한 평화와 탁월한 질서에 입각해 있었으므로 만약 이 평화와 질서가 와해될 경우 쉽게 무너질 수 있었다. '철의 세기'였던 10세기는 혹독하고 엄밀한 검증의 시기였다. 10세기는 '어느 누구도 공동 방위라든가 광범위한 조직을 만들어내지 못한' 무질서와 '힘의 법칙'이 지배한 시대였다. 즉 강자가 성을 축조하고, 약자는 예속신분으로 전락하거나 수도원에서 은신처를 찾았다. 말하자면 제후나 주교, 수도원장 등의 지배자들은 자신의 지배력을 강화하고, 대리자를 독립적인 실체로, 인신적 권위를 영토적 권위로 변모시켰다. 따라서 이들이 권력에서 동떨어져 있다거나 지배권이 허약하다든가 하는 일은 거의 없었다.[16] 그리고 군주나 지역 제후는 이론상 그 지역의 수도원에 위임한 재산과 권리를 속인俗人 수도원장으로서

---

16) James Bryce, *The Holy Roman Empire*(edition of 1909), p.80.

실제로 차지하였을 것이다. 적어도 명목상 그리스도교도였던 이들 지역 제후가 여전히 교회에 대한 존경심을 가지고 있었다면, 이는 이교도 침략자인 이슬람인들, 헝가리인들 및 북방의 노르만인들에게서는 기대할 수 없었던 덕목이었을 것이다. 당시 프랑크 제국으로 물밀듯이 밀려들어 온 침략자들은 수도원과 주교좌성당에서 수많은 것을 약탈하고 파괴하였다. 기록에 의하면 매년 "이교도의 칼이 빛을 발하였다." 846년 이슬람인들이 로마의 성 베드로 성당을 약탈하였다. 노르만족은 843년 주제단 앞에서 낭트의 주교를 살해하고 854년에는 투르의 생 마르탱 교회를 불태웠으며, 886년 돈을 받고서야 겨우 파리에서 물러났다. 플랑드르, 뫼즈, 센 및 루아르 계곡과 이후 노르망디 등의 지역이 모두 파괴되었다. 바바리아의 수도원은 헝가리족에게 함락되었으며, 중부 이탈리아의 수도원은 이슬람 세력에게 파괴되었다. 수많은 위대한 수도원이 완전히 파괴되었으며, 수도사들은 약간의 책 및 극소수의 제자들만 데리고 생명을 부지하기 위해 수도원을 탈출하였다. 성벽으로 둘러싸인 주교좌 도시라고 해도 이 침략자들의 약탈로부터 전적으로 안전을 담보하지 못하였다.

오토 대제의 초상

10세기 내내 카롤링 왕조의 전통을 제대로 보존한 지역은 다름 아닌 독일이었다. 따라서 오토 왕조 시대를 연구하는 독일 역사가들은 '오토 왕조 르네상스'라는 용어를 즐겨 사용하였다. 침략과 지역주의 때문에 프랑스와 이탈리아가 쇠퇴한 반면, 작센 지역에서는 샤를마뉴에 의한 정복으로 그리스도교화가 이루어지고 새로운 신앙이 된 그리스도교의 수도원과 주교좌가 설립되었다. 오토 대제는 샤를마뉴의 선례에 따라 제국을 부활시키고, 자신의 동생이자 쾰른의 대주교였던 브루노와 더불어 지적 운동을 적극 지원하였다. 이 운동을 강화하기 위해 이탈리아의 문법학자와 신학자들도 유치하였다. 문법학자 스테픈 파비아, 리에주 및 베로나의 주교였던 신학자 라테리우스, 시인 레오 베르첼리, 오토에 의해 콘스탄티노플

리우트프란드 크레모나

대사로 임명된 리우트프란드 크레모나 등의 저명한 학자들이 그들이다.

11세기에 접어들자, 독일은 내부로부터의 문화적 활력도 보여주지 못하였다. 하인리히 2세, 하인리히 3세 그리고 하인리히 4세 등 몇몇 황제들은 양질의 교육을 받았고 지적 관심을 가지고 있었다. 그리고 11세기 초엽 부차드 보름스가 저술한 교회법 관련 저작, 수도사 오틀로 레겐스부르크가 보았던 환영 및 그가 받았던 유혹에 관한 저술, 노커 리에주(1008년 사망)의 학교에서 만들어진 저서들, 노커 생 갈(1022년 사망)의 번역서 및 상당한 양의 연보와 전기는 이 시기의 대표적인 라틴어 문헌이었다. 하지만 궁정은 학문의 진정한 중심지가 아니었으며 초기의 지적 중심지였던 수도원은 쇠락하고 있었다. 11세기 말과 12세기의 지적 발전은 내부에서라기보다는 이탈리아 및 프랑스와의 대외교류를 통해 이루어졌다. 신성 로마 제국이 부활한 이후 오토 대제, 제국의 로마화 Römerzug 그리고 오토 황제 일행을 따라 북유럽으로 이동한 학자들 및 서적들을 통해 이탈리아와의 관계가 재개되었다. 한편 하인리히 2세의 밤베르크 주교좌성당의 필사본 사례가 보여주듯, 서적도 이동하였다. 독일로서는 신성 로마 제국이 유감스러운 정치질서였지만, 문화에서 독일과 이탈리아의 연관성은 매우 중요하게 되었다. 독일과 이탈리아와의 이러한 관계와는 다르게, 독일과 프랑스의 관계는 독일 성직자들이 북부 프랑스 학교에서 수학하고 후대에 일어난 독일 수도원 운동의 개혁과 확산이 주로 클뤼니 수도회[17] 및 시토 수도회[18]의 식민활동을

통해 이루어졌다. 독일과 프랑스와의 관계는 12세기에 널리 알려지게 되었으나, 이보다 훨씬 이전 아이히슈테트의 주교 헤리베르트(1021-42)가 "라인 강 골짜기나 갈리아 이외 지방의 가정에서 교육받은 사람을" 경멸하였다는 사실에서 드러난다. 하지만 여기에서 유념해야 할 점은 이것이 국경선이 거의 무의미하던 시대에 정치적 국경을 강조하고 있다는 사실이다. 쾰른과 리에주는 지적인 측면에서 독일의 북동부 지역에 비해 프랑스의 랭스, 샤르트르 및 플뢰리와 더 긴밀한 관계를 가지고 있었던 것으로 보인다.

이탈리아의 경우, 비잔티움 세계 및 이슬람 세계와 직접 접촉한 남부지방에서 먼저 문화가 뚜렷하게 부활하였다. 남부 이탈리아는 11세기에 이르기까지 비잔티움 제국에 속하였고 노르만족에게 정복당한 이후 그리스 수도원을 보존하였을 뿐만 아니라 상당수의 사람들이 그리스어를 계속 사용하기도 하였다. 특히 칼라브리아에서는 그리스어가 지속적으로 사용되었다. 시칠리아는 902년부터 1091년까지 아랍의 지배 아래 있었으며, 이곳 역시 그리스적 요소와 아랍적 요소가 노르만족 지배 하에서도 공존하였다. 이들 두 지역은, 시리아와 교역을 하였을 뿐만 아니라, 콘스탄티노플에 독자적인 교역 거점을 확보한 아말피의 사례와 마찬가지로, 북아프리카 및 동방과의 교역도 유지하였다. 이 같은 배경 하에서 두

---

17) |옮긴이| 910년 아퀴텐느 공 기욤(Guiallume)에 의해 클뤼니(Cluny)에서 창설된 수도회. 수도원장을 중심으로 한 엄격한 계서적 질서를 유지하였으며, 교황청과도 긴밀한 관계를 맺었다. 클뤼니 수도회는 귀족들의 기부 등을 통해 막대한 부를 소유하였을 뿐만 아니라, 교회의 예배와 채색에도 관심을 기울였다. 교황 그레고리우스 7세가 이 수도회 출신이었다.

18) |옮긴이| 1098년 로베르 몰레슴(Robert of Molesme)에 의해 베네딕트 『규칙』의 정신을 회복하자는 개혁운동에서 출발한 수도회로서, 특히 『규칙』의 노동과 자급자족 생활을 강조하였다. 이는 당시 클뤼니 수도회의 '세속화'를 비판하는 성격도 띠었다. 개간 활동과 양모 산업에 대한 관심으로도 유명한 시토 수도회는 베르나르 클레르보 등의 유능한 지도자에 힘입어 유럽 전역으로 확산되었다.

세기 이후에 프리드리히 2세의 화
려한 궁정이 등장하였다. 하지만
라틴 고전의 부활에 그리스와 아랍
문화의 중요한 역할을 상정하는 것
이 당연한 반면, 극히 이른 시기에
나타난 이들 문화의 영향력을 추적
하기란 쉽지 않다. 이에 대한 가장
명백한 사례는 콘스탄티누스 아프

의학교에서 강의하는 콘스탄티누스 아프리카누스

리카누스(약 1015-87)였다. 주요 의학 서적들을 라틴어로 번역하고 치료
에도 활용하였던 그의 실체는 모호하다. 하지만 학자들의 전반적인 견해
에 의하면, 그의 라틴어 번역에 앞서 살레르노에서 의학이 발전하였으며,
이러한 발전은 오히려 이 지역의 유서 깊은 의학적 전통과 결부되어
있었다. 9세기와 11세기 사이에 베네벤탄이 작성한 필사본들을 보면
디오스코리데스 판본 및 그리스 의학자들이 분명하게 등장하며, 이 작가
들의 의학 지식이 콘스탄티누스의 그것보다 앞섰다. 중요한 사실은 11세
기경 살레르노가 유럽에서 의학의 주요 중심지가 되었다는 것이다. 살레
르노의 학문적 명성은 전적으로 의학 분야에 힘입은 것이지만, 다른
지적 분야에서도 이곳이 일찍감치 부상하였다는 증거가 있다. 비범한
재능을 보유한 살레르노의 대주교 알파노(1058-85)는 라틴 운문의 운율을
유감없이 보여주었다. 그가 작성한 운문은 종교적인 문제는 물론 일상사
등의 다양한 주제도 포괄하였으며, 그의 운문은 그가 로마 시인들에
대해 깊이 이해하고 있었음을 보여준다. 한편 알파노의 이름은 네메시우
스의 『인간 본성론』De natura hominis 그리스어 번역본에 첨부되었다. 몬테
카시노에서는 역사가 아마투스와 수학자 팬둘프 카푸아의 작품이 발견되
었다. 콘스탄티누스는 몬테카시노에서 생을 마감하였으며, 수도사 알베
릭은 서간문dictamen 작성에 관한 새로운 기예라는 최초의 지침서를 이곳에

서 집필하였다. 지적 중심지로서의 몬테카시노에 관해서는 앞으로 보다 자세히 살펴볼 것이다. 여기서는 몬테카시노와 11세기 지식의 부활의 연관성을 강조하는 정도로도 충분할 것이다.

유스티니아누스 대제의 『로마법 대전』

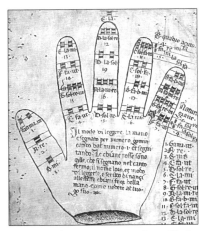
근대적인 기보법을 발명하고 계이름을 도입한 귀도 아레조의 유명한 '귀도의 손'

11세기 『로마법 대전』*Corpus Juris* 에 기초한 정규 학습 과정이 개설되었던 북부 이탈리아에서 로마법이 부활하였다. 롬바르디아 법률가들의 초기 영향력이 무엇이고 그리고 초기 로마 학교들의 실상이 어떠한 것이든, 『로마법 대전』이 집대성되고 근 5세기가 지난 1076년에 『법령집』*Digest*이 처음 인용되었으며, '볼로냐의 밝고 빛나는 등불'로 불린 페포는 볼로냐 최초의 저명한 법률 교사였다. 11세기 말경 볼로냐는 자타가 공인하는 법학 연구의 중심지였으며, 이르네리우스는 로마법 학자로 이름을 떨쳤다. 이 시기 이탈리아는 광범위한 영향력을 행사하게 될 새로운 저술을 통해 두각을 나타냈는데, 바로 롬바르디아 출신의 사전 편찬자 파피아스의 『주석집』과 귀도 아레조의 음악 저술이 그것이다. 비록 아레조가 근대적 악보의 도입자로 평가받지 못한다 하더라도, 그의 저술은 중요한 작품으로 간주되고 있다. 요컨대 이는 십자군 운동이 일어나기 훨씬 이전의 이탈리아에 대한 존경의 표시다. 주목해야 할 중요한 사실은 11세기 이탈리아에서 속인 교육이 부활하였다는 것이다. 이탈리아의 모든 젊은 이가 학교에서 구슬땀을 흘리며 열심히 공부하고 있더라는 독일 역사가 비포의 서술을 자구 그대로 받아들일 수는 없다 해도, 알프스 이북지역에서 속인 문화가 사라지고 오랜 시간이 흐른 후에도 이탈리아에서는 속인 문화의 유서 깊은 전통이 지속되었다는 명백한 증거가 발견되고 있다. 이탈리아의 속인은 "작품을 집필한 작가가 아니라 할지라도 자신만의 베르길리우스와 호라티우스를 읽고 있었다"고 바텐바흐는 지적하였다. 설사 이 속인층이 문학에서 자신의 정서나 생각을 표현하지 않았다 해도, 이들은 적어도 이탈리아 사회에서 일찍이 현저하게 부상한 법률과 의술이라는 속인 전문직을 위한 토양을 제공하였을 것이다. 또한 속인은 공증인이라는 중요한 집단을 형성하였다. 이 공증인은 암흑기를 통해 유지되던 로마의 공증 *tabelliones* 제도를 대대로 계승하였다. 이탈리아에서는 지역 역사가로 이름을 떨친 도시의 공증인들이 매우 중요한 집단을 형성하였으며, 이 공증인 *notariate* 집단은 로마법의 확산과 함께 다른 국가로 확산되었다.

이탈리아가 11세기에 법학 및 의학의 요람이었다면, 프랑스는 자유학 분야와 특히 철학, 신학 및 속어 운문은 물론 라틴어 시에서 두각을 나타냈다. 11세기에 프랑스가 지식은 물론 건축과 조각 분야에서 이탈리아의 영향을 얼마나 받았는가는 다소 모호하다. 제르베르[19]가 이탈리아를 방문한 것은 확실하며, 랑프랑 파비아는 벡의 노르만 학교에 지식을 도입하고 그곳에서 이탈리아인 안셀름 아오스타가 랑프랑의 뒤를 이었

---

19) | 옮긴이 | Gerbert of Aurillac, 약 955-1003. 나중에 교황 실베스터 2세가 되었다. 자유학을 장려하고, 그리스와 아랍의 자연과학 등을 적극 수용하였다.

다. 그러나 이런 사실들을 활용해서 폭넓은 결론을 도출하려면 신중을 기해야 된다. 제르베르는 이탈리아를 방문하기 전에 스페인에 체류한 적이 있으며, 그의 수학 지식이 갈리아 이외의 지역에서 유래한 것인지는 명확하지 않다. 랑프랑의 지적 성향은 신학자라기보다는 법학자에 더 가까웠다. 진정한 신학자였던 안셀름이 이탈리아 교사들에게 받은 영향은 그리 크지 않았다. 11세기 프랑스 학문의 모든 핵심 분야는 카롤링 왕조의 전통이라는 토양에 직접 뿌리를 내리고 있었던 것처럼 보인다.

플로도아르는 966년까지 기록한 자신의 중요 연보를 가지고 다녔으며, 제르베르가 980년 이전에 주교좌성당 학교에서 학생들을 가르치기 시작하였던 랭스에서는 아마도 지적 연속성이 매우 분명하였을 것이다. 제르베르는 논리학과 (풍부한 고전적 삽화와 더불어) 수사학은 물론 수학과 천문학 등 7자유학의 모든 분야를 두루 가르쳤다. 하지만 그가 비록 단순하기는 하지만 천문기구를 사용하게 되자, 이 천문기구는 동시대인들에게 눈을 휘둥그레지게 할 정도로 '거의 신통한' 물건으로 보였다. 또한 그는 필사본을 열정적으로 수집하였다. 테일러는 그에게 "당대 최고의 지성이자, 위대한 교사이며, 가장 열정적인 탐구자인 동시에 가장 보편적인 학자"[20]라는 찬사를 보냈다. 제르베르의 제자로서 988년 플뢰리 쉬르 루아르의 주교가 된 아보는 카롤링 왕조 문화의 이 유서 깊은 지적 중심지에서 논리학과 천문학의 발전을 위해 부단히 노력하였으며, 나중에 오를레앙은 카롤링 왕조의 문화에서 그 문학적 전통을 도출하게 된다. 아마도 제르베르의 또 다른 제자는 풀베르였을 것이다. 상서 출신인 그는 1007-29년 샤르트르의 주교를 역임하였으며, 샤르트르는 그 이래로 일류 주교좌성당 학교라는 위상을 갖게 되었다. 사실상 히포크라테스 의학을 연구하기 위해 이곳을 방문하였던 수도사 리처 랭스는 일찍이

---

20) Taylor, *The Medieval Mind* (1925), i, p.286.

991년 색다른 샤르트르 여행담을 남겼다. 풀베르가 펼친 다방면에 걸친 교육은 고전적 운율과 후대에 압운이 된 특히 그의 시, 뛰어난 양식을 갖춰 작성된 방대한 서한, 즉 의학, 교회법 및 당대 정치에 관한 매우 다양한 주제를 언급한 그의 서간문에서 발견되고 있다. 이들 학교의 '소크라테스들의' 영향력은 그의 제자 중 하나였던 아델만 리에주가 지은 시에서 잘 드러난다. 알파벳 순서로 된 이 시는 카롤링 왕조 양식의 만가로서, 과거 자신과 동문수학한 사람들, 즉 샤르트르의 상서 힐데거, 샤르트르의 교사 랄프와 시고, 수사학자였던 파리의 랑베르와 오를레앙의 엥겔베르, 투르의 문법 교사 레긴발트, 성묘 순례자 제라드 베르덩, 월터 부르군디, 수학자 레긴발트 쾰른 그리고 리에주 학교의 세 학생들의 죽음을 애도한 것이었다. 이 시에서 거명된 인물들은 풀베르의 저명한 제자와는 거리가 멀었지만, 11세기 전반기

에 자유학 분야는 물론 특히 수학 분야에서 활발히 활동한 다수의 교사 및 저술가 집단에 대해 희미한 정보를 제공한다. 이 수학적 전통은 제르베르에게서 로렌 및 샤르트르의 학교들로 이어졌으며, 1025년 레긴발트 쾰른과 랄프 리에주 사이에 주고받은 흥미로운 서한에 반영되었다. 그리하여 11세기 중엽 피안코 리에주가 원형의 면적을 구하느라 씨름하고 있던 사이, 불구였던 라이헤나우의 수도사 헤르만은 아랍으로까지 거슬러 올라가는 지적 원천에서 천측구 아스트롤라베21)에 관한 지식을 얻

샤르트르 대성당의 문법 교사와 학생

21) |옮긴이| 시간이나 천체의 태양과 별의 위치에 관한 문제를 해결하는 데 사용된

었다. 이로부터 한 세대 후 영국으로 건너간 로타링기아의 수학자들이 회계청 관리에게 주산을 전수하였을 것이다.

7자유학의 하나로서 후대에 지적 영향력을 행사하게 되는 변증론은 스콜라주의 논쟁을 예견하면서 당시 전면에 부상하였다. 풀베르의 가장 뛰어난 제자 중 하나인 베렝가 투르는 1049년부터 1088년에 세상을 떠날 때까지 랑프랑 벡 및 보수적인 신학자들로 이루어진 학파와 해묵은 논쟁을 벌였다. 지속적으로 반복된 쟁점은 최후의 만찬에서의 그리스도의 실존에 관한 것이었다. 베렝가가 취한 방식은 전거의 이성 내지 그가 말하는 변증론으로의 전환이었다. 베렝가는 "변증론의 활용은 이성의 활용이기 때문에 매사에 변증론에 기초하는 것이 용기 있는 행동이다. 이성에 의해 인간은 신의 형상이 되었기 때문에, 이성을 활용하지 않은 인간은 자신의 고귀한 명예를 포기하는 것이다"라고 주장하였다. 얼마 지나지 않아 로스켈리누스 콩피에뉴는 스콜라 논쟁의 핵심이 될 보편자 문제를 제기하였으며, 1092년 그의 유명론적 교리가 분리될 수 없는 삼위일체의 신을 세 명의 신으로 나누었다는 죄목으로 수와송 공의회에서 정죄되었다.

11세기 풀베르 샤르트르와 더불어 시작된 라틴어 시는 힐데베르 르망과 함께 끝을 맺었다. 이들의 작품은 근대의 일부 편집자들의 오류로 인해 고대의 고전과 혼동되기도 하였다. 라틴어 시 분야에서 카롤링 왕조의 영향은 분명하였다. 하지만 새로운 운문이 보다 풍부해지고 다양해졌으며, 이는 아마 11세기의 가장 특징적인 문학적 표현 방식이었을 것이다. 이들 시 중 다수는 여전히 출간되지 못하고 있다. 시의 주제는 신학, 성인전, 식물과 보석의 가치, 수도사의 전기, 1060년 발생한 생

기구. 반구형 하늘에 대한 평면적인 원형 스테레오 투영법에 기초한 장치로 태양이나 별에 대한 고도의 관측을 통해서 여행 중에도 시간을 알 수 있었다.

아망 화재 같은 사건, 동시대인에 대한 풍자, 친구 내지 후원자를 위한 다수의 명문 내지 비문 등까지 매우 다양하였다. 루아르 계곡이 라틴어 시의 핵심 중심지였으며, 이 문학운동은 북부 프랑스 전역 및 인접한 로렌느 지역으로까지 확산되었다. 11세기가 끝나기 이전에, 영국에서는 레지널드 캔터베리와 지오프리 윈체스터 등의 시인들이 이 같은 유형의 시를 집필하였다.

마지막으로 이러한 새로운 작품 활동 외에 장서 및 고대 작가들의 선집이 발달하였다. 필사본에 대한 산재된 목록과 특히 주요 라틴 고전의 중요 사본들에서 알 수 있듯이, 10세기는 우리가 생각하는 것 이상으로 생산적인 시기였다. 이 같은 필사 작업은 11세기에도 지속되었을 뿐 아니라 확대되기도 하였다. 약 1000년경 오토 3세는 이탈리아에 있던 오로시우스, 페르시우스, 리비우스, 풀겐티우스, 이시도르 및 보에티우스 의 저술 사본을 소장하게 되었다. 오토 3세의 계승자인 하인리히 2세는 다수의 필사본을 자신의 주교좌성당인 북부의 밤베르크로 가져왔다. 주교 베른바르트(993-1022)와 고데하르트(1022-38)는, 수도원장 프로문 트가 테게른제를 위해 그러하였듯이, 힐데스하임을 위해 고전을 수집하였 다. 이때 몬테카시노에서 복제되었던 긴 필사본 목록들이 남아 있다. 플뢰리의 대규모 장서는 11세기에 구비되었다. 10세기와 11세기 필사의 차이 그리고 11세기와 12세기 필사의 차이는 대단히 미미하여 이들 필사본에 대한 연대 측정은 기껏해야 대략적인 추정에 불과하다. 지식과 마찬가지로, 고문서학에서도 한 시대는 다른 시대에 흡수되었다.

12세기 르네상스의 기원 시점과 관련해서는 이 정도 선에서 마무리하 도록 하겠다. 모든 시대가 그러하듯, 기원 시점은 애매하고 명확한 것이라 고는 하나 없다. 그저 이 새로운 운동이 적어도 급격하거나 혹은 파국적으 로 일어난 것이 아니며, 11세기나 심지어 그 이전 시기로까지 거슬러 올라간다는 사실은 분명하다. 마찬가지로 지금까지 우리가 로마적 르네상스를 다룰 수밖에 없었다는 점 또한 분명하다. 로마적 르네상스가 십자군, 스페인의 새로운 지식 및 시칠리아의 그리스어 번역자들보다 선행하였기 때문이다. 콘스탄티누스 아프리카누스 이론의 의학 분야에의 적용과 아스트롤라베를 제외한다면, 11세기에는 아랍 과학과의 접촉이 없었다. 일부 성인전과 네메시우스의 한 작품을 예외로 한다면, 11세기에는 그리스 지식에서 직접 유래한 것이 아무것도 없었다. 이 모든 것은 바야흐로 12세기에 등장할 것이었다. 당시까지 르네상스라고 하면 라틴적 운동, 즉 로마법의 부활, 라틴 고전의 부활, 라틴어 시의 부활, 보에티우스 및 라틴 교부들에 뿌리를 둔 철학과 신학의 부활을 의미하였다. 우리는 12세기를 통해 이들 각각의 주제를 살펴보게 될 것이다. 하지만 주요 지적 중심지들과 이들 중심지 간의 교류, 그리고 이 시기의 지식 내지 문헌을 담고 있는 장서와 필사본에 대한 이해가 필요할 것이다.

참고문헌

12세기의 지적 생활을 보여줄 개설류는 찾아볼 수 없다. 이 시기의 특징을 간략히 소개한 글로는 패토우(L. J. Paetow)의 *Guide to the Study of Medieval History*(Berkeley, 1917, pp.384-385)가 있다. 이 책은 중세를 공부하고자 하는 학생들에게 매우 유익한 안내서로 특히 12-13세기의 지적 상황을 이해하는 데 대단히 유익하다. 테일러(H. O. Taylor)의 *The Mediaeval Mind*(fourth edition, New York and London, 1925)는 11세기에 관해 충분히 다루고 있기는 하지만, 12세기에 관한 언급이 없다. 풀(R. L. Poole)의 *Illustrations of the History of Mediaeval Thought and Learning*(second edition, London, 1920)은 한 장을 할애하여 12세기에 대해 충실하게 서술하고 있다. 중세 전반에 관한 추천할 만한 종합적인 참고서로는 풍부한 참고문헌이 포함된 *Cambridge Medieval History*(Cambridge, 1926)가 있다. 지성사를 이해하는 데 일반 통사는 별 도움이 되지 않고, 교회사나 백과사전, 전기에 관한 사전이 더 유용하다.

라틴어 문학의 역사에 포함된 내용은 본 주제에 매우 부합하는 편이다. 이 가운데 가장 훌륭한 저서이자 참고문헌을 충실히 반영한 것으로 마니티우스(M. Manitius)의 *Geschichte der lateinischen Litteratur des Mittelaters*(Munich, 1911-13)가 있다. 하지만 유감스럽게도 이 책은 약 1050년 이후 시기는 다루지 않고 있다. *Storia lettearia d'Italia*와 공동 저서인 노바티(F. Novati)의 *Le origin*(Milan, n. d.)도 유용한 개설서지만 11세기는 다루지 않았다. 또 노바티(Novati)의 *L'influsso del pensiero lation sopra la civiltà italiana del medio evo*(Milan, 1897)와 11세기 프랑스와 이탈리아의 지적 관계에 관한 그의 논문 "Comptes-rendus de l'Académie des Inscriptions"(1910, pp.169-184)와 그뢰버(G. Gröber)의 논문 "Uebersicht über die lateinische Litteratur von der Mitte des 6. Jahrhunderts bis 1350," his *Grundriss der romanischen Philoogie*, ii, I (Stasbourg, 1902)은 중세 전 시기와 많은 국가들을 다루고 있다. 『프랑스 문학사』*Histoire littéraire de la France*는 라틴어 작가에 대해 충분한 설명을 하고 있지만, 12세기와 관련된 내용은 대부분 좀 오래된 것들이다. 랑글루아(V. Langlois) 의 *La vie en France au moyen âge*(new edition, Paris, 1924-)는 방대한 양의 저서로, 지성사는 물론 사회사도 다루고 있고 속어 문학에 대해서도 기술하고 있다. 중세 및 그 이후 시대와의 관계에 대해서는 크룸프와 제이콥(C. G. Crump and E. F. Jacop)이 편집한 *Legacy of the Middle Ages* (Oxford, 1926)가 시사적이다.

   12세기 작가들이 중요한 역사서, 문학작품 및 신학작품에 포함되어 있다는 사실을 간과해서는 안 된다. 이 작품들 중 다수가 여전히 간행되지 않고 있으며, 많은 문제가 해결되지 않아 연구가 필요한 실정이다. 새로운 사료에 대한 안내서는 전혀 없는데, 현재로서는 *Revue d'histoire ecclésiastique* (Louvain)에 있는 참고문헌이 매우 유용할 것이다.

제 2 장

지적 중심지

중세 유럽의 그리스도교 공화국에서의 지적 생활이란 대중에게까지 폭넓게 확산되지는 않았다. 현대인들에게는 익숙한 광범위하고도 신속한 교류는 모두 결여되어 있었다. 글을 읽고 쓸 수 있었던 사람은 주로 성직자로서 비교적 극소수에 불과하였고, 교구 사제의 그야말로 보잘것없던 지적 수준을 논외로 친다면, 농촌의 다수의 문맹인과 구분되는 몇몇 제한된 집단으로 국한된다. 초보적인 이동 수단 때문에 쉬운 일이 아니었던 여행에는 일정 정도의 소통이 요구되었으며, 특히 제도적 지평에서는 교회에서의 교류가 요구되었다. 따라서 어느 면에서는 극단적 국지주의가 유럽의 보편적 문명과 공존하였다. 동일한 지역에 있는 상이한 지적 중심지들 간의 상호 교류라기보다는, 서로 멀리 떨어져 있기는 하지만 동일한 부류의 지적 중심지들 사이에 이 같은 교류가 동시에 이루어졌다. 또한 우리는 종국적으로 보다 복합적인 국지적 관계를 간과해서는 안 되며, 우선 주요 유형들에 관심을 집중해야 한다. 다양한 사회계층을 대변하였던 이들 지적 중심지는 주로 수도원, 주교좌 성당, 궁정, 도시 및 대학이었다. 이 중심지들 중 일부의 중요성은 중세

전 시기에 걸쳐 동일하지는 않았다. 사실상 이들 중 일부는 중세 초기에는 태동하지 않았으며, 12세기 르네상스의 특징적 양상 중 하나가 바로 이들 새로운 유형의 성장이었다.

중세 초기의 전 시기에 걸쳐 문화의 주요 중심지는 수도원이었다. 마치 무지와 야만이라는 바다 한가운데 떠 있는 섬처럼 수도원은 인멸되어 가던 지식을 보존하기 위해 사회의 어떤 집단도 관심을 기울이지 않던 바로 그 시기의 서유럽에서 지식이 인멸되지 않도록 보존하였다. 수도사들은 금욕적인 삶을 실천하며 겪게 되는 인간적인 고충만이 아니라 당대의 국지주의로부터도 영향을 받았다. 하지만 수도원은 로마 교황청의 영향, 아일랜드 수도사들의 여행, 샤를마뉴 대제의 중앙집권화 정책 및 10-11세기 클뤼니 수도원의 개혁운동을 통해 일정하게 교류를 하였다. 따라서 서적과 이념이 오늘날의 눈으로 보면 놀라울 정도의 속도로 먼 지역으로까지 종종 전파되었다. 그렇다고 해서 수도원이 모든 지역에서 그리고 늘 문화와 지식의 중심지였다고 상정해서는 안 되며, 수도원의 지적 생활의 특징을 보다 구체적으로 이해하려고 노력할 필요가 있다.

무엇보다, "베네딕트 수도회 수도원의 문화, 교육 및 학문에 대한 모든 기여는 단지 부산물에 불과하다"[1]는 오늘날의 한 베네딕트 수도회 수도원장의 지적에 주목할 필요가 있다. 수도원은 순례자의 안식처, 경제적 중심지, 건축의 등불, 사상과 정보의 교류 장소, 음악 및 문학 분야에서의 새로운 유형의 원천이었다. 하지만 수도원이 이것들을 전부 대변하거나 일부만 대변하게 된 것은 단지 우연의 소산일 뿐 결코 필연의 산물이 아니었다. 유럽 전역에 걸쳐 지배적이 된 성 베네딕트의 『규칙』[2]

---

1) Dom Butler, *Cambridge Medieval History*, i, p.538.
2) |옮긴이| 성 베네딕트(480-543)는 『규칙』을 통해 수도원 운동의 이념인 기도, 노동, 독서를 집대성하고, 일과, 식사, 기타 생활 등에 관한 행동규범을 매우 상세히 규정하였다. 이 점에서 베네딕트의 『규칙』은 수도원 운동이 중세 초기의

의 핵심 내용은 신의 일*opus Dei*, 즉 성가 합창이라는 성무였다. 이는 초기에는 하루 일과 중 네 시간에서 네 시간 삼십분으로 약간 늘어났다가, 후대에 이르러서는 여섯 시간 내지 일곱 시간으로까지 확대되었다. 계절에 따라 독서에는 세 시간에서 다섯 시간이 할애되었다. 이는 성서 및 바실리우스(330-379), 카시리우스(약 360-435) 등 교회 교부들에 관한 연구와 명상을 의미하였으며, 다른 작가들의 작품에 대한 두서없는 독서를 의미하지는 않았다. 사순절이 시작되면 수도사들은 도서관에서 책을 한 권씩 받고 "모두 그 책을 순서대로 전부 읽어야 했다". 하지만 언제까지 책을 읽어야 한다는 대여 기간에는 제한이 없었으며, 랑프랑 수도원의 수정된 규율을 보건대 책은 통상적으로 일 년 간 대여할 수 있었던 것이 분명하다. 수도사들은 각자에게 할당된 책을 완독하지 못할 경우 책을 반드시 반납해야 하는 다음 해 사순절 첫 월요일에 그 이유를 공개적으로 밝혀야 했다. 오늘날 일반적으로 알고 있는 것과는 다르게 베네딕트 수도회 계율에는 책의 필사에 대한 언급이 없다. 하지만 규정된 육체노동 시간에 필사를 할 여지가 있으며, 카시오도우스의 경구인 '펜과 잉크에 의한 악마와의 싸움'의 중요성을 언급할 것도 없이 수도원에서 이루어진 필사 작업은 성가대와 서고에 필요한 책을 마련하기 위한 자연스러운 과정이었다. 따라서 베네딕트회의 계율은 수도원의 뛰어난 제도인 학교에 대해 언급하지 않았다. 후대의 관행을 통해 학교에 관한 정보를 얻기는 하지만 말이다. '근대적 의미의 학교', "즉 담당 교사가 특정 학생들에게 특정 과목을 지정된 시간에 가르치는 교육기관이 중세 수도원에 있었지만, 이것은 일반적인 것이 아니라 예외적인 것이었다"고 피퍼[3]는 지적하였다. 특정 교실의 흔적을 발견하기란 쉽지 않다. 수도원

그리스도교 사회에서 중요한 종교적 사회적 역할을 수행하는 데 필요한 토대를 마련하였다.

에서 이루어진 교육은 기본적으로 종교적 가르침을 제공하기 위한 것이었다. 말하자면 교육은 기도, 수도회 규율, 설교, 책의 대조 그리고 특히 성서에 관한 것이었다. 7자유학은 가장 중요한 교과 과정이 아니었으며, 7자유학 전부가 모든 곳에서 발견되는 것도 아니었다.

수도원과 관련하여 이 점을 좀 더 명확히 해보자. 모든 수도원은 애초부터 약간의 성서 및 신학 서적 사본과 함께 예배 관련 서적들을 소장한 도서관을 보유하고 있었다. 수도원에는 적어도 초심자를 위한 학교가 있었으며, 이와 더불어 몇몇 초보적인 교과서도 종종 있었다. 물론 이런 책들이 늘상 있었다는 것은 아니다. 수도원에는 토지 소유와 관련된 특허장, 부동산 권리증서, 종종 복제된 권리증서 대장 그리고 아마도 특별 관리를 필요로 하는 중요한 문서고가 있었을 것이다. 또한 수도원은 생존해 있거나 사망한 구성원의 명부와 종종 다른 수도원의 사망자 명부를 보유하기도 하였다. 다른 수도원의 사망자 명부와 함께 이들의 영혼을 위해 기도하는 단체가 수도원에 결성되었다. 수도원의 예배에서는 새롭게 시성된 성인들의 이름이 종종 추가되었고, 수도사들과 기부자들 중 사망자를 표기한 달력이 필요하게 되었다. 또한 외부 세계에서 걸러진 소식 등 연보의 기초가 될 부활절 날짜에 관한 표도 있었다. 역사적 사실을 기록하는 것은 수도사의 의무가 아니었지만, 이 같은 요소가 수도원에 존재하였으며, 많은 수도원은 지방의 역사를 기록하는 중심지이자 한동안은 유일하게 이를 활용한 곳이었던 것이 사실이다. 도서관, 학교, 문서보관소, 고유한 기본 기록물 같은 요소들은 수도원의 존립에 부수적인 것이었지만 상당한 정도로 지적 생활의 중추를 이루었다. 이들 요소는 종종 지적 생활의 유일한 핵심이 되었다. 많은 수도원이 존재하기는 했지만 지식의 진정한 중심지는 비교적 극소수에 불과하였고,

---

3) Pijper, *De Kloosters* (The Hague, 1916), pp. 294-295.

이들 중심지 중에서도 최고의 중심지는 활발한 전성기와 깊은 침체기라는 부침을 경험하였기 때문이다. 딘 잉게가 "종교에선 성공도 실패도 없다"[4] 라고 우리에게 환기하듯이 사실 이것은 대부분의 수도원 운동에 해당되는 것이다. 대체로 번성은 나태를 동반하며, 이는 새로운 규율 내지 새로운 수도회의 창설로 귀결되는 개혁의 물결을 초래하였기 때문이다. 그리고 새로운 규율 내지 수도회는 다시 번성과 쇠락을 경험한다. 지적 지평에서 보면 대부분의 수도원은 그저 평범한 존재에 불과하였다. 소바즈의 세밀한 연구에 따르면, 이름이 알려진 유일한 저술가라면 노르망디 트로안이라는 부유한 수도원의 초대 수도원장을 지낸 뒤랑(1059-88)뿐이다. 1169년에 작성된 사료에는 이 수도원의 학교에 대한 언급이 거의 없다. 1446년에 작성된 이 수도원 도서관의 유일한 장서목록에 등장하는 것은 거의 전적으로 종교 서적뿐이다. 트로안 수도원보다 더 많은 것을 보여주는 노르망디의 수도원이나 수녀원은 거의 없다.

비록 이 같은 지적 쇠퇴가 12세기 이전에 일어나지 않았다 해도 코르비, 럭세외, 생 갈 및 보비오 같은 유서 깊은 중심지에서 보듯 12세기는 베네딕트 수도회 수도원들이 현저하게 쇠락

몬테카시노 수도원 도서관

한 시기였다. 베네딕트 수도회 수도원의 지적 중심지들이 여전히 활발한 움직임을 보인 것은 12세기 전반부뿐이다. 베네딕트 수도회의 수도원들 중에서도 매우 유서 깊은 몬테카시노는 11세기 및 12세기 초엽에 크게 번성하였다. 베네벤탄 서체로 알려진 이탈리아 남부 특유의 서체의 핵심

---

4) *Atlantic Monthly* (1925), cxxxv, p.190.

모태로 알려진 몬테카시노는 사본을 보관하기 위해 대규모 도서관을 건축하였으며, 연대기 작가는 이 도서관에 소장된 사본 목록 70권에 대해 자긍심을 갖고 있었다. 이 목록에는 "신학 및 예배 관련 저술이 주를 이루었으나, 다수의 역사서도 들어 있었다. 즉 요세푸스, 그레고리 투르, 파울루스 디아코누스, 에르쳄페르트 등의 역사가들의 저서가 그것이었다. 뿐만 아니라 키케로의 『신들의 속성에 관하여』 De natura deorum, 유스티니아누스의 『로마법 대전』 중 『개요집』 Institutiones 과 『신법집』 Novellae, 오비디우스의 『월력』 Fasti, 베르길리우스의 『에클로가에』 Eclogues, 테렌티우스, 호라티우스, 세네카, 테오도루스와 도나투스의 문법서 등 고전적 저술들이 일부 포함되었다."[5] 이들 사본은 다수가 지금도 보존되어 있다. 사실 이 사본들이 없었더라면, 아풀레이우스, 바로의 작품들, 타키투스의 『역사』 및 아마도 『연대기』의 현존하는 작품은 물론 중세의 많은 텍스트들과 지역 기록물도 인멸되었을 것이다. 이들 저술이 읽혀지고 후세대를 위해 필사되었다는 증거는 많다. 약 1140년경 유명한 위서작가 겸 부제 피터는 성 베네딕트로 시작하여 자신에게서 끝이 나는 〈몬테카시노의 저명인사〉라는 긴 목록을 작성하였다. 그는 목록의 저자가 자신임을 장황하게 기술하였다. 목록의 저명인사에는 교황도 두 명 포함되어 있기는 했지만 콘스탄티누스 아프리카누스, '새롭게 떠오르는 히포크라테스' 였던 알파노 살레르노 및 수사학자 알베릭 등의 저술가들이 대부분이었다. 이들은 우리도 익히 알고 있는 인물이다. 또한 몬테카시노 수도원의 탁월한 연대기 작가였던 레오 오스티아와 종교적인 주제를 다룬 작품을 집필한 작가들에 관한 긴 목록이 있다. 이는 어떤 수도원이라도 자부심을 가질 만한 목록이었다. 하지만 이 목록은 기본적으로 비문이었다. 몬테카시노 수도원은 이후 뛰어난 저술가를 전혀 배출하지 못하였고, 부제

---

5) E. A. Loew, *The Beneventan Script* (Oxford, 1914), p.12.

피터는 이 수도원의 쇠락을 알리는 징후였다.

11세기 말엽 알프스 이북지역에서 매우 유명했던 지적 중심지는, 여전히 이탈리아의 영향력 아래 있기는 하였지만, 벡이었다. 1034년 설립된 벡 수도원의 지적 명성은 랑프랑에서 시작되었다. 랑프랑은 1042년 벡 수도원에 입회하여 수도원장이 되었고, 그의 후계자였던 안셀름은 1079-92년까지 수도원장을 역임하였다. 파비아의 교회법학이자 아마도 로마법학자이기도 하였던 랑프랑은 벡에서 주로 3학과 신학 연구에 몰두하였을 뿐만 아니라 성서와 교부들의 필사본을 교정하고 편집하는 작업에도 지대한 관심을 기울였던 것으로 보인다. 벡에서 자신의 주요 신학 저술들을 집필한 안셀름은, 랑프랑이 베렝가를 비판하였듯이, 로스켈리누스의 이론을 비판하였다. 따라서 11세기의 두 핵심적인 신학 논쟁에서 정통 교리의 대변자는 벡 수도원의 수도사들이었다. 11세기 초엽 벡 수도원 학교는 유럽 전역에서 명성을 얻었고, 교황 알렉산더 2세와 다수의 주교 및 수도원장을 배출하였다. 안셀름의 계승자들은 개인적인 지명도가 그렇게 높지는 않았지만 이 수도원의 전통을 유지하였다. 오르데리쿠스 비탈리스는 당대의 "벡 수도원의 거의 모든 수도사가 철학자가 되었으며, 심지어 극히 보잘것없는 지식을 가진 수도사조차 초보적인 문법학도를 가르칠 정도의 지식을 보유하고 있다"라고 주장하였다. 12세기 초엽 벡 수도원 도서관에는 164권의 장서가 소장되어 있었으며, 1164년 바이외의 주교로부터 113권 이상의 책을 기증받았다.6) 그럼에도 불구하고 이 수도원은 12세기 들어 쇠퇴하기 시작하였고, 12세기 후반에는 뚜렷하게 쇠락하였다. "당시 벡 수도원의 저술가들은 단지 문헌 역사에 관한 익명의 작가에 불과하였다. 말하자면 그들은 자신의 고단한 삶을

---

6) 이 내용에 관해서는 저자의 *Normans in European History* (Boston, 1915), pp.178 -180을 참고하기 바란다.

의심의 여지없이 훌륭한 삶으로 여긴 식자층 수도사들이었으나, 그 명성은 수도원 구내나 동료 수도사들이라는 협소한 집단에서 크게 벗어나지 못하였다. …… 학구적인 젊은이들은 더 이상 이 수도원으로 발길을 옮기지 않았다."[7]

벡 수도사들은 다수가 영국에서 고위 성직자가 되었으나, 영국에서 수도원의 위상은 높지 않았다. 노르만의 정복에는 종교적 개혁 물결이 수반되었다. 말하자면 노르만의 수도원장들의 지위는 영국 분원들보다 우월하였으며, 노르만의 수도원들은 영국의 토지와 소수도원을 수여받았을 뿐만 아니라 노르만의 제후들은 영국에 새로운 수도원도 설립하였다. 이러한 급격한 물질적 성장에는 필사 작업, 학교 및 문헌 작성이라는 상당 정도의 지적 활동이 수반되었다. 하지만 12세기 영국의 수도회에서 생산된 문헌 작품은 역사 분야를 제외하면 실망스러운 것이었다. 12세기의 문헌적 빈곤을 보완한 인물은 윌리엄 맘즈베리,[8] 피터바러의 앵글로-색슨 연대기 작가를 비롯하여 플로렌스 우스터[9] 및 시므온 더럼[10] 등 주교좌성당의 수도사들이었다. 12세기가 경과하면서 영국 수도원에서의 이 같은 지적 운동도 소멸하였다. 즉 헨리 2세 치세기의 찬란한 역사의 등불은 수도원이라기보다는 궁정과 주교좌성당과 결부되어 있었다. 하지만 영국에서의 수도원적 역사서술은 13세기에 다시 한 번 부활하게

---

7) A. A. Porée, *Histoire de l'abbaye du Bec*, i, 539-540.
8) |옮긴이| William of Malmesbury, 약 1095/96-약 1143. 비드 이래 영국의 탁월한 역사가의 한 사람. 맘즈베리 수도원에서 교육을 받은 그는 비드의 『영국 교회사』를 모방하여, 5세기부터 12세기 초엽을 다룬 『영국 군주들의 업적』이라는 역사서를 남겼다.
9) |옮긴이| Florence of Worcester, 1118년 사망. 우스터 수도원의 수도사로 창조에서 1140년에 이르기까지의 『보편적 연대기』를 저술하였다.
10) |옮긴이| Simeon of Durham, 약 1130년 내지 1138년경 사망. 연대기 작가이자 더럼 수도원의 성가대 선창자로서 『영국 왕들의 역사』, 『더럼 교회의 기원과 발전에 관하여』 등의 저술을 남겼다.

되며, 매슈 파리[11]가 저술 활동을 한 성 알반 수도원에서 절정에 달하였다.

만약 영국의 유명한 웨스트민스터 수도원을 적절한 모델로 삼는다면, 이 수도원은 여기서 다룰 12세기의 지적 생활에서 그저 미미한 역할밖에 수행하지 못했다. 약 1085-1117년까지 웨스트민스터 수도원장을 지낸 길버트 크리스핀은 벡의 수도사를 역임하였으며 "박사[크리스핀]는 4 과는 물론 3학에 대한 조예도 깊었다."[12] 1148년 랭스 공의회에서 크리스핀은 신학자로서의 권위를 훨씬 강화하게 되었다. 안셀름에게 보낸 일부 서신 이외에 크리스핀은 벡 수도원의 설립과 논쟁적인 다양한 신학적 저술들에 관해 기술하였는데 이 저술들 가운데 가장 유명한 것은 『그리스도교교도와 유대인의 논쟁』이었다. 웨스트민스터 수도원은 중요한 연대기를 전혀 편찬하지 않았다. 이 수도원의 역사적 관심은 그 후원자인 고해왕 에드워드였는데, 부원장 오스베르트 클레어(약 1138년)와 에일레드 리에보가 왕의 전기를 집필하였다. 리에보가 저술한 전기는 1163년 에드워드 왕의 시신 이장에 즈음하여 수도원장 로렌스에게 헌정되었다. 오스베르트는 왕위계승 전야에 작성한 몇 편의 시를 헨리 2세에게 헌정하기도 하였다.

12세기에 독일의 수도원들도 쇠퇴하였다. 풀다, 코르베이, 로르쉬 등 유서 깊은 제국의 수도원은 거의 파산지경에 이르렀다. 수도사들의 수가 격감하였고 모든 지적 주도권을 잃었다. 독일에서는 기강이 해이해진 구래의 지역 및 선교 활동이 전개된 새로운 지역 모두에서 시토 수도회, 아우구스티누스 수도회[13] 및 프레몽트레 수도회[14]의 새로운

---

11) |옮긴이| Matthew of Paris, 약 1200-59. 수도사 겸 예술가로서 성 알반 수도원에서 『대연대기』 등의 저술을 남겼다.
12) |옮긴이| 이 내용은 크리스핀의 비문의 일부다.
13) |옮긴이| 성 아우구스티누스(St. Augustine of Hippo, 354-431)의 이름에서 유래한 수도회로서 아우구스티누스의 『규칙』에 입각하여 생활하며, 교육 기관 및 자선

개혁운동을 위한 비옥한 토양이 마련되었다. 하지만 이 신생 수도회들은 모두 독일이 아닌 라틴의 산물이었다. 이들은 프랑스의 농업과 건축을 동유럽으로 확산시키는 데는 크게 기여하였지만, 서적과 지식의 보급에서는 그 역할이 미미하였다. 12세기의 새로운 도서관은 거의 전적으로 교부들의 저술을 필사하는 것에 한정되었다. 물론 테게른제는 여전히 고전 작품을 대여하고 있었다. 새로운 사유의 흐름은 다른 지역에서 시작되었고, 이는 법학과 의학 분야에서 명확하게 드러났다. 신학 분야에서 "12세기 후반 독일이 로망스어를 사용하던 국가들에 비해 낙후되어 있었다는 사실은 의심의 여지가 없다."[15]

스페인에서는 무어인들의 침입과 뒤이어 일어난 종교전쟁으로 인해 수도원이 발전하지 못하였다. 11세기 수도원의 부활에서 주도권을 장악한 것은 베네딕트 수도회가 아닌 클뤼니 수도회였다. 12세기경 이들 두 유서 깊은 수도회의 전성기는 막을 내렸다. 실로스 수도원 도서관에 남아 있는 사본들 가운데 이 시기의 프랑스적 필체를 보여주는 것은 거의 없다. 산타 마리아 데 리폴은 수도원장 올리바(1008-46)의 재임 시절에 작성된 246개의 제목이 붙은 도서관의 유명한 장서목록에서 알 수 있듯이, 올리바가 수도원장으로 있을 때에 전성기를 맞았으나, 12세기에는 생 빅토르 마르세유에 예속되어 있었다. 당시 산 페드로 데 카르데나는 주로 엘시드의 묘로 유명하였다. 이 시기 새로운 지식의 유럽 전파와 관련하여 스페인 수도원의 도서관이 행한 역할은 확인되지

단체 등을 설립하였다. 아우구스티누스회는 수도생활 중 독서와 음악, 즉 찬양을 강조하였다.

14) | 옮긴이 | 1120년 노르베르(Norbert)에 의해 랑(Laon) 근교 프레몽트레(Prémontré)에서 설립된 수도회로, 흰색의 수도사 복장 때문에 백색 수도회로도 알려졌다. 엄격한 규칙에 입각한 수도원 생활을 강조하였으며, 특히 슬라브족의 일파인 벤드족의 개종과 엘베강 지역의 그리스도교화에 크게 기여하였다.

15) A. Hauck, *Kirchengeschichte Deutschlands* (1903), iv, p.449.

않는다. 오늘날 스페인에 남아 있는 12세기에 제작된 모든 필사본의 숫자는 정말 실망스러울 정도로 적다.

12세기에 클뤼니 수도회도 쇠락하였다. 베네딕트 수도원의 세속화에 반대하여 910년 창설된 클뤼니는 교황 그레고리우스 7세 시대에 절정에 달한 위대한 교회 개혁 운동의 중심지가 되었다. 평신도와 주교의 통제에서 벗어나 자유를 쟁취하기 위한 시도는 논외로 하고, 클뤼니 수도회는 성가라는 직무를 크게 확대함으로써 베네딕트 수도회의 육체노동을 대체하였다. 또한 클뤼니 수도회는 탈중앙집권적 자율적 체제에서 계서적 체제로 전환하였다. 이 계서적 질서 하에서는 수도원장이 최고 권한을 가지고 모든 부속 수도원의 수도원장을 임명하고 부속 수도원을 직접 순방하거나 대리인이 방문하였다. 한편 수도회의 모든 대표자는 수도원장이 소집하는 연례 총회에 참석하였다. 쇠락하고 있던 유서 깊은 수도원들에 기율을 도입하고 이를 유지하고자 정교한 조직이 고안되었다. 이같은 조직은 식민 활동에서 뛰어난 능력을 발휘하였다. 따라서 클뤼니의 분원은 스페인에 이르는 순례 길을 따라 급격히 팽창하였으며, 영토 회복의 진전과 함께 이베리아 반도에서 확산되었다. 피레네 산맥 이남에 소재한 클뤼니 수도원은 최고조에 달하였을 때 26개의 분원이 있었으며, 그 중 일부는 그리스도교 문화의 재확립에 중요한 역할을 수행하였다. '스페인의 클뤼니 수도원'은 사아군(Sahagún)으로 불렸다. 더욱이 11세기에 로마 교회를 위해 중요한 역할을 수행한 스페인의 클뤼니 수도회는 모자라빅 제식에 맞서 로마 제식을 지지하였을 뿐만 아니라, 학구열과 지식을 겸비한 프랑스 출신의 젊은이들 *iuvenes dociles et litterati*을 위해 주교직도 확보하였다. 또한 클뤼니의 중앙집권화 정책은 여행과 소통은 물론 서적과 이념 그리고 예술 사조의 교류에서 매우 중요한 기능도 수행하였다. 클뤼니 수도원은 관행적으로 필사본 복제물을 제공하였으나, 고전 학문에 대해서는 비판적이었다. 만약 어떤 수도사가 묵상 시간에 책을 원한다면 책장 넘기는 시늉을 하고, 고전 책을 읽고 싶으면 개처럼 자기 귀를 긁었다. 클뤼니 수도원에서는 여전히 고전이 읽혔으며, 특히 베르길리우스, 호라티우스 그리고 심지어 오비디우스와 마르티아누스의 저서도 알려지게 되었다. 사실 12세기 클뤼니 수도회의 장서목록 570권 안에는 고전 작가들의 작품이 다수 포함되어 있었는데, 당시로서는 그 수가 매우 많았을 뿐 아니라 완벽한 장서였다. 클뤼니 수도회에는 유명한 학교가 거의 없었으며, 클뤼니 출신 저술가들은 종교적 헌신에 대해 집필하고 성직자의 전기를 집필하였다. 클뤼니 수도원이 등한시한 대표적인 주제는 역사였다. 번성을 구가하던 클뤼니가 배출한 일곱 명의 위대한 수도원장 가운데 마지막으로 1156년 세상을 떠난 가경자 피터[16]는 언급할 만한 가치가 있다. 피터는 스페인과 이탈리아 여행 및 이단에 맞선 자신의 노고, 코란과 반 이슬람 서적의 번역본을 확보함으로써 자신이 심혈을 기울인 이슬람주의와의 투쟁을 담은 서한을 남겼다. 그는 또한 살레르노의 교사였던 바르돌로뮤와 의학에 관한 서신을 주고받고, 설교는 물론 신학 저서 및 고대인들에 대한 이해를 보여주는 시도 지었다. 하지만 클뤼니는 이미 시토라는 그리스도의 새로운 전사들과 싸움을 벌이고 있었고, 새로운 금욕주의로 무장한 성 베르나르가 등장하자 그 주도권이 약화되었다.

신생 수도회였던 카르투지아 수도회(Carthusians),[17] 프레몽트레 수도회(Premonstratensians), 아우구스티누스 수도회(Augustinians), 그라몽

---

16) |옮긴이| Peter the Venerable, 약 1092-1156. 클뤼니 수도원 원장. 수도원 개혁을 추진하여 많은 존경을 받았으나, 교황청으로부터 성인으로 공식 인정을 받지는 못했다. 아벨라르에게 호의적이었으며, 그리스도교와 이슬람과의 관계 개선에 도 기여하였다.

17) |옮긴이| 1084년 브루노 쾰른(Bruno of Cologne)에 의해 프랑스 알프스 산맥의 샤르트뢰즈 일대에서 창설된 수도회로서, 성 베네딕트의 『규칙』 대신 고유의 『계율』에 따라 생활하였으며, 외부 세계와 단절된 채 기도 등에 전념하였다.

수도회(Grammont),[18] 퐁트브로 수도회(Fontevraut)[19] 및 카말돌리 수도회(Camadoli)[20] 그리고 특히 시토 수도회에게 12세기 및 12세기 바로 직전의 몇 년은 생산적인 기간이었다. 하지만 이들 수도회가 추구한 목표는 지적인 것이라기보다는 종교적인 것이었으며, 지식의 향상보다는 선교 내지 금욕주의적 원리의 보다 엄격한 준수에 그 초점을 맞추었다. 카르투지아 수도회의 침묵과 명상 같은 특정 의무는, 필사는 골방에서 이루어져야 한다는 명확한 규정에도 불구하고, 사실상 반대 방향으로 작용하였다. 시토 수도회와 이 수도회의 위대한 지도자였던 성 베르나르는 이러한 금욕적 성향의 매우 훌륭한 사례를 제공하고 있다. 시토 수도회의 명성은 40년간 급격하게 증가한 수도원의 수에서 확인되는데, 성 베르나르가 사망한 1153년에 시토회 수도원의 수는 무려 343개로 늘어났다.

　단순한 삶을 표방한 시토회 수도사들은 성 베네딕트의 규칙을 매우 엄격히 준수하고자 하였다. 경작지에서 육체노동을 하고, 성가 합창에 들인 시간은 저녁예배를 포함하여 하루 약 6시간씩이나 되었다. 여가 시간은 없었다. 모든 것은 매우 평범해야 했으며, 특히 교회가 소박해야 하였다. 필사본 복제가 이루어졌으나, 채색과 장식은 금지되었다. 복제 작업의 목적은 기본적으로 성가를 위한 정확한 텍스트 제공이었다. 시토 수도원에서는 "미사 전서, 사도 바울의 서한, 성서, 선집, 응답송, 교송성가

---

18) **|옮긴이|** 1076년 스테픈 티에르(Stephen of Thiers)에 의해 뮈레에 설립된 수도회로, 그 이후 그라몽으로 이전하여 그라몽회로 불리게 되었다. 프랑스 혁명기에 해체되었다.

19) **|옮긴이|** 12세기 초엽 유랑하는 설교가 로베르 아브리셀(Robert of Arbrissel)에 의해 루아르 강 계곡의 퐁트브로에서 창설되었다. 영국 헨리 2세의 플랜태저넷(Plantagenet) 왕조와 긴밀한 관계를 맺었다.

20) **|옮긴이|** 1012년 베네딕트회 수도사였던 성 로무알드(St. Romuald)에 의해 투스카나 지방에서 창설된 수도회로서 주로 이탈리아 지역에서 번성하였으며, 약학 분야에서 명성을 얻기도 하였다.

집, 계율, 찬송, 시편, 성구집, 교회력"의 텍스트가 동일해야 하였다. 클레르보 수도원의 장서는 오늘날 현존하고 있는 것을 토대로 재건된 것이다. 12세기의 사본은 거의 전적으로 성서, 교부 및 예배에 관한 것이며, 그 밖에 약간의 역사서, 몇몇 교과서들 그리고 소수의 고전을 포함하고 있다. 법률, 의학, 철학, 스콜라 신학 관련 서적은 거의 없었다. "시토회 수도원은 지식을 가르치는 학교가 아니었으며, 심지어 신학을 가르치는 학교도 아니었다."[21] 시토 수도원의 최고 지도자였던 베르나르는 학자가 아니라 신비주의자였다. 우리가 리에보의 장서목록이나 오스트리아의 수도원 등에서 유추해 볼 때, 시토 수도회의 도서관은 주로 신학 관련 장서를 보유하였고, 세속적 서적은 기껏해야 극소수에 불과하였으며 심지어 문맹인도 시토 수도회에 입회할 수 있었다.

로마 여행(1300년경)

새로운 수도회들은 유럽 전역에 퍼져 있던 자신들의 조직을 통해 개별 수도원의 극단적인 국지주의에 대응하였으며, 초기의 비정례적이고 간헐적인 관계에 비해 상이하고 종종 매우 멀리 떨어진 수도원들 간에 일정 정도의 필수적이고 정례적인 교류를 행한 점에서 지성사에서 보다 중요한 위상을 가지게 되었다. 소유권과 관련된 항소 내지 소유권의 확증은 교회 내부의 중앙집권적 성향과 개별 수도원에 대한 교황청의 확대된 보호를 통해 수도사들의 로마로의 여행이나 로마로부터의 여행을 또한 촉진하였다. 한편 개별

---

21) E. Vacandard, *Vie de Saint Bernard*, i, p.54.

수도원에 특권을 부여하고 새로운 수도회에 대해 교황이 후원을 하는 방식 등을 통해 지역 교구에 예속된 수도원의 지역적 연대가 약화되었으며, 재속 사제와 수도 사제를 명확하게 구분하는 경향도 나타났다. 그럼에도 불구하고, 심지어 재속 사제와 수도 사제가 구분된 시대에조차도 재속 사제와 수도 사제가 지적으로 완전히 분리되었다고 단정해서는 안 되며, 특히 인접 집단들과 관련해서 그렇다. 따라서 우리는 파리 주교좌성당의 성직자, 생 쥬느비에브의 재속 참사위원, 생 빅토르의 수도 참사위원 및 생 제르멩 데 프레와 인접한 다른 수도원의 수도사들을 다양하게 결부시킬 수 있다. 다수의 주교좌성당은 수도 참사위원회를 두고 있었는데, 특히 영국의 경우 캔터베리, 로체스터, 윈체스터, 우스터 및 더럼 등이 수도 참사위원회를 둔 대표적인 주교좌성당이었다.

다음으로는 수도원과 속인 사회와의 지적 연계를 간과해서는 안 되며, 특히 프랑스 서사시의 기원을 연구한 베디에르가 신뢰할 만한 사례를 제시한 이후에는 이 점을 결코 간과해서는 안 된다. 만약 이 같은 지적 연계가 수도원과 인접한 농경지 내지 숲으로 서서히 확대되었다면, 도시와 주요 도로, 특히 로마나 콤포스텔라로 가는 순례 길을 따라 형성된 도시의 상황은 판이하게 달랐을 것이다. 여행객을 위한 역참과 여흥, 요양소와 안식처, 종교적 성지와 심지어 기적을 일으키는 성지 같은 종교적 거점에서는 국지적 연보를 작성하기 위해 먼 지역에 관한 사실과 소문을 수집하고, 지역의 성인과 유적에 얽힌 경이로운 이야기들이 회자되었다. 이것들은 여행로를 따라서 혹은 이들 유적과 관련하여 성장한 대중적 서사시에 풍부한 소재를 제공하였다. 육안으로는 이것들 모두를 구분하는 것이 불가능할 정도로, 이들 지역은 수도사 및 성물 관리인과 순례자, 교역업자, 그리고 성·속의 음유시인과 라틴어 및 속어 음유시인이 자연스레 만나는 공간이었다. 당시 생 드니, 모, 페캄, 베즐레이와 노발레스, 겔론과 생 질, 스페인으로 가는 길에 있던 클뤼니의 분원 및 다른 여러 지역은 11세기와 12세기에 서사시를 만들고 확산시킨 중심지로 알려져 있었다.

지적 중심지로서의 수도원이 쇠퇴한 반면, 주교좌성당은 오랫동안 준비해온 지위를 상당 기간 유지하였다. 9세기의 전반적인 개혁 이래 주교좌성당에 소속된 성직자는 규범 내지 이들 성직자에게 일상적 명칭을 부여한 회칙에 따라 공동생활 규범 내지 준수도원적 생활 규범을 준수해야 하였다. 시간이 경과하면서 주교 선출권을 가지게 된 참사위원은 각기 주교좌성당 수입에 대해 일정한 권리를 주장하였으며, 곧이어 성직록을 토지로 분배받았다. 이들은 성가대 선창자, 학자 및 재무관 등 다른 하위 성직자들과 함께 참사위원회 의장의 주도 하에 참사위원회로 편제되었다. 종종 결속력이 약화된 참사위원회는 정규 수도원적 공동체로 재편되기도 하였다. 참사위원회는 서적, 학교 및 기록물을 필요로 하게 되고, 또한 주교 관구의 행정에서 주교를 적극 지원하고 주교 가문을 형성하였다. 그리하여 주교 가문은 참사위원과 서기의 상당수를 차지하였다. 농촌의 격리된 대다수 수도원들에 비해 부유하고 강력하며 종종 훌륭한 교육을 받고 늘상 도시공동체에 자리 잡은 참사위원회와 주교좌성당은 모두 12세기의 지적 중심지로 간주될 수 있다. 주교좌성당의 도서관, 학교 및 문서보관소, 주교들의 역사, 참사위원의 저술, 주교의 사법권, 주교의 학문 후원은 이 시기의 수도원과 제후 궁정의 중요한 가교 역할을 수행하였다.

12세기에 지적으로 매우 활발하였던 주교좌성당의 중심지는 북부 프랑스였다. 프랑스 대학의 기원을 검토하면서 이들 학교의 중요성이 언급될 것이다. 12세기의 이들 학교와 문학 및 철학의 관계는 다른 맥락에서 여전히 검토할 필요가 있다. 우리는 여기서 샤르트르와 오를레앙을 고전 부활의 중심지로, 랭스와 랑을 스콜라 학문의 중심지로, 그리고 파리를 북유럽 대학의 효시로서 그 중요성을 지적하는 데 만족해야 할 것이다. 독일, 영국 심지어 알프스 이남의 학자들까지 북부 프랑스의 이들 주교좌 성당으로 모여들었다. 이 시기의 위대한 학자군은 르망 및 투르의 힐데베르, 푸아티에의 질베르 라 포레, 파리의 피터 롬바르드 및 샤르트르의 존 솔즈베리 등의 주교들이었다. 또한 상서 출신의 뛰어난 학자로는 안셀름 랑, 베르나르 샤르트르, 대식가 피터(Peter Comestor) 및 파리의 피터 푸아티에가 있고, 참사위원 출신 학자들 중에는 통속시인 휴 오를레앙, 성시작가 피터 리가 랭스 등이 있으며, 주교좌성당 학교의 교사 로버트 멜룅, 기욤 콩슈, 베르나르 실베스터 및 아벨라르도 이 범주에 속한다. 시, 신학 및 교육 분야에서 저명한 대부분의 학자들은 주교좌성당 학교에 소속되어 있었다. 심지어 저술 활동을 하지 않았던 고위 성직자들도 학문을 장려하였다. 기욤 블루아(William of the White Hands, Guillaume de Blois)가 그 대표적인 사례다. 그는 샤르트르의 주교, 상스 및 랭스의 대주교(1176-1202), 추기경 그리고 제3차 십자군 원정 기간 동안 프랑스 군주의 섭정을 역임하였으며, 월터 샤티용의 『알렉산드리아』, 잘 알려지지 않은 윌리엄의 『소우주론』, 피터 푸아티에의 『명제집』 그리고 대식가 피터의 『성서의 역사』 등의 저술을 헌정받기도 하였다. 그의 동생이자 인접한 샹파뉴의 백으로 자유분방한 앙리 1세(Henry the Liberal, Henry I of Champagne)의 궁정도 기억할 필요가 있다.

캔터베리는 영국에서 지적인 움직임이 매우 활발한 대표적인 주교좌 성당이었다. 사실 스텁은 문학의 중심지로서의 캔터베리를 오늘날의 옥스퍼드나 케임브리지에 비교하기도 하였다. 대주교 테오발드(1138-61)는 벡에서 수학하였으며, 주변의 지식인들을 자신의 궁정 캔터베리로 불러모았다. 그의 비서였던 존 솔즈베리는 '30년 동안 영국을 대표한 학자'로서, 그의 서한들은 문학적 주제뿐만 아니라 행정적 문제도 다루고 있으며, 유럽 대륙의 학자들과의 교류는 물론 수차례에 걸쳐 이루어진

프랑스와 이탈리아 여행도 기술되어 있다. 테오발드의 법률 자문관이었
던 이탈리아의 법률학자 바카리우스는 신학, 교회법 및 로마법에 관한
책을 저술하였다. 캔터베리는 이미 유럽 대륙의 저명한 학교들과 긴밀하
게 접촉하였다. 대주교 테오발드의 계승자였던 토마스 베켓은 테오발드
및 왕실 궁정에서 이미 훈련을 받은 인물이었다. 베켓은 캔터베리에서
그리고 유배지에서 테오발드에 대한 자신의 기억을 생생하게 간직하기
위해 성인이자 학자였던 토마스의 추종세력을 규합하였다. 이들 지식인
은 서한과 전기를 통해 테오발드에 대한 기억을 간직하고자 많은 노력을
기울였다. 그들 중 한 사람이었던 피터 블루아는 대주교 테오발드의
궁정을 다음과 같이 회상하였다.

> 내가 기거하고 있는 이 궁정은 신의 캠프, 바로 신의 집이자 천국의 문이라고
> 그대에게 분명히 말하고자 한다. 나의 주군인 대주교 테오발드의 사저에는
> 매우 박식한 학자들이 있으며, 이들에게서 정의의 모든 올바름, 섭리의
> 모든 경고, 갖가지 지식을 발견하게 된다. 이들은 기도 후에 그리고 식전에
> 독서, 토론 및 원인에 대한 분석을 통해 끊임없이 자신을 연마하고 있다.
> 왕국의 모든 현안을 제기하고, 이들 문제를 함께 토론한 후 우리 각자는
> 이에 대해 충실히 답하기 위해 의견 충돌이나 반대 없이 자신의 견해를
> 정교하게 하며, 날카로운 기지와 더불어 자신이 생각하는 매우 사려 깊고
> 합리적인 조언을 하고 있다.[22]

캔터베리에는 수도원 참사위원회가 있었고, 수도사 중에는 역사가 거베이
스, 파리 학생들을 풍자한 유명한 시인 니겔 위렉커 그리고 12세기 말경
『캔터베리 서한』에 실린 다수의 서간문 작가들이 있었다. 이 서간문

---

22) W. Stubbs, *Seventeen Lectures on Mediaeval and Modern History* (1900), p.164.

작가들 중 한 명은 오비디우스의 『사랑의 기예』를 인용할 정도로 그에 대한 애정이 각별하였다. 또 캔터베리 주교좌성당에는 유명한 도서관이 있었는데 지금은 인멸된 상태다. 하지만 그 도서관에 소장되었던 장서는 몬테규 제임스 박사의 끈질긴 노력 덕분에 훌륭하게 복원되었다.

비록 영국에 캔터베리 성당에 필적할 만한 다른 주교좌성당은 없었지만, 당시 문학 분야에서 두각을 보인 참사위원들과 부주교들이 많았으며, 종종 참사위원들은 역사 분야에서, 부주교들은 법률 분야에서 재능을 발휘하였다. 부주교들은 볼로냐에서 수학하였지만 영국적인 생활 방식을 향유하였으며, 아마도 "부주교는 과연 구원을 받을 수 있을까?"[23)]와 같은 당대의 상투적인 논쟁에 귀를 기울였을 것이다. 윈체스터의 주교이자 군주 스티븐의 형제였던 헨리는 예술과 학문의 후원자로서 명성이 자자하였다. 12세기가 지나가면서, 아마도 이들 지적 중심지 가운데 성 바울 주교좌성당이 매우 중요한 중심지가 되었을 것이다. 만약 누군가가 윈체스터를 방문하였더라면,

연로한 나이에 존경받는 주교좌 참사위원회 의장 랄프 디케토는 이마지네스라는 자신의 아름다운 필사본을 방문객에게 보여주었을 것이다. 참사위원 출신의 랄프는 고위 재무관인 리처드에게서 재무관의 역사를 배웠거나 귀한 책 *Tricolumnis* [24)]이 분실되기 전에 그 책을 빌렸을 것이다. 부주교 피터 블루아는 자신의 직책상 받는 혜택이 보잘것없다며 불평하였지만, 현명하게도 자신의 이해관계를 위해 글을 쓰지는 않았다. 로저 니게르는 자신이 군주에게 무섭게 퍼부었던 진노에서 아마도 바로 벗어나고 있었을 것이다.

---

23) *An archdiaconus possit salvous esse.*
24) |옮긴이| 닐(Richard F. Neal)이 당대의 사건들을 기록한 책으로 3부로 구성되어 있다. 제1부는 영국 교회사, 제2부는 헨리 2세의 치적, 그리고 제3부는 다수의 공적 사적인 일들을 기술하였다.

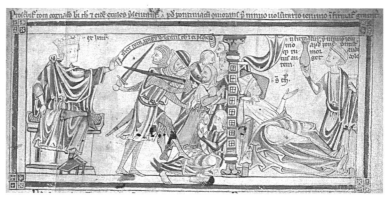
토마스 베켓의 가족과 하인들을 추방하는 헨리 2세(좌)와 과도한 금식으로 쇠약해져 퐁티니 수도원에서
요양하고 있는 토마스 베켓(우)

그리고 위대하고 유능한 정치가 폴리옷[25]은 자신의 모든 기량, 경험과
지식을 동원하여 열정적인 베켓에 도전하였으나, 당대의 여론에 의하면
패배하였다.[26]

기이하게도 이들 주교좌성당 학교에 관해서는 알려진 바가 거의 없으며
사실상 영국의 주교좌성당 학교 중 어느 것도 대학으로 발전하지 못하였
다.

  스페인에서는 톨레도 주교좌성당이 중요한 지적 중심지였다. 물론
바르셀로나의 도서관, 주교 미카엘 타라조나(1119-51)가 주도한 아랍
천문학의 번역 및 유명한 성지 순례지이자 카롤링 왕조 로망스의 역사에서
매우 중요하였던 산티아고 데 콤포스텔라의 『칼리식티누스 고사본』

---

25) |옮긴이| Gilbert Foliot, 약 1110-87. 글루체스터 수도원장, 헤레포드 및 런던
    주교를 역임하였으며, 캔터베리의 테오발트 궁정에 합류하였다. 하지만 헨리
    2세와 토마스 베켓 사이에 갈등이 일어났을 때 헨리 2세를 대변하여 베켓으로부터
    파문을 당하기도 하였다.
26) Stubbs, *Seventeen Lectures*, pp.168-169.

*Codex Calixitinus*이 마땅히 언급되어야 한다. 1085년 그리스도교도의 재정복으로 종래의 영향력을 회복한 톨레도는 그리스도교 학문과 이슬람 학문이 교류하는 데 최적의 장소였다. 유서 깊은 학문의 중심지 톨레도에서는 "많은 아랍 서적 및 라틴어와 아랍어 모두에 능통한 교사가 다수 있었으며, 이들 모사라베와 유대인의 도움에 힘입어 아랍 서적과 과학 저술을 라틴어로 번역하는 정규 학교도 등장하였다. 이 학교는 유럽 전역으로부터 지식에 목말라하던 학생들을 유치하였으며 …… 톨레도를 아랍 학문과 관련한 가장 유명한 번역본들을 다수 생산한 유명 학교로 각인시켰다."[27) 이 인물들 중 주도권을 장악한 것은 레이몽(1125-51) 대주교였던 것으로 보인다. 그가 대주교로 재임하던 시절에 철학적 저술이 번역되고 뒤이어 의학, 수학, 논리학 및 천문학 저술이 번역되었다. 레이몽 대주교와 그의 번역가들 중 가장 뛰어났던 제라드 크레모나와의 관계는 불명확한 반면, 톨레도의 참사위원이자 동시대 인물인 마르크의 의학 번역본은 12세기

말엽 톨레도 주교좌성당의 학문적 위상을 보여주었다. 하지만 스페인에서 활동하던 대다수의 번역가가 외국인 출신이라는 점을 고려하면 제라드는 중요한 인물이었다. 그런데 톨레도에 정규 주교좌성당 학교가 존재했는가의 여부와 관계없이, 이 번역가들이 톨레도에서 '세계의 매우 현명한 철학자들'의 저술을 번역해야 했다는 사실은 또한 주목할 만하다.

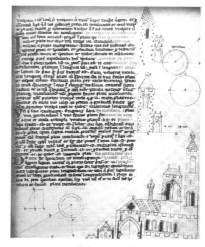

제라드 크레모나 번역의 행성이론

---

27) V. Rose, "Ptlomaeus und die Schule von Toledo," *Hermes*, viii, 327 (1874).

이자르 강가에서 프라이징 시를 바라보고 있는 오토 프라이징

독일 및 이탈리아의 상황은 달랐다. 서임권 투쟁으로 리에주 등 초기의 지적 중심지가 지속적으로 타격을 받았으며, 12세기에 독일의 재속 사제는 물론 수도 사제도 지적 쇠락을 경험하였다. 유력한 고위 성직자들이 정치에 개입하였는데, 라인 강변 대주교들의 사례에서 알 수 있듯이 그들 대다수는 정치에 매우 깊이 관여하였다. 대주교 크리스천 마인츠는 이탈리아에서 황제 프리드리히 바바로사의 부관을 지냈다. 대주교 레이날드 쾰른은 이탈리아에서 바바로사를 수행하고, 자신의 마차에 '대 시인'을 대동하고 다녔으며, 자신의 주교좌성당의 보고를 채우기 위해 동방박사 세 사람의 유해를 다시 안치하였다. 오토가 주교로 재임하던 시절의 프라이징의 명성은 제도적 산물이라기보다는 그의 개인적인 명성에서 기인하였다. 오토는 프랑스에서 새로운 변증론을 배워 이것을 독일에 최초로 도입한 매우 선구적인 학자였다. 콘라드 3세의 형제이자 바바로사의 숙부이기도 했던 수도사 출신의 오토는 실제로 궁정 역사가나 마찬가지였으며, 독일과 이탈리아 및 동방[28]에서 직접 목격한 콘라드와 바바로사의 공적을 기술하였다. 이탈리아에서는 고위 성직자들이 시정은 물론 제국의 정치, 그리고 교황파와 황제파 간의 갈등이 격화되면서 정치에 더욱 깊숙이 관여한 것으로 보이지만, 이전 시대와 같은 지적 주도권을 더 이상은 보여주지 못하였다. 살레르노 출신의 로무알드 2세(1153-81) 같은 주교 겸 역사가를 찾아보기란 매우

28) 제8장을 볼 것.

어려웠다. 귀중한 보편적 연대기 작가였던 그는 시칠리아 왕국에 대한 일차 정보를 많이 제공하였다. 그가 재직한 살레르노 주교좌성당은『살레르노 주교좌성당 교인 명부』*Liber confratrum*를 수용한 것으로도 유명하다. 이 명부는 12세기 말엽의 약 12,000명에 달하는 이름을 언급한 것으로, 이는 지적 활동의 기념비적 저작이라기보다는 그 지역의 작명과 고지리학 분야의 명저다. 이 '생명의 책'에 등장하는 외지인들도 살레르노 주교좌성당 사제의 명성이라기보다는 살레르노 의사의 명성을 듣고 그곳을 방문한 사람들이었다는 것은 의심할 여지가 없다. 따라서 약 1112년 콘스탄티노플에서 그리스 학자들과 신학 논쟁을 벌였던 밀라노의 대주교 크리솔라누스는 예외적인 인물이었다. 그의 후임자들은 암브로시우스적 전통에 충실하기보다는 밀라노와 롬바르디아의 문제나 복잡한 정치적 현안에 개입하였다.

봉건 궁정이든 군주의 궁정이든 지적 중심지로서의 궁정에 대한 인식은 다양하였다. 1155년경 사마르칸트의 시인이었던 니자미는 궁정이 위엄을 갖추려면 네 가지 부류의 지식인들, 즉 서기, 시인, 점성술사 및 의사가 있어야 한다고 주장하였다. 왜냐하면 "유능한 서기가 없으면 군주는 국사를 수행할 수 없다. 훌륭한 시인이 없으면 군주의 위업과 승리는 영속적이지 못하게 될 것이다. 현명한 점성술사가 절기마다 길조에 대한 판단을 내려주지 않으면 군주의 시도는 성공할 수 없을 것이다. 한편 모든 행복과 활동의 토대가 되는 건강은 유능하고 신뢰할 만한 의사의 의료 행위에 의해서만 담보될 수 있기"[29] 때문이다. 다소 동방적인 이 모든 경구는 그럴싸하게 들린다. 물론 13세기경 서유럽에서는 대부분의 궁정에 점성술사가 있었다. 심지어 12세기 체스터 백작의 궁정에도

---

29) E. G. Browne, *Arabian Medicine* (Cambridge, 1921), pp.79-80.

트루바두르

점성술사가 있었고, 이보다 일찍이 다른 세 궁정에서도 덜 관료화된 형태로 존재하였을 것이다. 소규모의 봉건 궁정은 아직 초보적인 조직에 불과하였으며, 지적인 면에서 볼 때 영주가 문맹이던 궁정에서 특히 그러하였다. 적어도 부속 사제는 늘상 있었다. 부속 사제는 부속 성당에서 미사를 집전하고 필요한 서신을 작성하였으며, 시간이 경과하면서 문서 작성 업무와 문서 보관의 필요성이 증가함에 따라 상서나 서기가 대두하였다. 사실상 정규 상서는 행정적 발전의 명확한 시금석이 되었다. 부친의 궁정과 숙부의 궁정에서 유년 시절을 보낸 헨리 2세처럼 개인 교사를 두고 교육을 받는 경우는 군주가 책으로 교육을 받는 것만큼이나 드물었다. 만약 우리가 시인 내지 유랑시인이라는 말을 확대 적용해서 그것이 궁정의 광대나 익살꾼으로부터 직업적인 음유시인 내지 트루바두르에 이르는 사람들까지 포괄하고, 궁정보다 규모가 작은 저택에서 이런 부류의 사람을 고정 손님이 아닌 가끔씩 방문하는 손님으로 간주한다면, 시인 내지 유랑시인은 일상적으로 존재하였다. "갈 길은 멀고 바람은 차가운데, 음유시인은 쇠약하고 노쇠하였노라!" 여하튼 궁정은 속어 문학은 물론 라틴어 문학의 잠재적 원천이 되기에 충분하였다. 하지만 신성한 요소와 세속적 요소가 항상 완벽하게 융합되지는 않았다. 부주교의 미래에 대해 무슨 말을 하든 성직자 작가들은 음유시인들을 두고 '쓸모도 미덕도 없을' 뿐 아니라 '구원받을 가망성이라곤 없는' 자들이라고 매우 강하게 비판하였다. 한결같은 고전적 작가였던 존 솔즈베리는, 당대의 배우와 광대들이 아우구스투스의 위엄이나 고대의 무대보다 네로의 부도덕한 행실을 모방한다는 사실을 알았다. 대관식, 혼인식, 제후의 기사 서임식 내지 심지어 앵글로-색슨 군주들의 3대 연례 궁정축일 같은 대축제 때는 연대기 작가들에 따르면 '엄청나게 많은 음유시인과 배우들이' 몰려들었다. 또한 프로방스의 로망스 작품인 플라멘카(1234)는 트로이, 테베 및 알렉산드리아로부터 골리앗, 아서, 샤를마뉴, 산의 노인(the Old Man of the Mountain)[30]에 이르기까지 이들 음유시인이 읊었던 이야기들을 장황하게 나열하였다. 궁정은, 항구적이든 일시적이든 항상 문학을 후원하는 잠재적 중심지였으며, 다음 장에서 살펴보게 될 역사의 잠재적 중심지이기도 했다. 사실상 도서 시장이 존재하지 않던 상태에서 궁정의 문학 후원은 교회로부터 확고하게 어떤 수입원도 갖지 못했던 사람들에게는 매우 중요하였으며, 종종 교회에서의 지위를 공고히 하는 데 크게 일조하기도 하였다.

이 시기 봉건제도가 안정화되자 이에 힘입은 다수의 궁정들이 행정적 지적 중심지로서의 위상을 강화하였다. 남부 프랑스의 프로방스

상스 대주교인 기욤에게 자신의 책을 헌정하는 대식가 피터

---

30) |옮긴이| 라시드 아드 딘 시난(Rashid ad-Din Sinan, 약 1132/1135-92)이라는 시리아 지도자를 지칭한다.

사자공 하인리히(좌)가 복음서를 봉헌하는 모습(12세기)

시인들에게 직위를 부여한 여러 궁정이 그 같은 사례이며, 제후 겸 시인인 아퀴텐느 기욤 9세나 문인을 후원한 기욤 9세의 손녀 엘레노어 같은 후원자 역시 이 범주에 속한다. 1167년 샹파뉴 백들의 지적인 궁정에서 발레리우스 막시무스의 저작 사본이 만들어졌으며, 이 샹파뉴 백들 가운데 한 명인 티보 4세는 적어도 중요한 시인이었다. 심지어 샹파뉴 백에 비하면 소제후에 불과하였던 긴느 백도 앞으로 살펴보게 될 아르드르의 성직자를 향토 사가로 고용하고, 솔리누스와 다른 고전 작가의 작품을 프랑스어로 번역하게 하였다. 사자공 하인리히는 작센에 체류하는 동안 문화의 후원자로 알려졌다. 영국에서는 로버트 글루체스터 공이 문학의 강력한 후원자로서 윌리엄 맘즈베리의 역사 저술들을 헌정받았으며, 자신의 개인 사제 지오프리 몬마우스의 켈틱 로망스를 고무하였다. 지오프리의 획기적인 저서『영국 군주들의 역사』역시 변경 제후였던 로버트 글루체스터에게 헌정되었다. 그로부터 얼마 지나지 않아, "영국의 모든 제후는 서기를 관리로 두게 되었다. 물론 궁정 관리가 아니었던 이들 제후 중 노르만족 프랑스어 이외의 언어를 구사할 줄 아는 제후가 거의 없었다는 점은 매우 분명하다."[31]

만약 앵글로-노르만 관료제의 기원이 둠즈데이(Doomsday) 조사와 "멋지게 노래하는" 자신의 음유시인 타일러퍼로 유명한 정복왕 윌리엄으

---

31) Mary Bateson, *Mediaeval England* (New York, 1904), p.174.

로까지 거슬러 올라간다면, 이는 헨리 2세(1154-89) 치세기 때 절정에 달하였다. 헨리 2세는 앙주 제국의 지배자로서 스코틀랜드 국경지대로부터 피레네 산맥까지 영토를 확장하였으며, 아마도 당시 라틴 그리스도교 공화국에서 가장 강력한 군주였을 것이다. 헨리는 자신의 왕국에 근대적 의미의 단일한 수도를 정하지는 않았지만, 지속적으로 머물렀던 웨스트민스터나 캉 등의 일부 도시를 재정과 사법의 중심지로 삼았다. 헨리 치세기의 영국은 매우 체계화된 재정적 사법적 제도 및 상서 제도를 필요로 하였으며, 당시 사람들이 메뚜기 떼에 ·비유할 만큼 많은 관리를 요구하였다. 1182년 캉의 크리스마스 재판 같은 중요한 재판을 열게 된 헨리 2세는 가신들을 향해 이 재판에 참석하기 위해 각자의 재판을 포기하라고 요구하였다. 숙부 로버트 글루체스터에게서 양육과 교육을 받은 헨리 2세는 영불 해협에서 요르단에 이르는 유럽의 언어들을 습득하였다. 헨리는 자신의 딸들을 작센, 시칠리아 및 카스티유의 통치자들에게 시집을 보내 대외적으로 폭넓은 혼인관계를 구축하였다. 많은 영토를 자신의 지배 아래 통합한 헨리는 게르만, 켈트, 프랑스 및 프로방스 문화의 교류를 촉진하였다. 문학과 음유시를 후원하였던 헨리는 공식 연대기 작가를 두었으며, 헨리의 집무실에서 유래한 단편적 내용들로 비공식적 기록물을 작성한 월터 맵[32] 사례는 논외로 치고, 그의 치세 기간에 작성된 엄청난 양의 기록문서는 충실하고 정확한 내용으로 당연히 가치를 인정받고 있다. 헨리의 궁정인들이 집필한 많은 저술 가운데 20권 이상이 그에게 헌정되었다. 그 가운데에는 신학 소책자, 과학서, 속어로 된 시, 아마도 의학서, 라틴어와 프랑스어로 작성된 많은 역사서들 그리고 헨리 치세기

---

32) | 옮긴이 | Walter Map, 1140-약 1210. 영국의 궁정인 겸 작가. 헨리 2세의 특사로 프랑스와 교황청에 파견되기도 하였으며, 궁정인의 생활상을 묘사한 『궁정인의 천박한 삶』De nugis curialium이라는 작품을 남겼다. 한편 궁정인의 천박한 삶이라는 제목은 존 솔즈베리가 『정치가론』Policraticus의 부제로 이미 사용하였다.

에 크게 발달한 행정의 의미있는 기념비인 사법·재정 제도에 관한 두 권의 저술도 포함되어 있다. 12세기에는 왕실의 이동으로 여전히 많은 혼란이 야기되고 '군주가 거처할 장소의 확보'라는 문제가 대두되었지만, 이는 헨리 1세의 『왕실 운영』Constitutio domus regis에 의해 해소되었다. 유럽에서 군주가 제정한 궁정과 관련된 여러 규정집들 중 가장 초기의 지침서인 『왕실 운영』에는 부서별로 그리고 상서에서 필경실의 책임자 및 개인 사제에 이르는 왕실 관리 각자에게 매일 제공되던 빵, 포도주, 작은 양초 등의 양이 기록되어 있다. 따라서 이 시기의 재무관은 서기의 세밀한 서술과 궁정회의에는 참석하였지만 문맹이었던 지방관(셰리프)까지 이해할 수 있는 거의 연례적인 공식 수치를 결합하였다.

시칠리아의 로저 2세

시칠리아 궁정은 분명 보다 관료적이었다. 사실상 이 궁정은 비잔티움은 물론 아랍의 취향을 포함한 동방의 색채를 많이 띠었으며, 점성술사와 시인들, 아랍 의사들 및 여러 언어를 구사하는 서기들은 앞서 언급한 사마르칸트의 시인 니자미가 묘사한 비서진과 매우 유사하였다. 왕실 문서는 라틴어, 그리스어 및 아랍어로 작성되어 많은 전문 서기와 팔레르모에 항구적인 문서보관소가 필요하게 되었다. 시칠리아 궁정들은 동방 이슬람의 휴양지를 연상시켰다. 가옥에는 동방의 하렘33)이라는 독립된 공간이 있었다. 시칠리아의 지적 영향력은 그 지리적 위상과 기회에 비례하였다. 남부 유럽과 북부 유럽, 동부 지중해와 서부 지중해의 교차로에 위치한 시칠리

---

33) |옮긴이| 이슬람 세계에서 여성들이 거처하던 곳.

아는 그리스어 및 아랍어 저술을
라틴어로 번역하는 주요 거점이었
으며, 궁정에서는 아예 이들 언어로
저술이 이루어지기도 하였다. 시칠
리아 왕국을 건설한 로저 왕은 지리
에 취미가 있어 아랍어 텍스트를
포함한 에드리시라는 거대한 지도
제작을 감독하였다. 로저를 계승한
윌리엄 1세 치세기에 주요 번역가
로 활동한 아리스티푸스와 유진 팔
레르모는 왕실의 행정 관리였다.
프리드리히 2세(1198-1250) 치세기

프리드리히 2세와 매

는 우리가 다루는 12세기보다 후대에 속하기는 하지만, 주로 이전 시대의
정점이었다. 이탈리아 시의 요람이었던 프리드리히의 궁정이 이전 시인
들의 아랍적 전통을 지속시켰던 반면에, 과학 및 철학에 대한 그의 코스모
폴리탄적 성향은 시칠리아적이었을 뿐만 아니라 개인적인 취향이기도
하였다. 이 내용들은 이 책의 제8장 및 제9장에서 살펴보게 될 것이다.

궁정의 빈번한 이동으로 인해 기록, 역사서술 및 궁정 문학의 전반적인
토대가 견고하지 못했기 때문에, 관료제가 발달하지 못한 궁정에 할애된
지면은 적을 수밖에 없다. 이들 궁정의 중심지 가운데 우선 관심의 대상이
된 곳은 신성 로마 제국의 프리드리히 바바로사와 그의 아들 하인리히
6세의 궁정이다. 지적이었던 이들 두 통치자는 라틴어 운문으로 된 공식적
인 역사서술을 특히 장려하였는데, 우리는 또 다른 맥락에서 이들에게
주목할 것이다. 사실 이 치세기 때 작성된 기록물들은 이들의 매우 뛰어난
계승자인 프리드리히 2세 때의 것에 비해 풍부하였다. 프랑스의 경우,
군주의 학문 후원이 아직 미미하였던 반면, 스페인에서는 13세기 말엽

현명왕 알폰소 10세

현명왕 알폰소 대에 학문을 강력하게 후원하였다.

　　더욱 고도로 체계화된 중심지들은 문화적 중요성이라는 또 다른 문제를 부각시켰다. 즉 궁정 간의 교류를 강조하였고, 이 교류는 보다 빈번히 그리고 보다 쉽게 추적이 가능하다. 헨리 2세는 자신의 궁정에서 오랜 기간 체류한 사위 작센 공을 환대하였으며, 공주 조안나와 더불어 시칠리아에 화려한 호위대를 파견하기도 하였다. 헨리 2세는 노르웨이의 한 대주교를 수개월씩 환대하였다. 독일과 인접해 있으면서 통치체계가 아직 덜 발달했던 프랑스의 군주와 플랑드르 공 등이 이 무장령(Assize of Arms)[34]을 모방했던 것으로 알려져 있다. 피터 블루아는 노르만 궁정과 시칠리아 궁정 모두에서 유능한 관리였다. 영국인 토마스 브라운은 로저 2세 왕실에서 다른 외국인들과 함께 환대를 받았을 뿐만 아니라, 재판관이

---

34) |옮긴이| 1181년 공포된 이 무장령은 무장할 수 있는 사람들의 의무, 무기와 관련된 조항 등을 규정하고 있다. 이 무장령으로 유대인은 무기 소유를 금지당하고 무기와 선박 및 목재 수출 등을 금지당하기도 하였다.

자 왕실의 사제가 되기도 하였다. 또한 카이드 브룬이 아랍어로 된 재정 기록에서 보여주었듯이, 헨리 2세 치세기에 고국으로 돌아온 브라운은 회계청의 핵심 요직에 임명되었다. 거베이스 틸베리 역시 영국 왕실과 시칠리아 왕실의 관리가 되었다. 이후 그는 아를르 왕국에서 왕실의 고위 관리가 되었으며, 다양한 내용을 수집하여 집필한 『황제의 여가』 *Otia imperialia*를 오토 4세에게 헌정하였다. 그로부터 얼마 지나지 않아 프리드리히 2세와 헨리 3세가 앙리 아브랑쉬라는 라틴 시인을 공히 고용하였는데, 아브랑쉬는 자신을 후원하던 교황과 여러 제후를 위해서도 라틴어 시를 지었다. 한편 프리드리히 2세는 시인들을 자신의 궁정에 초청하여 프랑스의 음유시인 트루바두르*troubadours*들과 자신의 지배 아래 있던 알프스 이북지역의 서정시인*Minesinger*들과의 교류를 주선하고, 안티오크 출신의 철학자 테오도르와 스페인 출신의 미카엘 스코트를 환대하였다. 또 프리드리히는 북아프리카와 동방의 많은 이슬람 통치자들이 고용한 과학자 및 철학자들과도 지적인 서신을 주고받았다.

12세기의 도시들은 문예 분야보다는 교역과 정치 분야에서 더 중요하였다. 중세 말엽에 등장하게 될 도시의 고유 문화는 아직 존재하지 않았으며, 이탈리아 르네상스기에 대두하였던 후원자들처럼 도시의 예술과 문학을 후원하는 사람들도 많지 않았다. 12세기 문화의 후원자는 여전히 세속의 제후 내지 교회의 제후였다. 지성사의 장기적 관점에서 보면, 문화에 대한 학문적 개념 내지 심미적 개념만으로는 결코 이 시기 도시의 영향력을 측정할 수가 없다. 12세기 북유럽에서는 심오한 지적 변화의 개막을 의미하는 진정한 경제적 사회적 혁명이 태동하였다. 각지를 떠돌아다니던 상인은 "토지에 구속되어 있던 대중에게 이동성을 야기하였다. 상인은 전통에 충실하고 각 계층의 역할과 위계를 고착화한 계서제 사회에서 기민하고 합리적으로 행동하였으며, 이 사회에서 부富는 사회적 지위가 아닌 전적으로 지성과 열정에 의해 결정되었다."[35] 싸우는 자, 노동하는

상파뉴 정기시

자, 기도하는 자라는 사회의 전통적 위계에 도시의 상인과 수공업자라는 제4의 위계가 추가되었으며, 이 미래의 부르주아지는 심지어 신을 부르주아로 부를 것이었다. 그리하여 1366년 두에의 에슈벵들(échevins)[36]은 스스로를 모든 사람 가운데 가장 유서 깊은 최초의 부르주아 지배자라고 주장하였다.

도시는 그 주변을 둘러싸고 있던 예속적인 농촌과는 확연히 구분되었다. 고유한 법률과 적어도 일정 정도의 자치정부를 보유한 자유의 고장이자 자본의 중심지, 활발한 활동의 중심지이며 토론의 광장이었다. 도시의 헌정은 종종 다른 도시로부터 차용되었는데, 항상 인접한 도시로부터 차용된 것은 아니었다. 많은 도시민들은 사업차 여행을 하였으며, 종종 장거리 여행을 하기도 했다. 이들은 여행을 통해 다른 도시민들과 만났으며, 속어 문학이 형성되고 있던 유적지와 시장이 만남의 장소가 되었다. 이들은 유럽 각지에서 주요 정기시로 대거 모여들었으며, 여행으로 먼지 투성이가 된 청원자들은 상인에 관한 특별법이 제정되어 집행되던 도시 법정으로 향하였다. 이원론을 신봉하던 이단들과 마찬가지로 상인들은 새로운 이념, 심지어는 금기시되던 이념까지도 접하였다. 이단은 교역로

35) H. Pirenne, *Mediaeval Cities* (Princeton, 1925), pp.127-128.
36) |옮긴이| 중세 프랑스에서 영주법정의 재판을 담당하던 관리로 앙시앙 레짐 하에서는 도시 시참사위원회와 동일한 기능을 가지고 있었다.

를 따라 멀리 동방에서 유래하였으며, 종종 직물업자와 같은 의미로 사용되었던 이단은 북유럽 도시들로까지 확산되었다. 이 모든 것들의 배경은 매우 중세적이었지만, 그것이 지닌 함의는 대단히 근대적이었다.

이 같은 모든 발전에서 읽기와 쓰기는 유용한 것이었지만 꼭 필수불가결한 것은 아니었다. 그럼에도 불구하고, 농민들이 그 후로도 오랜 세기에 걸쳐 문맹이었던 반면, 북유럽의 도시민들은 초보적인 교육을 제공하는 속인 학교를 설립하기 시작하였다. 특히나 남부 유럽, 그 중에서도 이탈리아의 유서 깊은 도시들에 주목할 필요가 있다. 이탈리아에서는 속인 교육의 전통이 공증인과 필경사들 사이에서 유지되었으며, 베네치아에서 볼 수 있듯이 읽기와 쓰기가 상인 계층으로 확산되었다. 이탈리아의 도시들은 이미 고유한 지역 문서보관소와 연대기는 물론 지역 법률학교까지 보유하고 있었다. 더욱이, 지중해 교역을 기반으로 삼고 있던 도시공화국들은 동방 교류의 주요 거점이었다. 베네치아와 피사는 각기 콘스탄티노플은 물론 시리아의 주요 도시에 교역 장소도 확보하고 있었다. 이들 도시는 빈번하게 외교 특사를 파견하였으며, 그 도시민들은 심지어 비잔티움 궁정의 관리가 되기도 하였다. 1136년 콘스탄티노플에는 아리스토텔레스의 『신논리학』을 번역한 베네치아 출신의 제임스라는 인물이 있었다. 모세 베르가모는 자신의 귀한 서재에 그리스 필사본들을 갖추고 있었으며, 자신의 고향인 베르가모에 관한 시를 라틴어로 짓기도 하였다. 또 자신의 긴 생애 동안 동방을 왕래하였던 피사인 부르군디오는 그리스어로 된 다수의 신학과 의학 저술들을 라틴어로 번역하였다.[37] 이보다 다소 일찍 익명의 피사인은 마조르카의 사라센에 대한 피사의 승리를 운문으로 노래하였으며, 스테픈이라는 동료 시민은 안티오크에서 아랍의 의학 관련 서적을 번역하였다. 만약 이슬람이 지배하던 동방과의 교류가

---

37) 제9장을 볼 것.

주로 교역품과 관련되어 있었다면, 그리스 교역업자와 페니키아 교역업자 간의 교역품 교환과 지식의 교류를 구분하기란 사실상 불가능하다는 점을 염두에 두어야 한다. 유감스럽게도 이 같은 교역의 영향은 확인할 길이 없고, 직접적인 흔적은 거의 남아 있지 않는 것처럼 보인다.

독립적인 성격을 띤 지적 중심지로서의 대학은 우리가 관심을 갖고 있는 12세기의 산물이라기보다는 후대 시기의 산물이었다. 하지만 후대 사회를 위해 대학이라는 교육기관이 12세기에 태동하였으며, 살레르노, 볼로냐, 파리, 몽펠리에, 옥스퍼드 등 최소 5개 대학은 12세기까지로 기원이 거슬러 올라간다. 그런데 이들 대학은 학교라는 일반적인 제도에서 전적으로 출현하지는 않았다. 이 점에서 대학이라는 명칭은 거의 알려지지 않았고, 대학이라는 고유의 제도가 거의 인정을 받지 못하였다. 대학은 아직 다른 대학들과 온전히 결부되어 있지 않았으며, 교황청은 이들 대학에 어떤 영향력도 행사하지 않았다.

우리는 이들 몇몇 지적 중심지 내부 및 심지어 이들 중심지 간의 통신, 각 지역의 이념과 지식 그리고 서적의 실제적인 이동에 대해 아는 것이 거의 없다. 우리가 알고 있는 것이라곤 강과 바다라는 보조적 이동 경로와 더불어 도로이며, 로마의 낡은 대로는 그 대다수가 당시 주교좌 및 주교좌성당이 소재한 유서 깊은 도시들과 연결되었을 뿐만 아니라 많은 신생 도시와도 합류하였다. 신생 도시들은 모든 장거리 지적 교류에 필수불가결한 통로였던 성지, 안식처 및 수도원과 더불어 흩어져 있었다. 베디에르는 "태초에 도로가 있었다"[38]라고 주장하였다. 로마가 평화를 유지하던 시기에 담보되었던 안전이 확보되지 못하고 지역 지배자들의 무관심으로 방기되어 있기는 했지만 대로들은 여전히 빈번하면서도 신속한 소통에 상당히 기여하였다. 장거리 여행의 경우 여행자가 하루에

---

38) Bédier, *Les légendes épiques* (second edition, Paris, 1914-21), iii, p.367.

이동할 수 있는 거리는 대개 20-30마일이었지만, 사적인 전문 전달자를 이용하면 40마일까지도 가능하였다. "로마에서 캔터베리까지 서신이 전달되는 데 채 5주가 걸리지 않았으며, …… 특급 전령과는 달리 여행자의 경우에는 7주 정도가 소요되었다."[39] 소아시아에서 사망한 프리드리히 바바로사의 부고 소식이 독일에 전해지는 데는 4개월이나 걸렸지만, 리처드가 오스트리아에서 포로가 되었다는 소식이 영국에 전해지는 데는 수주밖에 걸리지 않았다. 1191년 쾰른 대주교의 시신이 나폴리에서 쾰른으로 이송되는 데는 6주가 소요되었다. 그렇다면 책의 유통 속도는 어느 정도였을까?

지적 교류 전반에 관한 보다 구체적인 내용은 우리 능력 밖의 일이다. 우리가 가진 지식은 기껏해야 질적인 것이라기보다는 양적인 것에 불과하다. 순례자 및 상인의 이동 경로는 알려져 있지만, 이들의 숫자와 그 영향력에 관해서는 알려진 바가 없다. 십자군의 여정을 추적할 수는 있지만, 이들이 어떤 생각을 가지고 원정에 참여하였는지에 대해서는 알려진 바가 없다. 학생들의 학업 여정도 추적이 거의 불가능하며, 심지어 오토 프라이징과 존 솔즈베리의 고전적 서술에서조차도 이에 관한 상세한 기술은 결여되어 있다. 이에 비해 고위 성직자의 이동 경로는 종종 보다 구체적으로 추적할 수가 있는데, 심도 있게 연구해볼 가치가 있다. 따라서 영국 성직자들의 로마 순례는 여행에 관해 많은 정보를 제공하고 있다. 1139년 영국 출신의 주교 다섯 명과 수도원장 네 명이 라테란 공의회에 참석하였다. 1144년 영국의 한 추기경이 있었고, 스칸디나비아에서 되돌아온 직후인 1154년에 영국 출신의 교황이 되었다.[40] 수차례에 걸쳐

---

39) R. L. Poole, *The Early Correspondence of John of Salisbury* (British Academy, 1924), p.6.
40) |옮긴이| 영국인 출신으로 최초로 교황이 된 하드리아누스 4세다.

로마를 방문하였던 주교 헨리 윈체스터는 약 1150년경 마지막 로마 방문에서 고대 조각상을 가지고 스페인과 콤포스텔라를 경유하여 영국으로 돌아왔다. 옥스퍼드의 성 프라이즈와이드의 수도원장으로서 헨리 2세에게 플리니우스의 저술 축약본을 헌정하였던 로버트는 로마를 한 차례 이상 방문하였으며, 멀리 시칠리아까지 여행하였다. 월터 맵과 아담 프티 퐁 이 두 사람의 서신들을 통해서는 1179년 공의회에 참석한 영국의 대규모 대표단의 실체가 알려졌다. 12세기 캔터베리의 성 아우구스티누스 수도회 수도사들은 로마에 30명의 선교사를, 크라이스트 교회는 17명의 선교사를 파견하였다. 장서 수집가로 명성이 높았던 베이외의 주교 필리프는 로마를 적어도 네 번 방문하였다. 이탈리아를 적어도 여섯 번이나 방문한 존 솔즈베리는 시칠리아 상서와 교문을 나누었으며, 교황청에서 8년 동안 봉사하였다. 존은 또한 피사의 번역가 부르군디오와 그리스어 번역가를 만났다. 그는 귀국하면서 무엇을 가지고 왔을까? 지적 개연성이 있는 이들 사례는 풍부하며, 그 중 일부는 성실한 연구자를 통해 실상이 드러날 수도 있다. 하지만 대부분의 경우 개연성이 모호하며, 12세기의 흥미롭고 중요한 많은 사실들이 복원되지 않은 채 인멸되었다는 사실을 우리는 인식해야 한다. 모든 역사 시대에는 이것이 일정하게 사실이며, 특히 지성사를 이해하는 데 매우 중요한 요소임을 염두에 둠으로써 스스로 위안을 삼을 수도 있을 것이다.

수도원 전반에 관한 주요 자료는 여러 수도회의 『규칙』Consuetudiens과 다수의 전기, 특정 수도원의 연대기들이다. 12세기의 경우 보다 조직적인 방문과 후대의 연구를 통해 제공되는 구체적인 세부 사항이 결여되어 있다. 포괄적인 참고문헌에 관해서는 *Cambridge Medieval History*, v. 20장을 참고하기 바란다. 수도원 제도에 관한 훌륭한 연구서로는 피퍼(F. Pijper)의 *De Klooster*(The Hague, 1916)가 있다. 오늘날의 베네딕트 수도사들이 선호하는 설명이자 수도원에 관한 훌륭한 연구서로는 베르리에르(U. Berlière)의 *L'ordre monastique*(second edition, Paris, 1921)와 가스케(F. A. Gasquet)의 *English Monastic Life*(London, 1904)가 있다. 클뤼니 수도회의 지적 생활에 관해서는 색쿠르(Sackur)의 *Die Cluniacense*(Halle, 1892-94)를 참조하기 바란다. 시토 수도회의 지적 생활에 관해서는 아르부와(H. d'Arbois de Jubainville)의 *Études sur l'état intérieur des abbayes cisterciennes au XIIe et au XIIIe sicècle*(Paris, 1858) 및 바탕다르(E. Vacandard)의 *Vie de Saint Bernard*(fourth edition, Paris, 1910)를 참고하기 바란다. 몬테카시노 수도원에 대한 연구는 아직 이루어지지 않고 있다. 한편 로(E. A. Loew)의 탁월한 연구 *The Beneventuan Script*(Berlin, 1909) 및 캐스파(E. Caspar)의 *Petrus Diaconus*(Évreux, 1901)를 참고하기 바란다. 벡 수도원에 관해서는 포레(A. A. Porée)의 *Histoire de l'abbaye du Bec*(Évreux, 1901)가 도움이 된다. 생에브루에 관해서는 들리슬(Dlisle)의 *Ordericus Vitalis*, v(Paris, 1855) 서문을, 트로안에 관해서는 소바즈(R. N. Sauvage)의 *L'abbaye de Saint-Martin de Troan*(Caen, 1911)을 참고하기 바란다. 웨스트민스터에 관해서는 로빈슨(J. A. Robinson)의 *Gilbert Crispin*(Cambridge, 1911)을 참고하기 바란다. 영국의 시토 수도회에

관해서는 포윅(F. M. Powicke)의 *Ailred of Rievaulx*(Manchester, [1922])를 참고하기 바란다. 쿨튼(G. G. Coulton)의 *Five Centuries of English Religion, I, 1000-1200*(Cambridge, 1923)에서는 지적 생활에 대한 언급이 거의 없다. 독일에 관해서는 호크(A. Hauck)의 *Kirchengeschichte Deutshlands*(Leipzig, 1887-1911)를 볼 것. 스페인에 관해서는 페로텡(M. Férotin)의 *Histoire de l'abbaye de Silos*(Paris, 1897) 등의 개별적인 연구와 다음 장에서 언급할 리폴(Ripoll)에 관한 연구서를 참조하기 바란다.

주교좌성당 제도에 관해서는 교회법 지침서에 기술되어 있다. 지적 중심지로서의 주교좌성당에 관해서는 여전히 연구가 필요하다. 한편 *Dictionary of National Biography*나 로즈(V. Rose)의 "Ptolemaeus und die Schule von Toledo," *Hermes*, viii(327-349, 1874)처럼 산발적으로 기술되어 있는 연구서와 탁월한 대주교 및 주교의 전기들을 참고할 수 있다. 가루피(C. A. Garufi)가 엮은 *Necrologio del Liber Confratrum di S. Matteo di Salerno*(Rome, 1922)는 탁월한 저서다. 주교좌성당 학교에 관해서는 제12장을 참조하기 바란다.

궁정 및 성에서의 생활을 다룬 일반 저서들 가운데에는 지적 중심지로서의 궁정에 관한 언급은 거의 없다. 그 대신 파랄(E. Faral)의 *Les joingleurs en France au moyen âge*(Paris, 1910), 홀츠네흐트(K. J. Holzknecht)의 *Literary Patronage in the Middle Ages*(University of Pennsylvania thesis, 1923)를 참조하기 바란다. 사자공 하인리히에 관해서는 필리피(F. Philippi)의 *Historische Zeitschrift*, cxxvii(50-65, 1922)를 참조하기 바란다. 헨리 2세의 궁정에 관해서는 스텁(Stubbs)의 *Seventeen Lectures on Mediaeval and Modern History*(third edition, Oxford, 1900, chs. 6, 7), 해스킨스(Haskins)의 *Norman Institutions*(Cambridge, 1918, ch.5), 해스킨스의 "Henry II as a Patron of Literature," *Essays in Mediaeval History Presented to Thomas Frederick Tout*(Manchester, 1924, chs. 9, 12-14) 및 "England

and Sicily in the Twelfth Century," *English Historical Review*, xxvi (433-447, 641-665, 1911) 등을 참조하기 바란다. 하버드 대학 도서관에는 슈에퍼(P. B. Schaeffer)의 "Englishmen in Italy in the Twelfth Century"(1923), 러셀(J. C. Russell)의 "Henry of Avranches"(1926) 등 미간행 박사학위 논문들이 소장되어 있다.

중세 도시를 다룬 많은 문헌들은 12세기 도시의 지적 생활에 대해 거의 언급한 것이 없다. 북유럽 도시의 초기 역사에 관한 뛰어난 연구서로는 피렌느(H. Pirenne)의 *Medieval Cities*(Princeton, 1923)가 있다. 북유럽 및 이탈리아 번역가들에 관해서는 해스킨스(Haskins)의 *Mediaeval Science* (ch.10)를 참고하기 바란다.

통신에 관해서는 쥬스랑(J. J. Jusserand)의 *English Wayfaring Life in the Middle Ages*, 베디에르(J. Bédiers)의 *Légends épiques*를 참고하기 바라며, 상업에 관한 일반적인 참고문헌으로는 루드빅(F. Ludwig)의 *Untersuchngen über die Reise-und Marschgeschwindigkeit im XII. und XIII. Jahrhundert*(Berlin, 1897), 해스킨스(Haskins)의 "The Spread of Ideas in the Middle Ages," *Speculum*, i (19-30, 1926) 등이 있다.

제2장의 주제와 관련해서는 앞으로 다루게 될 전기, 특히 제8장의 전기를 참조하기 바란다.

제 3 장

서적과 도서관

12 세기 지식인을 연구할 때는 당시 일반적으로 이용 가능하였던 서적들, 그것들의 제작 및 활용과 결부되어 있는 여건을 고려해야 한다. 가능하다면 모든 저술가가 인용한 내용, 그가 행한 여행 및 그가 접하였던 서적들을 기반으로 하여 지적 배경을 검토하는 것이 사실상 바람직하다. 최소한 판본과 판매 부수 같은 명백한 사항은 물론 표준적 자료에 대한 손쉬운 접근이라는 교묘한 추정을 통해 생길 수 있는 오늘날의 선입견을 배제해야 한다. 어떤 시대의 장서에 대한 실체적인 이해 없이는 자칫 오해가 생기기 쉽다. 쿨튼은 "안셀름이 플라톤과 악수를 했을 수도 있다"라고 주장하였다.[1] 하지만 이건 전혀 불가능하다. 당시 유럽에는 그리스어 필사본이 없었고, 안셀름은 그리스어를 할 줄 몰랐으며, 더군다나 당시 『티마이오스』의 일부를 제외한 플라톤의 저술은 어떤 것도 라틴어로 번역되어 있지 않았기 때문이다. 오르데리쿠스

---

1) Coulton, *Five Centuries of Philosophy* (Cambridge, 1923), i, p.21. 중세 플라톤주의에 관해서는 제9장을 볼 것.

비탈리스의 『역사』*History*에 대한 레오폴드 들리슬의 서문은 12세기 저술가를 어떻게 이해해야 할 것인가에 대한 좋은 사례가 된다. 이 책에서는 오르데리쿠스가 기거한 생에브루(Saint-Évroul) 수도원의 도서관 장서목록이 발견되었다. 또한 이 책은 수도원의 지적 상황, 즉 오르데리쿠스의 독서에 관한 개요, 특히 그가 인용한 문구 및 멀리 떨어진 캉브레와 우스터로의 소중한 여행에 대해 기술하였다.

중세의 도서관에 대해 언급할 때는, 그것이 특정 공간을 의미하지 않으며 더욱이 특정 건물을 의미하지도 않는다는 점을 우선 염두에 둘 필요가 있다. 주로 도서관을 의미하는 어휘는 아르마리움*armarium*인데, 이는 책장 내지 책 절단기를 의미하며 이것이 곧 '도서관'이었다. 이것은 대개 교회에 비치되어 있었고, 후대에는 벽의 책장과 더불어 수도원 벽감에 종종 위치해 있었다. 일부에선 학교 교재를 위한 특별 공간을 마련해 두기도 하였다. 소장된 도서의 규모는 미미한 수준에 불과하였고, 초기 수도원의 장서목록은 소수, 아마도 20여 권 정도에 불과하였을 것이다. 11세기 말엽의 베네딕트 수도회 랑프랑 수도원의 『규정』*Consuetudines*에 보면 천 한 장으로 수도원의 모든 장서를 쌀 수도 있다고 상정하고 있지만, 모든 수도사가 연간 독서를 하기에 충분한 사본이 있었을 것으로도 추정된다. 수도원에서는 많은 책을 필요로 하였으며, 당시 '책 없는 수도원은 무기 없는 성과 다를 바 없다'는 말이 회자되었다.

이 같은 장서는 기증이나 구매 혹은 현지 제작을 통해 증가하였다. 전문 필경사와 일반적인 도서 시장이 없었던 12세기에는 도서 구매가 일상적이지 않았다. 물론 볼로냐와 파리 같은 곳에서는 이미 서적 판매소가 등장하였다. 필사본들은 당연히 매우 귀하였으며, 특히 성가대용 대형 예배서가 그러하여, 훌륭한 성서를 구매하려면 10 달란트를 지불해야 했고 미사전서를 포도밭과 교환했다는 이야기도 전해진다. 1043년

바르셀로나의 한 주교는 유대인에게서 프리스키아누스의 책을 두 권 구입하는 데 집 한 채와 토지 한 필지에 해당하는 엄청난 값을 지불하였다. 수도원에 입회한 수도사, 수도원에서 환대를 받은 여행자 및 특히 유증에 의한 도서 기증은 종종 기록으로 전해져 온다. 이에 12세기 루앙 주교좌성당에서는 도서 기증자를 일일이 기록해 두었다. 즉 대주교 로트루(1165-83)로부터 대 플리니우스의 『박물지』, 제롬의 서한, 아우구스티누스의 『신의 도시』, 이시도르의 『어원학』, 비트루비우스 및 그의 전임자였던 대주교 위그로부터 두 권의 저술, 부주교였던 로렌스로부터는 성서의 절반, 교사 갈란으로부터 미사전서, 교사 안탄으로부터 성서 아홉 권을 각각 기증받았다. 이 성서들 중 한 권은 주석이 들어간 시편과 교환되어 보쉐르빌의 생 조르주에 대여되었다. 당시 도서 대여는 여전히 일상적인 일이었다. 1164년 주교 필리프 바이외는 책 140권을 벡 수도원 도서관에 기증하였는데 그 중 27권은 도서관에 도착하지 못하였다. 1180년 존 솔즈베리는 자신이 소장한 몇몇 장서를 샤르트르 주교좌성당에 기증하였다. 하지만 수도원이 소장한 서적의 주요 원천은 수도원에서 제작된 책이었다. 수도사는 수도원에서 필사라는 노동을 아무 대가 없이 수행하였으며, 수도원의 토지 수입으로 구매한 양피지를 종종 공급받곤 하였다.

수도원에서 이루어지던 필사는 그 자체가 하나의 제도였다. 물론 필사가 초기 수도원의 규칙에 명확히 규정된 것은 아니지만, 곧 명예로운 노동으로 인식되었으며, "수도원의 모든 규율의 회복에는 필사에 대한 새로운 열정이 수반되었다."[2] 클뤼니 수도회 수도원에서는 필경사들에게 성가의 의무를 면제시켜 주었으며, 가경자 겸 수도원장 피터는 필사가 경작지에서의 노동보다 고귀하다고 지적하였다. 시토 수도회 수도원에서는 필경사들을 위해 수확기를 제외하고는 농업노동에서 제외해 주었으며,

---

2) W. Wattenbach, *Das Schriftwesen im Mittelater* (third edition, 1896), p.441.

필수불가결한 직무 수행에 방해가 된다며 금지한 부엌 출입도 허용하였다. 카르투지아 수도회 수도사들은 자신의 골방에서 필사를 해야 했다. 영원한 보상에 대한 열망이 채찍을 가하는 열정을 고무하였다. 11세기 아라스의 한 수도사는 "글자, 줄 그리고 점을 하나씩 필사할 때마다 나의 죄는 사면을 받게 된다"라고 주장하였다. 오르데리쿠스는 필사를 통해 구원을 얻고, 자신이 범한 여러 가지 죄악들이 단 한 통의 편지라는 공덕을 통해 악마로부터 마침내 구원받게 된 수도사에 관해 언급하였다. 하지만 수도사가 필사 일을 지속하는 것은 여전히 쉽지 않았으며, 고용된 필경사가 점점 더 이름을 날리게 되었다. 그래서 프리드리히 바바로사가 테게른제 출신의 필경사에게 미사전서와 서신의 필사를 명령하였던 것처럼 심지어 수도원에서까지 필경사를 고용하기도 하였다.

책을 필사하는 작업은 아무리 해도 지루한 일이었고, 고통을 수반하기도 하였다. 심지어 오르데리쿠스처럼 성실한 필경사조차 혹독한 추위 때문에 손가락이 마비되어 어쩔 수 없이 필사 작업을 중단해야 했다. 10세기의 수도사 레오 노바라는 세 손가락으로 필사 작업을 하는 동안 등이 굽고, 갈비뼈가 복부까지 내려앉는 등 아프지 않은 곳이 없을 정도라고 필사의 고충을 토로하였다. 후대 시기 및 이 책의 내용과는 다소 관련이 없는 이전 시기에 필사를 하는 데 실제로 시간이 얼마나 소요되었는지에 대한 정확한 정보는 거의 없다. 1004년 콘스탄틴 룩스외이가 이른바 보에티우스의 『기하』를 근대의 서책을 기준으로 약 55페이지를 필사하는 데 11일이 소요되었다. 12세기 생 트롱의 부수도원장은 양피지를 준비하는 것으로부터 최종 채식과 기보법에 이르는 과정을 포함하여 시편의 성전에 올라가는 노래3)를 전부 필사하고 마무리하는 데 꼬박 일 년이 걸렸다. 1162년 레옹에서는 성서를 6개월 만에 복제하고 7개월

---

3) |옮긴이| 시편 제120-134편에 이르는 15편의 시들.

만에 채색한 것을 경이로운 사건으로 기록하였다. 1220-21년에 노바라의 한 필경사는 성서를 필사하는 데 15개월을 소요하였다. 만약 이보다 신속한 필사 작업이 필요했다면, 아마 여러 필경사들에게 다수의 분첩으로 분배되었을 것이다.

여하튼, 다수의 서명이 보여주고 있듯이, 필경사들은 매우 인간적인 방식으로 작업 완료를 반겼다. "필사 작업이 완료된 것에 대해 신에게 감사하노라"라는 문구는 매우 일반적인 표현이었으며, 종종 천상에서의 보상이나 포도주, 맥주, 살찐 거위 및 맛있는 음식 같은 보다 세속적인 욕구가 동반되기도 하였다.

> 책이 마무리된다, 신에게 감사를
> 책이 마무리된 후 그리스도에게 찬사와 영광이 있다
> 이 책이 필사되며, 이 책을 필사한 사람에게 축복이 있다
> 그리스도를 위해 훌륭한 이 책이 만들어진다
> 책을 필사한 사람과 필사할 사람에게, 그리스도와 더불어 늘 생명이 함께한다
> 책을 필사한 사람과 필사할 사람은 좋은 포도주를 마신다
> 책을 마무리한 장인에게 살찐 거위가 제공된다
> 필경사에게 아름다운 소녀가 제공된다

필경사는 노래를 부르기도 하고 놀이를 하기도 한다.

> 책이 마무리 된다 책을 마무리 하자, 필경사로 하여금 나가서 노래를 부르도록 하라
> 책이 마무리 된다 책을 마무리 하자, 필경사로 하여금 나가서 놀이를 하도록 하라

캔터베리의 에드윈 같은 필경사는
자신의 일과 명성에 대단한 자긍심
을 가지고 있었다.

캔터베리의 필경사 에드윈(12세기)

나는 필경사 중 최고의 필경사, 나
의 찬사도 나의 명성도 사라지지
않을 것이다. 나의 서체여 내가 누
구인지를   말하라.

12세기경 수도원에서는 여러
예배 의식을 집전하기 위해 일반적
으로 특정 토지 내지 수입원이 책정
되었으며, 장서가 이 같은 방식으로
관리되지 않을 경우에는 그때 그때의 기부에 의존하였던 것으로 보인다.
당시 코르비 수도원의 사서는 오래된 책을 복원하고 새로운 책을 만드는
데 탁월한 재능을 가지고 있었으며, 성 알반 수도원은 적어도 정규 필경사
한 명을 고용할 수 있는 충분한 재원을 십일조에서 별도로 책정하였다.
아빙돈 수도원은 책의 제작을 제외한 모든 예배 집전에 들어가는 비용을
상세히 기록하였다. 1206년 이브샴 수도원의 "수도원장은 한 마을의
십일조를 양피지 구매와 필경사들의 급료로 할당하였던" 반면에 "성가대
선창자는 임대료와 십일조에서 채색용 잉크와 물감 그리고 제본 재료비를
충당하였다."4) 성 에머람의 오틀로가 복제하여 자신의 친구에게 제공한
편집 도서에 관한 긴 목록에 의하면, 학교 교사로서 자신의 정규 의무
시간 외에 제공된 휴식 시간은 매우 적었다.

---

4) M. Bateson, *Mediaeval England*, p.214.

우리가 다루고 있는 12세기의 모든 책은 양피지로 만들어졌다. 중세 초기에 널리 사용되던 파피루스는 더 이상 사용되지 않았으며, 종이는 아직 서유럽에 소개되지 않았다. 조악한 형태든 세련된 형태든 세심하게 준비된 양피지를 절단하여 규칙적으로 선을 그은 첩으로 접었다.[5] 필사본의 크기는 매우 다양하였다. 커다란 필체로 기록된 다수의 대형 성서와 예배 서적이 있는가 하면, 12세기에는 16절판 내지 이보다 더 작은 크기의, 정확하되 종종 작은 필체로 기록된 소책자들이 다수 있었는데, 이런 책자들은 여행자의 주머니에도 들어갈 정도로 작았다. 카롤링 왕조 시대의 명료한 소문자 서체가 여전히 사용되고 있었던 12세기 초엽은 중세 서체의 황금기의 하나였다. 그 이후 고딕식 필법과 합자合字가 도입되었으며, 13세기에는 수많은 축약이 일반화되고 흘림 서체가 다시 등장하기도 하였다.

11세기경 많은 지역에서 카롤링 왕조의 전통이 사라졌으며, 12세기에는 필사본의 채색술이 부활하기도 하였다. 후대의 뛰어난 작품들에 도입되었던 12세기의 아름다운 머리글자는 당시 주로 붉은색과 초록색 및 황금색으로 국한되었다. 대식가 피터는 유명한 『성서의 역사』에 도해를 도입하고, 수녀원장 헤라트 란츠베르크는 『환희의 정원』Hortus deliciarum에서 삽화를 도입하였는데, 헤라트의 이 책은 12세기 수도원 예술의 대표적 사례였다. 그런데 헤라트의 책은 1870년에 발생한 스트라스부르 도서관 화재로 소실되고 말았다. 이 시기의 세련된 디자인은 예술 전반의 발전에 매우 중요한 함의를 지니고 있었다. 이 시기의 산물로서 책에 돈을 아낌없이 들여 세심하게 이루어진 작업의 또 다른 사례는 가죽 제본에서 활용된 훌륭한 인박이다.

12세기의 필사본들에는 무엇이 포함되어 있었을까? 그 해답을 제공한

---

5) 본문 149쪽 참조.

이 분야의 권위자 몽테규 제임스의 견해를 인용해 보면 다음과 같다.[6]

> 오늘날 유럽의 힘과 역량은 모든 분야에서 뛰어나며, 우리가 관심을 갖고
> 있는 분야에서 특히 그러하다. 오늘날 우리네 유럽 도서관들의 서고는
> 12세기 필사본들로 채워져 있다. 그레고리우스, 아우구스티누스, 제롬 및
> 안셀름의 필사본들은 수백 개가 넘는다. 12세기는 중요한 성서의 시대이자
> '주석'의 시대였다. 여백 및 줄 사이에 주석이 달린 낱권으로 된 성서 내지
> 여러 권으로 이루어진 성서가 있었다.(이들 중 다수가 북부 이탈리아에서
> 생산된 것으로 보인다) 이 시기에는 베르나르, 휴 생 빅토르, 리처드 생
> 빅토르, 대식가 피터, 피터 롬바르드 등을 비롯한 많은 저술가들도 배출되었
> 다. 대식가 피터와 피터 롬바르드는 중세에 널리 알려진 교과서의 저자들이
> 었다. 피터 롬바르드는 『명제집』*Sentences*(교리 체계)을 그리고 대식가 피터는
> 『성서의 역사』*Historia Scholastica*(성서의 역사에 관한 편람)를 저술하였다.
> 필자가 이해하기로는 당시 도처에서 분원을 설립하고 있던 시토 수도회는
> 표준적인 저서들의 훌륭하지만 매우 평범한 필사본들로 도서관을 부지런히
> 채우고 있었는데, 건축물에서도 그러했듯이 책에 그림이 들어간 장식을
> 멀리하고 세속 학문에는 거의 관심을 기울이지 않았다.

우리는 많은 소형 성서, 『명제집』과 『신학대전』, 다수의 교과서들, 13세기
의 위대한 신학 및 법률 주석을 여전히 접하지 못하고 있다.

12세기의 장서를 전반적으로 살펴보면, 이들 장서는 새로운 복제본뿐
아니라 오래된 사본도 다수 포함하고 있었다. 이것들은 일부 동시대의
장서목록[7]이나 후대의 기술, 그리고 소장자의 부호, 도서분류 번호 내지

---

6) Montague R. James, *Wanderings and Homes of Manuscripts*, p.38.

오늘날 책에서 발견되는 다른 특징적인 표식을 통해 알려지게 되었다. 물론 이들 표식은 다시 제본되는 중에 사라지기도 하였다. 이들 장서의 재구성은 매우 중요한 관심사였을 뿐만 아니라 특정 시기 유럽인의 정서의 한 단면을 제공한다는 점에서도 매우 중요하다. 12세기에 약 60개 정도였던 이들 장서목록은 별반 도움이 되지 못하였는데, 날짜를 알 수 있을 만한 어떤 암시도 없고, 고전 작가들의 저작을 '학교 교재'로 뭉뚱그려 취급하는 등 종종 내용과 관련하여 만족스럽지 못한 설명밖에 없는 필사본 면지에 붙어 있는 평범하고 조악한 체크리스트에 불과하였다. 중세 말엽에 가서야 도서에 관한 설명이 보다 충실하고 정확해져, 각 권의 두 번째 면지 첫줄에 도서 정보가 제공되거나 종종 숫자 내지 도서번호가 제공되기도 하였다. 이 도서목록들의 순서는 거의 대부분 알파벳 순서가 아니었다. 중세인들은, 적어도 첫 글자를 제외하고는 알파벳 순서를 크게 고려하지 않았기 때문이다. 그래서 그들은 미국의 사환이 전화번호부를 펼쳐보고는 경악을 하는 것과 비슷한 난감한 상황에 직면하였을 것이다. 필자가 주목한 장서목록들 가운데 거칠기는 하지만 알파벳 순서로 된 것은 코르비와 생 베르텡 수도원의 장서목록이 유일하다. 하지만 이 목록은 대개 성서, 예배서 및 교부들의 저서 식으로 주제별로 정리가 되어 있는 것처럼 보인다.

이 시기에 구색을 제대로 갖춘 도서관은 모두 이렇게 해서 일정하게 핵심이 되는 도서들을 항상 소장하고 있었을 것이다. 그 첫째가 성서다. 종종 성 제롬의 라틴어 번역본 성서를 포함해서 많은 성서 복제본들이 있었으며, 여기에는 빈번하게 주석이나 주해가 수반되었다. 이들 주석이

---

7) 이에 관한 당대의 훌륭한 사례로는 Saint-Évroul, *Orderic Vital et l'abbey de Saint-Évroul, notices et travaux* (Aleçon, 1912), 〈삽화 1〉의 셍에브루 도서관 도서목록을 볼 것.

나 주해는 교훈적, 비유적 및 영성적 해석을 통해 성서 본문을 보완하였으며, 이들 해석에는 관례적이고 보편적으로 인정된 엄청난 양의 설명과 함께 자구적 의미가 중첩되어 있었다. 중세 내내 중세인의 심성에는 성서에서 유래된 구절과 비유는 물론 모든 운문에 등장하는 비유와 신비주의가 함축적으로 가득 차 있었다. 솔로몬의 『애가』(2장 5절)에 나오는 "작은 여우가 포도나무 밭을 망친다"는 구절은 오랫동안 이단을 의미하는 것으로 해석되어 왔는데, 이러한 해석은 초기 왈도파[8] 주석가들에 의해 이루어졌다. 대개 성서는 여러 권으로 이루어져 있었는데, 주석이 없는데도 그러하였다. 사실 성서는 때로 도서관으로 불렸으며, 성서를 이해할 수 있는 사람들에게는 실상 도서관이나 마찬가지였다. 성서의 일부, 즉 시편이나 복음서 및 서신들은 종종 예배용으로 쓰기 위해 당연히 별도 보관되었다. 성서 다음으로 미사전서, 교송집, 성구집, 층계송집, 전례용 수식 문구집 등의 교회 예배서, 교회력 및 두세 개의 수도원 규칙 등이 등장하였다. 그 다음이 암브로시우스, 제롬, 아우구스티누스 및 그레고리우스 등의 교회 교부들의 저서인데, 이들의 성서 주해를 고려하지 않더라도 항상 상당히 중요하였다. 4대 교부들 가운데 암브로시우스와 제롬은 가장 적은 지면을 차지하였다. 물론 수도원 생활을 찬미하는 제롬의 서신은 매우 인기가 있었고 그리스도교 지적 전통에서 높은 위상을 차지하였다. 아우구스티누스의 저술에 관한 긴 목록은 중세의 어떤 도서목록에도 전부 등장하지는 않았다. 하지만 대개 일부의 주석서와 신학 저서 및 『신의 도시』를 포함한 훌륭한 목록은 늘상 존재하였다.

---

8) |옮긴이| 12세기 프랑스의 피터 왈도(Peter Waldo)는 1176년 전 재산을 빈민들에게 나누어준 뒤 청빈한 생활을 하며 설교에 전념하였다. 그를 추종한 왈도파는 연옥, 연미사, 속죄를 위한 보속, 교회의 부패 등을 비판하였다. 리용 부근에서 시작해서 프랑스 전역으로 세력이 확산되었으나, 박해와 종교재판 등으로 점차 세력이 약화되었다.

아우구스티누스는 중세 사상의 핵심 분야에서 어떤 저술가보다 지속적으로 영향력을 행사하였다. 12세기 아우구스티누스의 위상은 스콜라 신학의 형성 및 오토 프라이징의 사례에서 보게 될 것처럼 역사철학 분야에서 특히 두드러졌다. 지적으로 엄격하고 고전적이었던 아우구스티누스보다 위상은 낮았지만 자신이 행한 기적 이야기가 대중에게 쉽게 수용됨으로써 광범위한 영향력을 행사하였던 교황 대 그레고리우스의 저술은 중세에 매우 인기가 있었다. 그레고리우스에게 있어 성서란 모든 사람을 위한 책이자 "양이 헤엄치고 걸을 수 있으며 코끼리가 헤엄칠 수 있는 수심이 깊지 않은 수영장" 같은 것이었다. 그리고 그레고리우스는 로마적 방식이라기보다는 중세적인 방식으로 필요한 모든 것을 기억하게 하였다. 문헌 역사상 위대한 '보고'이자 6권으로 된 그레고리우스의 『욥기의 도덕』, 『에스겔서 강론』, 『대화』의 이야기와 기적 및 『사목적 배려』에서 나오는 주교의 의무에 관한 해설서를 소장하지 못한 도서관은 좋은 도서관으로 인정받지 못했다. 그리스도교 왕국의 가장 오지인 아이슬란드의 주교 토르락은 1133년 임종 때 그레고리우스의 『사목적 배려』를 들려달라고 요청하였으며, 이 책을 그에게 읽어주자 대담한 용기와 더불어 그가 자신의 죽음을 예견하였다고 사람들은 생각하였다.[9]

『욥기의 도덕』의 12세기 필사본

좋은 도서관의 반열에 오르기 위해 반드시 구비해둬야 할 또 다른 도서군은 고대 지식의 변형자가 아닌, 전달자들로 구성되어 있었다. 즉 마르티아누스 카펠라, 프리스키아누스, 보에티우스, 이시도르 및 비드 등이었다. 성서와 베르길리우스 이후 중세에, 다소 과장되기는 하였지만, 매우 대중적인 작가로 알려진 마르티아누스는 각각의 개요와 더불어 7자유학 개념을 전달하였다. 프리스키아누스는 라틴 문헌의 많은 사례를 통해 라틴 문법을 대변하였다. 보에티우스의 저작들은 12세기에 크게 유행하였다. 그의 인간적인 면모가 담긴 『철학의 위안』, 당시 새로운 학문에 의해 재복원된 그의 신학 저술들, 무엇보다 그가 집필한 논리학, 수사학, 산수 및 음악은 물론 기하학 등의 교재들이 널리 유행하였다. 기하학 교재 중에는 보에티우스가 집필하지 않았음에도 저자로 기재되어 있기도 했다. 이시도르의 『어원학』은, 종종 어린이용 백과사전이 그러하듯 중세의 위대한 백과사전이었다. 물론 다수의 기이한 내용은 대 플리니우스로까지 거슬러 올라가기도 한다. 우리는 12세기의 필사본 숫자를 산정할 수는 없지만, 『어원학』이 만들어지고 두 세기가 지난 후인 약 850년경 완성된 복제본 54부 그리고 필사된 발췌본 100부 이상이 세비야에서 피레네 산맥 이북지역으로까지 확산되었다는 사실이 알려져 있다. 비드 역시 아일랜드와 앵글로-색슨족 수도사들 사이에서 '호평을' 받았다. 비드의 뛰어난 성서 주석은 논외로 치더라도, 그의 연대기와 천문학 분야 책들은 여전히 표준적 교과서였다.

도서관에는 법률, 특히 교회법에 관한 서적이 소장되어 있었을 것이다. 게르만 법과 프랑크 왕국의 법령집은 당시 거의 복제되지 않았으며, 『로마법 대전』은 막 확산되기 시작하였다. 하지만 교황의 서한집, 교회 공의회 법령집 그리고 종종 그라티아누스가 새롭게 편집한 『교회 법령집』이 지속적으로 발견되고 있다. 프루덴티우스, 포르투나투스, 풀겐티우스

---

9) W. P. Ker, *The Dark Ages* (New York, 1904), p.136.

그라티아누스의 『교회 법령집』

등의 그리스도교적 양식의 시도 빈번히 등장하고 있으며, 아마도 카롤링 왕조의 일부 운문도 등장하였을 것이다. 그러나 속어로 된 책은 희소하였다.

이 같은 표준적인 핵심 장서와 관련하여 나머지 장서는 오히려 불균등한 도서군으로 구성되어 있었다. 독일 시토 수도회 사례와 마찬가지로 일부 지역에서는 교부들의 저작만이 거의 유일하게 남아 있다. 우리가 앞으로 살펴보게 될 고전은, 물론 고정되거나 일정하지는 않았지만, 장서를 대변하는 것처럼 보였다. 카롤링 왕조의 신학자들과 인문주의자들의 저작들도 빈번히 보였다. 즉 알퀸, 라바누스 마우루스, 파스차시우스 라드베르투스, 힝크마르, 레미기우스, 스말라그두스의 저술과 헬페릭 옥세르의 『계산』Computus 등이 그것이다. 성인전은 늘 발견되는데, 특정 성인들의 전기는 매우 다양하였다. 역사 관련 서적도 있었는데, 이는 중세 초기의 일반적인 연대기들, 아마도 그레고리 투르의 연대기였을 것이며, 교회 내지 그 지역의 몇몇 국지적 연보들이었다. 또 문헌 양식상 전기류 혹은 수도원 내지 주교좌성당 구성원의 저서는 물론 문서 양식을 불문하고 개별 수도원 내지 주교좌성당의 고유 자료가 빈번히 발견될 것이다. 성 안셀름, 성 이보,[10] 성 베르나르 및 피터 롬바르드 등 12세기의 위대한 학자들의 저술은 곧 그 위상을 확보하였지만, 이들보다 중요도가 덜한 작가들은 장서목록에서 확고한 위치를 점하지 못하였다. 이들 목록을 통해 보건대, 논리학이나 의학 및 자연과학 등의 새로운 학문은 매우 서서히 확산되었던 것 같다.

아나톨 프랑스가 지적하고 있듯이, 필사본과 관련해서 매우 손쉽게 접근할 수 있거나 신뢰할 만한 매력적인 목록이 없었기 때문에, 여기서는 이 목록의 소수의 특정 사례만을 언급하도록 하겠다. 1123년 상스의 생 피에르 비프 수도원장으로서 27년간 재직한 아놀드는 화재로 소실된 장서를 대신하기 위해 필사한 20권에 관한 도서목록을 작성하였다. 그 중 14권은 성서 및 전례에 관한 책으로서 "수도사들에게서 성서 전체의 무게를 덜어주기 위하여" 각 권으로 분리된 모세 5경에서 시작하고 있다. 대 그레고리우스, 아우구스티누스 및 오리게네스가 교부를, 부제 바울의 "예루살렘에서의 이방인들과 그리스도교도의 명예로운 전쟁과 성전들에 대한 묘사" 그리고 몇몇 성인전이 역사서를 대변하였다. 힐데샤임의 성 고데하르트 수도원장 프리드리히(1136-51)는 '매우 튼튼한 양피지로 만들어진' 책 16권을 수도원에 기증하였다. 즉, 그레고리우스의 『도덕』 _Moralia_ 세 권, 설교집 및 복음서 대조본 여덟 권, 성인전 세 권과 신약성서와 구약성서가 각 한 권씩이었다. 포블레의 사본 44권은 거의 모두 전례에 관한 것이었다. 이 시기 풀다 수도원에 소장된 책 85권은 모두 전례 내지 교부들에 관한 것이었다. 몬테카시노의 분원으로서 포르미스에 있던 성 안젤로 수도원도 이와 거의 동일하였다. 안젤로 수도원에 소장된 책 143권은 시편 20편, 행렬 찬송가 아홉 권 그리고 교송 성가집 아홉 권으로 구성되었다. 하지만 의학 서적도 네 권이 있었으며, 보석세공술

---

10) |옮긴이| St. Ivo, 1040-1115. 샤르트르의 주교. 벡 수도원 및 파리에서 수학하였으며, 법률에 관한 새로운 방법론을 도입하여 교황령에 관한 일련의 책자를 편집하였던바, 한동안 교회법에 관한 표준적 저서이자 준거자료가 되었다. 그의 법률적 방법론은 서임권 투쟁의 해결책을 모색하는 데 중요한 토대를 제공하였다.

및 '우화집'도 각기 한 권씩 있었다. 규모가 큰 도서관에는 보다 다양한 책들이 소장되어 있었다. 1084년 이전에 툴에는 대표적인 '신성한' 시인은 물론 이교도 시인을 포함한 교회학 서적과 고전이 270권이나 소장되어 있었다. 또한 약 1200년경 코르비 수도원에는 교회학 및 고전에 관한 342권의 책이 거의 동일하게 소장되어 있었다. 1112-23년경 사이에 미켈스베르크 수도원은 242권의 장서 가운데 매우 최신의 책들을 소장하고 있었으며, '이슬람 수학책 한 권'과 그리스 수학책 두 권, 리처의 자필이 남아 있는 『역사』도 소장하고 있었다. 리처의 『역사』는 지금도 밤베르크에 보관되어 있다. 생 아망이 남긴 102권의 책 중 다수가 의학 서적이었고, 더럼의 주교좌성당에서 의학은 중요한 위상을 차지하였다. 546권의 장서를 소장한 더럼의 도서관은 12세기 말엽 분명 규모가 가장 큰 도서관 중 하나였다.

우리는 지금까지 12세기에 매우 중요한 수도원과 주교좌성당의 공동 도서관에 대해서만 살펴보았다. 당시 학생이나 성직자가 책을 소유해서는 안 될 이유는 전혀 없었다. 하지만 그 책이 후대에 수도원이나 주교좌성당에 기부되지 않는 한 이 같은 사례가 기록으로 남는 경우는 거의 없었다. 제후는 자신의 부속성당용으로 책을 소유하였으며, 앙리 샹파뉴 내지 속어로 된 책을 포함한 주목할 만한 서재를 소유한 긴느 백 등의 사례에서 알 수 있듯이 학식을 갖춘 제후도 책을 소유하였을 것이다. 또 왕실도서관이 있었다. 영국에서는 군주 해롤드가 소장한 장서에 관한 일화가 있으며, 앞서 살펴보았듯이 헨리 2세는 실제로 자신에게 헌정한 책들로 이루어진 상당한 규모의 장서를 소장하고 있었다. 책벌레와는 거리가 멀었던 헨리 2세의 아들 존은 리딩 수도원장에게 여섯 권으로 된 구약성서를, 휴 생 빅토르의 『성사론』*On the Sacraments*, 피터 롬바르드의 『명제집』*Sentences*, 아우구스티누스의 『신의 도시』(존이 러니미드11)에서 이 책을 읽고 있었다고 상상해 보라!) 및 다른 몇 권의 책을 기증받았다.

이 책들은 리딩 수도원장에게 대여되었고, "플리니우스라 불리는 우리의 책"과 마찬가지로 며칠 후 돌려받은 것이 확실하다.[12] 프리드리히 1세는

베이외 태피스트리에 묘사된 대헌장, 귀족(전사)

하게나우와 아헨에 장서를 소장하고 있었으며, 프리드리히 2세 역시 상당 양의 장서를 소장하였던 것이 분명하다. 성 루이도 장서 수집에 관심을 보였다. 군주 및 후원자의 도서관이 당시에는 여전히 일반적이지 않았으며, 이들 장서가 바티칸 도서관, 로렌지아나 도서관,[13] 대영박물관 및 프랑스 국립도서관의 중추가 된 것은 14세기 내지 그 이후의 일이었다.

중세의 도서관은, 대중용 열람실도 없고 대학도서관이 시행하는 대출제도도 없었기 때문에 물론 공공 도서관이 아니었다. 이 도서관들의 용도는 소유자 개인을 위한 것이었다. 물론 복제를 위해 책이 대여된 사례도 많다. 도서 대여자 목록은 후대에 작성되었다. 시간이 경과함에 따라 장서는 자물쇠를 채운 서고에 보관되는 장서와 즉석에서 자유롭게 이용할 수 있도록 외부에 보관하거나 종종 분실을 막기 위해 책상에 묶어두는 책으로 구분되었을 것이다. 프로테스탄트들이 격렬하게 경멸하였던 '사슬이 채워진 성서'는 사실 용도를 제한하기 위해서라기보다는 분실을 막기 위한 조치였다.

---

11) |옮긴이| 런던의 서부 테임즈 강가에 있는 초원지대로, 존 왕이 1215년 대헌장 *Magna Carta*에 서명을 한 역사적인 곳이다.

12) *Rotuli litterarum clausarum* (London, 1833), i, p.108 (1208년 3월 29일, 4월 4일).

13) |옮긴이| 이탈리아 피렌체에 소재한 유서깊은 도서관으로 메디치가의 개인 장서를 포함한 다수의 사본과 서적을 소장하고 있으며, 피렌체 대성당의 회랑이 바로 로렌지아나 도서관이다.

스페인, 독일 및 영국의 유서 깊은 일부 주교좌성당은 12세기에 도서관이 소재했던 곳에 도서관 내지 그 일부가 지금까지 계속 존속되고 있는 대표적인 예인데, 이는 좀처럼 드문 예외적인 경우다. 심지어 이들 주교좌성당의 도서관도 종종 후대에 중건된 것이다. 생 골 내지 오스트리아의 시토회 수도원 같은 사례는 드물다. 몬테카시노 수도원은 베네딕트가 "아래를 내려다보면서 안을 들여다볼 수 있는" 나무랄 데 없는 산에 여전히 위치하고 있다. 하지만 몬테카시노 수도원 건물은 최신식이고 다수의 유서 깊은 장서들은 흩어졌다. 14세기에 이 도서관을 방문하였던 보카치오는 수도원의 문이 사라지고, 창문에는 잡초가 무성하였으며, 필사본에는 두터운 먼지가 쌓여 있고, 수도사들이 만든 소형 시편과 종교적 헌신을 다룬 책을 판매용으로 만드는 과정에서 훌륭한 책의 일부가 찢겨나갔거나 여백이 사라졌다는 사실을 발견하였다. 마치 포지오가 생 골 탑 밑바닥의 어둡고 눅눅하고 곰팡이까지 낀 공간에 자신이 필사한 유명한 퀸틸리아누스의 저서를 보관하기 위해 그러하였던 것처럼, 아마도 보카치오는 문학적 효과를 위해 약간의 과장을 보탰을 것이다. 여하튼 14-15세기에는 극도로 조심하며 장서를 관리하던 수도원들조차 복제본을 자유롭게 판매하였다. 영국의 헨리 8세 치세기에 이루어진 수도원 해산으로 수도원의 장서는 널리 흩어지게 되었고, 근대 초 유럽 대륙에서는 엄청나게 많은 수도원의 도서관들이 해체되었다. 수도원의 도서관과 다른 도서관을 공공 문서보관소로 활용해야 한다는 주장이 제기된 프랑스 혁명기 및 다른 국가들에서 이와 유사한 움직임이 일었던 시기에 많은 폐해가 속출하였다. 수도원의 세속화 조치로 인해 몽 생 미셸 수도원 도서관은 아브랑쉬로, 테게른제 및 베네딕트보이에른 수도원 도서관의 장서는 뮌헨으로, 피렌체 수도원의 장서는 우피치 국립중앙도서관으로 이전되었다. 하지만 많은 경우 장서는 후대에 이전되었다. 플뢰리의 장서는 오를레앙으로 이전되었고, 그 도서관에 소장된 다수의 장서는

1562년 프로테스탄트들에 의해 흩어져 지금 그 잔해들이 베른, 로마, 레이든, 런던 및 파리에서 발견되고 있다. 벡 및 보비오 수도원 도서관의 장서도 마찬가지로 광범위하게 흩어졌다. 개별 책은 갈기갈기 찢기고 흩어져 종종 먼 지역으로까지 이동하였다. 유일하게 남아 있는 책의 앞면과 뒷면은 그 서글픈 운명을 말해준다. 일단 한 권의 책이 도서관에 남게 될 경우 이는 심각한 위험에 처하게 되었다. 책은 교활한 이의 수중에 들어갔다가 결국 다른 도서관으로 넘어갈 수 있었다. 하지만 이와 달리 다른 책을 제본하기 위한 양피지로나 보관용 항아리를 덮는 용도나 카트리지용으로 활용될 수도 있었다. 이런 경우 내용과 관계없이 오랜 세월이 지나면서 책은 훼손될 수밖에 없었다.

로마 관료제의 전통이 여전히 남아 있던 지역들, 즉 이탈리아의 몇몇 도시와 특히 교황청을 제외한 지역에 거주하던 초기 중세인들은 도서관과 문서보관소의 차이를 거의 알지 못했다. 중세인들이 필사본과 공식 문서의 차이를 이해하는 데 상당 시간이 소요되었다는 사실을 알고 있는 우리네조차 종종 무심하게 이를 무시한다. 하나의 상자 내지 책장은 종종 책을 소장하기에 충분하였고, 관리자 한 명이 문서보관 담당자 겸 사서 역할을 하고 종종 다른 일까지 병행하였다. 그럼에도 불구하고 기원과 용도 면에서 공식 기록물과 문헌 간에는 차이가 있었으며, 이러한 차이는 12세기에 이루어진 행정체계의 발전과 함께 명확해졌다. 문서 파괴 사건으로 인해 1198년 당시 교황 이노켄티우스 3세와 더불어 교황청 문서대장 및 서한집 시리즈가 대두하였다. 교황청은 일찍이 6세기부터 문서대장을 보유하고 있었고, 바티칸에는 유럽에서 가장 유서 깊은 문서 보관소가 있었기 때문이다. 하지만 영국은 헌장, 특허장 및 치밀하게 작성된 두루마리의 긴 시리즈들이 존 왕의 치세 초기로까지 거슬러 올라가는 것이 결코 우연이 아니다. 사실상 영국의 정부 부서 가운데

아일랜드 회계청

매우 선진적이었던 회계청은 1130년 이전에 회계청 두루마리 문서를 보유하고 있었고 독창적이고 위대한 기록문서인 둠즈데이 북이 1086년에 작성되었다. 시칠리아의 행정은, 설령 병역의 대가로 지급된 토지보유 대장을 제외한 초기 두루마리 문서가 인멸되기는 하였지만, 영국의 행정만큼이나 일찍이 발전하였다. 12세기 중엽 시칠리아에는 엄청난 양의 재정기록, 아마도 종국적으로 로마의 문서대장으로까지 거슬러 올라가는 토지 및 농노 목록에 관한 기록을 담당한 서기 *scriniarius* 가 있었다. 본질적으로 영토적이고 가부장적인 지배체제를 구축하면서도 문서고도 없이 이곳저곳으로 옮겨 다녔던 독일 황제들은 이곳 시칠리아에서 처음으로 관료제를 습득하였다. 1194년에 이르기까지 프랑스의 문서보관소도 독일과 마찬가지로 이리저리 이동하였다. 1194년 전투에서 짐을 분실한 존엄왕 필리프는 자신이 발부한 특허장들을 파리에 새로 건립한 문서고 *Trésor des Chartes*에 보관할 필요성을 절감하였다. 수도원과 주교좌성당은 보다 단순한 문제에 직면하였으나, 이들 역시 자신들이 생산한 문서를 정리·분류하였을 뿐만 아니라, 로베르 토리니의 명령에 따라 작성된 몽 생 미셸의 훌륭한 문서대장처럼 보존용 내지 참고용으로 이른바 '검은 책'과 '흰 책' 및 '붉은 책' 등의 중요한 문서대장으로 각별히 복제를 하였다. 도시의 문서보관소도 12세기로까지 거슬러 올라가며, 제노바의 공증인 등록대장과 마찬가지로 남부 유럽의 공증 대장에서는 필경사 존이 1155-64년까지의 지중해 교역에 대한 많은 정보를 제공해 주고 있다. 문서보관소는 지역 문서보관소와 국립 문서보관소라는 두

가지 형태로 정착하게 되고, 종종 이는 동일 장소에 소재하기도 하였다. 교회 문서보관소가 교회 도서관과 대체로 동일한 운명을 경험하였다면, 12세기 이래 지속적으로 전통을 보존한 도시 문서보관소가 있었으며, 바티칸 문서보관소와 공공 기록 보관소(Public Record Office)는 교황청 및 영국 정부의 연속성을 매우 상징적으로 보여준다. 오늘날 영국의 공공 기록 보관소에는 매우 인상적인 방대한 진본 두루마리가 소장되어 있다.

12세기에 기록물과 송사가 증가하고, 문헌 관련 기술이 발전하면서 나타난 또 다른 양상은 방대한 양에 이르는 위서의 대두였다. 위서 문제와 관련해서 중세인들은 후대인들에 비해 양심이라는 측면이 덜 예민하였다. 그리고 북유럽인들의 침략으로 가지고 있던 유서 깊은 권리증서를 모두 상실한 수도사들로서는 뭔가 할 말이 있었고 거기에다 그들은 자신들이 위조할 최상의 대체물을 가지고 부도덕한 봉건적 적들에 맞서야 했다. 하지만 "위서 작업은 항상 선호되는 일이었고, 위서 작성에 필요한 문헌 관련 기술을 활용할 수만 있다면 언제든 위서 작업이 행해졌다."[14] 일찍이 8세기에 만들어진 콘스탄티누스 대제의 기진장[15]과 9세기에 작성된 교황령은 중세의 대표적인 위서다. 하지만 위서가 절정에 달한 것은 12세기였다. 헨리 2세의 인장이 완벽하게 위조된 것이라는 사실이 월터 맵을 통해 알려졌으며, 이노켄티우스 3세는 교황 교서의 위조를 방지하기 위한 예방책 확대가 불가피하다는 점을 인식하게 되었다. 캔터베리가 요크보다 우월하다는 점을 논증하기 위해 위서를 아홉 개나

---

14) R. L. Poole, *Lectures on the History of the Papal Chancery*, p.151.
15) |옮긴이| 전설에 따르면 나병에 걸린 로마 황제 콘스탄티누스 대제가 교황 레오 1세의 기도로 낫게 되었다. 이에 황제 콘스탄티누스가 로마를 포함한 제국의 서부지역을 교황에 헌정하였다는 내용이다. 이 문서는 오랫동안 교권이 속권보다 우위에 있음을 입증하기 위한 중요한 역사적 근거로 활용되었다. 하지만 15세기 인문주의자 로렌조 발라에 의해 이는 위서로 판명되었다.

작성하였던 인물은 다름 아닌 캔터베리의 위대한 대주교 랑프랑이었다. 1123년 교황청은 이것에 인장이 없고 "로마 교황청 양식의 특징이 전혀 보이지 않는다"는 이유를 들어 이 위서를 진본으로 인정하지 않았다. 12세기의 위서들 중 특이한 사례는 이른바 로마 원정에 관한 규정 *Constitutio de expeditione Romana*이다. 이것은 독일 군주가 로마에서 황제로 대관받기 위해 나선 이탈리아 여행에서 그의 가신이 준수해야 할 의무가 포함된 칙서로서 '샤를마뉴가 대관을 받기 전'인 790년 샤를마뉴에 의해 선포된 것으로 알려졌다. 그런데 790년이라면 샤를마뉴 제국이 존재하기 십년 전이다. 근대의 비평가들은 이것이 위서이며, 콘스탄스 호숫가에 위치한 라이헤나우 제국 수도원 및 그곳의 문서 관리자 겸 학교 교사였던 우달릭의 위작임을 별 어려움 없이 밝혀냈다. 우달릭의 서체와 양식은 이 수도원의 많은 위서들에서 다시금 등장하였다. 이 문서 관리자는 뚱보왕 카롤루스(샤를)의 라이헤나우 특허장을 차용해서 자신의 존재를 과시했고, 그리고 산문으로 된 이 수도원의 여러 특허장들을 통해 자신이 학교 교사임을 드러냈다. 동시대의 수도사 에베르하르트에 의한 풀다 수도원 문서의 전반적인 위작과 몬테카시노 수도원의 페트루스 디아코누스의 작품은 보다 체계적이었다. 한편 12세기의 위작으로 알려진 잉걸프 크로이랜드의 연대기, 메시나 시의 위조된 특허장 내지 줄리어스 카이사르와 네로의 가상 문서에 근거한 오스트리아의 특권 및 후대의 위서들은 12세기와는 무관하다. 카이사르와 네로 관련 문서들은 황제 카를 4세가 그것들이 역사적 사실인지의 여부를 확인하기 위해 페트라르카에게 의뢰한 것이었다. 페트라르카와 발라의 작업은 위서의 시대가 또한 위서에 대한 비판을 초래하였다는 사실을 환기시켜 주며, 우리는 역사적 비평에 대한 일부 흔적을 12세기에서 또한 발견할 수 있다.[16]

---

16) 제8장을 볼 것.

참고문헌

중세의 서적에 관한 가장 훌륭한 저술로는 바텐바흐(W. Wattenbach)의 *Das Schriftwesen im Mitterlater*(third edition, Leipzig, 1896)를 들 수 있다. 필적에 관해서는 톰슨(E. M. Thompson)의 *Introduction to Greek and Latin Palaeography*(Oxford, 1912), 프루(M. Prou)의 *Manuel de paléographie latine et française*(fourth edition, Paris, 1925)를 참조할 것. 도서관에 관해서는 클라크(J. W. Clark)의 *The Care of Books*(third edition, Cambridge, 1909)를 참고할 것. 푸트남(G. H. Putnam)의 *Books and their Makers during the Middle Ages*(New York, 1896-97)는 매우 대중적인 책이다. 제임스(M. R. James)의 *Wanderings and Homes of Manuscripts*(Helps for Students, no.17)는 소략하기는 하지만 일차 정보가 풍부하다. 트로브(L. Traube)의 *Vorlesungen und Abhandlungen*, i(Munich, 1909)에는 필사본 연구와 관련하여 위대한 대가가 많이 언급되어 있다.

중세 도서관의 장서에 관한 매우 훌륭한 안내 목록은 베커(G. Becker)의 *Catalogi biblothecarum antiqui*(Bonn, 1885)에 수록되어 있다. 또한 고틀뢰브(T. Gottloeb)의 *Ueber mittelalterliche Bibliotheken*(Leipzig, 1890)을 참조하기 바란다. 중세 독일의 장서목록에 관한 전반적인 시리즈는 1918년 이후 레만(P. Lehmann)과 다른 학자들에 의해 출판이 준비 중이다. 개별 작가의 인기와 관련하여 필자가 활용한 흥미로운 사실은 겔린크(J. de Ghellinck)의 "En marge des catalogues des bibliothèques médiévals," *Miscellanea Francesco Ehrle*(Rome, 1924, v.331-363)에 있다. 제임스(M. R. James)의 *The Ancient Libraries of Canterbury and Dover*(Cambridge, 1903), 들리슬(L. Delisle)의 "Recheches sur l'ancienne bibliothèque de Corbie," *Mémoirs de l'Académie des Inscriptions*, xxiv, I(pp.266-342), 옴놋(H.

Omnot)의 "Recherches sur la bibliothèque de l'église cathédrale de Beauvais." *ibid.*, xl(1-93, 1916), 비어(R. Beer)의 "Die Handschriften des Klosters Santa Maria de Ripoll," *Sitzungsberichte of the Vienna Academy, phil.-hist, Kl, clv, 3, clviii, 2*(1907, 1908), 바티폴(P. Batiffol)의 *L'abbaye de Rossano*(Paris, 1891)를 참조하기 바란다. 플뢰리에 소장된 사본들이 흩어지게 된 과정에 대해서는 랜드(E. K. Rand)의 *University of Iowa Philological Quarterly*, i(258-277, 1922)가 도움이 된다. 중세적 요소와 근대의 위대한 장서의 형성에 관해서는 들리슬(L. Delisle)의 *Le Cabinet des Manuscripts de la Bibliothèque National*(Paris, 1868-81)을 참조하기 바란다.

중세 문서보관소에 관해서는 브레슬라우(H. Bresslau)의 *Handbuch der Urkundenlehre*(second edition, Leipzig, 1912-15) 제4장과 제5장을 참고하기 바란다. 위서에 관해서는 기리(A. Giry)의 *Manual de diplomatique*(Paris, 1894) 마지막 장과 풀(R. L. Poole)의 *Lectures on the History of the Papal Chancery*(Cambridge, 1915) 제7장이 도움이 된다. 로마 원정에 관한 규정에 대해서는 보이코르스트(P. Scheffer-Boichorst)의 *Zur Geschichte des XII. und XIII. Jarhunderts*(Berlin, 1897, pp.1-26), 브랜디(K. Brandie)의 *Die Reichenauer Urkundenfälschungen*(Heidelberg, 1890)을 참조하기 바란다.

제 4 장

라틴 고전의 부활

라틴 고전은 로마 제국의 와해로부터 근대에 이르기까지의 전 시기에 걸쳐 서유럽 문화에 매우 훌륭한 척도를 제공하였다. 라틴 고전에 대한 연구는 결코 중단된 적이 없지만, 교육 및 지적 활동의 전반적인 수준과 밀접히 결부되면서 부침을 경험하였다. 라틴 고전은 중세 초기의 격동기에 일시적으로 쇠락하였으나, 샤를마뉴와 그의 계승자들의 치세기에 일어난 지식의 부활과 함께 다시금 등장하였다. 그 이후 '철의 세기'였던 10세기에 또 다시 배후로 밀려났다가 11세기 말엽과 12세기에 일어난 르네상스와 더불어 다시 등장하게 된다. 지적 활동이 활발하였던 13세기는 다소 예외적인 시기인데, 라틴 문헌의 직접적인 적용에 의해서라기보다는 그리스 문헌과 아랍 문헌의 번역을 통해 지적 자양분을 제공받았고, 문학에 비해 철학과 과학 분야에서의 지적 활동이 활발하였다. 이후 14세기와 15세기에 중요한 지식이 부활하는데 바로 라틴 고전의 부활이 그것으로서 페트라르카가 핵심 선구자였다. 키케로와 베르길리우스를 숭배하였던 페트라르카는 라틴 저술가들의 필사본을 열렬히 수집하였다. 그리스 고전이 부활한 이후 인문주의의 라틴적 양상은 나름 고유한 특성을 지니게 되고, 라틴 고전은 오랫동안 근대 인문학 교육의 근간을 형성하게 된다.

두 차례에 걸친 라틴 고전의 초기 부활은 덜 영속적이었지만 어느 정도는 실체적이었다. 의심할 여지없이 역사가는 9세기의 고전 부활에 관심이 많았다. 9세기의 필경사들은 인멸될 수도 있었을 고대의 많은 사본을 보존하였다. 이는 꽤 괜찮은 라틴어 운문을 상당할 정도로 생산해 냈고, 또 후대를 위해 라틴어의 용법 및 라틴어 양식의 전반적인 수준을 제고하였다. 하지만 그 중심지가 상대적으로 매우 적었을 뿐만 아니라 그마저도 산재되어 있었다. 또 루푸스 페리에르[1] 같은 인문주의자들을 찾아보기도 좀처럼 어려웠다. "다소 경계심을 가지고 [자신의] 책을 빌려주기는 했지만 열정적으로 [남의] 책을 빌린" 루푸스의 서한은 수도원 시대에 학문에 전념한 학자의 삶을 보여준다. 더욱이 카롤링 왕조의 지적 운동이 프랑크 왕국으로 한정되었던 것에 비해, 12세기 문화는 이를 뛰어넘어 확산되었고 주교좌성당과 수도원 중심지의 숫자도 크게 증가하였다. 그 무대도 프랑크 제국이 아닌 유럽이었다. 동시에 삶은 더욱 다양해지고 역동적이 되었으며, 이 같은 활력은 고전 연구자는 물론 고전에 적대적인 자들까지 규합시켰다. 고대인들은 무지와 야만 이외에도 늘 종교와 씨름 해야 했는데, 당시 이들은 논리학에서 새로운 적을 발견하였다. 중세기 고전의 부침은 이러한 모든 변수를 함께 고려해야 한다.

그리스도교와 라틴 고전 간의 갈등은 로마 시대로까지 거슬러 올라간 다. 라틴 문헌은 새로운 종교가 태동하고 격렬하게 투쟁한 이교적 환경의 일부였으며, 라틴어 및 라틴 문헌은 중세인들에 의해 로마 유산을 통합하

---

1) |옮긴이| Lufus Ferrière, 약 805-862. 페리에르의 수도원장을 역임하였고, 샤를마뉴 대제의 전기를 집필한 아인하르트의 제자이기도 하였다. 문인 겸 성인전 작가로 서 중세 문학사, 특히 9세기 문학사에서 각별한 위치를 점하고 있다. 주저로는 『성 막시무스의 생애』, 『성 비그베르트의 생애』 등이 있다.

는 요소로 수용되었기 때문이다. 라틴어가 교회의 언어인 한, 로마의 문헌은 교회 교육의 기본 소양을 갖춘 사람이라면 누구나 읽을 수 있는 공개된 책이었다. 교회의 신성한 책들, 교회의 신조, 법률 및 예배가 라틴어로 작성되어 있는 한, 라틴어에 대한 이해는 모든 성직자에게 요구되는 핵심적 자질일 수밖에 없었다. 하지만 이 공개된 로마의 문헌은, 비록 직접 가르침을 주지는 않는다 해도 그 문헌이 전제하고 있는 종교적 측면에서, 그리고 현존하는 세계 및 현세의 모든 기쁨이나 쾌락의 수용을 포함한 삶에 대한 인식이라는 측면에서 여전히 이교적이었다. 따라서 로마의 문헌은 문화적 전통과 교회 제도에 내재된 모순이 해결되지 않은 채 계속 세기를 거쳐 전달되었다. 보다 엄격한 생활을 영위하던 집단의 시각에서 보면, 라틴어 연구는 라틴어를 실제로 구사할 수 있게 하는 핵심 문법으로만 좁게 한정될 수밖에 없었다. 고대 작품을 아무리 심도 있게 연구한다 해도 이는 시간 낭비에 불과하였으며, 최악의 경우 영혼의 파멸을 의미하였다. 라틴어 양식의 단순한 아름다움은 현세에 무관심한 사람들에게는 위험한 것이 될 수 있었다. 성 제롬은 종종 인용되곤 하는 한 이야기, 즉 한 천사가 자신을 그리스도교도가 아닌 키케로주의자라고 비난하는 환영을 보았다고 고백하였다. 398년에 개최된 제4차 카르타고 공의회는 주교들에게 이교도 서적의 독서를 금지하였다. '성 베드로와 그의 제자들의 대변자들'은 플라톤, 베르길리우스 내지 테렌티우스를 자신의 스승이나 철학적 안식처로 삼아서는 안 된다고 10세기의 교황 특사 레오가 경고하였다. 심지어 대 그레고리우스는 약간의 문법 학습까지도 금지시켰다. 그레고리우스는 "나는 야만인들의 혼란을 단연코 방지할 것이다. 나는 고유의 구문과 격을 경멸한다. 천상의 신의 말씀이 도나투스의 [라틴어 문법] 규칙에 의해 제약을 받는 것은 매우 부적절하다고 생각하기 때문이다"라고 주장하였다. 프리스키아누스와 도나투스는 신이라는 이름을 사용하지 않았다는 비판을 받았는데, 이는 미국 헌법이나 구구단표를 보고 신이라는 명칭이 누락되었다고 비난하는 것이나 마찬가지다. 9세기에 스마라그두스는 위험한 이교도 작가들 대신 불게이트판 성서에서 발췌한 사례를 중심으로 라틴어 문법책을 저술하였다.

12세기인들 역시 동일한 어려움에 직면하였다. 이른바 호노리우스 오텅은 "헥토르의 투쟁, 플라톤의 논쟁, 베르길리우스의 시 내지 오비디우스의 애가 등이 영혼에 무슨 쓸모가 있겠는가? 이들은 지금 다른 사람들과 마찬가지로 플루토의 잔인한 폭정 아래 지옥의 바빌론 감옥에서 이를 갈고 있다"고 주장하였다. 심지어 아벨라르마저 플라톤이 자신의 도시에 들어오지 못하게 한 시인들을 그리스도교의 주교들 및 학자들이 신의 도시에서 축출하지 않는 이유가 무엇인가 하고 반문하였다. "베르나르 클레르보의 비서였던 니콜라스는 자신이 한때 키케로와 시인들 그리고 철학자들의 황금 어록과 '사이렌의 노래'[2]에서 매력을 발견한 것에 대해 탄식을 하고 있다."[3] 기베르 노장[4]은 자신이 젊은 시절에 라틴 시인들의 작품을 접하였던 것을 후회하고, 그 시인들을 냉대하기도 하고 종종 마법사로 분류하기도 하였다. 따라서 헤라트 란츠베르크의 『환희의 정원』 Hortus deliciarum 삽화에 묘사된 네 명의 '시인 내지 마법사'는 모두 자신을 유혹하는 사악한 영혼의 소유자로서, 7자유학이라는 원 바깥에 위치하고 있었다. 약 1140년경 『조화되지 않는 교회법의 조화』(『교회 법령집』)의 집필을 준비하던 그라티아누스가 조화시키려 했던 주요 쟁점의 하나는 "성직자들이 이교적 문헌을 접하게 될 것인가 그렇지 않을 것인가?"였다.

---

2) |옮긴이| 그리스 신화에 등장하는 반인반조伴人半鳥의 요정으로 아름다운 노래 소리로 배들을 유혹하여 가라앉히는 전설로 '죽음의 덫'으로도 알려져 있다.

3) J. E. Sandys, *History of Classical Scholarship* (3rd., Cambridge, 1920), i, p.618.

4) |옮긴이| Guibert de Nogent, 1053경-1125. 프랑스 북부 클레르몽에서 태어나 어머니의 인도로 수도원에 들어갔다. 수도원에서 집필활동을 시작하였고 노장의 수도원 원장이 되었다. 기베르 노장에 관해서는 『기베르 드 노장의 자서전』(박용진 역, 한길사, 2014)이 유용하다.

익히 알고 있듯이 전환점이 되는 이 논쟁에서는 그 전거들이 양분되고 있다.

우리는 성직자들이 이교적 문헌에 포함된 지식을 추구하지 않을 것이라는 사실을 모든 사례를 통해 수집하게 되었다.

하지만 우리는 모세와 다니엘이 이집트인들과 갈데아인들의 모든 지혜를 습득하였다는 사실을 알고 있다. 또한 신이 이스라엘 자손들을 향해 이집트인들에게서 금과 은을 탈취하라고 명하였다는 사실도 알고 있다. 이것이 우리에게 가르쳐주는 도덕적인 함의는 시인들로부터 금과 같은 지혜나 은과 같은 연설을 발견해야 하며, 건전한 지식이 가져다주는 혜택을 활용해야 한다는 것이다. 또한 레위기에 따르면, 꿀의 첫 열매, 즉 인간의 감미로운 연설은 신에게 바쳐져야 한다. 동방 박사 세 사람 역시 그리스도에게 세 가지 선물을 바쳤으며, 누군가 그 선물을 가지고 철학의 세 분야[형이상학, 인식론, 윤리학]를 이해할 수 있게 해줄 것이다.[5]

이교도의 저술에 포함되어 있는 지식이 성서의 이해에 필요하다는 취지로 교황 클레멘트와 다른 사람들의 주장이 인용되었으며, 그라티아누스는 성직자가 무지해서는 안 된다는 보다 중립적인 결론을 도출하였다. 교회 법학자들에게는 이 논쟁이 힘에 겨웠을 것이 분명하며, 결코 해결을 할 수도 없었다. 15세기 이탈리아 르네상스에서도 순수한 이교주의적 성향이 강력하였기 때문이다.

하지만 실상 고전의 매우 위험한 적으로 판명되고 종국적으로 12세기 고전 르네상스를 말살한 것은 종교가 아닌 논리학과 실질적인 이해관계였

---

5) Dist. 37, c. 7, 이 장문의 문구는 A. O. Norton, *Readings in the History of Education* (Cambridge, 1909), pp.64-66에서 인용한 것이다.

다. 12세기 중엽 아리스토텔레스의 『신논리학』이 도입되면서 7자유학의 균형이 무너지고 무게 중심은 변증론으로 옮아갔다. 이 같은 불균형은 아리스토텔레스 체계의 재발견과 함께 더욱 심화되었다. 논리학과 철학이 지나치게 강조되면서 교사들은 문학을 학습할 시간과 의욕이 모두 감소하였다. 논리학은 자리를 굳혔고 문학은 그 자리를 내주어야 했다. 이른바 코르니쿠스파[6] 등의 신세대 지식인들은, 볼로냐의 수사학자들이 키케로의 문장과 씨름도 하지 않고 수사학 실습을 가르쳤던 것과 마찬가지로, 최소한의 문법 공부만으로 학습의 지름길에 도달하는 비법에 대해 자긍심을 가졌다. 고전 작가들*auctores*은 기예*artes* 앞에서 후퇴하였다. 샤르트르와 오를레앙의 주교좌성당 학교에서 높은 위상을 차지하였던 고전 작가들은 새롭게 대두한 대학의 교과과정에서 사라지게 되었다. 이들은 이미 1215년 파리 대학의 인문학부 과정에서, 그리고 1255년 모든 교과과정에서 완전히 사라지게 된다. 한편 라틴 저술가들 가운데 도나투스와 프리스키아누스의 저작만이 유일하게 교과과정에 채택되었는데, 이는 아리스토텔레스의 저술들이 라틴어로 번역되어 발휘하게 된 영향력을 역설적으로 보여준다. 파리가 논리학의 승리를 대변하였다면, 문법 및 문법 저술가들은 오를레앙에서 생명을 유지하려고 하였다. 이 투쟁의 마지막 국면은 약 1250년경 앙리 당델리의 시 『7자유학의 전투』에 기술되어 있으며, 책들의 전투에서 문법은 오를레앙을 그리고 논리학은 파리를 대변하였다. 이 투쟁에서 프리스키아누스와 도나투스가 라틴의 주요 시인들의 지원을 받았을 뿐 아니라 다음에 소개하는 시의 작가인 앙리에게서도 공감을 산 반면, 논리학은 종국적인 승리를 위해

---

6) **|옮긴이|** 고대 철학자 코르니피쿠스에서 명명된 것으로, 존 솔즈베리는 전통적인 7자유학의 중요성 대신 학문의 실용성 내지 보상을 강조하는 일종의 사이비학자들을 코르니피쿠스파라고 비판하였다.

자신의 성채로 잠시 후퇴하였다.

파리와 오를레앙은 숙적이며,
커다란 손실이자 슬픔이기도 한 것은
이 두 도시가 이에 동의하지 않는다는 것이다
불화의 원인을 그대는 알고 있는가?
지식에 대한 양자의 견해가 다르기 때문이다.
늘상 싸움을 하고 있는 논리학은
작가를 어설픈 글쟁이라 부르고 있으며,
그리고 오를레앙의 문법학도들을 단지 문법을 배우는 학생에 불과하다고
말한다……
하지만 논리학을 배우려는 학생의 숫자가 늘어나고 있는 반면, 문법학도의
숫자는 줄어들고 있다.

12세기에 고전의 부활이 지속되는 동안, 이 같은 사실은 라틴 저술가들
의 작품에 대한 광범위한 독서, 특히 시에 대한 독서, 주석 및 문법과
수사학에 대한 적극적인 학습과 훈련, 그리고 우수한 라틴어 산문과
운문의 엄청난 생산에서 확인되었다. 이들 산문과 운문 중 일부는 고대의
뛰어난 작품성과 정서를 보여주었다. 최고조에 이른 12세기의 고전 부활
에서 문학과 논리학은 모두 고유한 위상과 더불어 조화롭고 균형 잡힌
문화 유형을 대변하였다. 하지만 이러한 문화는 신생 대학에서 우세하였
던 직업적이고 실용적인 정신에 대해서는 비판적이었다. 이 같은 의미에
서 12세기의 고전 부활을 가장 잘 대변한 학자가 존 솔즈베리로, 그는
북부 프랑스에서 오랫동안 철학과 문학을 차근차근 습득하였다. 존 솔즈
베리는 '프랑스에서 당시 학문의 가장 풍부한 원천'으로 불린 베르나르
샤르트르의 학문적 방법론을 선호하였는데, 문법 학습에 관해 서술하면서

존 솔즈베리

우리는 베르나르의 교수법을 고찰할 기회가 있을 것이다.[7] 당시 이용 가능한 위대한 라틴 저술가들의 저작을 충분히 이해한 존은 이것을 자유롭고 적절하게 인용하였다. 물론 존은 그리스어를 알지 못했지만 풀이 지적하고 있듯이, 고전 학문에 대한 폭과 깊이에서 존에 비견될 만한 중세 저술가는 없었다. 스텁은 존의 독서력과 문장 인용 능력을 『멜랑콜리의 해부』의 저자인 버튼(1577-1640)에 비교하였다. 특히 키케로에 깊이 매료되었던 존은 그를 가장 위대한 라틴어 저술가로 간주하였으며, 철학과 자유학에 대한 키케로적 태도를 견지하였다. 존의 탁월하고 순수하며 유려한 문체는 키케로의 강력한 영향을 보여주며, 서한에서 역사, 산문, 삶과 학문 그리고 국가에 대한 철학적 성찰에 이르는 그의 다양한 저술은 키케로적 다재다능함을 보여준다. 스텁은 "시인, 역사가, 웅변가, 수사학자의 작품을 읽어야 하며, 특히 이들에 대한 이해 없이는 교양인이라 불릴 수 없다는 사실에 누가 이의를 제기할 것인가?"라고 반문하였다. "이 작가들에 대해 무지하다면 설사 그들의 작품을 알고 있다 해도 문맹으로 간주해야 한다. …… 하지만 풍부한 독서가 인간을 철학자로 만들지는 않으며," 지혜는 단지 진리를 통해서만 나오는 것이라고 보았다.[8] 만약 존이 고전에 정통하였다면, 성서와 라틴 교부들에 대해서도 조예가 있었을 것이며, 그들을 차례로 인용하였을 것이다. 존에게 고전이란 신학을 공부하기 위한 단순한 훈련

---

7) 제5장의 150-151쪽을 볼 것.
8) *Policraticus*, vii, c.9.

샤르트르 대성당의 7자유학. 바깥쪽 하단 좌측에서부터 우측 방향으로 아리스토텔레스, 논리학, 키케로, 수사학, 유클리드, 기하학, 수학, 보에티우스, 천문학, 프톨레마이오스, 문법, 프리스키아누스가 있다. 문법 바로 안쪽에 음악이 있고, 그 밑에 피타고라스가 있다.

이 아닌 그 자체로서 가치를 지니고 도덕적으로도 유익한 것이었다. 로마적 요소와 그리스도교적 요소는 서로 적대적이지 않았으며, 매우 포용적인 그리스도교 인문주의자였던 존 솔즈베리에게서 이 두 요소는 통합되었다. 샤르트르 학파의 대표 지식인인 존 솔즈베리는 젊은 시절에 샤르트르에서 수학하고 1180년 이곳에서 주교로서 생을 마감하였으며, 자신이 소장한 교부들의 저서 필사본 및 고전 필사본을 샤르트르에 기증하였다.

샤르트르 학파의 지적 전통은 주교 풀베르 및 그의 선학들로 거슬러 올라가며, 이 학파의 요체가 된 것은 12세기 초엽의 대표적인 주교좌성당 학교로서 기본적으로 문학 학교로서의 명성을 지니고 있었다. 브레타뉴 출신의 형제 베르나르 샤르트르와 티에리 샤르트르 및 노르망디 출신의 기욤 콩슈가 샤르트르 학파의 가장 저명한 학자들이다. 지적 영감의 주요 원천이 된 인물은 베르나르다. 그는 좁은 의미의 문헌학자이자 무엇보다도 광의의 의미에서 그리고 자유학적 의미에서 최초이자 최고의 문법학자로서 베르길리우스와 루카누스로 가득 차 있었으며 고대 작가들의 작품을 다방면에서 주석하고 학습과 명상의 조용한 삶을 시로 찬미하였다. 베르나르에게 동시대인들은 과거의 위대한 거인들의 어깨 위에 앉은 난장이었다. 파리에서 학생들을 가르쳤던 티에리를 존 솔즈베리가 '매우 성실한 자유학 탐구자'라고 평가한 대목은 티에리의 『7자유학론』 *Eptatheuchon*에서도 확인된다. 약 1150년경 두 권으로 저술된 방대한 양의 이 책은 아직도 샤르트르에 보존되어 있으며, 티에리가 활동하던 시대의 자유로운 문화를 상징적으로 보여준다. 이 책에서 수사학은 중요한 위상을 차지하는데 키케로의 『헤렌니우스에게 바치는 수사학』 *Ad Herennim*에 관한 주석에서 명백하게 드러난다. 한편 창조에 관한 저서는 플라톤주의의 대담한 작품이다. 우주론과 논리학에 관한 책 및 프톨레마이오스의 『별자리판』 *Planisphere*에 대한 최초의 라틴어 번역본이 티에리에게 헌정된 것은 그의 영향력을 여실히 보여준다. 존 솔즈베리는 철학자로서 명성이 자자하던 기욤 콩슈를 베르나르 이후 가장 뛰어난 문법학자라고 찬사를 보냈다. 기욤의 인간적인 관심사는 고대인의 마지막 산물인 보에티우스의 『철학의 위안』에 대한 주석에서 그리고 아마도 자신과 친분이 있었을 것이고, 장차 영국 군주가 될 헨리 2세에게 헌정하였다고 추정되는 『정직함과 유용성에 관하여』 *De honesto et utili*라는 저서에서 드러나고 있다. 저자가 누구든, 12세기의 특징을 매우 잘 보여주는 이 책은 다양한 이교도 철학자와 도덕론자, 특히 키케로, 세네카 및 로마의 풍자 작가로부터 발췌하고 편집한 인용구로 이루어져 있다. 철학과 문학의 이 같은 결합은 샤르트르 학파에 의해 뚜렷해지고 "고대 작가들에 대한 충실한 의존"[9]은 샤르트르 학파의 주요 특징이었다.

샤르트르보다 오히려 뒤늦게 문학의 중심지가 된 오를레앙은 샤르트르에 비해 덜 순종적이며 적어도 이교적인 인상을 준다. 오를레앙은 베르나르 같은 위대한 스승이나 그의 제자 존 솔즈베리에 비견될 만한 학자를 배출하지는 못하였다. 아마도 오를레앙의 학습법은 존이 서술한 샤르트르의 그것에 비해 덜 철저하였을 것이다. 그럼에도 불구하고 베르길리우스, 오비디우스 및 루카누스는 오를레앙에서 많은 존경을 받았으며, 루카누스 및 오비디우스에 대한 교사 아놀드의 주석이 전해져오고 있다. 한편 이 시기 서간문 작성자들은 서간문 작가에 대한 연구에서는 오를레앙이 뛰어났다고 지적하였다. 수사학적 글 내지 서간문 분야에서 프랑스의 주요 학파는 오를레앙 및 플뢰리와 인접한 수도원과 결부되어 있었으며, 다수의 서한은 12세기 말엽 오를레앙 학생들의 생활과 그 문학적 관심을 반영하고 있다. 이들 서한은 신화에 등장하는 인물들에 대한 비유, 즉 피라모스와 티스베,[10] 파리스와 헬레나,[11] 타이스[12]와 헤베[13] 및 가니메데[14] 등으로 가득 차 있다. 실제로 1199년 한 문법학자는 이교도 신들을 찬양하는 오를레앙이 그 기조를 바꾸지 않은 한 천국으로 가는 길을 잃어버릴 것이라고 주장하였다. 오를레앙은 골리아드 시 분야에서 매우 탁월한 작가들 중 한 사람, 이른바 오를레앙의 으뜸가는 시인

---

9) R. L. Poole, *Illustrations of the History of Medieval Thought* (1920), p.102.

10) |옮긴이| 티스베의 연인이었던 피라모스는 티스베가 약속한 장소에 나타나지 않자 그녀가 죽은 줄로 알고 자살하게 된다.

11) |옮긴이| 트로이 왕의 아들인 파리스는 스파르타에 특사로 파견되었다가 스파르타의 왕비 헬레나를 연모하여 그녀를 납치한다. 이를 계기로 트로이와 스파르타와의 전쟁이 일어나게 된다.

12) |옮긴이| 알렉산드로스 대왕의 원정에 동행하였으며, 페르세폴리스 궁전을 불태운 것으로 알려져 있다. 알렉산드로스 대왕의 장군 프톨레미의 정부였다.

13) |옮긴이| 그리스 신화의 제우스와 헤라의 딸로 젊음의 여신.

14) |옮긴이| 그리스 신화의 영웅으로서 호머를 비롯한 문학 작품들에서 젊은 남성의 상징으로 묘사되기도 하였다.

Primate 겸 참사위원이자 학자를 배출하였다고 주장할 수 있다. 그 시인의 명성은 14세기까지 유럽 전역에 걸쳐 지속되었는데, 뛰어나지만 종종 악평을 듣기도 한 그의 시는 이교적 성향이 강하였다.

고전 연구의 중심지로서 샤르트르나 오를레앙 같은 명성을 얻은 학교는 없었다. 랑, 랭스 등의 주교좌성당 학교가 변증법과 신학에서 두각을 나타낸 것은 사실이지만 투르의 수사학과 시 학교는 명목상의 학교 그 이상은 결코 아니었다. 하지만 이 시기 다수의 저술가가 라틴 작가들에 대해 폭넓은 이해를 가지고 있었다는 증거는 많으며, 이들의 문학과 시는 고대의 양식에서 영향을 받았다. 고전적 운율이든 중세적 압운이든 이 시기의 라틴어 시는 종종 문학적으로 우수하였으며, 다음 장에서 이것에 대해 충분히 검토할 것이다. 이러한 시들은 북부 프랑스 및 인접 지역 전역에 걸쳐 광범위하게 확산되었다. 물론 가장 뛰어난 시들은 대다수가 루아르 강 계곡에서 생산되었다. 크게 명성을 떨친 라틴어 작가들로는 마르보 앙제, 12세기 초엽 르망과 투르에서 활동한 힐데베르, 1150년경의 베르나르 실베스터 투르 그리고 그의 제자였던 매튜 방동, 존 솔즈베리의 제자로서 스승과 마찬가지로 인문주의 전통의 수호자이자 12세기 말엽에 활약한 피터 블루아 등을 들 수 있다. 약 1142년경 『주교 골리아의 변신』*Metamorphosis Golie Episcopi*의 저자는 꿈속에서 고대의 신들과 시인, 철학자들을 잇달아 만났다. "그들 모두의 담론은 투박하지 않고 세련되었다." 물론 이 저자가 찬사를 보낸 당대의 저명한 교사들은 주로 논리학자였다. 심지어 알렉산더 네캄처럼 12세기 말엽 파리에서 지적 훈련을 받았던 학자는 고전에 대한 광범위한 독서와 자유학은 물론 고대 작가들에 대한 선호도 보여주었다. 그가 젊은이들에게 추천한 고대 작가들에 관한 긴 목록은 다시 인용할 기회가 있을 것이다.

우리가 알고 있는 한, 그 이후 중요한 고전은 소실되지 않았으며, 당시 서유럽 도서관에 소장되어 있던 필사본과는 다른 형태로 우리에게 전달된 것은 없으므로, 12세기에 잠재적으로 이용 가능했던 라틴 고전 체계와 오늘날 활용할 수 있는 그것은 거의 동일하다. 하지만 잠재적인 접근이 실제적인 활용을 의미하지는 않는다. 왜냐하면 당시에는 많은 사본이 알려지지 않은 채 간과되었으며, 타키투스의 『게르마니아』 등의 일부 텍스트들과 어떤 필사본에 달려 있던 카툴루스[15]의 시들은 간과되거나 무시되었기 때문이다. 더욱이 리비우스의 『역사』 같은 로마의 방대한 저술들은 그 다수가 로마 제국 말기에 보다 편리한 개요서들에게 밀려났으며, 근대 이후 강력한 호소력을 발휘했던 루크레티우스[16] 등의 다른 저술들은 당시엔 거의 알려지지 않았다. 문헌에 대한 12세기의 인식은 로마 제국이나 오늘날의 그것과는 달랐으며, 취향은 물론 접근 방식에서도 차이가 있었다.

중세에 알려진 라틴 작가들 가운데 핵심 인물은 물론 베르길리우스였다. 단테는 "만투아의 용맹한 인물 베르길리우스의 명성은 세계가 존속하는 한 지속될 것이다"[17]라고 찬사를 보냈다. "로마 문학 유산의 대표적 인물이자 고전 학문의 대변자이며 로마 제국이 멸망한 이후에도 살아남은 로마 정서의 해석가로서 베르길리우스의 명성은 유럽에서 문명 그 자체와 거의 동일시될 정도로 대단하였다."[18] 중세에 베르길리우스는 로마 제국 말기의 그의 위상, 즉 최고의 시인, 문체의 모델, 학교 교육의 중심,

---

15) |옮긴이| Gaius Valerius Catullus, 84B.C.-54B.C. 로마 공화정기의 시인으로서 명료한 문체로 유명하였으며, 〈펠레우스와 테티스의 결혼〉 등 우정과 사랑에 관한 시를 남겼다.

16) |옮긴이| Lucretius Carus, 99B.C.-66B.C. 로마 공화정기의 시인 겸 철학자로서 『사물의 본성에 관하여』라는 저술을 남겼다.

17) |옮긴이| 단테, 『신곡』, 〈지옥〉, 2편, 58-60.

18) D. Comparetti, *Vergil in the Middle Ages* (London, 1895), p.74.

스페인의 대표적인 로마네스크 건축물 자모라 대성당

늘 준비된 원천, 말하자면 문법학자들의 전범이라는 위상을 지니고 있었다. 로마 제국 전통의 부활과 더불어 로마 제국의 대표적인 시인 베르길리우스가 영원한 로마의 영광과 위엄을 매우 훌륭하게 찬미한 반면, 제4의 〈목가〉에서 언급한 그리스도 탄생에 대한 예견을 통해 베르길리우스는 종종 12세기 자모라 대성당[19]의 성직자 석에 앉아 있는 구약성서의 예언자들과도 동일한 명성을 얻었다. 사실상 중세 전 시기에 걸쳐 그러하였듯이, 12세기에 베르길리우스의 작품은 복제되고 인용되고 존경받았을 뿐만 아니라 모방되기도 하였다. 베르나르 실베스터는 베르길리우스의 장편 서사시 『아이네이스』의 첫 6권에 대한 주석을 달았고 오늘날의 학생들은 이 6권의 책에 매우 친숙하다. 하지만 도덕적 주석일 뿐 아니라

---

19) ┃옮긴이┃ 스페인 중부지방의 자모라에 있는 대성당. 로마네스크 양식의 대표적인 건축물 중 하나로 손꼽힌다.

문법적 주석이라는 성격을 띤 이 책에서 베르길리우스는 육체에 잠시 갇혀 있는 동안 인간 영혼이라는 생명으로 묘사되고 있다. 성서처럼 베르길리우스는 은유화되고, 은유의 시대에 숨겨진 함의를 지니게 되었다. 심지어 탁월한 고전 학자였던 존 솔즈베리마저 베르길리우스가 우화의 외피 속에서 철학의 진리를 표현하고 있으며, 『아이네이스』가 유아기에서 노년기에 이르는 인간의 일생을 한 권씩 한 권씩 펼쳐 보인다고 지적하였다. 로망스는 은유를 좇고 있었으며, 12세기에 베르길리우스는 당시 속어에서 등장한 트로이, 아이네이스 및 브루투스에 관한 이야기의 원천이었다. 그리하여 웨이스는 『아이네이스』의 요약과 함께 『브루』 내지 영국 군주들의 행적을 옮기 시작하였으며, 크레티앵 트루아는 상아로 된 안장의 앞부분에 새겨진 『아이네이스』를 다음과 같이 기술하였다.

> 트로이에서 아이네이스가 도착하였다
> 카르타고는 커다란 기쁨으로 넘쳤고
> 디도 여왕은 자신의 침대로 그를 반가이 맞이하였다
> 아이네이스는 그녀에게 실망을 감추지 못했다
> 그녀는 그에게 얼마나 무례한 짓을 하였던가
> 마침내 아이네이스는 정복자가 되어
> 종신토록 로렌티움과 롬바르디아
> 모든 지역의 군주가 되었다.[20]

전설의 원천이었던 베르길리우스는 또한 전설의 대상이 되었다. 정확히 12세기에 그는 자신의 놀라운 무덤 이야기에서 그리고 나폴리에서 일어난 경이에서 마술사로 소개되었다. 이들 경이는 후대에 유럽 전역으

---

20) *Eric*(ed. W. Foerster, second edition, Halle, 1909), lines 5339-46.

로 확산되었다. 중세에 시인, 예언자, 마술사, 마법의 교사, 단테의 모델 및 어둠의 왕국의 안내자로서의 베르길리우스의 명성은 많은 책에 등장하게 될 터인데, 12세기는 그 전반적인 과정의 개요를 설명해주었다.

중세에 베르길리우스 다음 가는 고대의 위대한 문인은 오비디우스였다. 보다 육체 지향적인 오비디우스가 종종 가장 먼저 등장하게 된 데 대해 의구심을 갖게 되는 것은 사실이다. '베르길리우스의 시대'였던 카롤링 왕조를 이어 12세기에 그는 으뜸가는 문인으로 등장하였고 12세기는 '오비디우스'의 시대였다. 오직 내세에만 관심이 있고 문학적 기예의 아름다움이나 감각적 영역에서 느끼는 기쁨에 대한 이해가 없었던 중세에 라틴 고전은 여전히 봉인된 책이었다고 여길지라도 우리는 오비디우스의 명성을 염두에 두어야 할 뿐 아니라 보다 현명해질 필요가 있다. 술모나 출신의 시인 오비디우스에 대해서는 정확한 정보가 보카치오, 초서 및 후대의 이탈리아 르네상스기의 작가들에게까지 알려지지 않았다. 도덕을 은유화하거나 강조하려는 시도는 일상적이었으며, 오비디우스는 뱅생 보베에게 도덕의 꽃이라는 풍요로운 결실을 제공하였다. 하지만 일반적으로 도덕의 은유화 내지 강조는 분명 다른 동기에서 오비디우스의 책을 읽었던 사람들을 변론하려는 것이었다. 오비디우스의 모든 작품이 읽혔으며, 특히 『변신』, 『사랑의 기예』 및 『사랑의 치유』 등은 널리 읽혔다. 『사랑의 치유』는 주로 도덕서로 간주되었으며, 심지어 『사랑의 기예』에서 숨겨진 진리를 찾으려는 시도가 있었다. 하지만 대다수 독자들에게 이 '시인'의 경전인 '고대의 황금 전설'은 시와 기쁨은 물론 고전 신화를 이해하기 위한 핵심적 매개의 원천이었던 것으로 보인다. 12세기에 오비디우스 작품이 광범위하게 확산된 것은 고전이 부활하였다는 명백한 표식의 하나였다. 그의 시는 자유롭게 복제되었는데 심지어 엄격한 클뤼니 수도회의 수도원에서도 복제되었다. 또 그의 시는 골리아드에 의해 인용되고 다수가 모방되었는데, 그 중 하나가 『골리아드의 변신』

*Metamorphosis Golie*이었다. 그의 시들은 수사학과 서간문 교사들에게 다양한 주제를 제공하였으며, 영원한 사랑을 나누었던 아벨라르와 엘로이즈는 그의 시를 여러 차례 인용하기도 하였다. 캔터베리의 수도사들은 서한에서 오비디우스를 인용하였는데, 『사랑의 기예』, 즉 애정 없이 사랑을 하는 기예는 수녀에 대한 은유였다. 오비디우스는 또한 속어 시인들, 특히 음유 시인과 서정 시인에게 영향을 주었다. 그들에게 이 연애작가 *amorigraphus*는 애정 문제에 관한 최고의 전거였다. 오비디우스의 피라무스와 티스베는 프로방스 시 전반에 걸쳐 침투하였으며, 오늘날 바젤 주교좌 성당의 주춧돌에서 이것들이 발견되고 있다. 『사랑의 기예』는 본캄파뇨의 『성애의 수레바퀴』*Rota Veneris*에 영감을 주었고, 크레티앵 트루아의 속어판과 함께 오랫동안 영향력을 행사하였다. 크레티앵은 『사랑의 치유』를 프랑스어로 번역하였다. 심지어 보다 엄격한 생활을 영위하던 사람들까지 고유의 오비디우스를 보유하고 있었다. 12세기 말경 성 알반의 수도사이자 시토 수도회의 수도원장이었던 알렉산더 네캄으로 추정되는 한 작가는 "학생들에게 나소의 애가와 오비디우스의 『변신』을 읽히되, 특히 『사랑의 치유』를 숙지하게 하라"고 주장하였다. 하지만 교회 당국자들에게는, 다음에서 보듯이 연애시와 풍자가 젊은이들의 손에 닿아서는 안 될 것처럼 보였다.

꽃과 딸기를 따려고 몸을 숙이는 젊은이들이여
보라! 저기 풀밭에서 웅크리고 있는 뱀이라는 냉혈 동물을

어떤 사람들은 젊은이들이 이교적인 오비디우스의 『달력』*Fasti*을 절대로 읽으면 안 된다고 주장하였다.

풍자가들에 대한 의구심은 네캄이 학생에게 유베날리스[21])의 작품을 읽으면서 "유베날리스의 도덕적 가르침을 마음 깊이 간직하되 호라티우

스[22]의 특성을 전적으로 피하라"고 권고한 구절로 끝을 맺고 있다. 중세에는 도덕적이지도 교훈적이지도 않은 작품은 아무 의미가 없었다. 이들 시인 및 페르시우스[23]를 빈번히 인용한 존 솔즈베리는 이들을 도덕론자 *ethici*라고 불렀으며, 많은 경우 호라티우스는 세속적인 지혜로 간주되었다. 호라티우스의 『풍자집』*Satires*과 『서한집』*Epistles*은 『송시』*Odes*와 『서정시』*Epodes*보다 고상한 작품으로 간주되고, 더 빈번하게 인용되었다. 물론 많은 도덕적 교훈이 어떻게 몇몇 풍자시에서 유래하게 되었는지에 대해 다소의 의문이 제기되었다. 메텔루스 테게른제는 성 퀴리누스를 기념한 자신의 시에서 호라티우스의 『송시』를 모방하였다. 하지만 호라티우스가 근대에 누린 만큼의 인기를 얻지 못하였던 반면, 유베날리스와 페르시우스는 윤리적 교훈의 모호함에도 불구하고 호라티우스 다음 가는 인기를 누렸다. 한편 루카누스와 스타티우스[24]는 중세인들이 선호하던 문인으로서, 단테의 독자들이 회상한 것처럼 카이사르에 대한 대중적 지식 및 테베에 관한 상당수의 이야기에 기여하였을 뿐만 아니라, 수집가들과 필경사들에게는 엄청나게 많은 인용과 발췌의 대상이기도 하였다. 존 솔즈베리가 가장 박식한 시인*poeta doctissimus*이라고 찬사를 보낸 루카누

---

21) |옮긴이| Decimus Junius Juvenalis, 50?-130?. 로마 제정기의 시인으로 『풍자시집』을 남겼다. 도미티아누스 황제의 노여움을 사 추방당하였고, 불운한 말년을 보냈다.

22) |옮긴이| Quintus Horatius Flaccus, 65B.C.-8B.C. 로마가 공화정에서 제정으로 이행하던 시기의 시인으로 공화정을 옹호하였다. 아우구스투스의 절친한 친구이자 로마의 대표적인 시인. 『풍자』와 『시론』 등의 작품을 남겼으며, 특히 후자는 오랫동안 시작법詩作法의 교본으로 알려져 있었다.

23) |옮긴이| Aulus Persius Flaccus, 34-64. 로마의 시인 겸 풍자가. 호라티우스에게서 많은 영향을 받았고, 스토아 철학을 강조하였으며, 당대인의 생활을 풍자하기도 하였다.

24) |옮긴이| Publius Papinius Statius, 45-96. 로마의 시인으로서 〈테바이스〉, 〈숲〉 등의 작품을 남겼으며, 단테는 자신의 안내자 베르길리우스와 함께 연옥에서 그를 만나기도 하였다. 『신곡』, 〈연옥〉, 21편 등.

스는 역사가인 동시에 시인으로 간주되었는데, 사실 그 스스로도 그렇게 주장하였다. 또한 루카누스는 12세기의 역사 저술가들에게 군터 스트라스부르크의 『리구리아인』*Ligurinus* 등의 역사 시들의 모델이자 이들의 산문체 양식에 영향을 주었다.

마르티알리스의 작품도 빈번히 인용되었는데, 수도원 시인들이 작성한 경건한 시의 제목에서도 모방이 되었다. 오비디우스와 호라티우스를 제외한 서정 시인들은 거의 알려지지 않았다. 후대의 시인들 중에는 클라디아누스가 인기를 끌었다. 그는 이 시기의 작가들에게 빈번하게 인용되었으며 분명 이 시기의 대표적인 시 가운데 하나인 알랭 릴의 『클라디아누스 비판』*Anticlaudianus*에도 영감을 주었다. 네캄은 세네카의 비극을 알고 있었다. 플로투스는 그냥 간접적으로만 알려졌던 것 같고, 테렌티우스는 다수 인용되기는 했지만 이는 프리스키아누스에게서 차용한 것이고 사실 테렌티우스는 종종 산문 작가로 간주되곤 하였다. 존 솔즈베리는 테렌티우스의 작품을 빈번하게 인용하고 『헤키라』를 제외한 그의 모든 희곡을 활용하였다. 그런 솔즈베리조차 수에토니우스 트란퀼루스라는 한 명의 작가에게서 두 명의 작가, 즉 수에토니우스와 트란퀼루스를 만들어 낼 수 있다고 생각될 정도였다.

산문 작가들 가운데 으뜸가는 작가는 키케로였다. 최소한 그가 '연설의 제왕'이자 7자유학의 하나인 수사학을 대변하는 학자로서 존경을 받은 것은 당연하다. 하지만 다작의 이 저술가도 자신의 작품이 후대에 사본으로 전달될 것인지의 여부는 운에 맡길 수밖에 없었으며, 그의 모든 저술이 동일하게 알려지지도 않았다. 키케로의 숭배자들 가운데 한 명인 위발드 코르베이(1158년 사망)는 키케로의 모든 저술을 한 권의 책으로 만들고자 하는 염원을 표명하였다. 우리가 키케로의 저술은 '읽혀지기보다는 존경을 받았다'고 생각하는 것도 당연하다. 우리가 가장 빈번하게 접하는 것은 수사학 관련 저술 및 철학 저술이며 그 다음이 『수사학』*Oration*

의 일부, 그리고『서한집』을 가장 덜 접한다. 클뤼니 등의 대형 도서관은 이 모든 저술을 소장하고 있었거나 거의 대부분을 소장하였을 것이다. 12세기 클뤼니 도서관의 도서목록을 보면, 키케로의『서한집』필사본이 3부,『수사학』필사본이 4부, 수사 관련 필사본이 5부 및 철학 관련 필사본이 7부 있었다. 소년 시절에 키케로의『우정론』 *De Amicia*에 매료당했던 수도원 장 에일레드 리에보가 생애 말년에 집필한 대화에서 영적인 우정을 강조하였던 것은 그 시대의 흐름이었다. 심지어 키케로의『의무론』과 『연설가론』 *Oratores*의 필사본을 남겼던 존 솔즈베리조차 키케로의『수사 학』이나『서한집』을 직접 읽었다는 사실은 확인할 수 없다.『의무론』에 찬사를 보냈던 네캄은 키케로의『신들의 속성에 관하여』 *De natura deorum* 에 대해서는 의구심을 드러내기도 하였다. 하지만 마지막으로 언급한 『신들의 속성에 관하여』는 벡의 도서관에 소장된 키케로의 다른 철학 저술에 포함되어 있었다. 에티엔느 루앙은 벡에서 키케로와 세네카로부 터 문장 양식의 긴 사례들을 복제하고 퀸틸리아누스의『연설교육론』 *Institutes of Orator*의 축약본을 준비하였다. 퀸틸리아누스는 수사학자에 포함되었으며, 12세기의 도서목록 및 저술가들에게서 발견되고 있다. 물론 당시 활용된 것은 단지 불완전한『연설교육론』텍스트였고, 퀸틸리 아누스가 저자로 알려진『변론술』 *Declamations*도 유통되고 있었다. 앞으로 살펴보게 되겠지만, 12세기의 새로운 수사학은 로마의 어떤 모델에 대해 서도 거의 존경심을 갖지 않았다.

'도덕론자 세네카'의『자연론』 *Natural Questions*은 물론『서한집』및 윤리적 저술들도 이 시기에 종종 인용되었다. 세네카는 성 바울이 생존하던 당시에 교신을 한 저자로, 12세기에 더욱 조명을 받을 만하였다. 그는 바울과의 교신으로 그리스도교 교도라는 허구의 지위를 부여받았고 그의 경구와 격언도 널리 유포되었다. 성 베르나르의 경우, 주저하던 교황에게 십자군 원정을 촉구하기 위해 세네카의 문장을 인용하기까지 하였다.

대 플리니우스는 경이에 집착하였던 중세인들에게 강한 호소력을 발휘했지만, 그의 『박물지』는 복제가 어려울 정도로 분량이 방대했고 온전한 필사본도 많지 않았다. 그래서 사람들은 오히려 솔리누스의 『진기모음집』*Collectanea rerum memorabilium*에 더 의존하였는데, 이것은 1206년 이전에 프랑스어로 번역되었을 것이다. 또한 로버트 크릭레이드가 영국의 군주 헨리 2세를 위해 준비한

성 베르나르

『플리니우스의 연설술』*Deflorationes Plinii*의 축약본에도 의존하였다. 『플리니우스의 연설술』의 축약본에서는 여러 지역의 이름이 빠져 있었고, 그리하여 이들 지역으로부터 "더 이상 조공을 거두어들일 수 없게 되었다." 프론티누스, 아울루스 겔리우스 및 마크로비우스 등의 저술가들이 상당히 빈번하게 등장하고 있다. 로마 역사가들의 방대한 저작이 당시 거의 읽히지 않았던 배경에 대해서는 제9장에서 다루게 될 것이다.

고전 작가들이 12세기에 끼친 영향을 평가할 때는 교부, 라틴 문법학자, 주석가 그리고 다양한 발췌집을 통해 간접적으로 등장하는 거대한 전거 체계를 충분히 고려해야 한다. 이들 중 주요 원천은 프리시키우스라는 라틴 문법학자로, 그는 키케로, 살루스티우스 및 시인들을 포함한 수많은 고대 작가들을 인용하였다. 많은 독자들은 고대 작가들에 대한 이해와 무관하게 이들 인용에서 큰 도움을 받았다. 카롤링 왕조로까지 거슬러 올라가는 문학적 장르인 발췌집*florilegia*과 우아한 문장이 발췌된 다른 책들이 또 있었다. 보다 충실한 이 같은 선집들 중 12세기의 대표적인 사례는 두 개의 필사본이다. 바티칸[25])에 소장되어 있는 12세기 말엽의

한 사본은 '키케로의 산문'인 마크로비우스의 『축제』*Saturnalia*에 관한 작품, 철학자들의 경구 및 문장과 더불어 시작되고 있으며, 성 제롬 및 플리니우스의 서한으로부터의 발췌, 키케로의 『수사학』, 『신들의 속성 및 공화국에 관한 논고』*Tusculan Disputations*, 세네카의 『서한집』과 『호의론』*De Beneficia*, 아울루스 겔리우스 및 에노디우스의 작품들, 그리고 말미에 잡다한 작품도 일부 포함하고 있다. 프랑스 국립문서보관소[26])에 소장되어 있는 다른 필사본은 이보다 한 세대 내지 그 후대의 산물로서, 아래와 같이 많은 시인들의 작품이 실려 있다. 즉 프루텐티우스, 클라우디우스, 베르길리우스, 스타티우스(다수), 발레리우스 플라쿠스, 루카누스, 오비디우스(특히 전 부분), 호라티우스(상당 부분), 유베날리스, 페르시우스, 마르티알리스, 페트로니우스, 칼푸르니우스, 테렌티우스(단지 산문 경구들), 살루스티우스, 보에티우스, 플라톤의 일부 작품, 마크로비우스, 키케로의 『의무론』과 『우정론』, 퀸틸리아누스, 세네카의 다수의 작품들, 플라우투스의 『황금 단지』*Aulularia*, 시도니우스 아폴리나리스, 카시오도루스 및 수에토니우스의 작품에 대한 발췌집으로 이루어져 있다.

이 시기의 고전에 대한 관심을 판단할 수 있는 또 다른 척도는 라틴 작가들에 대한 상당한 양의 주석 및 분석이었다. 고대 작가에 대한 간략한 주석 내지 논평은 당시 학교에서 선호되던 문학 교육법이었다. 12세기에는 호라티우스에 대한 이 같은 주석이 가미된 필사본들이 등장하며, 베르길리우스 및 루카누스에 관한 오를레앙 학생들의 주석의 대여는 학생들 간에 주고받은 서신의 주제가 되었다. "우리는 주석을 거의 못 달았으며, 돈까지 빚지고 있다"는 구절은 샤르트르에 있던 두 학생의 학교생활을 간결하게 보여준다. 이미 루카누스 및 오비디우스의 몇몇

---

25) MS. Pal. Lat. 957, ff.97-184 v.
26) MS. Lat. 7647, ff.34-185 v.

시에 대한 교사 아놀드 오를레앙의 주석을 언급한 바 있는데, 루카누스, 유베날리스 및 페르시우스에 대한 유사한 노트는 리에주 지역에서 좀 더 일찍 등장하였다. 따라서 『아이네이스』의 첫 6권에 대한 주석의 저자였던 베르나르 실베스터 투르는 마크로비우스의 『스키피오의 꿈』에 대한 주석이 그러하였듯이 당대의 많은 주석들에 영향을 미쳤으며, 티에리 샤르트르가 『헤레니우스에게 바치는 수사학』에 대한 주석을 집필한 사실이 알려져 있다. 이러한 구시대 인문주의자들의 주석 집필 관행은 13세기에도 지속되었다. 브레타뉴 출신의 기욤은 성서의 매우 난해한 구절들을 설명하기 위해 이교도 시인들의 시구를 인용하기도 하였다.

또한 고전 부활의 하나의 척도로서 속어에 고전이 미친 영향력을 지적할 필요가 있다. 물론 여기서는 지면 관계상 고전에 대해 충분하게 논의할 수는 없다. 12세기는 프랑스어 시와 프로방스어 시가 형성된 시기이자 이것들의 영향을 간접적으로 받은 다른 문학이 형성된 시기이기도 하다. 이것들은 모두 이 시기의 고전적 취향에서 많은 영향을 받았다. 라틴어 시는 고전의 신화 및 로망스의 유서 깊은 소재, 모방의 모델과 주제, 심지어 직접 번역을 위한 기회를 제공하기도 하였다. 또 단테의 『신곡』과 초서의 『명예의 전당』에서 차지하는 라틴어 시의 위상은 두 세기 동안이나 속어 작가들이 그것을 활용하였을 정도로 매우 높았다. 12세기에 라틴어는 물론 프랑스어로 된 트로이와 테베, 아이네이스 및 알렉산드로스에 관한 장편 시들이 집필되었다. 12세기에는 펠롭스,[27] 필로멜라,[28] 나르키소스,[29] 필리스[30] 및 티스베[31] 그리고 위대한 이야기

---

27) |옮긴이| 그리스 신화에 나오는 제우스의 손자이자 프리지아의 왕. 펠롭스는 피사의 왕을 죽이고 히포다메이아를 아내로 삼았다. 그러나 그 후 그가 미르틸로스를 바다에 던져 죽이자 저주를 받은 펠롭스의 자손은 대대로 불행하게 살았다고 한다.
28) |옮긴이| 그리스 신화에 나오는 아테네의 왕 판디온의 딸이자 프로크네의 동생.

궁정 연애

꿈으로 교훈을 통해 궁정 연애의 규범을 형성하는 데 크게 기여한 오비디우스로부터 에피소드에 관한 짧은 시들이 만들어지고 있었다. 만약 '위대한 로마'에 관한 모든 소재가 더 이상 로마적이지 않게 되었거나 아이네이스와 알렉산드로스가 샤를마뉴처럼 새로운 시대의 기사로 변신했다면 이것은 전부 문학적 부활이 가져다준 형벌일 것이다. 사실 지금 우리들도 아서 왕이나 성 잔 다르크, 헬렌 트로이를 그렇게 만들고 있지 않는가.

오늘날의 시각에서 보면, 12세기인들이 고대 작가들을 뭉뚱그려 수용한 것은 비판적 안목이 결여된 데서 나온 것이다. 12세기인들에게는 플라우투스[32]처럼 그 언변이 너무나도 옛스럽지 않는 한, 고대인은 다 똑같은 고대인들로 보여 그들 간의 차이를 분간해내지 못하였다. 호라티

테레우스가 처제 필로멜라를 겁탈하자 프로크네는 테레우스와의 사이에서 낳은 아들을 죽여 이를 테레우스에게 먹임으로써 복수를 감행하였다. 제우스는 테레우스에게 쫓기는 신세가 된 두 자매를 불쌍히 여겨 필로멜라를 제비로, 프로크네를 나이팅게일로, 테레우스를 매로 변신시켰다고 한다.

29) |옮긴이| 그리스 신화에 등장하는 강의 신 케피소와 님프 릴오페 사이에서 태어났다. 그에게 구애했다가 거절당한 에코의 기도를 수락한 여신 네메시스에 의해 자기 자신과 사랑에 빠지는 벌을 받는다.

30) |옮긴이| 그리스 신화에 등장하는 트라케의 공주. 연인을 기다리다 자살하였다.

31) |옮긴이| 바빌로니아의 으뜸가는 미남 미녀는 퓌라모스와 티스베였다. 양가 부모의 반대에도 불구하고 사랑하였지만 티스베는 연인 퓌라모스를 기다리다가 사자의 먹잇감이 되었다. 이 이야기는 훗날 셰익스피어의 로미오와 줄리엣에 문학적 영감을 주기도 하였다.

32) |옮긴이| Titus Maccius Plautus, 254?B.C.-184B.C. 테렌티우스와 더불어 로마의 대표적인 희극작가로 『포로』, 『밧줄』, 『허풍쟁이 병사』 등의 작품을 남겼다.

우스는 스타티우스[33])와 한데 묶여 버렸으며, 키케로와 아우구스투스 시대의 작가들은 로마 제국 말기의 작가들과 하나로 통합되었다. 사실상 플로루스, 솔리누스처럼 간결한 작가나 마르티아누스 카펠라처럼 교훈적인 작가들이 오히려 선호되었으며, 프루덴티우스, 아라토르 같은 그리스도교도 시인은 매우 존경을 받았다. 훨씬 나중에 등장하는 작가들과 뚜렷하게 구분해 낼 경계선이 결코 없었다. 카롤링 왕조기에 작성된 테오둘루스의 『목가』*Eclogue*는 초보적인 독서에 선호되었으며, 12세기에 집필된 매슈 방돔의 『토비아스』*Tobias*는 적어도 중세 말엽 한 대학에서 활용되었다. 『7자유학의 전투』의 저자는 세네카와 12세기 작품인 알랭릴의 『클라디아누스 비판』을 하나로 묶어버리고, 월터 샤티용의 『알렉산드리아』 및 피터 리가의 『오로라』*Aurora* 내지 운문 형태의 성서 등 동시대의 다른 저서들에서 문법적 도움을 구하였다. 『라보린투스』*Laborintus*에서는 호머 및 로마의 위대한 작가들이 이들보다 후대의 작가들과 하나로 통합되었다. 15세기의 산문이 키케로의 우아한 수준에 바로 도달하지 못하였던 것과 마찬가지로, 15세기에서도 스타일 감각은 단숨에 완벽으로 도약하지 못했다. 사람들이 '단지 울피아누스'의 문체를 습득하기 위해 키케로에 열중하게 된 것은 16세기가 되어서였다.

그나마 인문주의자들이 조금이라도 문헌적 구분을 할 수 있었던 것에 비해, 인문주의자들 중 그 어느 집단도 로마 작가들을 그들 각자가 살았던 시대와 공간 속에 놓고 바라보지 못하였다. 왜냐하면 이들의 역사적 인식을 보면, 성장과 변화라는 개념이 모두 결여되어 있었을 뿐만 아니라 고대인들을 거의 신처럼 떠받들며 숭배하는 바람에 그 같은 인식이 더욱

---

33) |옮긴이| Publius Papinius Statius, 45?B.C.-96B.C. 고대 로마의 시인으로 황제 도미티아누스의 총애를 받았다. 시적 기교가 잘 발휘된 서사시 『테바이스』와 『숲』 등의 작품을 남겼다.

둔감해졌기 때문이다. 따라서 12세기에는 이 같은 존경이 라틴 작가들 전반으로까지 확대되고, 먼 과거의 영광과 '위대한 로마'는 과장하자면 모든 라틴 작가들을 거인으로 만들었다. 고대인들은 옛날 사람이고, 바로 로마인이었다. 로마 문학과 라틴어 이면에는 로마 그 자체이자 모든 시대를 초월하는 '로마라는 이름의 그림자'가 드리워져 있었다.

중세인들에게 로마는 매우 가까운 위대한 과거의 역사적 사실이었다. 로마 제국은 수세기 동안 문명세계와 동일시되었으며, 라틴 유럽이 부정할 수 없었던 단일성, 보편성, 질서 및 권위라는 개념으로 전달되었기 때문이다. 로마는 멸망하지 않았으며 영원하다는 것이 중세인들의 공통된 기억이었다. 과거를 돌아보게 된 중세인들은 어디에서나 로마를 보았고 '로마인이 속삭이는 소리'를 듣게 되었다. 이 같은 속삭임에 의해 12세기인들은 로마인의 행적과 '로마의 모든 업적을 위대하게' 만든 수많은 소재들을 전설이나 허구의 이야기들과 혼동하였다. 이 속삭임은 여전히 문학의 한 주제였다. 즉 로마는 사자이자 독수리이며 알려지지 않은 재화의 보고, 난공불락의 성채, 철자 둘을 없애면 로마가 되는 루앙 *Rotoma*처럼 독일과 갈리아에 있는 도시의 건설자였다. 이에 따라 다음과 같은 유서 깊은 구절이 전해졌다.

세계의 머리인 로마는 세계를 장악하고 있노라

아마투스 몬테카시노는 다음과 같이 기록하였다.

세계의 영예, 로마는 왕관을 화려하게 장식하고 있노라

알렉산더 네캄은 다음과 기술하였다.

로마가 서 있는 곳은 세계의 정상, 영광, 보화, 명예

중세인들이 생각한 로마는 공화정이 아니라 제국이었다. 사실상 다수의 연대기는 타르퀸스[34]에서 곧바로 카이사르에게로 넘어갔다. 중세와 시기적으로 가장 가까웠던 로마 제국은 이전에 일어났던 모든 것들을 무색하게 만들었을 뿐 아니라, 라틴어 시, 로마 법률 및 그리스도교 문헌에도 반영되었다. 대중들이 로마 공화정에 관심을 갖게 된 것은 주로 근대 및 교실의 가르침이 거리로 나온 프랑스 혁명기, 호민관들, 브루투스들 그리고 18세기 아메리카의 연방주의자들*Publicolas*[35]에서 비롯되었다. 헨리[36]는 "카이사르에게는 브루투스가 있었다"라고 주장하였다. 웹스터[37]는 미국의 해리슨 대통령의 취임 연설문에서 "로마의 속주 총독 12명과 다수의 시민들"을 삭제하는 것이 유익하다고 생각하였다. 단테에 의해 배신자가 되고 유다와 함께 지옥 가장 밑바닥에서 사탄의 먹잇감이 되었던 브루투스[38]는 셰익스피어에 의해 영웅이 되었다. 하지만 12세기에는 로마란 여전히 제국이었으며, 프리드리히 바바로사에 의해 허구가

---

34) |옮긴이| 로마 왕정기의 마지막 군주로 이후 로마 공화정이 시작되었다.

35) |옮긴이| 로마 왕정을 무너뜨리고 공화정으로 전환하는 데 중요한 역할을 한 로마 집정관 푸블리콜라(Publius Valerius Publicola)에서 유래한 것으로, 미국 헌법의 정당성을 옹호하던 알렉산더 해밀턴(Alexander Hamilton), 제임스 메디슨(James Madison), 존 제이(John Jay) 등의 연방주의자(Federalist)들을 가리키는 명칭으로 사용되기도 하였다.

36) |옮긴이| Patrick Henry, 1736-99. 미국 혁명의 주역 중 한 명. 버지니아주 의회 의원, 대륙회의 대표, 버지니아주 주지사를 역임하였다. 영국의 부당한 과세에 저항하는 연설로 유명해졌으며, 영국과의 무장투쟁을 옹호하였다.

37) |옮긴이| Daniel Webster, 1782-1852. 국무장관을 역임한 미국의 정치가. 미국의 동북부 국경선을 확정하는 데 크게 기여하였으며, 1957년 미국 상원위원회에서 헨리 클레이(Henry Clay), 로버트 태프츠(Robert Tafts) 등과 더불어 미국 역사상 가장 위대한 국무장관들 중 한 사람으로 선정되었다.

38) |옮긴이| 『신곡』, 〈연옥〉, 34편, 65.

될 때까지 로마의 특권은 부활된 로마법에서 자양분을 제공받았다. 프리드리히는『로마법 대전』에 자신의 칙령을 첨부하라고 명령하였으며, '콘스탄티누스 대제, 발렌티아누스 황제 및 유스티니아누스 대제'를 자신의 신성한 전임 황제로 거명하였다. 하지만 원로원이 '로마 원로원과 인민'이라는 고대의 상징물이 새겨진 동전을 주조하고, 로마가 세계의 머리이자 수도이며 로마인이 권력의 궁극적 원천으로서 교황은 물론 황제에게 명령을 내리는 꿈을 꾸게 되자, 매우 기이하게도 12세기에는 리엔지[39]와 페트라르카의 시대가 그러하였듯이, 아놀드 브레시아[40]의 주도 아래 공화정 전통이 잠시 부활하였다. 목격자였던 오토 프라이징은 자신이 로마 특사들에게 행한 허풍어린 연설에서 그리고 헤라클레스 곤봉의 적법한 소유자이자 붉은 수염을 기른 황제의 퉁명스럽고 거만한 답변에서 공화정 및 제국에 관한 두 가지 이론을 나란히 제기하였다. 황제는 이들 특사에게 감히 헤라클레스에게서 곤봉을 가져가라고 말하였다. 그 곤봉은 잠시 바바로사의 소유였지만, 신성 로마 제국은 로마 공화정만큼이나 한낱 꿈에 불과하였으며, 황제와 신성 로마 제국 모두는 사라진 과거의 추억을 미화하였다.

　　12세기경 로마는 더 이상 고대 로마가 아니었으며, 외관상으로도 로마가 아니었다. '고트족, 그리스도교도, 세월, 전쟁, 홍수 및 화재'로

---

39) ㅣ옮긴이ㅣ Cola di Rienzi, 약 1313-54. 이탈리아의 정치가 겸 대중 지도자. 로마의 호민관으로 취임하였으며, 이탈리아를 하나로 통합하려는 일련의 시도를 하였으나 실패하였다. 이탈리아의 여러 도시를 전전하다가 아비뇽 교황청에서 이단으로 심판받기도 하였다. 이 때 리엔지의 석방탄원서를 작성한 사람이 페트라르카였다. 그는 페트라르카의 영원한 우상이기도 하였다.

40) ㅣ옮긴이ㅣ Arnold of Brescia, 약 1090-약 1155. 이탈리아 출신의 아우구스티누스 수도회 수도사. 교회의 재산 소유를 비판하고, 사도적 청빈으로의 복귀를 촉구하였으며, 로마의 자치 운동을 수년간 주도하였다. 로마에 대한 교황의 지배를 일시 타도하기도 하였다. 1139년 제2차 라테란 공의회에서 정죄되었다.

인해 로마는 오랫동안 파괴되었으며, 특히 그리스도교도에 의해 파괴되었다. 로마는 로베르 기스카르와 1084년 로베르 휘하의 노르만족에 의해 약탈을 당하고 불에 탔으며, 아벤티누스와 카엘리아누스 등의 전 지역이 회복이 불가능할 정도로 심각한 타격을 받았다. 고대의 조각상들은 석회가 되었다. 또 로마의 대리석과 모자이크를 수출하여 번성을 구가한 대리석 재단공과 석회 제조공들에 의한 파괴는 점진적이기는 했지만 매우 치명적이었다. 이 대리석들은 이탈리아의 피사, 루카 및 살레르노 등의 주교좌성당을 장식하였다. 데지데리우스는 몬테카시노 수도원의 교회를 장식하기 위해 '기둥, 주춧돌, 기둥 머리 및 다양한 색상의 대리석들'을 구입하였다. 심지어 13세기에 로마에서 멀리 떨어진 웨스트민스터 수도원에서는 '로마의 시민 베드로'가 고해왕 에드워드의 무덤에 자신의 이름을 새겼으며, 수도원장 리처드 웨어는 자신의 무덤을 장식하기 위해 반암과 사문석 조각을 집에 들여놨다. 리처드의 비문에는 다음과 같은 글귀가 새겨져 있다.

그 도시[로마] 어딘가에서 가져온 돌을 여기 이고 있노라.

성 드니 수도원의 뛰어난 건축가 쉬제르는 종종 찬사해 마지않았던 디오클레티아누스의 공중목욕탕 기둥을 성 드니로 가져오지 못한 것에 대해 아쉬움을 표했다. 그와 동시대인인 주교 헨리 윈체스터는 실제로 이탈리아에서 조각상을 가지고 왔다. 로마는 이미 골동품 수집가들의 사냥터로 변해 있었다.

예수라는 나무 아래 있는 쉬제르 성 드니

당시 폐허가 된 로마에는 '로마를 구경하려는' 여행자들과 여행 책자가 있었다. 여행자들은 주로 순례자였는데, 이교도 유적지보다는 신성한 도시의 성지를 순례하기 위해 로마를 방문하였다. 적어도 이들은 고고학자는 아니었다. 1764년 이탈리아 여행을 시작한 기번은 『자서전』에서 "충분한 정보와 지식을 갖추고 한니발의 발자취를 따라 여행하는 사람은 거의 없었다"고 자랑스레 기술하였다. 기번의 이런 주장을 반박할 사람은 12세기에 아무도 없었을 것이다. 1160-73년 이탈리아와 동방을 경유하여 여행을 한 랍비 벤자민 투델라는 주로 게토(Ghetto)에 관심을 갖고 있었다. 약 1195년경 힐데샴의 주교 선출자 콘라드 퀘르푸르트는 이전에 학교에서 책을 통해 겨우 이름만 알고 있던 곳들을 직접 보게 되었다. 그는 만투아, 오데나 및 오비디우스의 고향 술모나 그리고 작은 지류인 루비콘 강, 베르길리우스 묘지, 그 주변 지역의 베르길리우스 관련 전설 및 아레투사의 샘[41]을 묘사하면서 자신의 고전 지식을 과시하는 데에 다소 어려움을 겪었다. 그런데 그는 정작 로마는 방문하지 않았다. 당시 로마에 관해 많은 것을 언급할 수 있었던 북유럽의 유일한 작가는 윌리엄 맘즈베리[42]였다. 그는 허약한 조국 영국과 고대 세계를 지배한 위대한 로마를 대비하였다. 대부분의 여행자들은 이전 시대에 이탈리아 북부 어디에서인가 만들어진 로마 찬가의 분위기로 이 도시를 방문하였다.

---

41) |옮긴이| 시칠리아 시라쿠스에 있는 샘. 강의 신 알페이오스는 더위를 식히러 자신의 강에서 목욕하던 요정 아레투사의 모습에 반해 사랑에 빠진다. 아레투사는 그에게서 달아나 아르테미스에게 도움을 요청하자 아레투사를 샘으로 변하게 해주었다.

42) |옮긴이| William of Malmesbury, 약 1095/96-약 1143. 12세기 영국의 대표적인 역사가 겸 맘즈베리의 수도사. 비드 이래 영국의 가장 탁월한 역사가로 평가받기도 한다. 저술로는 비드의 『영국의 교회사』를 모방한 『영국 군주들의 업적』을 비롯하여 『영국 주교들의 업적』 등이 있다.

오 고상한 로마, 훌륭한 여왕이여

세상의 모든 훌륭한 도시들 가운데

순교자의 붉은 피가 흐르는 [도시여]

백합화처럼 희고 순결하며 빛나는 [도시여]

모든 사람이 그대 로마에게 인사를 하노라

그대 로마를 축복하노라, 영원하기를

12세기에 여행자용 주요 안내 책자인 『경이로운 도시 로마』*Mirabilia Urbis Rome*가 간행되었다. 3부로 구성된 이 책에는 사실과 우화, 이교적 내용과 그리스도교적 내용이 비범하게 버무려져 있었다. 노아의 아들 야누스에 의해 자니쿨룸 언덕에 로마가 건설되었다는 내용에 이어지는 제1부에서는 로마의 문과 아치, 목욕탕, 궁정, 극장, 다리, 그리스도교도의 묘지 및 성인들의 순교 성지가 언급되었다. 제2부는 황제와 성인의 전설, 특히 인기가 있던 구원자 로마*Salvatio Rome*를 포함한 조각상에 관한 전설, 속주에서 반란이 일어나자 경각심을 주기 위해 카피톨리누스 언덕에 세워진 여러 속주에 관한 조각상들에 첨부된 일련의 종들, 티베리우스 황제 치세기의 철학자인 피디아스와 프락시텔레스, 황제 데키우스 치세기의 순교자들의 종교적 열정 및 콘스탄티누스 대제에 의해 건축된 세 개의 훌륭한 교회 등으로 구성되어 있다. 제3부는 로마의 다양한 지역과 대표적인 기념물 및 그와 관련된 유서 깊은 전통을 소개하면서 다음과 같이 끝을 맺고 있다.

이들 [기념물] 및 이보다 많은 신전과 황제, 집정관, 원로원과 고위 행정관들의 궁정은, 우리가 유서 깊은 연대기에서 읽고 눈으로 보았던 바와 같이, 그리고 고대인들의 이야기에서 들었던 바와 같이, 이교 시대에 로마에 존재하였다. 더욱이 금, 은 및 황동, 상아 그리고 귀금속으로 된 이것들이

얼마나 아름답고 위대한지 우리는 가능한 한 인류의 기억에 남도록 글로써
표현하려고 하였다.[43]

당시 간행된 지 얼마 되지 않은 다른 안내책자도 12세기의 산물처럼
보인다. 이 책자에서는 "마술에 의해서든 혹은 인간의 노력에 의해서든
로마의 경이에 대한 스승 그레고리우스"라는 구절이 있다. 이 구절은
성인이나 순교자라기보다는 어느 시점엔가 사라진 고대의 많은 유적들을
다룬 것이다. 하지만 이 책자의 작가는 고고학자가 아니었다. 열거할
수 없을 정도로 많은 로마의 탑과 궁정들이 온갖 세속적인 방식으로
인멸되었다고 기술하고 있다. 그는 로마의 폐허를 지형이 아닌 범주별로
묶어서 서술하였다. 예컨대 동으로 된 동물상, 대리석 동상(대 그레고리우
스 교황에 의해 거의 모두가 파괴되었다), 궁정, 승전 기념 아치 및
피라미드 등이 그것이다. 유서깊은 건축물의 운명은 팔라스 신전이 여실
히 보여주고 있다. 이 신전은 많은 그리스도교도들에 의해 와해되고
시간이 지나면서 수없이 부서져, 추기경들의 곡물창고로 사용되던 구역을
제외하고는 깨어진 조각상들이 무더기로 쌓여 있었다. 이 무더기 안에는
머리가 없는 여신의 조각상도 있었는데, 과거 그리스도교도들은 자신들의
신앙을 시험받기 위해 이 여신상 앞으로 끌려오기도 하였다. 이미 우리는
15세기에 포지오[44]가 탄식을 금치 못했던 로마의 폐허에 대해 알고
있다. 피라네시[45]는 한때 황금으로 장식되었던 로마를 쇠퇴하고 빛 바랜

---

43) tr. F. M. Nichols, *Mirabilia Urbis Romae*, p.117.
44) |옮긴이| Gian Francesco Poggio Bracciolini, 1380?-1459, 이탈리아의 인문주의자
    로서 루크레티우스의 『사물의 본성에 관하여』를 비롯한 라틴 고전 사본을
    다수 발견하고 발굴하였다. 『탐욕에 관하여』, 『고귀함에 관하여』 등의 작품을
    남겼다.
45) |옮긴이| Giovanni Battista Piranesi, 1720-78. 이탈리아 화가로 로마에 관한 유명한
    동판화 작품을 남겼다.

모습으로 묘사하였고, 기번이 "조코란티 교회 내지 프란체스코 수도사들의 교회"[46]에 앉아 상념에 젖어 『로마 제국 흥망사』를 구상한 반면, "프란체스코 수도회 수도사들은 폐허가 된 [로마의] 캐피탈리누스 언덕 위에 있는 주피터 신전에서 저녁 기도를 올리고 있었다."

12세기의 로마가 고대의 모습을 유지하고 있었다는 인식은 그저 왜곡된 기억에 불과했다. 이 같은 인식은 제국의 훌륭한 대로를 따라 펼쳐지는 로마의 폐허 속에서 지엽적으로 형성된 샤를마뉴의 전설만큼이나 왜곡된 것이었다. 황제가 다스리던 로마는 분명 교황이 지배하는 로마로 바뀌었으며, 1199년의 문서에서 이 같은 사례가 발견되고 있다. 이 문서에 의하면, 교황 이노켄티우스 3세는 성 세르기우스와 성 바쿠스 교회에 셉티무스 세베루스의 아치 1.5개, 아치의 부속 방들 및 당시 아치 위에 있던 탑을 하사하였다. 『로마 전례 예식서』Ordo Romanus에 의하면, 로마 시내에서 벌어지는 공식 행렬에서는 교황들이 일부러 이교도가 세운 고대의 승전 기념 아치를 지나갔다고 한다. "그리스도교의 권위를 드러내고자 신성한 길이 새롭게 만들어졌다."[47] 우리에게 15세기 인문주의자 교황들[48]은 낯설기만 하다. 하지만 1162년 로마 원로원이 트라야누스의 기둥에 대해 "훼손하거나 파괴해서는 안 되며, 세계가 존속하는 한 로마의 명예를 드러내고 있기에 존속되어야 한다"[49]고 주장한 바와 같이, 고대의 기념물을 보존하기 위한 노력들에 주목할 필요가 있다. 또한 12세기의 매우 뛰어난 라틴어 시인 힐데베르 르망[50]은 1106년

---

46) |옮긴이| 이탈리아 로마의 북동쪽에 위치한 몬토리오 교회가 조코란티 교회 혹은 프란체스코회 수도사들의 교회로 불리기도 한다.

47) F. Gregorovius, *History of the City of Rome in the Middle Ages* (tr. Hamilton), iv, 659.

48) |옮긴이| 15세기 교황들 가운데 학자나 학문 및 예술의 후원자로서 활동한 레오 10세, 피우스 2세 등이 대표적인 인문주의자 교황이었다.

49) *Ibid.*, iv, 686.

로마를 방문한 이후 고상한 문구로 고귀한 인문주의 작품을 남겼다.
그 시는 다음과 같이 시작되고 있다.

　　로마는 모든 것이 폐허로 변했지만 여전히 비교를 불허한다
　　폐허가 된 로마는 모든 것이 온전하던 시절의 로마가 얼마나 위대했던가를
　　보여주고 있다
　　오랜 세월은 로마의 영화를 파괴하였고
　　황제의 궁정과 신전은 늪에 빠져 있다

---

50) |옮긴이| Hildebert of Le Mans, 1056-1133. 르망 주교좌성당 학교의 학감, 르망의
　　주교 및 투르의 대주교를 역임하였다. 그의 라틴어 서간문은 오랫동안 모델로
　　간주되었으며, 그는 시인으로도 명성을 얻었다.

참고문헌

중세 고전 연구사에 관한 매우 뛰어난 안내서는 샌디스(J. E. Sandys)의 *A History of Classical Scholarship*, i(third edition, Cambridge, 1920)이다. 그라프(A. Graf)의 *Roma nella memoria e nelle immaginazioni del medio evo*(Turin, 1882-83)는 로마의 전반적인 전통의 일부로서 라틴 작가들을 다루고 있다. 또한 노르덴(E. Norden)의 *Die antike Kunstprosa*(Leipzig, 1898, pp.689-713), 눈로(D. C. Nunro)의 "The Attitude of the Western Church towards the Study of the Latin Classics in the Early Middle Ages," *Papers of the American Society of Church History*, viii(pp.181-194), 패토우(L. J. Paetow)의 *The Arts Course at Medieval Universities*(Urbana, 1910) 및 패토우가 편집한 *The Battle of the Seven Arts*(Berkeley, 1914)를 참고하기 바란다.

마니티우스(M. Manitius)의 *Philologus*, slvii-lvi 및 *Suplement*, vii (pp.721-767) 및 라이니셰스 박물관(Rheinisches Museum)의 *Neue Folge*, xlvii, Erg.-Heft(1892)에는 라틴 7대 작가의 외형적 역사에 관한 자료가 수록되어 있다. 이 작가들의 문학적 영향력에 관한 연구는 아직 충분히 이루어지지 않고 있다. 콤파레티(D. Comparetti)의 *Vergil in the Middle Ages*(London, 1895)는 주로 베르길리우스의 전설을 이해하는 데 유용하다. 라틴 7대 작가들의 문학적 영향에 관해서 마니티우스(M. Manitius)의 *Analekten zur Geschichte des Horaz im Mittelater*(Göttingen, 1893), 수드르(L. Sudre)의 *Publii Ovidii Nasonis Metmorphoseon libros quomodo nostrates medii aevi poetae imitaii interpretatique sint*(Paris thesis, 1893), 웅거(H. Unger)의 *De Ovidiana in Carminibus Buranis quae dicuntur imitatione*(Berlin diss., 1914), 란디(C. Landi)의 "Stazio nel medio evo," *Atti of the Padua Academy*, xxxvii(1921, pp.201-232)를 참조하기 바란다. 랜드(E. K. Rand)의 *Ovid and his Influence*(Boston, 1925)는 뛰어난 저작이다. 랜드는 오비디우스는 물론 중세에 관해서도 해박하다.

발췌집*florilegia*에 관해서는 샌포드(E. M. Sanford)의 "The Use of Classical Latin Authors in the Libri Manuales," *Transactions of the American Philological Association*, lv(1924, pp.190-248)을 참조하기 바란다. 주석에 관해서는 *Histoire littéraire de la France*, xxix(pp.568-583)가 도움이 된다.

존 솔즈베리에 관해서는 풀(R. L. Poole)의 *Dictionary of National Biography* 및 풀의 최근 연구성과를 참조하기 바란다. 네캄에 관해서는 필자의 *Mediaeval Science* 제18장을 참조하기 바란다. 샤르트르에 관해서는 클러발(A. Clerval)의 *Les écoles de Chartres au moyen-âge*(Chartres, 1895)를, 오를레앙에 관해서는 들리슬(L. Delisle)의 "Les écoles d'Orléans," *Annuaire-Bulletin de la Société de l'Historie de France*(1869, pp.139-154)를 참조하기 바란다. 12세기 산문 작가들의 개별적인 고전 활용 사례에 관해서는 웹(C. C. J. Webb)의 *Ioannis Saresberiensis Policraticus Libri VIII*(Oxford, 1909), i(pp.xxi), 맵(Walter Map)의 *De nugis curialium*(ed. M. R. James, Oxford, 1914, p.xxiii), 호프마이스터(A Hofmeister)의 "Studien über Otto von Freising," *Neues Archiv*, xxxvii(1912, pp.727-7472), 부타릭(E. Boutaric)의 "Vincent de Beauvais et la connaissance de l'antiquité classique au treizième siècle," *Revue des questions historiques*, xvii(1875, pp.5-57)를 참조하기 바란다. 라틴 시인들의 고전적 회고에 관해서는 프랑크(K. Francke)의 Zur Geschichte der lateinischen Schupoesie des XII. und XIII, *Jahrhunderts*(Munich, 1879, pp.22-55)가 도움이 된다.

12세기 로마에 관해서는 그라프(Graf)의 앞의 책, 그레고로비우스(F. Gregorovius)의 *History of the City of Rome in the Middle Ages*(tr. by Annie Hamilton, iv, London, 1896)를 참조하기 바란다. *Mirabilia*(ed.

by Parthey, Berlin, 1896)는 니콜스(F. M. Nichols)의 번역이 있다(London, 1889). 제임스(M. R. James)의 *English Historical Review*, xxxii (1917, pp.531-554)는 학자 그레고리우스에 관한 자료를 편집하였다. 루쉬포스 (G. McN. Rushforth)의 *Journal of Roman Studies*, ix(1919, pp.14-58), 슈나이더(F. Schneider)의 *Rom und Romgedanke im Mittelater*(Munich, 1926)는 주로 중세 초기를 다루고 있다.

제 5 장

라틴어

12 세기 서유럽의 공통 언어는 라틴어였다. 문학적 용도의 속어 경구들은 다양한 국지적 방언에서 아직 형성 중이었다. 프랑스 어는 영국 및 이탈리아에서 일부 사용되고 있었지만 "가장 매력적이고 모든 사람에게 공통적인 언어"로서 유럽에서 인기를 얻게 된 것은 13세기 부터였다. 그렇다고는 하지만 라틴어가 국제적인 언어였다고 주장하는 것은 매우 부적절해 보인다. 라틴어는 국제적인 소통 언어였을 뿐만 아니라, 자국의 여러 사람들이 다양한 용도로 사용하던 언어이기도 하였 다. 가톨릭 교회의 언어로서 라틴어는 지역적으로 멀리 떨어져 있던 성직자들 사이의 의사소통의 수단이자 교회 생활 및 종교 생활의 언어이기 도 하였다. 서유럽 그리스도교 공화국의 모든 지역에서는 라틴어로 기도 를 하고 라틴어로 찬양을 하고 라틴어로 설교를 하였다. 도처에서 이루어 지던 학문 및 교육의 언어 역시 라틴어였다. 교과서는 라틴어로 작성되었 고, 학생들은 모든 지식을 라틴어로 배웠으며, 학교에서는 라틴어로 말하는 방식을 가르쳤다. 따라서 라틴어는 보다 가벼운 저술이나 보다 대중적인 저서에서까지도 식자층의 언어였다. 라틴어는 법률 언어였고

적어도 법률에 관한 모든 저술의 언어로서, 로마법은 물론 교회법, 글랜빌과 노르만족의 관습, 롬바르드족의 『봉건법론』*Libri feudorum*, 바르셀로나의 『법률』*Usages*, 영국의 군주 헨리 및 시칠리아의 군주 로저가 제정한 법령의 언어였다. 행정문서와 상업문서 모두 라틴어로 기록되었다. 이 라틴어는 앵글로-노르만족 재무관의 두루마리 문서, 이탈리아 공증인의 공증대장 및 유럽 전역의 회계문서, 특허장 및 방대한 법률문서 체계에서 여실히 드러난다. 학자와 성직자는 물론 상인, 법률가, 법정의 서기 및 의사도 모두 라틴어를 구사해야 했다.

이렇게 공간적으로 매우 널리 확산되고 매우 다양하며 광범위하게 활용된 언어가 획일적이고 불변하기란 불가능하였다. 지역과 주제에 따라 상이하고 새로운 의미 및 이면의 함의를 표현하기 위해 중세 라틴어에 새로운 용례가 추가되었으며, 다수의 국지적 용어와 심지어 속어에서 어휘의 순서와 사유의 관행까지 채택되었다는 사실을 인정해야 한다. 따라서 『대헌장』*Magna Carta*에서 사용된 라틴어 *vicecomes*(sheriff, 셰리프)

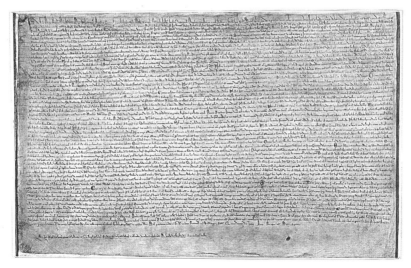

『대헌장』

와 *segeneria*(serjeanty, 봉토 보유) 같은 어휘가 당시의 노르만-프랑스어에 차용되었으며, 그것의 양식과 순서는 키케로 내지 당대의 교황령 양식이 아닌 앵글로-노르만족의 법률 양식과 순서였다. 다음은 대헌장 39조의 유명한 구절인데, 중세적 용어와 전문 용어로 가득 차 있다.

자유민은 동등한 신분을 가진 사람에 의한 합법적 재판 혹은 국법에 의하지 않고서는 체포, 감금, 추방, 재산의 몰수 또는 여하한 방식으로도 처벌을 받지 아니한다.

유럽의 여러 나라에서 사용된 라틴어 어휘는 각각의 라틴어 사전이 필요할 정도로 정말 다양하였다. 15세기에 고대의 표준이 부활함으로써 소멸하게 될 때까지 라틴어를 살아 있는 언어로 만들어준 동력은 대단히 뛰어난 적응력과 새로운 요소를 흡수하는 능력이었다. 중세 라틴어는 전반적인 교육과 문화 수준, 다소간의 속어의 영향력은 물론 특정 개별 작가가 어떤 교육을 받았는가에 따라 부침을 경험하였다. 하지만 라틴어는 표준 문법을 늘 유지하고자 하였다. 고전이 부활한 12세기에는, 지방의 공증인이나 필경사가 고전적 표준 내지 비록 당시의 최상의 표준에서 이탈했다 하더라도 적어도 문화의 중심지에서는 비교적 훌륭한 라틴어가 사용되었다. 옥스퍼드 주교를 지낸 스텁은 12세기 라틴어에 대해 다음과 같이 기술하였다.

12세기 라틴어는 꽤 훌륭한 언어이자 문법적인 언어였다. 형용사는 명사와 일치하였으며 동사는 주격과 일치하였다. 그리고 설령 ~한다고 하더라도 (*ut*)는 명사를 지배하고, 종속문장은 주문장에 의해 규정된 법과 시제를 따랐다. 작가가 ~하는 한, 주지하듯이, ~인 한 같은 어휘의 활용을 매 순간 자랑스레 사용하였듯이, 어휘는 매우 풍부하였으며 고전 라틴어에서는 다소 희소하였던 단어들이 빈번하고 일관되게 사용되었다. 하지만 심지어 그 경우에도 [작가는 어떤 어휘를 선택할 것인지] 고심할 필요가 없었다. 라틴어는 구속을 받지 않았던 언어였을 뿐만 아니라 자연스러운 언어이기도 하였다. 문학적인 측면에서 라틴어는 라틴어로 말하고 라틴어로 사유하는 사람들에 의해 사용된 언어였다. 라틴어는 죽은 언어가 아닌 살아있는 언어였으며, 유서깊은 언어로서 아마도 노익장을 과시하였을 것이다.[1]

고전 라틴어에 대한 매우 면밀한 접근에는 라틴 문법에 대한 철저한 훈련이 함의되어 있다. 좁은 의미의 어형론 및 구문론과 넓은 의미의 문헌에 대한 학술적 평가를 보건데, 12세기는 중세 문법 연구의 절정기였다. 라틴어에 관한 표준적 교과서는 6세기 초엽에 집필된 프리스키아누스 카에자레아의 『문법교육』*Institutiones*이었다. 여전히 현존하고 있는 엄청난 양의 『문법교육』 필사본과 발췌집은 중세 전 시기에 걸쳐 이 책이 얼마나 인기가 있었는지를 방증해준다. 18책으로 이루어진 『문법교육』은 로마 작가들의 작품을 모방 인용하여 그 위상을 확고히 하고 중요 저술로 인정받았는데, 라틴 문법은 물론 라틴 문학의 전통도 따랐다. 프리스키아누스의 문법을 이해한 사람은 키케로, 살루스티우스, 베르길리우스, 테렌티우스 및 다른 시인들의 훌륭한 문구를 많이 습득한 인물로 간주되었고, 이들 작가의 작품에 대한 발췌는 고전 작가들을 이해하는 핵심 요소로 보였던 것 같다. 고전 부활의 시대는 자연스레 프리스키아누스의 시대가 되었고, 이에 따라 프리스키아누스는 샤르트르 주교좌성당 전면의 조각상에 장식된 7자유학의 학자들 가운데 문법 내지 7자유학의 대변자로 당연히 선정되었다. 샤르트르 학파의 티에리는 프리스키아누스의 모든 저술을 자신의 『7자유학론』*Eptatheuchon*에서 복제하였다. 이보다 한 세기

---

1) Stubbs, *Seventeen Lectures*, p.175.

전에 풀베르 샤르트르는 "우리의 프리스키아누스 저작들 중 한 권"을 헝가리 주교에게 빌려주었다. 1147년 할베르슈타트의 한 참사위원은 멀리 트로이에서 임종을 맞이하면서 자신이 소장하고 있던 프리스키아누스의 저작을 할베르슈타트 주교좌성당에 기증하였다. 거의 동시대에 프리스키아누스는 파리에서 학생들을 가르쳤던 피에르 엘리의 정교한 문법 주석의 주제였다. 하지만 프리스키아누스의 『문법교육』은 근대의 인쇄본으로도 두 권이나 될 만큼 분량이 많았기 때문에 초심자들은 오히려 보다 간략한 참고용 지침서를 활용하였다. 그런 지침서로는 프리스키아누스 이전 시대의 문법학자인 도나투스의 『대문법서』^{Ars maior}, 그 책의 축약본이자 보다 일반적인 편람인 『소문법서』^{Ars minor}가 있었다. 학생들이 종종 암기를 통해 습득한 『소문법서』는 10쪽 내에서 8개의 질문과 답변 형식의 화법으로 이루어졌다. 프리스키아누스의 짧은 저작 역시 교리문답식의 구성을 취했는데, 이 책에서 베르길리우스의 『아이네이스』 첫 12줄은 첫 번째 단어인 무기^{arma}에 할애된 3쪽과 더불어 분석을 위한 수단이었다. 물론 이 어휘에는 명사, 성, 격, 수, 구문 및 특히 파생어가 수반되었다.

12세기에 초심자에게는 일반적으로 여러 가지를 활용하는 것이 허용되었다. 이를테면 카토의 『대구』^{Distichs}, 아비아누스의 『우화집』^{Fables} 및 테오둘루스의 『목가』^{Eclogue}라는 세 작품이 한 책 안에서 동시에 등장하기도 하였다. 로마 제국 말기에 활약한 카토의 『대구』는 당시 대 카토의 명성에 힘입어 권위가 신장되었다. 『대구』는 특별히 그리스도교적 소재는 없었지만 그 도덕적 논조는 나무랄 데 없었고, 아래 서막의 구절이 보여주고 있듯이 도덕적 가르침이라는 보편적 가치를 지니고 있었다.

시인이 노래하듯이 만약 신이 영적 존재라면,
순수한 마음과 더불어 그대 자신을 제물로 삼아라.

깨어 있으라. 잠에 너무 취하지 마라.

태만에서 야기되는 악행이 늘어나기 때문이다.

월터 맵이 지적하였듯이, '솔로몬 이래 가장 현명한 인간'인 '카토'는 12세기에 덕목의 귀감이자 라틴어의 척도였으며, 이후 수세기 내내 그러하였다. 초서의 아래 글귀에 따르면, 카토는 사실상 어떤 사람이 초보적인 교육을 받았는지 여부를 판단하는 기준이 되었다.

그[목수]의 위트가 저속한 것을 보면, 그는 카토를 모르는 사람이다.[2]

여러 라틴 우화 작가들 가운데 아비아누스(약 400년경)가 초심자에게 시라는 장르와 매우 적절한 문체로 인기를 끌고 선호된 작가였던 반면, 카롤링 왕조기에 생산된 테오둘루스의 『목가』는 고전으로 간주되었다. 카토의 『대구』, 아비아누스의 『우화집』 및 테오둘루스의 『목가』라는 이 세 작품은 계속해서 복제되고 설명이 붙게 되었다. 예컨대 11세기에 베르나르 유트레흐트는 테오둘루스에 관한 주석 작업을 하였고, 그로부터 150년 후 알렉산더 네캄은 아비아누스의 『우화집』을 다르게 이해하였다. 테오둘루스의 『목가』는 성서와 마찬가지로 삼중의 해석, 즉 문학적·비유적·도덕적 해석이 필요한 중요한 책으로 간주되었다.

만약 1050년경에 활발하게 활동한 이탈리아의 사전 편찬자 파피아스의 작품을 12세기의 산물에 포함시킨다면, 12세기에는 고유한 사전들이 주로 만들어졌다. 『알파벳』*Alphabetum*, 『축소판 사전』*Breviarium*, 『어휘의 모체』*Mater verborum*, 『기본 원리』*Eleementarium doctrine rudimentum* 등으로 알려진 파피아스의 사전은 고래의 문법학자들과 주석학자들에게서 유래

---

2) |옮긴이| 『캔터베리 이야기』, 3227.

된 통합사전이자 백과사전이었다. 이 사전은 최신 사례까지 다수 포함하였으며 분명 학교의 교과 내용과도 밀접히 결부되어 있었다. 중세 전 시기에 그러하였듯이, 여기에서도 알파벳 순서는 단어의 첫 글자에만 적용되고, 당시 중세의 철자법에서 많은 영향을 받았다. 물론 파피아스의 사전은 몇 가지 인쇄본으로 존속하였지만, 곧 바로 이어진 세대의 기대를 완전하게 충족시키지는 못했다. 12세기 초엽 영국의 오스번이 중요한 『파노르미아』*Panormia*를 집필하였다. 또 1200년경에 피사의 교회법학자 겸 볼로냐 대학의 교수이자 페라라 주교였던 후구치오는 파피아스와 오스번의 저술들을 편집하여 『어원론』*Derivations*을 내놓았다. 후구치오는 이 책 덕분에 페트라르카가 활동하던 시대에 프리스키아누스 다음 가는 문법학자로 꼽히기도 하였다. 위의 세 저술가는 어원학에 관심이 많았고 그리스적 기원에 각별히 관심을 쏟았다. 하지만 이들은 하나같이 그리스어를 할 줄 몰랐고, 종종 이들이 저지른 오류와 개악은 터무니없을 정도로 심각하였다. 그리스어를 구사할 줄 안다고 주장한 윌리엄 코르베이는 12세기 초엽에 자신의 저작 『차이』*Differentie*를 질베르 라 포레에게 헌정하였다. 이 사전 편찬자들은 양에 매우 집착하였고, 심지어 후구치오는 순수 *sincerus*의 어미에서 두 번째 음절을 축소하는 자는 생명의 책에서 그 이름을 삭제해야 한다는 위협까지 서슴지 않았다. 또 다른 형태의 사전류는 서술적인 어휘로서, 의미를 설명하는 관련 문장에 어휘를 추가하여 오래된 어휘 해설 목록의 빈곤을 해결하였다. 12세기의 이 일련의 시리즈는 12세기 초엽 파리에서 교사로 활동한 아담 프티 퐁과 더불어 시작되어 12세기 말엽 역시 파리에서 교사로 활동한 알렉산더 네캄에게까지 지속되었다. 이들의 저술은 가정용품, 궁정 생활, 지식의 활용 등을 다루었다. 한 세기 후에 장 갈랑[3]은 자신의 독자들을 파리의 골목길로

---

3) |옮긴이| John of Garland, 13세기의 문법학자로 파리 대학 교수를 역임하였다.

인도하고 다양한 상품들에 관해 기술하였다. 이 작가들은 희귀하고 기이한 용어에 대한 지식을 과시하고자 하는 유혹에 쉽게 빠졌으며, 13세기의 박학에 대한 광범위한 여지를 제공하였다. 필사*scriptorium*의 재료에 대해 네캄이 기술한 보다 단순한 사례를 소개하면 다음과 같다.

주로 필경사로 불리는 필사자*librarius*는 작업 판을 고정하기 위한 팔걸이 의자를 제공받는다. 한 첩의 양피지가 놓인 작업 판에는 여분의 양피지나 양피지 한 조각을 면도칼로 쉽게 벗기기 위해 사슴 가죽으로 단단히 조인 펠트가 부착되어 있다. [필경사는] 형태를 갖춘 가죽 첩을 매염제 부석으로 깨끗하게 하고, 가볍게 대패질을 하여 표면을 매끈하게 만든다. 주변을 둥글게 마른 부착물로 첩을 아래위로 결합시킨다. [필경사는] 평평한 자와 송곳으로 첩의 여백 한쪽을 표시한 후 한 치의 오차 없이 정확하고 규칙적으로 선을 긋는다. 만약 [필경사가] 필사를 하다 삭제를 한다거나 줄을 그어 지울 경우 필사를 취소하지는 못하고 필사된 부분을 벗겨낸다.……4)

네캄(1157-1217)은 사전 편찬자 그 이상의 학자였다. 파리에서 수학하고 던스타블에서 학생들을 가르쳤으며 영국 사이런세스터의 참사위원과 수도원장을 역임한 그는 "자유학을 충실히 배운 후 이를 가르쳤고, 이후 성서 연구에 매진하고 시민법[로마법]과 히포크라테스 및 갈렌에 관한 의학 강의를 들었으며, 시민법이 나쁘지 않다는 것을 발견하였다"고 언급하였다. 산문과 운문으로 집필된 그의 방대한 저술에는 이솝 우화집, 대중적인 과학, 신학 및 성서 주해는 물론 출처가 의심스러운 것들이

출생 및 사망 연도는 알려져 있지 않다. 『교회의 승리에 관하여』, 『라틴어 사전』 등의 저술을 남겼다.
4) Haskins, *Mediaeval Science*, p.361.

많이 포함되어 있다. 그의 『사물의 본성』은 매우 특이한 저술 중 하나로, 과학에 관한 교훈적인 2책과 전도서에 관한 주석집 3책으로 구성되어 있다. 새롭게 소개된 아리스토텔레스 이론에 호의적이었던 네캄은 당대의 인문주의자들과 함께 고려의 대상에 포함시켜야 한다. 라틴 산문을 존중한 그는 고대 작가들을 폭넓게 인용하였는데, 특히 어휘와 그 의미에 관심을 기울였다.

존 솔즈베리가 샤르트르에서 기술하였듯이, 12세기 최상의 문법 연구에는 문학에 대한 진지한 연구가 수반되었다.

작금의 갈리아 지방에서 지식의 가장 풍요로운 원천인 베르나르 샤르트르는 이 방식을 따랐으며, 작가들의 작품을 강독하면서 단순한 것과 일반적인 규칙에 속하는 것이 어떤 것인지를 알려주었다. 그는 문법의 수, 수사학의 장식물, 트집 잡는 궤변 그리고 자신의 강의 주제와 다른 학문과의 연관성 같은 요소들을 명확하게 제기하였다. 현명한 베르나르는 모든 주제에 관해 모든 것을 가르치지는 않았지만, 학생들의 능력에 따라 적절한 시점에 적절한 주제를 제공하였다. 그리고 뛰어난 논의는 적절성 (즉 형용사 내지 동사의 명사와의 적절한 결합) 내지 음위 전환 (즉 충분한 근거를 가지고 어떤 표현의 다른 함의로의 전환)에 달려 있기 때문에, 기회 닿는 대로 학생들에게 이것들을 심어주고자 하였다.

그리고 연습을 통해 기억이 강화되고 유머가 예리해지기 때문에, 베르나르는 경고나 채찍 또는 체벌을 통해 일부 학생들에게 배운 내용을 지속적으로 모방하라고 촉구하였다. 학생에 따라 외우는 정도에는 차이가 있었지만, 모든 학생은 전날 배운 내용을 다음 날 암기해야 했다. 이들에게 내일은 어제의 훈련이기 때문이었다. 저녁에 문법과 함께 어형 변화를 많이 공부하여, 샤르트르 밑에서 일 년 동안 열심히 공부한 학생은 두뇌가 너무 나쁘지만 않다면 말하기와 작문을 자유롭게 구사할 수 있고, 주로 사용되는 표현의 의미도 알 수 있게 된다. 하지만 저녁 공부의 소재는 도덕적·종교적 교화를 위해 선택된 시편의 여섯 번째 참회기도5) 및 주기도문과 함께 끝이 났다. 학생들에게 산문 내지 시를 모방하는 공부를 처방해주기 전에, 시인 내지 연설가들을 [모델로] 제시한 베르나르는 그들을 모방하고 어휘 및 우아한 문구를 결합할 것을 강조하였다. 하지만 어떤 학생이 자기 작품을 멋지게 장식하기 위해 다른 사람의 작품에서 어떤 내용을 따다가 붙일 경우, 베르나르는 이 같은 표절을 감지하고 비판하였다. 물론 베르나르가 자주 체벌을 가하지는 않았다. 그러나 보잘것없는 작품이 매우 근사한 작품으로 바뀌었다면 베르나르는 아량을 베풀어 잘못을 범한 학생에게 고대 작가들을 진정으로 유사하게 모방하는 훈련을 하도록 지시하였다. 또한 베르나르는 자신의 선학을 모방한 학생이 그 후학들에게 모방할 가치가 있다는 사실을 보여주었을 것이다.

베르나르는 가장 기초가 되는 것들 가운데 다음의 내용을 또한 가르쳐 학생들에게 유념하게 하였다. 즉, 어순의 가치, 어휘의 윤색 및 칭찬받을 만한 선택, 언변의 부족, 말하자면 언변의 초라함, 유쾌하지만 지나친 말, 과도함 및 매사에 적절한 한계 등이 그것이다. 샤르트르는 학생들에게 역사책과 시는 강압에 의해서가 아니라 자발적으로 열심히 읽어야 한다고 가르쳤다. 또한 모든 학생에게 뭔가를 암기하려면 매일매일 몰입할 것을 지속적으로 요구하였다. 그러나 그는 학생들에게 지나침을 피하고 저명한 작가들에게서 발견한 것에 만족해야 한다고 가르쳤다. …… 모든 사전 훈련에서 기예와 함께 필요가 충족되어야 한다는 사실에 학생들이 익숙해지는 것이 매우 유익하였기 때문에, 이들은 매일매일 산문과 시를 쓰고 상호 비교를 통해 스스로를 연마하였다.6)

---

5) |옮긴이| "여호와여 내가 깊은 데서 주께 부르짖었나이다"라는 구절로 시작하는 시편 130편을 의미한다.

존 솔즈베리 시대에는 '한 인간을 교양인으로 만드는 유일한 특권'을 가진 고전 작가들에 대한 대단한 인내심과 지속적인 헌신을 비판하는 사람들이 있었다. 13세기에 문법은 7자유학 가운데 하나로 그 위상이 약화되고, 실용적인 목적으로 라틴어를 가르치는 초보적인 학문으로 축소되었다. 말하자면 기예*artes*가 권위*auctores*를 축출한 것이다. 도나투스와 프리스키아누스는 『7자유학의 전투』에서 문학적 연구라는 의미에서는 여전히 대표적인 문법학자였지만 전투에서는 패하였다. 사실 당시 논리학은 문법의 방법론은 물론이고 그것의 고유 영역에까지 침범하였다. 문법 시간이 줄어들었을 뿐 아니라, 문법은 문학적인 방식이라기보다는 논리적인 방식으로 연구되었다. 이미 12세기에 윌리엄 피츠스테픈은 "산문으로 논쟁을 벌이거나 문법 기술의 원리 및 과거 시제와 부정법의 규칙에 관해 논하면서"[7] 런던 학생들이 제기한 학문 간의 논쟁을 기술하였다. 이제 문학적 형식은 경멸되고, 사실상 논리학이 문법 연구의 결함을 보완할 수 있다고 공언되었다. 13세기경 문법은 사변적 학문이 되었다. 새로운 시대의 텍스트는 알렉산더 비이되의 『문법』*Doctrinale*과 에브라르 베튠의 『그리스어 문법』*Grecismus*이었다. 이들 두 책은 기억력 강화를 위해 운문으로 작성되었다. 2645줄로 이루어진 레오 6보격[8]의 『문법』이 표방한 것은 프리스키아누스 및 독본의 위상을 차지하는 것이었다. 첫 번째 어형 변화의 규칙(29-31줄)은 다음과 같이 시작된다.

---

6) *Metalogicon*, i, c.24 : A. O. Norton, *Readings in the History of Education*, pp.31-33을 볼 것.

7) *Materials for the History of Thomas Becket* (edited by J. C. Robertson for the Rolls Series), iii (London, 1877), pp.4-5.

8) |옮긴이| 내면적 리듬에 입각한 시작詩作의 한 유형. 실존 여부가 불분명한 중세 수도사 레오니우스(Leonius)에 의해 고안된 것으로 전해진다.

제1 어형 변화는 직접격에서 as, es, a를 취하고,
몇몇 히브리어의 고유명사는 am으로 끝나며,
소유격과 여격에서는 이중모음 ae를 취한다.

그리하여 『그리스어 문법』이라는 제목은 그리스어의 변형을 다룬 한 장의 이름을 딴 것이며, 그리스어를 전혀 모르는 상태에서 음운 변화에 관한 장을 시작하였다.

관행적인 사례들을 보면, 종종 발음하기 좋은 방식에 양보하는데, B는 f의 경우에, 또한 6개의 철자 c, g, p, m, s, r에서 변형된다.

이런 문법체계가 목표로 삼은 것은 명백히 문학적인 완벽의 도모라기보다는 즉각적인 결과물이었다. 이 '야만스러운 라틴어'의 상징물은 인문주의자들에 의해 축출될 때까지 세력을 구축하였다. 심지어 『그리스어 문법』은 인쇄술이 발명된 1440년과 1588년 사이에 무려 267판이나 간행되었는데, 이를 통해 이 상징물들이 아주 서서히 약화되었음을 확인할 수 있다.

문법과 자매관계라 할 수사학은 중세에 역사적으로 문법과는 다른 경험을 한다. 로마적 양식의 수사학은 중세 환경에 잘 적응하지 못했으며, 그것이 경험한 변화는 고전적 모델에서 완전히 벗어났기 때문이다. 고대의 수사학이 연설에 초점을 맞추었다면, 중세의 수사학은 주로 서한의 작성에 주력하였다. 로마 수사학의 연설적인 특성은 주요 저작들의 제목, 즉 키케로의 『연설가』*Orator*, 『연설가론』*De Orator* 및 『정확한 연설론』*Brutus, De claris oratoribus*, 그리고 퀸틸리아누스의 『연설교육론』*Institutes of Oratory*의 제목에서도 잘 드러난다. 이 저서들은 법정이나 공공 집회에서 필요한 효과적인 구두 변론술을 다루었다. 이러한 법정 변론의 모든

토대는 로마 정치제도 및 사법제도의 와해와 함께 인멸되었다. 연설이라는 어휘 그 자체는 주로 사적 담론, 즉 통상적으로 조물주에 대한 인간의 기도를 의미하게 되었고, 바티칸 사본에 남아 있는 12세기 무명작가[9]의 기도의 수사학에 관한 저서 같은 것을 발견하기란 쉽지 않다. 심지어 로마 제국 말엽에 논쟁적 성격이 약화된 수사학은 그리스도교적 환경에도 적응하지 못하였다. 마르티아누스 카펠라는 키케로적 전통을 유지하였으며, 전문 수사학자들의 가르침은 더욱 형식화되고 공허해졌다. 중세의 수사학은 더 이상 자유학 교육의 중심도, 목표도 아니었다.

수사학의 지침서로서 중세인의 거친 옷에 휴대하기 좋고 편리하면서도 간단한 프리스키아누스나 도나투스 책 같은 것은 없었다. 마르티아누스와 로마 제국 말엽에 만들어진 요약본에 수사학 지침서 비슷한 것이 있었고, 그보다 좀 덜하기는 하지만 비드 및 이시도르(그는 여전히 법정 수사학을 정의하였다)도 있었다. 그러나 이것들은 그 속성상 문법 교과서의 핵심적인 골격이 빠져 있었고, 다른 이유들 때문에 소멸되어 가던 수사학에 생명력을 불어넣지 못했다. 12세기의 뛰어난 학자들은 키케로와 퀸틸리아누스의 저작을 접하였으며, 모범 작가들의 저술목록을 작성한 네캄과 마찬가지로 학생들에게는 이 작가들의 저작이 수사학의 이상적인 교과서로 간주되었다. 하지만 이것은 오히려 완벽을 추구하라는 조언으로 이 로마 작가들의 저술은 교과서라기보다는 수사학적 양식의 모델이었다. 키케로와 퀸틸리아누스의 저술에 대한 사본의 활용도가 매우 미미하였다는 사실은 이들 저술의 사본 숫자를 통해 알 수 있다. 이 저술들은 고전으로서 존경을 받았지만 표준적인 교과서로서는 의미가 없었다. 이 작가들은 잠시 젊은 세대에게 입에 발린 찬사를 받았을 뿐, 학생들은 점차 서신의 작성이나 작문이라는 실용적인 주제에 초점을 맞춘 최신

---

9) Vatican, MS. Reg. Lat. 1222, ff. 37 v-39 v.

안내서를 선호하였다. 처음에 이들 작품에는 "툴리아누스[키케로]에 따르면"이라는 조건이 붙었으나, 13세기에 인기를 끈 수사학 교수들은 키케로의 저술에 대해 무지하였음에도 불구하고, 수사학의 실질적 효과에 대한 자신의 능력에 자긍심을 가지고 있었다. 키케로 학파의 극단적인 어리석음은 일명 존이라는 인물에 관한 미간행 저서에서 드러난다. 키케로와 그의 아들 간의 대화 형식으로 집필된 이 책은 고전을 풍부히 인용하고 수사학적 논의를 포함하고 있다. 하지만 이 책은 교황과 황제, 프리드리히 바바로사와 영국의 헨리 2세 사이에서 볼 수 있는 적절한 인사말에 대한 아버지 키케로의 가르침과 더불어 끝을 맺고 있다.[10]

새로운 서간문 양식의 초기 옹호자로는 알베릭 몬테카시노가 유명한데, 우리는 이 양식을 '감미롭고 새로운 양식'이라고 부를 수 없다. 알베릭은 데지데리우스(1058-86)가 몬테카시노의 수도원장으로서 생산적인 활동을 하던 시기에 활동한 인물이다. 중세의 공식 문서는 로마의 서간문 양식을 유산으로 물려받았기 때문에, 공식 서한이나 문서를 작성하는 기술은 중세 초기에 인멸되지 않았으며, 공증인과 군주의 서기에 의해 그 생명력이 유지되었다. 하지만 이는 매우 실용적 기술로서 표준적 유형 내지 양식은 선집을 모방하는 방식으로만 전수되었고, 자유로운 표현이라든가 표현의 자연스러움은 함께 전수되지 못했다. 사실 이 선집들은 중세 내내 공식 및 사적 서한에서 매우 인기가 있었다. 왜냐하면 다수가 문맹이던 시기에 서신을 작성하는 가장 쉬운 방법은, 초보 교육을 받은 사람들에게 여전히 유용하고 완벽한 서간문 작가들이 활용하던 것으로, 이미 작성되어 있는 서신을 모방하는 것이었기 때문이다. 11세기 말엽-12세기의 혁신을 통해 새로운 환경에 적응한 서간문 작성법을 다룬 간단한 지침서가 나왔고, 이 지침서에는 산발적인 사례든 혹은 보다

---

10) Bruges, MS. 549, f.1.

체계적인 양식을 갖춘 부록이든, 사례들이 첨가되었다. 문법학자이자 성인전과 운문 및 논쟁적 팸플릿의 작가였던 알베릭은 이러한 지침서를 만든 최초의 인물은 아니지만, 그러한 작품을 남긴 최초의 작가다. 알베릭의 저서 『작문 개요』Breviarium de dictamine에는 이른바 문법이 여전히 많이 포함되어 있었고 사례는 극소수에 불과했지만, 그 형태는 고수하였다. 알베릭의 또 다른 저술 『작문의 꽃』은 다소 고전적인 독서를 보여주는데, 이는 고대의 음률을 갖춘 산문 내지 이탈리아 인문주의자들이 활동한 시기까지 지속될 새로운 내지 중요한 유형의 부활과 관련이 있던 것으로 보인다. 알베릭의 제자로 로마 교황청의 상서를 역임한 후 교황 겔라시우스 2세(1118-19)로 즉위한 존 가에타가 『작문의 꽃』을 로마 교황청의 상서청에 도입하였던 것은 확실하다. 이는 로마 교황청의 지침이자 교황청 문서의 진위 여부를 판단하는 시금석이 되었다.

하지만 앞으로 이탈리아에서 등장할 서간문 작성법 ars dictaminis은 로마나 몬테카시노와는 상관이 없고, 12세기 초엽 볼로냐와 관련이 있다. 법률 초안의 부수적인 요소로서 중세 초기에 살아 있었던 작문dictamen 은 법학이 독립적이고 전문적인 학문으로 확립된 이후 자연스럽게 법률 교육과 밀접히 결부되었으며, 중세의 주요 법률 학교들에서 중요하게 되었다. 이 같은 여건에서 서간문 작성법은 실용적 측면이 더욱 강조되었다. 그리고 13세기의 서간문 작성법은 특정 학위와 인문주의적 수사학 및 모든 작품을 혹독하게 비판한 특정 학부의 교수진과 더불어 공증을 작성하기 위한 특별한 공증술ars notaria로 발전하였다. 13세기 초엽 과장이 매우 심한 볼로냐 대학의 본콤파뇨 교수가 집필한 책을 통해, 수사학 학습은 단기 실무 과정이 되었으며, 수사학 교수들은 선전이라는 실무 기술을 충분히 체득하였다는 사실이 알려지게 되었다. 『고대의 수사학』 Antiqua rhetorica으로 본콤파뇨는 1215년 볼로냐, 1226년 파두아에서 계관 시인의 반열에 올랐으며, 이 책은 공개적으로 읽히게 되었다. 그는 자신의

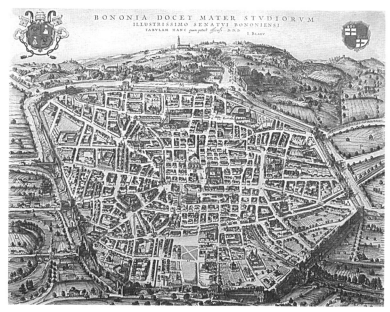

볼로냐 전경. '볼로냐는 학문의 모체'라는 글귀가 있다.

존재를 과시하기 위해 많은 기회를 활용하였는데, 이는 오를레앙 내지 샤르트르의 품격 있던 인문주의와는 매우 거리가 멀었다.

한편 프랑스에 이식된 서한은 오를레앙이라는 비옥한 토양에 뿌리를 내렸고, 사실상 교황청 서기들을 훈련시킨 오를레앙 학교의 고전 연구와 매우 밀접히 결부되었다. 오를레앙과 투르에서 작성된 지침서는 키케로와 퀸틸리아누스까지 올라가지는 않았으나, 운문과 산문을 라틴어로 작성할 것을 강조하였고, 당시 이 서한들은 골리아드 시에 필적하였다. 이러한 서한집은 존엄왕 필리프(1180-1223) 시대에 특히 증가하는데, 필리프 치세기는 아마도 오를레앙의 활기찬 문학적 전통에 대한 좋은 사례가 될 것이다. 파리스와 헬레나, 율리시스(오디세우스)와 페넬로페,[11] 봄과 가을, 영혼과 육체, 생명과 죽음, 인간과 악마 간의 서신에서 볼 수 있는 매우 진솔하면서도 상상력 넘치는 내용들이 대표적이었다.

이 서신들은 작문에서는 주로 사용되지 않던 미묘한 상황을 묘사하였다. 기교와 자유분방함, 그리고 종종 고대의 정신에서 다룬 주제들도 기술하였다. 이 서신들을 편찬할 때 수사학 및 그 기예와 관련하여 특정 교사들의 수사와 업적을 찬미하는 여러 서신이 존재했던 것으로 보인다. 이 서신들에서 많이 발견되는 공통적인 소재가 학생이며, 우리는 다른 맥락에서 학생을 다루게 될 것이다. 사실상 의도적인 창작이 매우 활발하게 이루어진 지역에서 이 같은 선집이 갖는 역사적인 핵심 가치는 특정 세부사항을 담고 있어서라기보다는 그 시대의 전반적인 상황을 반영하고 있다는 점에 있다. 왜냐하면 편집자는 어떻게든 모든 개연성을 고려하여 일련의 양식을 제공할 뿐만 아니라, 만약 수중에 실제로 문서가 없을 경우에는 문서를 만들거나 학생들의 작품 중 가장 뛰어난 작품을 활용하였기 때문이다. 한 극단적인 사례가 문서보관소의 자료선집이고, 다른 극단적인 사례가 고안된 모델선집이다.

서한 작성 이론에 따르면, 서신은 주로 다섯 부분으로 이루어진다. 첫째, 인사다. 이는 중세 예절에서 매우 엄격한 핵심적인 요소이자, 사회구성원 각각의 위엄 내지 지위에 걸맞게 정교하게 부여된 호칭 양식이다. 둘째, 서두 내지 호의 사기*captatio benevolentie*다. 이는 서한을 받을 사람에게 호의를 사기 위한 의도적인 표현으로서 종종 경구 내지 성서의 인용으로 이루어져 있다. 셋째, 서술 내지 설명이다. 넷째, 요청이다. 서신에서는 늘 무언가에 대한 요청이 들어가며, 서두와 서술에서 이미 강조된 대전제와 소전제의 논리적 귀결 형태를 띠는 것처럼 보인다. 그리고 마지막이 결론이다. 다음 내용은 원문에 어떤 추가나 수정도 가해지지 않은 한 서신에 대한 단순한 분석이다.[12]

---

11) |옮긴이| 스파르타의 왕 이카리오스와 펠보이아의 딸로서 오디세우스와 결혼하였으며, 결혼의 순결과 인내를 상징하는 인물이다.

C는 부친 H님께 자식으로서 당연히 애정을 보냅니다. 이것이 인사다. 아버님께서 돈을 보내주신 데 대해 소자는 매우 감사하고 있습니다. 이는 호의의 표현이다. 하지만 수중에 있던 돈을 모두 학비로 써버린 소자는 여전히 궁핍한 상태며, 최근 보내주신 돈은 빚의 일부를 갚는 데 써버려 생활에 거의 도움이 되지 않으며, 여전히 빚이 많다는 것을 아버님께서 인식해 주시기 바랍니다. 이것이 서술이다. 이에 돈을 좀 더 보내주실 것을 아버님께 간청하는 바입니다. 이것이 청원이다. 만약 아버님께서 소자의 요청을 거절하신다면, 유대인에게 저당 잡힌 책을 잃게 될 것이고 학업도 끝내지 못하고 집으로 돌아갈 수밖에 없을 것입니다. 이것이 결론이다.

다음의 서신은 매우 특이하지만 바로 위의 서신과 결론은 유사하다.

소자 M과 S는 매우 친애하고 존경하옵는 부친 M. 마르트르 기사님과 모친 M님께 문안 인사 올리며 더불어 자식으로서의 순종의 마음을 전합니다. 신의 은총 덕분에 저희는 오를레앙에서 건강히 잘 지내고 있으며, "무엇인가를 아는 것은 칭찬받을 만하다"는 카토의 경구 등을 마음에 간직하고 학업에 전념하고 있음을 이 서신을 통해 알려드리고자 합니다. 저희 형제는 학교와 시장이 지척인 곳에 훌륭하고 아름다운 거처를 마련하였으며, 그 덕분에 신발이 물에 젖지 않고도 매일 등교를 할 수 있게 되었습니다. 학업성적도 우수하고 품성도 좋은 동료들이 우리 형제와 같은 집에 살고 있습니다. 우리 형제는 이 같은 장점을 잘 알고 있습니다. 왜냐하면 "주님은 올바른 사람과 더불어 주님의 올바름을 드러낸다"[13]와 같은 내용을 시편 저자가 전하고 있기 때문입니다. 이에 소자들은 재료 부족으로 완성품이

---

12) L. von Rockinger, *Ueber Briefsteller und Formelbücher* (Munich, 1861), p.40.
13) |옮긴이| 시편 18편 25절.

대학생의 학업은 물론 학업 이외의 생활 모습을 보여주는 그림

중단되는 사태를 막기 위하여 인편 B를 통해 양피지, 잉크, 책상 및 필요한 다른 물품을 살 돈, 즉 부모님을 위하여 저희들이 (신이 금한) 궁핍으로 인해 고통을 당하는 일 없이 학업을 마치고 금의환영할 수 있도록 충분한 돈을 보내주실 것을 부모님에게 간청하는 바입니다. 인편을 통해 신발과 긴 양말 및 소식도 함께 보내주시기 바랍니다.[14]

오를레앙의 매력적인 서한은 뛰어난 상상력을 보여주는데, 당대의 라틴어 시인을 암시하는 고전적 주제 내지 당대적 주제를 종종 다루고 있다. 따라서 한 필사본[15]에 포함된 일군의 서간문은 육체적 고통과의 끊임없는 싸움으로 인해 인간이 조물주를 불평하는 데서부터 시작된다. 조물주는 육체에게 이런 불평을 하지 말라고 권고하나, 육체는 비천한 기원 및 자신이 만들어진 보잘것없는 재료에서 더 나아질 것

14) L. Delisle ed., *Annuaire-Bulletin de la Société de l'Histoire de France* (1869), pp.149-150.
15) Bibliothéque Nationale, MS. Lat. 1093, ff. 68-69.

이 없다고 대꾸한다. 1187년의 예루살렘 함락사건은 그리스도의 배우자인 교회가 성모 마리아에게 보낸 한 편지에서 어렴풋하게 알려지게 되었다. 욥은 자신의 가여운 처지를 운명의 신에게 토로하고, 운명의 신은 자신의 수레바퀴를 돌려 교만한 자를 겸손하게 만들고 겸손한 자를 고상하게 만들기 원한다고 답한다. 고기와 생선은 4월이 자신의 달이라고 주장하면서 논쟁을 벌인다. 피그미들은 왜가리에 대항하기 위해 스페인 군주에게 지원군을 요청하고, 매 부대의 지원을 약속받는다. 한 노르만인은 엄청난 괴물인 거북을 퇴치할 수 있도록 친구에게 도움을 요청한다. 마지막으로 아드라스투스는 티데우스(디오메데스)의 운명을 언급하면서 폴리니케스를 위로하고 있으며,[16] 아들에게 열심히 공부하라고 촉구하는 부친의 편지와 함께 우리는 학교 교실로 되돌아오게 된다.

우리는 정형화된 수사학에 관한 책과 여기에 수반된 양식은 논외로 하고, 당대 최고의 라틴주의자들의 서신을 고려해야 한다. 이들 서신은 12세기 및 후대에 훌륭한 서한 양식의 전범으로서 모방의 대상이 되어 거듭 모방되었다. 특히 모방의 대상이 된 것은 힐데베르 르망과 존 솔즈베리의 서신이었는데, 존의 제자 피터 블루아의 이름으로 통용된 서신은 여전히 엄밀한 연구를 필요로 한다. 힐데베르의 서신은 심지어 학교에서 기억력 강화를 위해서도 사용되었다. 전반적으로 볼 때, 이러한 선집은 13세기 카푸아 서간문 작성자의 매우 과장된 방식에 의해 뒷전으로 밀려나기 전까지 라틴 양식의 훌륭한 모델이 되었으며, 후대의 뛰어난 서기 콜루치오 살루타티는 이를 존중의 대상으로 언급하였다.

유행이 계속 변하고 새로운 환경이 조성되면서 작문의 지침서나 양식집은 오랫동안 사용되지는 않았고, 고유명사 내지 특정인을 지칭하는 머리글자는 수정되었다. 하지만 여전히 모든 서간문 작성자*dictator*는

---

16) |옮긴이| Adratus. 아르고스의 왕이자 폴리니케우스와 티데우스의 아버지.

선학의 작품에 기초하였으며, 따라서 유럽의 전 지역에서 서간문은 중세 말엽 전 시기에 걸쳐 시간 및 장소에 맞추어 그 전통이 지속되었다. 체계적인 지침서는 13세기에 절정에 달하였고, 후대에는 특정 상서를 위한 형식과 완벽한 서간문 작가에게 만족하게 되었다.

수사학 지침서에는 산문의 작성, 즉 설교의 구조와 양식에 관한 언급이 없다. 12세기에 설교가 부족하거나 하지는 않았다. 12세기부터 수백 편의 설교가 보존되어 있었고 13세기부터는 그것이 수천 편에 달했기 때문에 이 시기의 설교에서 묘사된 것처럼 프랑스 사회에 관한 두 권의 설교집이 집필되었다. 알랭 릴의 소책자로 알 수 있듯이, 이 시기에 설교술에 관한 논의가 결코 결여된 것도 아니었다. 만약 설교술 관련 논의가 고대의 수사학적 전통에서 전적으로 독립되어 있지 않았다면, 이 시기의 전반적인 지적 생활과 관련된 지식에 새로이 추가할 만한 것은 없을 것이다. 더욱이 13세기에 정형화된 양식은 이야기와 우화들로 가득 찬 매우 대중적인 설교 때문에 쇠퇴하였다. 그리하여 단테는 "농담이 나 저속한 익살로 무장한 채 설교대에 서고" 웃음을 자아낼 수 있다며 우쭐대는 사람들에 대해 불만을 토로하기까지 하였다. 이제 라틴어에서 벗어나 속어를 살펴보도록 하자. 설교와 서신에 유사한 점이 있다면, 그것은 모방이었다. 많은 설교가들은 다른 사람의 설교를 거리낌 없이 표절하였으며, 설교 준비가 안 된 성직자도 충분한 아침잠을 잘 수 있게 해준 『편안한 잠자리』*Dormi secure*17)는 대표적인 대중적 설교집이었다. 게으르고 지적으로 부족한 설교가에게 교회력에 부합케 할 일련의 완벽한 설교집이었다. 사실상 예배를 가능하도록 해준 이 설교집은 판을 거듭하여 인쇄되었으며, 1612년에는 "오직 경건함과 여러 유용성"을 찬미하는 겉표지와 함께 재판되기도 하였다.

---

17) |옮긴이| 이 책의 부제가 '성자의 설교'였다.

모방의 한 형태는 모든 세대의 공적 연설, 즉 예화집에 의해 이루어졌다. 설교를 풍요롭게 해주는 이야기나 예화는 매우 다양한 전설, 기적 및 당대의 일화로 구성되어 있었다. 이야기들은 대중적 종교 및 그것들이 형성된 시기의 미신에 대한 대단히 중요한 통찰력은 물론 그 시대의 매너와 관습에 관한 다양한 정보도 많이 제공하고 있다. 예화는 즉각적인 활용을 위해 편리한 지침서에 수록되었는데, 그 중 다수는 13세기에 만들어졌다. 한편 이 예화들은 페트루스 알폰시의 『성직자의 규율』 *Disciplina clericalis*에 나오는 동방 이야기들과 선창자 페트루스의 『경구 축약』 *Verbum abbreviatum*에서 예시된 반면, 자크 비트리와 카에자르 헤이스터바흐의 유명한 예화집은 13세기 초엽의 산물이었다. 여기서는 식자층과 일반 대중, 즉 라틴어와 속어가 구분되지 않는다. 예화집은 왕실을 위해서 혹은 왕궁에서 만들어졌다. 거베이스 틸베리는 헨리 2세의 아들인 젊은 왕자를 위해 『진기하고 흥미로운 이야기 모음집』 *Liber facetiarum*을 집필하면서 작가로서의 삶을 시작하고, 황제 오토 4세를 위해 『황제의 여가』 *Otia imperialia*를 마무리하며 작가로서의 삶을 마감하였다. 또한 월터 맵의 『궁정인의 천박함』이라는 유쾌한 신변잡기는 헨리 2세의 번잡한 궁정에서 급하게 작성되었다.

월터 맵의 서술은 다시 수사학이라는 주제를 보여주는데, 격식에 얽매이지 않는 맵의 묘사와 대중적인 예화들을 만나는 것은 여전히 즐거운 일이다. 인문주의자 맵은 폭넓은 독서를 바탕으로 날카로운 해학을 보여줄 뿐 아니라, 그가 다루는 평범한 이야기나 연설에 비추어 볼 때, 단순한 양식과 화려한 양식 간의 고대적 구분에 대해서도 명확하게 이해하고 있었다는 사실이 최근 밝혀졌다. 맵과 동시대의 인물로서 달변가였던 기랄두스 캄브렌시스의 방대한 저술에서도 이와 유사한 수사학의 주제가 발견된다. 한편 차분한 윌리엄 맘즈베리조차 화려한 문구를 구사하기도 하였다. 12세기의 다른 역사가들은 특히 루카누스의 시를 연상시키듯 시에 대한 선호를 보여주었다. 또한 12세기 역사서술의 전반적인 양식은 13세기의 위대한 종합에서는 볼 수 없는 문학적 양식에 대한 관심을 보여주었다. 중세 수사학의 전성기인 12세기는 대다수 산문 양식에 그 족적을 남겼다.

중세 수사학자들은 서한의 작성에 집중하면서도 적어도 이론적으로는 시작詩作을 인정하였다. 이들은 종종 서간문을 산문·음율·운율이라는 세 가지 유형으로 구분하였고, 따라서 고대의 정량적 음율과 새로 강조된 운율을 모두 알고 있었다. 심지어 산문 작성 관련 책에서도 그러하였다. 소위 베르나르라는 인물은 예외로 치고, 지침서는 시 작성법을 심하게 누락시켰고, 대다수의 지침서에서는 라틴어 문법에서 시형론의 일부 단순한 규칙들이 대거 제거되었다. 12세기의 특별 지침서에 반영된 새로운 형태의 운율은 탁월한 성과물을 보여주지 못하였다. 이들 유형은 라틴어 시들에서 귀납적으로 검토되어야 한다. 12세기 말엽 키케로의 『발견론』 *De inventione*, 『헤레니우스에게 바치는 수사학』 및 호라티우스의 『시론』은 물론 고대 양식과 알랭 릴 등 몇몇 동시대인들의 일부 독자적인 연구를 기초로 해서 시의 기예를 보다 체계적으로 다룬 일련의 책들이 12세기 말에 집필되기 시작하였다. 시인이자 비평가였던 이 작가들은 자신이 만든 예화는 물론 고대인들의 뛰어난 작품들을 소개하였다. 이들의 주요 저작은 매슈 방돔의 『시작 기예』 *Ars versificatoria* (약 1175년), 『시작 기예론』 *Doctrina de arte versificatoria* (약 1200년) 및 지오프리 비노소프의 『새로운 시』 *Poetria nova* (약 1200년)였다. 이들 이론을 확산시킨 중심지는 초기에는 오를레앙, 후기에는 파리였던 것으로 보인다. 시학보다는 수사학에 관심을 집중하였던 이 작가들은 시 애호자보다는 문학 장인에게 수학하던 학생들에 관심이 더 많았다. 어떤 시가 최고의 시인지를 비평가들이 보여주기 전에 이미 12세기에 최고의 시가 작성되었던 것이다. 이제 이 시를 살펴볼 차례다.

중세 라틴어의 역사는 여전히 기술 중이며, 우리는 예비적인 서술조차 못하고 있다. 12세기의 개별 작가에 대해서는 여전히 연구가 필요하며, 문법학자 및 사전편찬자에 대해서는 연구할 내용이 많다. 중세 라틴어의 전반적인 특성에 관해서는 트라우브(L. Traube)의 *Vorlesungen und Abhandlungen*, ii (Munich, 1911, pp.31-121), 비손(C. H. Beeson)의 *A Primer of Medieval Latin* (Chicago, 1925)을 볼 것. 중세 라틴어의 명시 선집에 관해서는 *Speculum*, i(1926, pp.110-114)을 참조하기 바란다.

캔지(C. Du Fresne Du Cange)의 *Glosarium nediae et infimae Latinitatis* (7권으로 된 최고 판본, Paris, 1840-50)는 12세기의 언어 및 전문 용어의 연구에 필수적이다. 또한 열권으로 된 *Niort*(1883-87)를 참고하기 바란다. 국제학술원연합회(International Union of Academies)에서 준비중이었던 새로운 사전은 약 1000년을 기점으로 중단되어, 간략하지만 만족할 만한 사전류는 없는 실정이다. 11-12세기의 사전 편찬자들 가운데 파피아스, 오스번 및 후구치오에 관해서는 괴츠(G. Goetz)의 *Corpus glossarioum Latinorum*, i(Leipzig, 1923)을 참조하기 바란다. 아담 프티 퐁 및 알렉산더 네캄에 관해서는 라이트(T. Wright)의 *A Volume of Vocabularies* (London, 1857), 쉴러(A. Scheler)의 *Jahrbuch für romanische und englische Literatur*, vi-viii(1865-67), 네캄에 관해서는 해스킨스(Haskins)의 *Mediaeval Science* 18장과 엡포시토(M. Esposito)의 *English Historical Review*, xxx (1915, pp.450-471)를 참고하기 바란다. 또한 필자의 *Summa derivationum of Walter of Ascoli, ca.1228, Mélanges Ferdinand Lot* (Paris, 1926, pp.245-257)을 참고하기 바란다.

도나투스와 프리스키아누스 저작 편집본으로는 케일(H. Keil)의

Grammatici Latini (Leipzig, 1855-80, ii-iv), 리슐링(D. Reichling)의 Alexander's Doctrinale (Berlin, 1893), 로벨(J. Wrobel)의 the Grecismus (Breslau, 1887)가 있다. 체이스(W. J. Chase)가 도나투스의 『소문법서』 Ars minor를 번역하고(Madison, 1922) 카토의 『연구』Disticha를 번역 분석하였다. 테오둘루스에 관해서는 오스터나셔(J. Ostemacher)의 편집본(Linz, 1902) 및 Modern Philology, vii, 169-185 (1909)에 실린 해밀튼(G. L. Hamilton)의 논문을 볼 것. 12세기의 문법이론에 관해서는 투루트(C. Thurout)의 Notices et extraits des manuscrits, xxii, 2(1868)의 뛰어난 논의와 마나코르다(G. Manacorda)의 Storia della scuola in Italia (Milan, 1915, I, 2, ch. 5)를 참조하기 바란다. 교리문답식 문법에 관해서는 마나코르다의 "Un testo scholastico di grammatica del sec. XII in uso ncl basso Piemonte," Giornale strico e letteratio della Liguria, viii(1907, pp.241-282)을 참고하기 바란다. 구두점에 관해서는 노바티(F. Novati)의 Rendiconti dell Istitudo lombardo, xlii(1909, pp.83-118)을 참고하기 바란다. 문법 및 수사학 교과과정에 관해서는 패토우(L. J. Paetow)의 The Arts Course at Medieval Universities (Urbana, 1910)를 참고하기 바란다.

서간문 작성법 ars dictaminis에 관한 탁월한 참고문헌은 브레스라우(H. Bresslau)의 Handbuch der Urkundelehre(second edition), ii, I(pp.225ff)를 참고하고, 뷔토우(A. Bütow)의 Die Entwicklung der mittelaterlichen Briefsteller bis zur Mitte des 12. Jahrhunderts (Greifswald diss., 1908)를 비교해 보기 바란다. 필자는 American Historical Review, iii(1898, pp.203-229)에서 학생들의 편지를 검토하였으며, 12세기 이탈리아의 몇몇 저작에 관해서는 Mélanges H. Pirenne (Brussels, 1926, pp.101-110) 및 Essays Presented to Reginald Lane Poole (Oxford, 1927)을 참고하기 바란다. 13세기 교황청 전례서의 사례에 관해서는 풀(R. L. Poole)의 Lectures on the History of the Papal Chancery (Cambridge, 1915) 4장의 뛰어난 요약을,

전반적인 주제에 관해서는 폴하임(K. Polheim)의 *Die lateinische Reimprosa* (Berlin, 1925)를 참고하기 바란다. 가상의 서한에 관해서는 바텐바흐(W. Wattenbach)의 *Sitzungberichte of the Berlin Academy* (1892, pp.91-123)를 참고하기 바란다. 록킨저(L. von Rockinger)의 *Quellen und Erörterungen zur bayerischen und bayerischen und deutschen Geschichte*, ix(1863-64)는 수사학 저술을 집대성한 것이다.

중세의 라틴 양식에 관해서는 오글(M. B. Ogle)의 *Speculum*, i(1926, pp.170-189)을 참고하기 바란다. 월터 맵의 *De nugis curialium*은 제임스(M. R. James)가 편집하고(Oxford, 1914), 투퍼(James, F. Tupper)와 오글(M. B. Ogle)이 번역하였다(London, 1924). 월터 맵의 책의 구상 및 집필에 대해서는 제임스 힌튼(James Hinton)이 *Publications of the Modern Language Association of America*, xxxii(1917, pp.81-132)에서 다루었다. 시작詩作에 관해서는 파랄(E. Faral)의 *Les arts poétiques du XIIe et XIIIe siècle* (Paris, 1924)을 참고하기 바란다. 운율은 메이어(W. Meyer)의 *Gesammelle Abhandlungen zur mittellateinischen Rythmik* (Berlin, 1905)을 참고하기 바란다. 운율식 설교에 관해서는 부르겡(L. Bourgain)의 *La chaire française au XIIe siècle* (Paris, 1879)을 참고하기 바란다. 또 13세기 파리의 설교에 관한 필자의 논문 *American Historical Review*, x(1904, pp.1-27)을 참조하기 바란다.

제6장

라틴어 시

중세에 세 차례에 걸쳐 일어난 중요한 고전의 부활에는 모두 라틴어 시의 집필이라는 놀라운 재생이 수반되었다. 사실 이는 부활한 라틴 문학의 활력에 대한 최고의 시금석일 것이다. 세 차례의 지적 운동들 가운데 카롤링 왕조 르네상스는 작품의 양이나 관심의 영역 모두에서 가장 제한적이었다. 4권으로 구성된 『카롤링 왕조기의 라틴어 시』라는 두꺼운 책은 라틴 양식의 현저한 발전을 보여주는데, 역사, 성인전, 특별한 사건, 잡기 등 매우 다양한 주제를 고대의 음보와 중세의 운율이라는 두 가지 양식으로 다루었다. 하지만 이 책은 대중의 일상생활은 거의 언급하지 않았으며, 여기에 실린 시들 가운데 뛰어난 작품들은 유럽의 시 전체에 대한 인식에 비해 문화사에서 학문적으로 더 중요한 위상을 차지하고 있다. 이탈리아 르네상스는 고대 정신과의 확고한 동화뿐만 아니라 재능과 기술적 마무리라는 면에서도 탁월하였다. 하지만 그 즈음 라틴어 운문은 속어와의 무망한 경쟁을 벌이고 있었으며, 시라는 거대한 물줄기는 새로운 수로에서 흐르고 있었다. 14세기에 페트라르카는 자신의 명성을 오랫동안 유지시켜줄 것이라 기대한 라틴어 서사시 『아프리카』의 작가로서가 아니라 이탈리아 소네트 작가로 기억되었다. 12세기 라틴 운문은 그 특징은 물론이고 시기적으로도 9세기와 14세기의 라틴 운문 사이에 위치한다. 12세기의 라틴어 운문은 카롤링 왕조기의 운문보다 훨씬 풍요롭고 다양하였으며, 아직 속어의 뒷전으로는 밀려나지 않았다. 사실상 이 시기에 속어 시가 급부상하는데 이는 라틴어 시와 긴밀히 결부되어 있었다. 많은 경우 속어 시와 라틴어 시는 병행하였으며, 주제의 소재와 형식 모두에서 지속적으로 서로 영향을 주고받았다. 여전히 라틴어는 대부분의 시인들이 문학적 영감을 표현하는 자연스러운 수단이었다. 라틴어 시는 대중에게 폭넓은 호소력을 지녔으며, 당시 삶의 다양한 양상을 반영하였다. 고대의 모델을 광범위하게 모방하고 종종 성공적이었던, 새로운 형태의 운문이 많았으며, 특히 골리아드의 자유분방한 서정시와 새로운 종교극에서 목격된 새로운 음보 형식이 다수 존재하였다. 이것들은 모두 고대의 전통이라기보다는 주로 이 시기의 새로운 여건을 배경으로 등장하였다. 따라서 12세기의 라틴어 시는 고대의 양식이나 주제의 단순한 부활을 훨씬 뛰어넘는 것이었다. 이는 로망스 시대는 물론 종교적 시대이기도 하였던 이 시기의 활력 넘치고 매우 다채로운 삶을 다양하게 표현하는 방식이었다. 하지만 라틴어 시의 이 같은 다양성은 라틴어의 쇠락이 임박했음을 알려주는 한 징후였다. 말하자면 많은 속어가 문학의 보다 자연스러운 도구가 되었고, 12세기는 국제적인 시의 마지막 위대한 시기였던 것이다.

이 같은 라틴어 시 체계가 야기한 첫 인상은, 당혹스러울 정도로 라틴어 시가 많이 양산되었다는 점이다. 선집이나 전집이 시도되지는 않았지만, 만약 선집이나 전집 중 어느 하나가 만들어졌다면 그 지면은 카롤링 왕조기 시인들의 작품들로 채운 4권의 책보다 몇 배는 더 많았을 것이다. 라틴어 시 체계에서는 온갖 주제가 다루어졌다. 예컨대 서사시, 역사 및 전설, 성서 이야기, 고대의 우화, 헌정사, 비문, 특별한 때 작성된 시, 찬송가, 연속송,1) 수식송,2) 제식 관련 작품, 교훈 시, 도덕 시, 명상 시, 종교적인 서정시와 세속적인 서정시, 온갖 부류의 풍자, 권주가, 연가, 대화와 논쟁, 유용하고 기억력을 강화하는 운율 및 경구, 교수의 훈련, 교재, 학교에서의 작문 그리고 다수의 지엽적이거나 잡다한 유형 등이 그것이다. 수천 줄에 달하는 장문의 시가 있는가 하면 한두 줄의 2행 연구聯句로 된 짧은 시도 있었다. 시에는 산문이 혼용되었으며, 심지어 라틴어와 속어가 혼재된 운율도 있었다.

소재가 이렇게 다양하면 체계적인 분류가 불가능해진다. 우리는 서사시, 서정시, 극시 같은 전통적인 용어를 사용할 수도 있지만, 이들 용어는 매우 폭이 넓고 그 하위 분류체계가 다양하여 거의 도움이 되지 않는다. 동일한 화법이 서유럽 전역에서 압도적이었으며, 많은 시가 유럽에서 유통되었기 때문에, 지리적 분류는 적절하지 않다. 12세기 북부 프랑스는 매우 중요한 시의 생산지였지만, 주목해야 할 단 하나의 지역을 꼽기는 어렵다. 당시의 시가 특정 개인이나 특정 지역을 다루었다는 점을 제외하면, 지리적 경계로 시를 구분하기는 불가능하다. 연대기적 분류 역시 매우 짧은 기간의 지침서로서 거의 유용하지도 않다. 11세기 말엽-12세기 초엽의 시인들이 종교적이고 특별한 작품의 진부한 스타일에 얽매이던 것에서 벗어나 12세기 들면 매우 다양한 서정시와 서사시 그리고 보다 대중적인 운율이 발전하였을 뿐 아니라, 1200년경에는 어떤 지역에서 절정에 달하기도 하였다.

12세기를 경과하면서 연대기가 보다 다양해지고 새로운 양식이 유행하기는 했지만, 음보에 대한 기본적인 인식은 부재하였다. 수사학 관련

---

1) **|옮긴이|** 성찬식 중에 불린 노래로 성가의 각 음에 한 음절씩 단음 가사를 붙이는 것을 연속송 즉 시퀀스(sequence)라고 한다.
2) **|옮긴이|** 기존 성가에 새로운 가사나 음악, 또는 가사와 음악을 함께 첨가하는 방식을 수식송 즉 트로프(trope)라고 한다.

책자들에서는 "시적 글쓰기는 음보적이거나 운율적이다"라고 주장하였지만, 음보와 운율이라는 각각의 주제에 대해 제대로 정의하지 않았다. 고전적 6보격과 5보격이 12세기 내내 자유롭게 활용되었으며, 알파노 살레르노 같은 시인은 종종 보다 복잡하고 난해한 양식을 활용하였다. 알랭 릴은 사포[3]의 시체詩體를 다루었으며, 알랭과 다른 시인들은 마르티아누스 카펠라[4] 및 보에티우스의 『철학의 위안』에서 전승되어 온 산문과 운문을 혼용하였다. 고대 정신에서 가장 영향을 많

감옥 안의 보에티우를 찾아온 철학의 여인을 묘사한 그림(12세기)

이 받았던 작가들이 서사시의 진부한 전통을 고수하던 고대의 운문 양식에 생명을 불어넣은 것처럼 보인 것은 너무나 당연하다. 한편 속어에 매우 근접하였던 작가들은 새로운 양식의 운율을 선호하였다. 하지만 정해진 규범은 없었다. 일부 작가들은 만가의 2행 연구에, 그리고 다른 작가들은 골리아드의 자유분방한 운율에 고전적 주제를 활용하였다. 앞으로 살펴보겠지만, 골리아드파는 신선하고 비학구적인 작문을 위해 매우 다양한 운문을 활용하였다. 이미 10세기경 종교 시에서 고대 음보를 사용하지 않았으며, 운율이 있는 운문 및 연작 산문이라는 두 가지 양식의

---

3) |옮긴이| Sappo, B.C.630년경 출생한 그리스의 여성 시인. 감각적인 요소와 멜로디를 중시하였으며, 연애, 애정 등에 관한 서정시를 집필하였다.
4) |옮긴이| Martianus Capella. 5세기 초엽에 활약한 라틴 산문 작가로, 『문헌학과 수성의 결합』의 저자이자 7자유학의 기초를 놓았다.

종교적 시는 12세기에 절정에 달한 압운시에서 실제로 융합되었다. 새로운 양식들과 그것들 중 다수는 테일러가 서술하고 있듯이,[5] 그리스도교 시의 거의 필수불가결한 요소였다.

그리스도교적 감성은 고전적 잣대인 정신의 여하한 움직임과는 다르게 떨리고 있다. 운율이 강조된 중세의 시에 새로운 떨림, 새로운 전율, 극한의 공포 및 극한의 사랑이 등장하고 있다.

내가 그토록 갈망하는
나의 예수, 언제 오시렵니까?
언제 나를 행복하게 해 주시렵니까?

너무도 많은 눈물
너무도 큰 슬픔
너무도 많은 고통에 허덕이며
범한 죄 때문에
극히 깊은
지옥에 빠졌다

기억하라, 자비로운 예수를
그대가 고통을 받음으로써 나는 구원을 받았습니다
그날에 저를 버리지 마십시오.

---

5) Henry Osborn Taylor, *The Classical Heritage of the Middle Ages* (New York, 1901), pp.246-247.

......

눈물과 통곡의 그날에
잿더미에서 전 인류가
심판받기 위해 일어나게 될 그날에
주의 자비로 우리를 보호하소서
자비로운 예수 그리스도여
그들에게 영원한 안식을 주소서

누구든 이들 운문의 정감을 느끼도록 하고, 그리고 나서 고전 시 한 편, 호머 내지 베르길리우스에게서 유래한 한 구절, 사포 내지 핀다로스6)혹은 카툴루스7)에서 유래한 만가적 2행 연구에 의존하도록 하라. 차이를 그리고 중세 찬송가의 정서를 고전적 음보에 맞추는 것이 불가능하다는 사실을 누구나 인식하게 될 것이다.

많은 경우, 일견 손쉬운 분류의 준거인 신성한 것과 세속적인 것과의 구분을 또한 포기해야 한다. 중세의 지적 생활이 성직자와 라틴어, 속인과 속어로 날카롭게 구분된 적이 있었다. 말하자면 일상생활 및 문학적 표현에서 하나는 전적으로 종교적이고, 다른 하나는 전적으로 세속적인 두터운 칸막이가 있었다는 것이다. 하지만 실제 상황에 대한 보다 깊이 있는 연구들을 통해 이 같은 경계가 많이 허물어졌다. 앵글로-색슨의

---

6) |옮긴이| Pindar, 약 522B.C.-433B.C. 테베 출신의 고대 그리스 서정시인. 아폴론 신전, 올림피아 등에서의 승리를 축하하는 송시들을 지었다.
7) |옮긴이| Catullus, 84B.C.-54B.C. 로마 공화정 말기의 서정시인. 사랑과 증오에 관한 서정시를 지었으며, 그 가운데에는 카이사르에 대한 경멸을 담은 시도 있다.

설교, 『헬리안드』,[8] 옛 프랑스어로 쓰인 성인에 관한 시 및 다른 교화 작품에서 알 수 있듯이 비교적 이른 시기부터 속어로 된 종교 문학작품이 있었다. 그리고 라틴어로 된 엄청난 양의 세속 문학작품이 있었으며, 이는 필자의 의도에 부합하고 있다. 이탈리아의 공증인이나 의사 등과 같이 라틴어를 구사하던 속인들도 있었다. 뿐만 아니라 원래 속인이었던 성직자도 많았다. 당시에는 성직자로 서품을 받지 않았어도 속인들이 쉽게 성직자 복장과 두발을 채택하였고 경제적 이득을 많이 가져다줄 특권을 공고히 하였다. 대학생은 사실상 성직자였으며, 이 점에서 학생은 예나 지금이나 대체로 동일하였다. 수도 사제나 재속 사제를 포함한 성직자들조차 세속과의 모든 관계를 단절하지는 않았다. 매우 호색적인 시인이자 으뜸가는 시인 *Primate*은 오를레앙의 참사위원을 지냈으며, 많은 수도원이 오비디우스의 시구를 모방하였다. 매우 신성한 양식을 취하면서도 그 정신에서는 극히 세속적인 풍자도 많았다. 우리는 이 풍자를 어느 한 부류로 자의적으로 분류할 수는 없다. 당시 속어로 된 많은 서사시가 순례길 및 순례 성물함과 긴밀히 연계되어 있었으며, 특정 교회 내지 수도원이 제공한 소재에 기초하고 있어 전적으로 신성하지도 전적으로 세속적이지도 않았다는 사실을 우리는 알고 있다.

"종교적 노래를 포함한 선집은 혼란스러울 정도로 매우 다양한 소재, 즉 제식적인 것과 비제식적인 것, 신성한 것과 불경스러운 것, 교훈적인 것과 비교훈적인 것, 수치스러운 것은 말할 것도 없이 온갖 종류의 소재를 제공하고 있다"고 드레브[9]가 주장하였다. 매우 저속한 내용을 일부 포함하고 있는 골리아드 시 전집 가운데 매우 유명한 시 『보이언의 노래』

---

8) |옮긴이| *Heliand*. 9세기 전반에 고대 작센어로 집필된 유서깊은 서사시로서 구세주에 관한 내용 등을 담고 있다.
9) Dreves, *Analecta hymnica*, xx, 7.

*Carmina Burana*에는 베네딕트보이에른 수도원 필경사들이 모두 필사를 할 정도로 신성한 작품들이 다수 포함되어 있다. 중세 운문의 또 다른 방대한 선집은 소재의 혼재를 잘 보여준다. 피에로 데 메디치의 『교송집』으로 불리는 로렌티안의 화려한 필사본이 그것으로, 약 1300년경 프랑스 어디에서인가 음악 기보 및 그림과 함께 복제되었다. 이 선집의 전반부는 제목 그대로 교송 성가이며, 나머지 후반부는 주로 12세기 말엽-13세기 초엽에 지어진 수백 편의 시로 구성되어 있다. 즉 찬송가, 성인에 대한 추모, 매우 특별한 경우에 작성된 운문과 찬사 그리고 명백히 세속적이거나 로마 및 교회제도에 대한 매우 비판적인 내용들이 중간 중간에 많이 삽입되어 있다. 이것들은 종교적인 고려가 아닌 음악적인 고려에 따라 편집되었다. 이에 따라 1224년의 라 로쉘 함락[10]에 관한 시가 찬송가와 성탄절에 대한 일군의 신성한 운문들 바로 앞에 편집되었는데, 이 시는 영국의 맥주와 물을 빗대어 프랑스의 훌륭한 포도주에 찬사를 보내며 끝을 맺고 있다.

프랑키아는 바쿠스의 땅이며,
앙글리아는 모세의 땅이다.

다른 시들은 젊은이에게 미에 집중할 것을 촉구하고 있다. 편찬자가 4중창과 독창 간의 차이는 알았지만 신성한 것과 불경한 것을 구분하지 못했던 이 책을 어떻게 평가할 것인가? 이들 작가들 중 한 사람의 작품을 어떻게 분류할 것인가?

---

10) |옮긴이| 프랑스의 루이 7세가 영국 플랜태저넷 왕조의 지배 아래 있던 라 로셀을 장악한 사건을 의미한다.

형제 요나단

그대의 노년이여

한때 조수

이제는 어엿한 박사

권고하나니 헛되도다

이 속세의 영화

인색한 손이 되지 말라고

시인 바우드리의 시들은 또 다른 참고사례가 된다. 바우드리는 1089-1107년까지 부르게이의 수도원장을 지내고 이후 1130년까지 돌의 주교를 역임하였다. 바우드리의 시 255편은 오늘날 바티칸 도서관에 사본 형태로 보존되어 있는데 전반적으로 찬사를 받을 만한 운문이자, 플뢰리 출신의 한 제자에게 어울릴 주로 고대의 만가 음보로 되어 있으며, 갖가지 주제를 다루었다. 찬송이 먼저 등장하고, 이어서 운문으로 된 헌사와 그리스도의 성육신과 고난에 관한 시들이 등장한다. 이 시들 중 하나인 〈가라, 작은 책이여〉는 필경사와 채색가를 찬미하고, 저자의 펜과 메모에 관한 시도 나란히 있다. 이 시는 초청에 대한 답신, 다른 시인들과 교환한 운문, 여신 파리스에서 헬레나에 이르는 장시와 이보다 좀 더 긴 시, 그리고 오비디우스에서 플로라,[11] 플로라에서 오비디우스에까지 이른다. 또한 키케로의 죽음에 대한 운문, 평신도와 성직자에 대한 찬사와 애도 시, 수도원 경내 및 외부의 귀족 부인들에게 바치는 시가 있었다. 이들 헌정시 가운데 가장 긴 것은 블루아 공작부인 아델라에게 바치는 시로, 실내 및 실내 장식에 대해 묘사하고 바이외 직물 장식[12]에 관해서도 언급하고

---

11) |옮긴이| 꽃과 풍요를 상징하는 로마의 신.

12) |옮긴이| 프랑스 북서부 바이외(Bayeux)에 전해져 오는 11-12세기경의 직물로

있다. 인명과 지명 관련 소재 가운데 일부는 고전적이었으며 그 대부분은 당대적인 것이었다. 이들 시는 일부는 진지하고 또 다른 일부는 시시콜콜한 것으로 후대에 사회 시 *vers de société* 13)라는 이름으로 불리게 된다. 바우드리는 자신이 연애 시를 많이 집필하고 고대의 작가들에게서 많은 것을 차용한 이유를 설명할 필요가 있다는 것을 인식하였다. 그는 종교적 측면은 강조하지 않았고 깊이 있게 다루지도 않았다. 또 다시 종교적인 것과 세속적인 것의 구분이 불가능해졌다.

이러한 혼란은 12세기 시의 대다수가 무명작가들의 작품이어서 더욱 심화되었다. 무명작가 중 다수는 필명을 사용하였고, 그 실명을 확인하는 데에는 여전히 학자들의 연구가 필요하다. 무명작가의 경우, 일반적인 판단 기준이 되는 것은 종종 필사본의 날짜와 양식뿐이다. 그러다 보니 자칫 이 양식 때문에 속을 수가 있다. 전문가들은 종종 12세기의 특징을 식별할 수 있지만, 작가에 대해서는 전문가들의 검증에도 오류가 없는 것이 아니다. 12세기 작품을 13세기 작품과 비교하면 덜 지적이고 덜 정교하지만, 12세기 작품을 11세기 작품과 구분하기란 쉽지 않다. 11세기 작가들은 유비와 대구를 모방하기 위한 중압감에 시달렸으며, 완벽한 고전작품의 실현을 꿈꿨으나 성공한 경우는 거의 없었다. 필경사가 힐데베르의 이름 아래 오비디우스와 아우소니우스14)를, 그리고 고대 작가들의 이름 아래 힐데베르를 표기해 두면 비평가들은 중세의 작가들 속에서 고대의 작가들을 구분해 내야 한다. 12세기에는 순수한 2음절 운율의

된 벽걸이 장식. 노르만 정복 과정을 묘사하고 있다.

13) |옮긴이| 제한되고 정교한 독자를 위해 유머를 곁들여 쓴 가벼운 시. 로마의 시인들인 카툴루스, 마르티아누스, 호라티우스 등의 시가 사회시의 모델이 된 것으로 알려져 있다.

14) |옮긴이| Decimus Magnus Ausonius. 4세기 말에 활약한 시인이자 정치가로 로마 제국의 집정관을 역임하였으며, 『모젤라강』이라는 시집을 남겼다.

일상적인 활용 등과 같은 새로운 유형이 많이 발달하여, 시적 형식이 또한 하나의 지침이 된다. 필사본 연구도 종종 보다 확실한 방법이 된다. 즉 11세기 필사본의 경우, 성 보나벤추라[15] 저술목록과 그의 내면의 삶을 재구성하는 데 일조한 자료들에서 시를 추출하는 것만으로도 충분했을 것이다. 잘못된 속성에는 함정이 있어서 많은 시는 그 시만이 갖는 표식을 곧 상실하고, 중세의 필경사나 근대의 편집자들의 손에 의해 힐데베르 내지 성 베르나르 같은 매우 저명한 작가의 작품에 덧붙여졌다. 오로의 비판을 통해 성 베르나르와 월터 맵으로부터 이들 가상의 장식물이 제거되고, 다른 연구를 통해 으뜸가는 시인과 대시인의 필명에 묻혀 있던 인물들이 되살아났다.

만약 먼저 12세기 시에서 고전적인 측면을 더 직접적으로 살펴본다면, 고전 시인들의 작품을 자유롭게 접할 수 있었던 시대의 작가들이 로마 모델을 더 직접적으로 모방하였다는 것을 우리는 이해하게 될 것이다. 지오프리 윈체스터(1095년 사망)의 경우, 마르티알리스 양식으로 풍자시를 집필하였다. 얼마 지나지 않아 랄프 토르타리우스는 발레리우스 막시무스의 작품을 모방하여 『기억할 만한 행적』Memorabilia을 집필하였다. 우리는 메텔루스 테게른제가 호라티우스를 모방하였다는 것을 알고 있다. 모든 서사시의 모델이 된 베르길리우스는, 1114년 마조르카 원정을 다룬 연대기를 작성한 피사의 한 무명 연대기 작가에 의해 모방되었듯이, 덜 알려진 시인들에게 모방의 대상이 되었다. 이 연대기 작가는 다음과 같이 시작하고 있다.

---

15) |옮긴이| St. Bonaventura, 1221-74. 프란체스코 수도회의 수도사이자 스콜라 신학자로 1482년 시성되었다. 저술로는 『명제집 주석』, 『신에게 이르는 정신의 길』, 『생명의 나무』 등이 있다.

무기, 배, 사람, 신속한 복수 행위

도처에서 사람들이 오비디우스를 모방하였다. 12세기 시는 고전에 대한 회고로 가득 차 있었다.

라틴어 시의 정신은 물론 그 양식에도 완전하게 동화된 인물이 힐데베르다. 약 1055년경 라바르뎅에서 태어난 힐데베르는 1097-1125년까지 르망의 주교를, 그 이후 1133년(내지 1134년) 사망할 때까지 투르 대주교를 역임하였다. 12세기 시인들 가운데 가장 저명한 시인 힐데베르는 '신성한 힐데베르', '탁월한 시인', 제2의 호머 등으로 불렸다. 당연하지만 이러한 그의 작품들은 다른 사람의 작품들과 혼동되었는데, 1882년에 가서야 오로에 의해 힐데베르의 작품으로 알려진 많은 것들의 정리작업이 이루어지게 되었다. 힐데베르가 다룬 주제는 대부분 비문, 풍자시, 신학의 미스터리, 윤리적 탐구, 당대인에 대한 찬사 등 당대의 일상적인 것들이었다. 보다 개인적인 수기는 그가 주교직에서 추방된 후 작성된 시로서, 여기서 그는 정원과 부의 상실에 대해 후회하고 마침내 이교적 운명에서 모든 것을 지배하는 그리스도교의 신으로 귀의하였다.

그는 강력하면서도 부드러우며, 사물의 핵심이자 조화롭게 하는 자다.
그가 나에게 원하는 것이 무엇이든, 나는 그의 소유가 될 것이다.

이 시는 결론 부분에서 그리스도교적 색채를 띠고는 있지만, 고대 철학자들을 연상시키는 놀라운 평온함이 있다. 고대 정신 그 이상의 것이 그가 지은 로마에 관한 두 편의 시에 침투하였다. 그 하나는 고대 로마에 관한 시고, 다른 하나는 당시의 로마에 관한 시로서, 영원한 도시를 향한 진정한 정서로 가득 차 있다. 이들 시 덕분에 힐데베르는 오랫동안 라틴어 『명시』 작가의 반열에 올랐는데, 일부 사람들에게는 이 시들을 온전히 그의 작품으로 보기에는 너무 고전적으로 보였다. 힐데베르는 교황이 거처하는 새로운 로마의 중요성을 인식하였으며, 이 로마는 머나먼 과거를 좀처럼 기억할 수 없었다.

나는 내가 누구였던가를 거의 알지 못하며, [지금의] 로마는 [이전의] 로마를 거의 기억하지 못한다.

힐데베르는 12세기 고전주의의 진수를 대변하는 애가에서 옛 로마의 영광을 여전히 찬미하고 있다. 이 애가를 인용하면 다음과 같다.[16)

로마는 모든 것이 폐허로 변했지만, 여전히 비교를 불허하고,
폐허가 된 로마는 모든 것이 온전하던 시절의 로마가 얼마나 위대했던가를
보여주고 있다.
오랜 세월은 로마의 영화를 파괴하였고,
황제의 궁정과 신전은 늪에 빠져 있다.
아라스[페르시아인들]는 로마가 서 있을 동안에는 무서워하였고,
로마가 몰락하자 후회하였다.
왕들의 칼과 원로원의 통찰력을 보유하였던 로마,
그리고 천상의 신들은 [로마를] 세계의 지배자로 세웠다.
카이사르는 로마의 유일한 독재자가 되었고,
선조의 믿음 내지 시민의 믿음보다 로마를 귀하게 여겼다.
로마는 적, 범죄 및 친구들에 의해 위대해졌으며,
그리고 무기, 조약 및 뇌물에 의해 세계를 지배하게 되었다.
로마인들이 선택한 그 강[테베르]둑의 한 지역에 대한

---

16) Hauréau, *Les mélanges poétiques d'Hildebert de Lavardin* (Paris, 1882), pp.60-61.

애정 어린 관심으로 로마는 성장하고 축복을 받았다.

전 세계로부터 성벽과 궁정을 세우기 위해

돈, 물자, 장인들이 강물처럼 [로마로] 흘러 들어왔다.

세계의 지도자들은 전리품을 가지고 왔고, 운명은 축복을 더하였으며,

장인은 기술을, 풍요로운 세계는 자원을 가지고 왔다.

폐허가 된 도시는 오직 자신의 위대함을 암시하고 있다.

나는 로마가 한때 여기에 있었다는 말만을 조용히 하고자 한다.

하지만 오랜 세월도, 칼도, 불도

단지 로마의 아름다움을 가릴 뿐이었다.

위대한 로마를 세웠던 사람들의 노력은

로마를 파괴하려고 하였던 신들의 의지를 이겨냈다.

만약 새로운 황금, 대리석 및 신들

그리고 수많은 장인이 로마를 새롭게 세우고자 한다면,

심지어 폐허가 된 것들 그 어느 하나도 복원하지 못할 것이고,

심지어 새로운 로마는 이전 로마의 위대함에 필적하지도 못할 것이다.

이들 신은 신상들에 놀라고,

단지 이들 조각된 신상의 품격과 동등해지기만을 열망할 것이다.

자연은 인간이 자신의 장엄한 조각상들에 불어넣었던 위엄을

신들에게 제공하는 것을 단념하였고,

모든 구경꾼들의 무릎을 꿇리는 권력자가 숨을 쉬게 하고,

인간의 기예는 신들의 전설적인 힘을 무색하게 한다.

로마는 축복을 받았노라, 폭군들이 사라지거나,

거짓 맹세를 한 폭군들이 수치를 당하였기에.

12세기 후반에 등장하기 시작한 장편 시들의 교훈적 성향과 은유에서

고전의 자극이 힘을 잃어버렸던 중세에 이 정도의 문학적 경지에 도달한 시가 거의 없었다. 이런 작품들 가운데 가장 뛰어난 것은 보편적 박사였던 알랭 릴의 『클라디아누스 비판』이다. 이 장편 시는 12세기 후반에 등장하였다. 육보격 음보로 9책으로 된 이 작품은 고전에 대한 해박한 지식과 클라디아누스 및 마르티아누스 카펠라 등의 고대 모델을 뛰어넘는 작가의 시적 상상력을 보여준다. 알랭 릴이 심혈을 기울인 서문에서 밝히고 있듯이, 은유가 지배적이며, 그것의 보다 예리한 "정교함은 단순한 물질적·도덕적 인식을 뛰어넘어 탁월한 지성을 날카롭게 만들어준다." 은유는 복합적이며, 7자유학 및 그것의 고대 스승들은 물론 종국적으로 악덕을 물리치는 덕목을 포함하고 있다. 그런데 이 작품에는 대단히 서술적인 글쓰기와 많은 고전 지식이 포함되어 있다. 이 시는 도덕적일 뿐 아니라 철학적이기도 하다. "이 시의 주제는 인간이다. 이 시가 철학적으로나 종교적으로 의도한 바는 인간의 삶에서 신, 자연, 운명, 덕목 및 악덕의 역할을 해명하는 데 있다."[17] 9책으로 된 장 오트빌의 『아치트레니우스』 *Architrenius* 나 『크게 슬퍼하는 자』*Archweeper* 같은 작품은 여전히 매우 중세적이었다. 세상의 악덕에 대한 장편 만가인 이 작품에서 저자는 고전적인 많은 은유와 더불어 이 세상을 여행하며 중용과 더불어 찾아오는 만족감과 함께 끝을 맺고 있다. 고전적 서사시의 전통은 요셉 엑스터의 『트로이』와 월터 샤티용의 저작으로 알려진 『알렉산드리아』에서 미약하게 이어졌다. 물론 이들 프랑스인과 동시대인이었던 베누와의 지루하기 이를 데 없는 『트로이』에서는 월셔 샤티용의 작품보다 고전적 서사시의 전통은 매우 미약하였다. 12세기 말엽 랭스의 참사위원 피터 리가가 비가를 집필하였는데 이것이 힐데베르의 비가와 혼동되었다. 피터 리가

---

17) H. O. Taylor, *The Mediaeval Mind* (1925), II, 121. 테일러는 이 책에서 그 시를 자세하게 분석하였다.

의 뛰어난 작품은 시로 이루어진 성서 즉, 『오로라』*Aurora*였다. 이것은 알렉산더의 매우 대중적인 『문법이론』*Doctrinale*에서 모범적인 양식으로서 강력한 추천을 받았지만, 확실히 고전적 영역에서 벗어나 종교적인 영역으로 진입한 것이었다.

12세기는 종교 시 분야에서 훌륭한 업적을 남겼으며, 아마도 절정에 달하였을 것이다. 종교는 물론 문학 분야에서 모두 매우 활발한 작품 활동이 전개된 12세기에 종교문학이 많이 생산된 것은 당연하다. 하지만 다양한 종교 시의 생산은 새로운 양식의 창조에 의해서라기보다는 예외적일 정도로 많고 다양한 전통적 양식의 발전에 의한 것이었다. 소재는 매우 방대하였는데, 이는 특별히 12세기 특징이라기보다는 중세 전반의 특징이었다. 방대한 소재에 대해서는 생략하기로 한다. 이들 시 가운데 일부가 종교 시였던 것은 보다 넓은 의미에서의 종교적 주제를 다루었기 때문이다. 즉, 성서 이야기, 성인전, 성직자가 갖추어야 할 덕목, 죄악과 참회, 죽음과 심판 및 종교적 생활의 모든 것이 포함되었다. 많은 시가 종교적 예배와의 연관성이라는 각별한 의미에서 종교적이었다. 이를테면 산문으로 된 연속송에서는 라틴어 어미에서 매우 일상적인 알렐루아(alleluia)의 마지막 a가 중요하였으며, 당시의 일상적인 운율 양식을 취하였다. 이 정형화된 운율의 시들은 카롤링 왕조기부터 전승되어 왔으며, 연속송의 영향 아래 새로운 운율이 발전하였다. 수식송은 예배극과 성인들의 완벽한 성무일도를 태동시켰다. 이 시들 대다수가 익명으로 되어 있으나, 아벨라르와 아담 생 빅토르 같은 실명이 기재된 경우도 있었다. 사망한 지 얼마 되지 않은 수도원장이나 수녀원장의 영혼을 위로하기 위한 기도를 올리고자 여러 교회로 가지고다니던 사망자 명부 사례처럼, 익명으로 작성된 운문을 통해 종종 그것이 작성된 날짜와 장소를 추정할 수 있다. 모든 수도원은 수도원의 뛰어난 작가에게 산문이나 운문으로 된 찬미의 '제목'을 집필하도록 하였으며, 이들 작품 중 가장 뛰어난 운문을 종종 연대기 작가들이 복제하기도 하였다. 1122년 사망한 비탈리스가 창설한 사비니 수도회는 프랑스와 영국에 수도원과 교회를 208개나 설립하였는데, 비탈리스에 관한 흥미로운 두루마리 원본이 남아 있다. 이 원본 두루마리는 국지적 서체는 물론 국지적 시의 기념비이기도 하다.

12세기의 대표적인 철학자 피터 아벨라르

아벨라르는 타의추종을 불허하는 변증론자이자 탁월한 교사였을 뿐 아니라 유명한 연가를 지은 시인이었다는 사실이 종종 망각되곤 한다. 인멸된 아벨라르의 이 연가는 자신의 아들 아스트로라브를 위한 조언의 시이자 파라클레트의 수녀원장 및 수녀들을 위한 일군의 아름다운 찬가였다. 이들 노래는 매우 복합적인 음보로부터 라헬이 자식의 죽음에 울부짖는 단순한 양식까지 매우 다양한 양식을 보여준다.

라마에서
한 소리가 들렸다.
라헬이 울고 있는 소리,
라헬은 어린 자식의
죽음을
슬퍼하였노라.

다윗이 사울과 요나단의 죽음을, 혹은 이스라엘의 딸들이 길르앗 사람 입다의 딸의 죽음[18]을 탄식한 것과 마찬가지로 아벨라르의 『만가』에도 다양한 양식이 등장한다. 빌헬름 메이어는 아벨라르를 사실상 새로운 양식의 시를 창조한 12-13세기 황금기의 매우 독창적인 시인들 가운데 하나로 간주하고 있다.

아벨라르와 마찬가지로 아담 생 빅토르도 브레타뉴 출신이었다. 물론 아담은 아벨라르 같은 논리학자가 아니라 빅토르 학파의 신비주의자이자 복합적이고 상징적인 인물로, 그를 평가하거나 이해하기 위해서는 세밀한 연구가 필요하다. 탁월한 시인이었던 그는 유서 깊은 연작 양식을 황금의 운문으로 발전시켰다. 그의 단순한 양식은 성 스테파누스 축일(12월 26일)을 위해 그가 지은 찬송가의 육행 첫 절에서 잘 드러난다. 이 찬송가의 첫 번째 절은 스테파누스 축일 바로 전날인 크리스마스를 언급하고 있으며, 육행의 두 번째 절은 최초의 순교자[19]를 노래하고 있다.

어제 세상 사람들은 의기양양했고,
기뻐했고, 기뻐하면서
그리스도 구주가 태어난 날을 축하하였다.
어제 천상의 왕을 둘러싼
천사들로 구성된 합창단이 그를 환영하는 소리,
기쁜 노래로 왕에게 노래를 하였다.

---

18) |옮긴이| 성서의 사사기에 등장하는 용맹한 장군. 신이 암몬 군을 물리칠 수 있게 도와준다면 승리 후 자신의 집에서 가장 먼저 마중나오는 사람을 신께 바치겠다고 입다는 서약하였다. 그런데 승리한 입다를 가장 먼저 맞이한 것은 다름 아닌 그의 딸이었다. 이에 이스라엘 여성들이 입다의 딸의 죽음을 슬퍼하고 애도하였다. 사사기 11:30-40

19) *The Liturgical Poetry of Adam of St. Victor* (tr. by D. S. Wrangham), i, 176 f.

최초의 순교자[성 스테파누스]와 부제,

신앙의 밝은 빛과 생명의 밝은 빛이 반짝이고 있다.

그가 행한 경이로운 일들이 널리 알려져 있으며,

모든 것이 영광스러운 이날 스테파누스는

승리하였으며, 이 승리자는

믿지 않는 자들을 짓밟았다.

중세 교회의 이른바 '7대 찬송가' 중에서 단 하나만이 12세기의 산물이
라는 것은 확실하다. 그런데 이것은 결코 찬송가가 아니며, 근대 학자들이
클뤼니 수도사 베르나르 모르라스의 『속세에 대한 경멸』 *De contemptu
mundi*이라는 방대한 저서에서 발견해낸 것이다. 이후 『속세에 대한 경멸』
은 영어권 세계의 예배에서 중요한 위상을 차지하게 되는 일련의 찬송가로
변모하게 된다. 원래 이 시는 거의 3천 줄에 달하는 6보격 장편 시인데,
작가는 복잡한 3중 운율과 관련하여 스스로 신의 각별한 도움을 받았다고
생각하였다. 운율에 맞추어 시를 짓는다는 건 분명 힘든 일이었다. 따라서
이 훌륭한 시는 영어판으로 신속하게 퍼져나갔으며 독실한 종교단체의
존중을 받았다. 그러나 이 영어판 시는 원작의 압축성을 결여하고, 때로
오르간에서 나는 소리 같은 라틴어 음조 외에 약간 가늘고 높은 소리를
내고 있다.

세상은 매우 악하다

그때가 지체되고 있다

깨어 근신하라

심판자가 문 앞에 있다.

……

이 땅에서의 짧은 생애는 우리의 몫

잠깐의 한숨, 찰나의 염려

끝이 없다는 것을 알고 있는 인간

눈물 없는 삶이 바로 거기에 있다.

……

젖과 꿀이 흐르는 축복받은 황금의 예루살렘,

그대의 명상 아래

마음을 가라앉히고 목소리를 낮춰라

나는 모른다, 나는 모른다

거기에 어떤 교제의 기쁨이 있는지를,

어떤 영광스러운 빛이,

비교할 수 없는 빛이 있는지를!

앞서 살펴보았듯이 종교적인 시는 쉽게 세속적인 시에 합류하였다. 종교적인 시와 세속적인 시가 병행하고, 음악과 책에서도 마찬가지였다. 뿐만 아니라 동일한 저자가 지상의 즐거움과 천상의 기쁨을 동일한 곡조와 거의 동일한 호흡으로 노래하였다. 이러한 여건 하에서 세속 시와 세속 음악에 대한 교회 시와 교회 음악의 영향은 분명 강했을 것이다. 물론 기본적으로 특정 사례를 추적하기는 쉽지 않으며, 이에 대한 보다 심도있는 연구가 필요하다. 연속송과 수식송에 삽입된 로마의 예배 전례는 새로운 문학양식의 산실이자 선조였다. 따라서 이들 양식은 종교적인 시, 그리고 적어도 종국적으로 다른 세속적인 시와 연극을 태동시켰다. 이들 작품의 매우 중요한 역사적 관심사는 중세 말엽과 근대 세속연극의 원천이 된 종교극과 결부되어 있었다.

극예술 분야에서는 고전 고대와의 결별이 철저하여, 중세의 극은 중세적 요소 및 특히 그리스도교적 요소에 의해 새롭게 형성되었다. 그리스도교 교회 지도자들의 강력한 열망에 부합하기 위해 로마 제국이 멸망하면서 로마 극장들이 사라졌고, 라틴 극작가의 연극은 사람들이 거의 읽지 않는 책에서만 존재하였다. 심지어는 고전에 대한 관심이 부활되었을 때도 여전히 책에서만 존속하였다. 따라서 흐로츠위타[20]가 테렌스를, 비탈리스[21]가 플라우투스를 간접적으로 모방하기는 하였지만 이 작품들은 극화되지 않았다. 윌리엄 블루아의 『앨다』*Alda*와 익명의 『밤빌리아 사람들』*Pamphilus* 같은 12세기의 이른바 만가식 희극은 테렌스보다는 오비디우스의 영향을 보여주기는 하지만, 이들 작품에서 당대 내지 후대 연극과의 가시적인 연관성은 찾아볼 수 없다. 중세의 연극은 교회 전례에서 성장하고 오랫동안 교회의 후원을 받았지만, 직접적으로는 당대의 지적 사회적 여건으로부터 영향을 받았다. 사실상 중세 연극의 세 가지 유형은 세 번에 걸친 중세의 주요 지적 부활과 관련이 있었다. 즉, 카롤링 왕조 르네상스의 전례적 미스터리 성서극, 11-12세기의 지적 운동의 기적극, 그리고 '14세기 프랑스와 영국 르네상스'의 도덕극이 그것이다.[22]

그리스도교 예배의 극적 개연성에 대해서는 종종 언급이 되어 왔다. 거대한 주교좌 대성당 내지 수도원 교회, 많은 토지를 보유한 성직자, 경외심을 갖고 예배를 드리는 회중이 이 같은 여건을 제공하였다. 의식의 계승은 행위의 여지를 제공하였다. 미사의 핵심적인 희생, 종려주일 및 여러 성인들의 축일에 이루어진 행렬, 성서 이야기와 성인에 관한 전설의 풍요로운 저장고, 교회력의 절정기인 성탄절과 부활절 등의 전례는 극적 요소를 제공하였다. 주고받는 교송 성가는 둘로 나뉘어진 성가대

---

20) |옮긴이| Hrostswitha of Gandersheim, 약 935-약 1002. 10세기 독일의 재속 수녀로 극작가이자 시인이었다. 『전설에 관한 책』 등의 작품을 남겼다.

21) |옮긴이| Orderic Vitalis, 1075-약 1142. 영국의 베네딕트 수도회 수도사이자 연대기 작가로서 헨리 1세의 생애와 『교회사』를 집필하였다.

22) J. M. Manly, *Modern Philology*, iv, 594.

에 의해 일찍이 제공되었고, 의인화와 행위로 발전만 하면 되었다. 종교극의 초기 기원이 9세기의 아마도 성 골에서의 부활절 『입당송』에 가미된 수식송에서 비롯되었다는 점에 대해서는 학자들의 견해가 일치하고 있다. 이 노래는 마리아들이 부활한 그리스도의 무덤을 찾아간 사건을 기술한 복음서의 내용에 기초하여 작성된 네 줄의 대화로, 이것으로 『입당송』이 시작된다.

"오 그리스도를 따르는 자들이여, 무덤에서 누구를 찾는가"라고 천사들이 노래한다.
"십자가에서 죽으신 나사렛 예수, 오 천국의 사람들이여"라고 여인들이 답한다.
"그는 여기에 있지 않으며, 자신이 예언한 대로 부활하였다.
그가 무덤에서 부활하였다는 사실을 가서 알려라."
"나는 부활하였다."

둘로 나뉜 성가대가 주고받는 이 노래는 오직 대화만으로 이루어져 있다. 두 명의 천사와 세 명의 마리아가 개별화되고, 의인화되면서 극이 시작된다.

12세기경 이러한 단순한 시작이 부활절의 정교한 예배극으로 발전하는데, 이는 종종 교회 내의 묘지 주변으로 한정되고 수난절의 기본 극이 되었다. 한편 그 유사한 발전이 성탄절의 연극에서도 이루어져, 목자들에 관한 연극, 성탄절의 예언자들에 관한 연극, 그리고 주현절의 세 왕동방박사 세 사람에 관한 연극 및 무고한 사람들의 살해에 관한 일명 라헬이라는 연극으로 발전하였다. 유럽 여러 지역의 텍스트들은 새로운 예술이 광범위하게 확산되었다는 증거가 되었다. 또한 교회력의 대 축일들은 연극은 물론 대중의 여흥을 위한 기회가 되었다. 연극은 여전히 교회 안에서 상연되었지만, 자생력을 갖추게 되고 세속적 성격을 띠었다. 사실상 12세기의 이 세속화는 프랑스어의 사용과 교회 경내와 시장이라는 보다 넓은 공간으로의 장면 변화에서 이미 시작되었다.

12세기에 대두된 기적극은 성인의 생애와 기적을 다룬 것으로 여전히 종교적이었으나, 덜 제식적이었다. 기적극은 약 1050년경 어디에서인가 시작되었는데, 약 1190년경 피츠스테픈은 런던을 묘사하면서 당시 런던의 성극을 고대 로마의 볼거리에 비교하였다. 즉, 런던의 성극이 "거룩한 고해자들에 의해 일어난 기적 및 순교자들의 한결같은 신앙이 빛을 발한, 고통으로 야기된 기적을 표상한다"는 것이었다. 성인들의 삶은 극적인 소재로 가득하였다. 성인들은 낭만적이고, 행동과 개성이 풍부하며, 대개 대중과 긴밀한 관계를 맺고 있었다. 이들 고상한 존재는 신선한 기적을 통해 대중에게 지속적으로 도움을 제공하였으며, 이들의 삶은 봉건사회의 무훈시에 필적할 만큼 종교적인 동시에 인기도 있었다. 봉건적 서사시가 순례 도상의 특정한 유적지나 성지와 결부되어 있었다면, 이와 마찬가지로 유럽 전역에 걸쳐 그 지역의 개별 교회와 수도원은 성인들에게 애착을 가지고 있었다. 이들 교회와 수도원은 비록 공간적 거리감이 커서 종종 단절되기도 하였지만, 동일한 수호성인을 숭배함으로써 함께 결속되었다. 이 성인들의 행적이 언제 그리고 어떻게 극화되었는지는 알려진 바가 없다. 하지만 성 니콜라스와 성 카타리나가 초기 사례가 되었다는 것은 분명하다. 11세기의 힐테샴 필사본에 성 니콜라스를 다룬 두 개의 연극이 실려 있으며, 성 카타리나에 관한 연극이 1119년 이전에 던스타블에서 공연되었기 때문이다. 사실 성 니콜라스와 성 카타리나가 일찍이 학자들의 수호성인이 되면서 이들 연극은 학구적 성격을 띠게 된 것은 물론이고 대중적 성격도 띠었다. 12세기가 수도원, 주교좌성당 학교 및 서정시에 자주 등장하는 유랑 학자들의 시대였기 때문에, 초기 연극에 관여한 학생들은 대본의 작성과 공연 및 그 확산과도 관련이 있었다. 1119년 아우크스부르크 주교좌성당 식당에서 성직자들의 연극 공연이 있었다. 말년에 경건한 생활을 하던 게르호흐 레이쉐르베르크는 유쾌하고 축하하는 분위기 속에서 연극이 상연된 데 대해 참회하였다. 1140년경 보베의 학생들은 다니엘이라는 연극의 대본과 음악을 만들었으며, 다니엘은 동시대의 시인이자 아벨라르의 제자인 힐러리의 소재가 되었다. 성 니콜라스와 나사로의 부활극을 집필한 힐러리는 이름이 남아 있는 극작가들 중 최초의 사례가 되었다. 타국에서 여관 주인에게 살해당한 세 명의 성직자들을 살린 성 니콜라스는 특히 학자들의 사랑을 받았고, 성탄절 직전의 그의 축일인 12월 6일은 학생들이 마음껏 즐기는 특별한 날이 되어 파리 설교가들에게 비판을 받을 정도였다. 이처럼 기적극의 세계는 골리아드의 세계에 근접해 있었다.

연극은 또한 일찌감치 당대의 정계에 접근하였다. 1160년 독일의 한 성직자가 『적그리스도』라는 연극을 집필하였다. 당시는 황제 프리드리히 1세와 교황 니콜라스 2세, 그리고 황제와 프랑스 군주 사이에 긴장 관계가 조성되고 있었고, 이슬람 교도들이 예루살렘을 위협하였으며, 많은 성직자들은 이단으로 간주된 교회 개혁가들에게 더욱 비판적이 되었다. 이 연극은 알프스에 인접한 바바리아의 테게른제 수도원의 필사본에 보존되어 있다. 연극의 제1부에서 황제는 그리스와 예루살렘 군주들의 충성을 받고, 군사적 승리를 거둔 후 프랑스 군주의 충성을 받는다. 이후 황제는 바빌로니아 군주를 격퇴하고 자신의 왕관을 예수살렘 성전에 둔다. 그리고 등장한 적그리스도는 프랑스 군주와 우호관계를 맺고, 죽은 사람을 살려내어 황제까지 속인다. 위선자들의 도움을 받아 적그리스도가 유대교 회당과 유대인을 막 기만하려는 찰나, 유대인에게 경고를 하기 위해 일어난 예언자 에녹과 엘리야를 살해한다. 모든 사람이 그리스도의 영광스러운 임재에 대한 교회의 신앙을 회복하고 적그리스도가 천둥에 의해 쓰러질 때까지 모든 왕들은 왕관을 쓴 적그리스도 앞에 무릎을 꿇는다. 오르비에토의 시토렐리 프레스코화의 장엄한 내용과 함께 연극은 장관을 연출하였는데, 이 연극에는 신전, 7개의 왕관, 행렬, 전투, 상징적인 여러 인물들을 위한 커다란 무대가 필요하였다. 제2부의 개막에서 알 수 있듯이 무대 연출은 세밀하였다.

> 그리하여 교회 신도들과 이방인들 및 유대인들이 위와 마찬가지로 차례로 노래를 하는 동안, 위선자들이 앞으로 나와 겸손의 표시로 사방에서 무릎을 꿇고 평신도의 호의를 얻고자 하고, 마침내 이들 위선자가 교회 신도들과 왕관을 쓴 예루살렘 왕 앞에 모이게 된다. 예루살렘 왕은 이들 위선자를 명예롭게 받아들이고, 이들의 조언에 전적으로 따르겠다고 한다.
> 그리고 옷 안에 쇠사슬 외투를 걸치고 우측에는 위선자를, 좌측에는 이단을 대동한 적그리스도가 앞으로 나오면서 이들에게 다음과 같이 노래한다.

> 이제는 내가 통치할 시간이다.
> 그러므로 그대들은 즉시 준비하라
> 내가 왕위에 오르도록,
> 세상 사람들이 오직 나만을 존경하기를 원하노라.
> 그대들이 이 일에 적임자임을 내가 아노라
> 이 일을 위해 나는 오래 전에 그대들을 세웠노라.

이 노래들이 보여주듯, 연극은 시이자 매우 다양한 운문으로 이루어져 있다. 항상 엄격한 리듬을 가진 양식으로 정교하게 작성된 이 연극의 시는 종종 인접한 베네딕트보이에른 수도원에 보존된 골리아드의 운율을 연상시킨다.

약 1125-30년에 이르는 기간은 주로 라틴어로 된 세속적 서정시로 불리는 골리아드의 위대한 시기였다. 골리아드 시라는 이름은 12세기 이래 오늘날에까지 이르고 있으며, 골리아드파 작가들은 스스로를 골리아스 혹은 골리아스의 제자라고 소개하면서도 정작 골리아드가 어떤 존재인지는 설명하지 않았다. 아마도 골리아드는 속물 골리아스*Goliath the Philistine*였을 것이다. 골리아스는 교부들 속에서 등장하며, 이후에는 지상의 사악한 지도자 즉, 악마라는 이름으로 등장한다. 이 악마의 추종자는 특별히 부랑하는 성직자 내지 비천한 성직자라는 말과 동일시되었다. 일찍이 10세기 상스의 대주교 월터가 '골리아스 가문'을 맹렬히 비판하는 법령을 공포하였다. 1227년에 개최된 공의회에서는 "신성한 성무일도에서 성인들과 신의 천사들에 관한 시"가 불리고, 특히 음악을 빌려 예배의 주제를 풍자하고 자신들만의 시를 노래함으로써 신도를 미혹하는 유랑하는 학자들 내지 골리아드파를 특히 비난하였다. 교회 당국자들이 유랑자들, 나태하고 존경 받지 못하던 성직자들, 미천하고 선정적인 성직자들을 골리아드파로 간주하였다는 것은 명확하며, 이러한 부류의 사람들이 다수였던 것은 의심의 여지가 없다. 하지만 골리아드파는 연로하지만 매우 확고한 기반을 가진 성직자들이자 골리아드 시들 중 최고로 꼽히는 일부 작품의 저자들이기도 하였다. '성직계의 음유시인'인 골리아드파가 속어 삼류 시인만큼이나 다양한 요소를 가지고 있었던 것은 당연하다. 하지만 이들을 음유시인 그 이상의 체계적인 조직 내지 수도회로 간주해서는 안 된다. 이들은 골리아드라는 경건한 수도회를 언급하였지만, 실제로는 당대의 다른 수도회들을 풍자했을 따름이다.

우리는 자비의 법칙을 발견하였노라,
이 법칙이 무너지지 않도록 하자.
우리는 고귀한 자나 비천한 자를 우리 수도회에 받아들이고
우리는 부유한 자나 가난한 자를

우리의 마음으로 받아들이기 위해
멸망의 문에서 떠나는 애송이들을 환영하노라.

우리는 삭발한 수도사를 받아들이며
그로 하여금 얼마 안 되는 돈을 차지하도록 한다.
그리고 자신의 시종과 더불어 교구 사제를 [받아들인다],
만약 그가 입회를 열망한다면
일군의 젊은 제자들을 거느린 교사들,
높은 지위를 가진 성직자들
반면에 단 한 벌의 외투를 자신의 하인삼아 만족하는
학자도 [받아들인다]!23)

이것과 다른 시는 매우 '비중세적'이고, 오랫동안 지배적이었던 중세에 관한 진부한 견해에 대단히 반하는 것처럼 보였는데, 이러한 시들의 첫 시도는 고립된 천재들에게서 나왔다. 다시 말해 이 작가들은 그들이 살던 시대에 어울리지 않는 기질을 가진 인물이었던 것이다. 12세기 영국의 성직자 월터 맵은 오랫동안 골리아스로 간주되었는데, 그는 후대의 필경사와 초기 편집자들에 의해 골리아드파에 속하는 여러 작품들의 저자로 알려졌다. 당시 월터 맵24)은 파리에서 수학한 저명한 인물로 링컨 교구의 교구장, 옥스퍼드 부제, 헨리 2세의 서기 및 순회 재판관을 지냈다. 그는 헨리 2세의 궁정에서 논쟁적이고 단편적인 『궁정인의 천박함』이라는 매우 흥미진진한 회고록을 틈틈이 집필하였다. 하지만 운문과 유머로 가득 찬 이 책에서 맵이 골리아드 시에서 볼 수 있는 성서의

---

23) tr. by J. A. Sysmonds, *Wine, Women, and Song* (Portland, 1899), p.48.
24) 본문 163쪽 참조.

과감한 활용을 보여주고는 있지만, 그렇다고 해서 그가 골리아드 시를 집필하였다는 당대의 증거라든가, 한때 권주가의 지은이로서 '호탕한 술고래'다운 어떤 특징도 발견할 수 없다. 맵은 골리아드 시를 일부 지었겠지만, 그가 이들 시의 작가라는 당대의 증거는 찾아낼 수 없다. 더군다가 그가 이 모든 시들을 짓는다는 것은 완전히 불가능한 일이었다. 이 시는 시간적으로는 완전히 한 세기에, 공간적으로는 여러 지역에 걸쳐 있으며, 학생에 관한 시에서부터 대중의 발라드와 민요에 이르기까지 매우 다양한 주제와 문학적 표현을 보여준다. 아마도 어떤 집단도 이 시들을 전부 집필할 수는 없었을 것이다. 골리아드의 주요 중심지는 북부 프랑스와 특히 주교좌성당 학교 및 초기 대학의 학생들이었다. 하지만 독일과 다른 지역 역시 골리아드의 중심지였으며, 시간이 경과하면서 골리아드 시는 유럽 전역으로 확산되었다. 골리아스는 개별적인 작가들이 아니며, 굳이 꼭 그렇게 부르고 싶다면, 학파이거나 한 시대를 대변하던 시인들이었다.

그럼에도 불구하고, 근대의 연구를 통해 그 정체가 알려지지 않았던 이 집단의 일부 구성원, 특히 으뜸가는 시인 *Primate* 과 대시인 *Archpoet* 이라는 두 인물을 복원해내는 데 성공하였다. 으뜸가는 시인은 보카치오가 활약하던 시대까지 내려오는 중세의 가장 저명한 시인들 중 하나였다. 12세기에 오를레앙에서 개최된 모방대회에서 그는 오비디우스와 함께 문법을 보호하였다. 살림베네는 그를 '최고로 유쾌한 악당'이자 위대한 시인 겸 즉흥시인이라고 불렀다. 만약 그가 신에 대한 사랑을 표현하였더라면 "아마 그리스도교 문학에서 중요한 위상을 차지하였을 것이며, 교회에 매우 유익한 존재가 되었을 것이다." 신비로운 존재이자 갖가지 기발한 시를 지은 작가였던 그는 받아야 할 성직록을 절반밖에 못 받자 입을 반만 벌린 채 노래하고, 시 경연대회에서는 어려운 두 줄의 시로 신약과 구약 성서 전체를 종합하였다.

무시무시한 쾌락과 더불어 뱀의 독에 물린 사람들,
그리스도의 놀라운 피로 부드럽게 씻기었다

이제 우리는 그가 바로 1140년경 오를레앙의 참사위원을 지낸 휴라는 인물로, 파리에서 수학하고 학생들을 가르쳤으며, 북부 프랑스 여러 지역을 여행한 사실을 알고 있다. 자그마한 체구에 볼품 없었던 그는 부와 지위를 잃었지만 촌철살인의 유머를 심화시켰다. 고전을 배우던 섬세한 학생이자 시적 운율과 시적 언어에 놀라운 재능을 보여준 그의 작품들은 대다수가 인멸되었지만, 살아남은 작품만으로도 그는 중세 시인들 중에서도 고상한 지위를 차지하기에 충분하다. "그는 유비의 창조자, 부드러운 6보격과 나무랄 데 없는 운율의 고수, 프랑스어와 라틴어를 결합한 통렬하고 거친 산문의 저자였다. 당시 그는 우아한 시적 언어를 알고 있던 시인이자, 노상의 부랑자에게 수치심을 안겨줄 정도로 끔찍한 말을 내뱉은 인물이었다. 빌헬름 메이어[25]는 휴를 박식과 재치, 직관을 모두 겸비한 인물로 묘사하였다."[26]

존 A. 사이먼은 한때 "호머에 대해 아는 것이 없는 만큼이나 대시인에 관해서 아는 것이 거의 없다"고 주장하였다. 하지만 이제 이는 더 이상 사실이 아니다. 설령 그의 이름은 여전히 간과되고 있지만, 적어도 그가 쾰른의 대주교 겸 프리드리히 바바로사의 대상서 레이놀드의 추종자였고, 그의 시들이 약 1161-65년경 독일, 프로방스 및 이탈리아에서 그 후원자를 위해 작성되었다는 사실이 알려졌다. 기사 가문 출신으로 고전 교육을 받았던 그는 대주교 레이놀드의 후원을 받았으며, 수중에 돈이 떨어지고

---

25) |옮긴이| Wilhelm Meyer, 1862-1934. 독일의 소설가이자 극작가. 『유서깊은 하이 델베르크』, 『지그문드 롬베르크』 등의 작품을 남겼다.

26) P. S. Allen, in *Modern Philology* (1908), vi, p. 19.

겨울용 옷과 외투를 장만해야 했던 가을에는 특히 공개적으로 후원을 요청하였다. 황제 프리드리히의 이탈리아 원정에 관한 서사시를 일주일 안에 집필해야 했을 때는 허기진 상태에선 시를 쓸 수 없다며 불평하였다. 그가 지은 시의 수준은 그가 마신 포도주의 질에 따라 달라졌다.

나의 시는 내가 마시는 포도주의 질에 비례한다.

그러나 그는 순전히 엉터리 작가는 아니었다. 자질을 갖춘 진정한 시인이자 아마도 골리아드파의 가장 탁월한 인물로 위대한 작품 『골리아스의 고백』의 작가였을 것이다. 그는 이 작품을 대주교 레이놀드에게 헌정하였는데 여기에는 파비아의 젊은이들이 쉽게 빠지던 유혹들이 언급되어 있고 술을 좋아하던 젊은이들에게 친숙한 각운이 있는 시구도 포함되어 있다. 그 작품은 다음과 같이 시작된다.[27]

선술집에서 임종을 맞이하는 것이
나의 결심이다
생의 마지막 순간까지
내 입에 포도주를 적시게 하라
천사들로 하여금 외치게 하라
기쁨에 넘쳐
"하늘에 계신 신이시여 이 주정뱅이에게
은총과 용서를 베풀어주소서!"

---

27) M. Manitius, *Die Gedichte des Archipoeta* (Munich, 1913), pp.24-29 (tr. by Symonds, *loc. cit.*, pp.61-68).

술, 여성 및 노래는, 마치 사이먼이 영어로 번역한 책의 제목처럼, 골리아드 시에서 자주 등장하는 단골 주제다. 이들 시는 특정 시대를 불문하고서 통하는 흥을 돋우는 권주가로서 선술집에서의 즐거움을 찬미한 것인데, 사실상 이것들 중 다수는 근대의 독일 학생을 위해 재판되었다. "진하게 마시자, 그리고 한 잔 더 하자"라는 구호는 즐겨 불리던 후렴구다. 비너스는 심지어 바쿠스보다 더욱 자주 등장하는데, 이교도인 비너스는 자신의 사랑을 결혼으로 완성하지도 않으며 성직자들과 수도사들을 위해 완성할 수도 없지만, 감각적인 욕정에 강렬히 호소함으로써 칭송을 받았다. 궁정 연애에 관한 정형화된 속어 시는 거의 존재하지 않지만, 다음과 같은 시작에서 보듯 종종 바이런적 탄식에서는 버림받은 사람들에 대한 매우 가슴 아픈 사연이 있다.

엄청난 고통이
얼마나 자주 나를 괴롭히는지
나는 고통에 시달리고 있다
불행이 나를 짓눌렀다

다른 시에서는 사랑과 봄에 대한 돈호법으로 무심코 드러내는 대담한 사실주의가 서문을 장식하였다.

꽃의 계절이 점점 다가오고 있다
새들의 노랫소리가 늘어나고 있다
땅은 위로를 준다.
아,
사랑의 기쁨!

사랑, 젊음 그리고 봄이 가져다주는 즐거움, 탁 트인 길을 걷는 기쁨, 유랑하지만 근심걱정 없는 삶이 가져다주는 기쁨, 단순한 삶에서 느끼는 강렬한 기쁨이라는 정신이 골리아드의 시를 관통하고 있다. 삶에 대한 태도는 매우 이교적이며, 내세에서의 지복에 대한 금욕적 기대보다는 현세에서의 기쁨으로 충만해 있다. 이 같은 인식은 골리아드와 고대 시인들을 연결해 주는 고리 역할을 하였다. 이는 이들이 차용한 신화와 오비디우스에 대한 풍부한 인용 그 이상이었다. 만약 이들이 걸친 고전적 의상이 종종 닳게 되면, 위장을 위해 입은 사제복은 아예 더 누추해지고, 인간적 본성을 드러내게 된다. 여기에는 그가 일반 대중에 속하든 지식인에 속하든 그에 관해 논의할 필요는 없다. 적어도 비종교적이었던 골리아드의 시는 손쉽게 반종교적이거나 신성모독적인 시가 되었다.

중세는 풍자의 황금기였으며, 다수의 뛰어난 풍자는 12세기의 산물이었다. 소재의 공통된 원천, 필수적인 문학적 기예 그리고 적절한 존경심의 부재를 고려해 볼 때, 중세 어떤 시대에나 훌륭한 풍자는 나올 수 있다. 하지만 12세기에는 이러한 여건들이 놀라울 정도로 잘 결합되었다. 산문과 운문에서 소통을 위한 공통된 수단이 있었는데, 이는 풍자에 이용할 수 있는 중요하지만 제한된 소재에 대한 보편적 이해였다. 즉 이는 불게이트판 성서, 예배 언어와 음악, 교회법, 자유학 교재 그리고 오늘날의 독자들로서는 수용하기 어려운 불경함이었다. 그 어디에서도 골리아드파가 보여준 기묘한 명석함과 순진한 천박함이 이보다 명쾌하게 드러나지는 않았다. 이들에 대한 상투적인 비난들 중 하나가 미사 때 부르는 상스러운 가사가 교회의 예배를 문란하게 하였다는 것이다. 신의 자비를 구하는 죄인의 기도 극과 더불어 종료되는 '고해'는 골리아드의 걸작품이 아니었던가? 현세적 사랑을 매우 열렬히 찬미하는 노래 중 하나는 천상에서의 사랑에 대한 사도들의 찬사와 함께 시작되지 않는가? 물론 이 시의 저자가 인간의 말은 물론 천사의 말과 더불어 사랑의 중요성을 말하고

있기는 하지만 말이다.[28] 골리아드의 구걸가 중 하나는 다음과 같이
시작된다.

　인간을 보라
　집이 없는 인간을

이와 관련하여 골리아드 수도회의 전반적인 인식은 정규 수도회에 대한
풍자시로 표현되었다. 예외를 둘 만큼 신성한 것은 아무것도 없었다.
복음서도, 미사 규범도, 매우 근엄한 찬송가도, 심지어 사도신경이나
주기도문조차 예외일 수 없었다. 축복받은 성모 마리아에게 바치는 찬송
가의 부드럽고 감미로운 가사 *Verbum bonum et suave* 는 부드럽고 감미로운
포도주 *Vinum bonum et suave* 가 되었다. 성무일도에 관한 찬송가의 두 번째
와 그 이하의 줄들을 바꾸어 주정뱅이를 풍자하는 또 다른 시를 만들었으
며, 그 내용은 다음과 같다.

　이미 날이 밝았다
　우리는 술을 마셔야 한다
　이제 긴 술잔을 들라
　온 종일 계속해서 술을 마시자

복음서에 나오는 목자를 대신해서 주정뱅이와 애주가들을 위한 미사가
있었고, 도박꾼들의 긴 성무일도도 있었다. 라틴 문법이 선정적으로
요약되었다. 1150년경 개최된 레미르몽 공의회에 관한 회의록이 시의

---

28) |옮긴이| 이 구절은 사랑의 중요성을 강조한 신약성서의 고린도전서 13장 1절에서
　　유래한 것이다.

형태로 기록되었으며, 여기에서 수녀들은 오비디우스의 복음서를 듣기 위해 '여추기경'의 주도 하에 회동을 하였다. 모방이라는 동일한 정신은 학생들의 축제에서, 그리고 교회 건축물을 장식한 기괴망측한 조각상에서도 발견된다. 매우 기발한 풍자에 속하는 은화 마르크 복음서는 12세기의 산물로 매우 유서깊은 양식을 취하는데,[29] 성서에 대한 회상과 더불어 시작되는 이 풍자의 언어는 무겁다.

은화 마르크의 신성한 복음이 여기서 시작되고 있다. 당시 교황은 로마인들에게 다음과 같이 말하였다. "인간의 아들이 왕위에 오를 때, '친구여, 어찌하여 그대가 왔는가?'라고 그에게 먼저 말하라.' 그러나 만약 그가 당신에게 아무것도 주지 않으면서 계속 문을 두드린다면, 그를 바깥 어두운 곳으로 던져버려라." 어떤 가난한 성직자가 교황의 궁정에 와서 울면서 "교황청의 문지기들이여, 제게 자비를 베풀어주소서, 가난이라는 손이 저를 만졌습니다. 저는 가난하고 궁핍하기에 여러분들에게 간청하니 불운과 불행에서 저를 구해주소서"라고 말하였다. 그러나 그의 이야기를 들은 문지기의 얼굴은 경멸로 가득 차 말하였다. "친구여, 가난이 그대를 몰락시키리라! 사탄아 물러서라, 그대는 돈이 무슨 일을 하는지를 생각하지 않기 때문이다. 진정으로, 진정으로 내가 말하노라, 엄청나게 많은 돈을 바치기 전에는 주님의 기쁨에 참여하지 못할 것이다."

이에 그곳을 떠나간 가난한 사람은 자신의 옷가지와 외투 그리고 자신이 가진 모든 것을 팔아서 마련한 돈을 전부 추기경과 문지기 및 시종에게 주었다. 하지만 이들은 "그 많은 돈 가운데 고작 이건가?"라고 하며 그를 던져버렸다. 그는 밖으로 나가 슬피 울었고 위로를 얻지 못하였다.

---

29) P. Lehmann, *Paradistische Texte* (Munich, 1923), no.12 ; E. Emerton, *Mediaeval Europe* (Boston, 1894), p.475.

그리고 윤기가 흐르고 뚱뚱한 어떤 부유한 성직자가 교황청에 나타났다. 그는 소요 사태에서 살인을 저질렀다. 그는 먼저 문지기, 그리고 시종 및 추기경들에게 돈을 주었다. 그러나 이들은 자신들이 더 많은 돈을 받아야 한다고 생각하였다. 그리고 나서 추기경과 시종들이 이 성직자로부터 많은 선물을 받았다는 사실을 듣게 된 교황은 병이 들어 거의 죽게 되었다. 부유한 성직자가 교황에게 금과 은이라는 치료약을 보내자 교황은 곧바로 나았다. 교황은 추기경 및 시종들을 자신 앞으로 불러들여 다음과 같이 말하였다. "형제들이여, 누구도 그대들을 헛된 말로 속이지 못하도록 하라. 보라! 내가 [돈을] 받은 사례를 여러분에게 제공하고 있으니, 그대들도 [돈을] 받게 될 것이다."

이 작품은 모방과 풍자로 넘치는데, 이 시기의 라틴어 시들은 풍자로 가득 찼다. 이 가운데 일부는 중세기에 비판의 대상이 된 상투적 대상, 즉 여성과 농노나 혹은 특정 수도회를 겨냥하였지만, 교회제도, 특히 로마 교황청과 고위 성직자를 격렬히 비판하였다. 이 같은 비판은 서임권 투쟁을 둘러싼 논쟁적 팸플릿으로까지 거슬러 올라가며, 그 중 다수는 강약의 차이는 있지만, 프로테스탄트의 반란에 이르기까지 지속적으로 이어졌다. 중세의 이러한 비판은 사실 매우 다양하고 격렬하였다. 16세기 의 프로테스탄트 개혁가였던 프라키우스 일리리쿠스, 즉 마티아스 블라치 흐는 이 같은 시들의 초기 인쇄본 시선집인 『교회의 부패에 관한 여러 지식인들과 경건한 사람들의 시』를 간행하여 이들의 입을 통해 중세 성직자의 부패상을 보여주고자 하였다. 이들 작가 모두가 지식인은 아니 었으며, 다수는 경건한 삶과는 거리가 멀었고 그 누구도 종교개혁 직전의 개혁가는 아니었다. 비록 모든 시대의 풍자를 위해 마련된 돈이라는 조건이 늘 붙기는 했지만 이들은 자신들이 주장하는 바를 알고 있었다. 아들 중 다수는 무명이고 가난한 성직자 계층의 대변자였으며 종종 사회의 낙오자이자 방랑자였다. 이들은 부를 잃고, 교회의 고위 성직자들에게 대항함으로써 쉽게 찾아온 출세의 기회마저 잃어버렸다. 그런데 아마도 필리프 그레브[30]라는 파리의 상서와 동일 인물로 추정되는 한 작가가 골리아드만큼이나 로마 교회를 매우 통렬히 비판한 『번개불』 *Bulla fulminante*이라는 시를 집필하였다.

시온을 위해 나는 침묵하지 않을 것이며,
로마의 폐허에 대해서는 슬퍼할 것이다.

그리하여 당시의 진짜 월터인 월터 맵은 이 시 구절에서 돈에 대한 사랑이 모든 악의 근원이라고 표현한 아래 시와 더불어 단어 놀이를 하였다.

근원(Radix)
모든(Omnium)
악의(Malroum)
탐욕(Avaricia)[31]

그리고 로마는 머리이자 공격의 전선으로 묘사되었다.

로마는 세계의 머리지만 그 무엇도 세계를 장악하지는 못한다

---

30) |옮긴이| Philip de Grève, 약 1160-1236. 프랑스의 신학자 겸 라틴어 서정시인. 파리에서 태어났으며 1217년 이래 종신토록 노트르담 성당의 상서로 재직하였다. 대표작으로 『선의 대전』*Summa de Bono*이 있다.
31) |옮긴이| 로마라는 철자를 이용하여 탐욕이 모든 악의 근원이라는 것을 보여주고 있다.

교황이라는 어휘는 [돈을] 지불하다라는 말에서 유래하였다. 고위 성직자는 거만하고 완고하며 탐욕적이며 자신의 목적을 위해 권한을 남용하는 존재로 묘사되었다. 『골리아스의 파문』에서 그러하였던 것처럼, 이 성직자는 자신의 권한을 남용하여 자기 모자를 훔친 사람에게 사형 선고라는 날벼락을 내렸다.

　나의 모자를 훔친 도적에게 사형을

아마도 이 풍자들 중 가장 대중적이고 가장 신랄한 것은 『골리아스의 계시』 내지 『주교 골리아스의 계시』일 텐데 이 작품의 영어 판본은 약 1600년으로까지 거슬러 올라간다. 이 판본에 등장하는 네 마리의 동물은 교황, 주교, 대주교 및 참사위원회 의장이다.

　교황은 게걸스럽게 먹는 데 익숙한 사자고
　책을 싫어하고 보화에 목말라하며
　마르크화를 존경하지만, 성 마르크를 경멸한다.
　그리고 동전 위에서 항해를 하는 동안 홀로 닻을 잡고 있다.[32]

　그리고 우리가 보았던 주교는 송아지다.
　왜냐하면 주교는 목초지, 경작지와 습지에서는 도망치고 있기 때문이다.
　그리고 자신이 선택한 가장 좋은 장소에서 갉아먹고 씹어 먹는다.
　그리하여 그는 다른 사람의 재화로 자신의 배를 가득 채우고 있다.

---

32) |옮긴이| 여기서는 교황이 그리스도의 교회라는 배를 올바른 방향으로 안내하는 선장이 아니라 자신의 탐욕만 채우려고 하는 돈이라는 배의 선장으로 묘사되어 있다.

대주교 또한 날아다니는 독수리다.

냉혹한 새빨간 날강도는 먹잇감을 멀리서 바라보고 있다.

이 강도는 하나씩 추적한 이후

그리고 절도와 약탈로 삶을 유지한다.

참사위원회 의장은 인간의 ' 얼굴과 외모를 하고 있다.

사기와 기만 그리고 비열한 행동으로 가득 차 있다.

그리고 가능한 자신을 또한 숨기고 가린다.

매우 단순함이라는 미명 하에.33)

캔터베리의 수도사 니겔 위렉커의 『바보들의 거울』 혹은 『브루넬루스』
*Brunellus*34)는 보다 온건한 논조의 풍자를 보여주는데, 여기서 당나귀로
등장하는 영웅은 초서의 '돈 브루넬'35)을 가리킨다. 그는 자신의 꼬리를
길게 늘리고자 의학의 중심지인 살레르노를 방문하고, 지식을 얻기 위해
파리를 방문하였으나, 센 강가에서 영국 학생들과 함께 7년의 세월을
보낸 후 여전히 시끄럽게 듣기 싫은 소리를 내다가 학자로서의 삶을
포기하고 수도원에 들어가기로 작정한다.

  이 풍자 작품들의 주제는 다수가 대화나 논쟁 형식을 띤다. 이러한
장르는 고전적 목가에서 유래하며 스콜라 시대의 논쟁 방식에 의해
강화되었다. 이에 상응하는 속어로 된 풍자도 있었다. 영혼과 육체,
양과 양털, 장미와 제비꽃, 가니메데스와 헬레네 간의 논쟁 같은 익히
알려진 사례는 논외로 하더라도, 골리아드적 분위기는 포도주와 물,

---

33) *Latin Poems commonly Attributed to Water Map*, ed. by Thomas Wright (London, 1841), pp.273-274.

34) |옮긴이| 불만과 욕심이 많은 수도사를 대변한다.

35) |옮긴이| 『수녀원 신부 이야기』, 15328행.

가난한 성직자와 부유한 성직자, 호식하는 성직자와 자존심을 내세우다 성직록을 얻지 못한 채 맨발로 구걸하는 가난한 논리학도 간의 논쟁에서 보다 명확하게 드러나고 있다. 『심장과 눈의 논쟁』이라는 뛰어난 책은 노트르담의 상서 필리프 그레브에 의해 집필되었고, 이후에 헨리 피사에 의해 노래로 만들어졌으며 탁발수사 사림베네에 의해 노래로 불렸다. 당시 매우 대중적인 주제 중 하나는 기사와 성직자 가운데 누가 더 연인으로 적합한가였다. 이는 필리스36)와 플로라37) 간의 경쟁 및 레미르몽에서 열린 수녀들의 유명한 종교회의의 주제로서, 13세기가 끝나기 전에 『사랑의 재판』 *Le judgement d'Amour* 및 이를 계승한 많은 시들에서 궁정 연애를 다룬 속어 시가 되었다.

여기서 우리는 라틴어적 측면은 물론이고 거기에서 드러나는 명백하고 현저한 특징을 지적하지 않을 수 없다. 즉 라틴어는 그 표현된 언어와는 상관 없이 당대의 시적 흐름에 광범위하게 흡수되기에 이르렀던 것이다. 12세기의 라틴어 시를 공부하려는 학생은 조만간 프랑스어, 프로방스어, 독일어 및 이탈리어로 된 새로운 시와 라틴어 시와의 관계라는 문제에 직면한다. 몇 세대에 걸쳐 이 모든 언어들이 서로 많은 영향을 주고받으며 병존하였다. 한동안 프랑스어와, 이보다는 좀 덜하지만 프로방스어는 중세 말엽 국민적 언어가 최종 승리를 거둘 때까지 언어적 측면, 그리고 여전히 보다 광범위한 소재의 측면에서 라틴어의 국제적 영향의 덕을 보았다. 이들 모든 국민문학은 초기 라틴어 문학에 뿌리를 두고 있으며, 대다수가 여전히 추적 가능하고 보다 명확히 정의되는 라틴어에 수세기에 걸쳐 의존하였다. 12세기는 라틴어와 속어 사이에 분화가 이루어진 중요

---

36) |옮긴이| 그리스 신화에 등장하는 트라케의 공주로 아테네 왕자와 결혼하였으나 버림을 받고 죽음을 맞이하였다.
37) |옮긴이| 꽃과 풍요를 상징하는 로마의 신으로 꽃으로 몸을 장식한 소녀의 모습으로 묘사되기도 하였다.

한 시기로, 모든 분야에서 일어난 활발한 표현 및 시작詩作의 새로운 양식과 더불어 중세의 국제적인 시가 절정에 달한 시기이기도 하였다. 만약 라틴어, 특히 라틴어의 고전적 양식에 과도하게 초점을 맞출 경우, 12세기를 르네상스가 아닌 단지 지식이 부활한 시기로 간주할 위험이 있다. 12세기에 라틴 고전, 로마법, 그리스와 아랍의 과학 및 철학 지식이 부활하였다는 것은 분명하다. 하지만 12세기는 고대 모델을 단순하게 모방하는 수준을 뛰어넘어 문학과 예술에서 새로운 창조를 이룩한 시대이기도 하였다. 지면 관계상 12세기 르네상스 운동의 라틴적 양상에 대한 서술은 불가피하게 제한할 수밖에 없지만, 이 라틴적 양상은 그저 보다 거대한 운동의 일부였다는 사실을 간과해서는 안 된다. 이탈리아 르네상스가 고대 학문 및 고대 예술의 부활은 물론 고대인을 훨씬 뛰어넘는 새로운 삶과 새로운 지식의 시대였다는 사실을 염두에 둔다면 이는 그만큼 더 시사적이다. 15세기 르네상스는 콘스탄티노플이 아닌 서유럽에서 일어났다. 12세기에 시를 배운 학생들은 15세기에 시를 배운 학생들과 마찬가지로 고대 텍스트를 뛰어넘어야 하였다.

참고문헌

12세기의 라틴어 시는 체계적으로 존재하지 않고, 미뉴(Migne)의 *Patrologia*(편집이 빈약함), 일리리쿠스(Flacius Illyricus)의 *Varia .. poemata* (Basel, 1556), 레이저(P. Leyser)의 *Historia poetarum et pematum medii aevi*(Halle, 1721)에서 많은 시가 발견된다. 마니티우스의 제3권이 간행될 때까지는 그뢰버(Gröber)의 *Grundriss*, ii, pp.323-432의 개요를 활용할 수 있다. 간략하게 일별할 수 있는 테일러(Taylor)의 *Mediaeval Mind*, ch.33을 참조하기 바란다.

운율에 관해서는 특별히 메이어(W. Meyer)의 *Gesammelte Abhandlungen zur mittellateinsichen Rythmik*(Berlin, 1905)를 참조하기 바란다. 개별 시인에 관한 뛰어난 연구서로는 오로(B. Hauréau)의 *Les mélanges poétiques d'Hildebert de Lavardin*(Paris, 1882), 파스칼(C. Pascal)의 *Poesia latina medievale*(Cantania, 1907, pp.1-68), 오로(Hauréau)의 *Les poèmes latins attribués à Saint Bernard*(Paris, 1890), 메이어(W. Myer)의 "Die Oxforder Gedichete des Primas," *Göttingen Narchrichten*(1907, p.75 이하)를 참고하기 바란다. 알랭 릴의 작품 *the Compliant of Nature*는 모파(D. M. Moffat)에 의해 영어로 번역되었다(New York, 1908). 메디치 응답송은 들리슬(A. Delisle)이 *Annuaire-Bulletin de la Société de l'Historie de France*(1885, pp.100-139)에서 분석하였다. 그리고 드레브(Dreves)에 의해 다수의 작품이 간행되었다. *Analecta hymnica*, xx, xxi. 부드리 부르게이의 시는 오늘날 아브라함스(Phyllis Abrahams)에 의해 편집되었다(Paris, 1926).

중세 찬송가의 주요 모음집으로는 드레브와 블뤼므(G. M. Dreves and Clemens Blume)가 엮은 *Analecta hymica medii aevi*(Leipzig, 1886-)가 있으며, 55권이 간행되었다. 이 모음집에서 드레브는 *Ein Jahrtausend lateinischer Hymnendichthung*(Leipzig, 1909)라는 선집을 만들었다. 이에 관한 참고문헌으로는 슈발리에(U. Chevalier)의 *Repertorium hymnologicum* (Louvain, 1897-1920), 블룬(C. Blune)의 *Repertorium Repertorii*(Leipzig, 1901)이 있다. 또한 줄리앙(J. Julian)의 *Dictionary of Hymnology*(revised edition, London, 1915)를 참조하기 바란다. 간단한 선집은 트렌치(R. C. Trench, 1849), 마치(F. A. March, 1874) 및 메릴(W. A. Merill, 1904)에 의해 간행되었다. 아벨라르의 찬송가와 참회송 *plantus*은 *Analecta hymnia*, xlviii(pp.141-232)에 실려 있다. 아담 생 빅토르의 시는 랭핸(D. S. Wranghan)에 의해 3권으로 편집·번역되었다(London, 1881). 아담의 찬송가 중 일부는 닐(J. M. Neale)이 번역한 다수의 시에 포함되어 있다.

극에 관해서는 챔버(E. K. Chambers)의 *The Medieval Stage* ii(Oxford, 1903), 크레이즈나흐(W. Creizenach)의 *Geschichte des neueren Dramas*, I(second edition, Halle, 1911) 및 특히 칼 영(K. Young)의 많은 연구를 참조하기 바란다. 칼 영은 예배극 전체에 대한 연구를 준비하고 있다. 초기의 기적극에 관해서는 코프만(G. R. Coffman)의 *A New Theory concerning the Origin of the Miracle Play*(Menasha, 1914)와 더불어 *Manly Anniversary Studies*(Chicago, 1923)에 수록된 칼 영의 수정본을 참조하기 바란다. 그리고 코프만의 "A New Approach to Medieval Latin Drama", *Modern Philology*, xxii(1925, pp.239-271)를 참조하기 바란다. 루두스 (Ludus de Antichrist)에 대해서는 메이어(W. Meyer)의 *Gesammelte Abhandlungen*, I(pp.136-139)에서 충분한 연구가 이루어졌으며 이를 편리 하게 이용할 수 있게 *Münchener Texte*, I(1912)로 편집되었다. 이것은 헐므(W. H. Hulme)에 의해 *Western Reserve University Bulletin*, xxviii, no.8 (August, 1925)에 번역 수록되었다.

골리아드 시를 다룬, 탁월한 저서로는 슈멜러(J. A. Schmeller)의 *Carmina Burana*(third edition, Breslau, 1894)가 있고, 뒤 메릴(Du Méril)과

토마스 라이트(Thomas Wright)의 다수의 초기 간행본이 있다. 1872년까지 간행된 운율의 지침서로는 바텐바흐(W. Wattenbach)의 *Zeitschrift für deutsches Alterthum*, iii(pp.469-506)이 있다. 그 이후 간행된 것으로는 브뢸(K. Breul)의 *The Cambridge Songs*(Cambridge, 1915), 베르너(J. Werner)의 *Beitäger zur Kunde der lateinischen Literatur des Mittlelaters*(Arau, 1905), 마니투스(M. Manitus)의 *Die Gedichte des Archipoeta*(Munich, 1913) 등이 있다. 탁월한 번역물로는 사이먼(J. A. Symonds)의 *Wine, Women, and Song*(various editions)이 있다. 근대의 방대한 글들 중에서는 특히 랑글루아(Ch. V. Langlois)의 "La littérature goliardique," *Revue bleue*, 1 (1892-93, pp.807-813, li, pp.174-180)를 들 수 있다. 수스밀흐(H. Süssmilch)의 *Die lateinhische Vagantenpoesie*(Leipzig, 1917), 핸포드(J. H. Hanford)의 "The Progenitors of Golias," *Speculum*, I(1926, pp.38-58), 알렌(P. S. Allen)의 "Medieval Latin Lyrics," *Modern Philology*, v, vi(1908-09)는 현재 간행중인 동일한 제목의 글과 함께 선구적 업적에 속한다.

중세의 풍자에 관해서는 노바티(F. Novati)의 *Studii critici e letterari* (Turin, 1889, pp.175-310), 레만(P. Lehmann)의 *Die Parodie im Mittelalter* (Munich, 1922), *Parodistiche Texte*(Munich, 1923)를 참조하기 바란다. 대화에 관해서는 와더(H. Wather)의 *Das Streitgedicht in der lateinischen Litteratur des Mittelaters*(Munich, 1920)를 참조하기 바란다. 또한 핸포드 (J. H. Hanford)의 많은 연구성과물, 특히 "The Medieval Debate between Wine and Water" *Publications of the Modern Language Association of America*, xxviii(1913, pp.315-367)를 참조하기 바란다.

라틴어 문학과 속어 문학의 다양한 관계를 다룬 연구는 많지 않다. 뛰어난 연구로는 베디에르(J. Bédier)의 *Les légendes épiques*(second edition, Paris, 1914-21), 파랄(E. Faral)의 *Recheches sur les sources latines des contes et romans courtois au moyen âge*(Paris, 1913)와 "Le fabliau latin au moyen âge" *Romania*, 1(1924, pp.321-385), 라인하르트(J. R. Reinhard)의 "The Literacy Background of the Chantefable" *Speculum*, I(1926, pp.157-169) 등이 있다.

제 7 장

법학의 부활

로마가 12세기 유럽 사회에 끼친 영향은 언어와 문학 분야에 국한되지 않았다. 철학자와 문인의 국가라기보다는 통치자와 법률가의 국가였던 로마 제국의 사명에 대해 베르길리우스는 이미 유려한 문체로 이렇게 기술한 바 있다.

다른 민족들이 숨을 쉬는 銅을 두드려서 부드러운 선율로 만들 것이라고 나는 생각한다. 이들은 살아 있는 얼굴을 대리석에 묘사하게 될 것이다. 이들의 입에서는 보다 고상한 대의가 흘러나올 것이다. 이들은 연필로 천상의 오솔길을 그릴 것이며, 떠오르는 별들에게는 다음과 같이 말할 것이다. 로마인들이여, 제국의 여러 민족들을 지배하는 책무는 그대들의 몫이 될 것이다. 평화의 법률을 제정하고 피정복자들에게 자비를 베풀며 오만한 자를 제압하는 것은 그대들의 기예가 될 것이다.[1]

---

1) 『아이네이스』, vi, 847-853 (tr. by Mackail).

루돌프 폰 예링[2]은 로마가 세계를 세 번 정복하였다고 주장하였다. 즉, 무력에 의해, 그리스도교에 의해 그리고 로마법에 의해 세계를 정복하였다는 것이다. 그리고 우리는 로마 제국이 와해되고 로마 군대가 해체된 이후 로마법에 의한 궁극적인 정복이 일종의 정신적 정복이었다고 부연할 수 있다. 로마법은 로마인들의 창의성을 가장 잘 드러내는 것으로, 로마법보다 더 일관되고 더 널리 확산된 것은 없었다. 로마법의 부활은 로마 부활의 핵심 요소였다. 이 같은 재생은 제도사의 영역만큼이나 지성사의 영역에 속하며, 이 점에서 양자를 구분하기란 불가능하다. 로마법은 로마인들 사이에 존속하였을 뿐만 아니라, 북유럽에서도 부활하고 확산되었다. 따라서 로마법은 로마인들도 결코 상상해본 적이 없던 바다 너머의 대륙인 퀘벡, 루이지애나, 스페인령 아메리카 및 희망봉 등으로까지 근대 유럽인들의 식민화를 통해 확산되었다. 아주 멀지 않은 과거에 남아프리카 희망봉에서 영국 추밀원에 행한 항소는 유스티니아누스 대제의 로마법 대전의 『법령집』의 한 구절에 근거하고 있었다. 역사의 긴 흐름에서 볼 때 12세기는 결정적으로 중요하였다. 메이틀랜드에 따르면, 법률적으로 매우 중요한 세기들 가운데 "로마법의 고전기 이래, 법학에 투여된 모든 지적 노력 중에서도 다른 어떤 시기보다 12세기가 중요한 위상을 차지한다"[3]는 것이다.

로마법의 부활은 간과되었던 법률 텍스트들이 단지 발견된 것이 아니라 법학이 부활한 것이었다. 중세 초기 서유럽에는 많은 법률이 존재하였지만, 이는 관습법으로서 게르만족의 법전에 일부가 기록되었고 중요한 시점에 프랑크 왕국의 법제화를 통해 보완되었다. 하지만 중세

---

2) |옮긴이| Rudolf von Jhering, 1818-92. 근대 로마법 연구에 중요한 초석을 놓은 독일의 법학자. 법률에서 도덕적 사회적 이해관계를 중시하였으며, 저술로 『로마법의 정신』과 『법률의 목적』 등을 남겼다.

3) Pollock and Maitland, *History of English Law*, I, p.111.

초기의 법률은 종국적으로는 특정 지역의 고유한 국지적 관습법에 의해 분해되었다. 게르만이 지배하던 시기와 봉건시대의 법률은 법제화가 아니라 종족 내지 봉토의 태고적 관습에 근거한 것이었다. 심지어 이들 관습법 중 일부가 성문화될 경우에도 그것은 전거의 토대가 변화된 것이 아니라 단지 편의적 변화에 불과하였다. 법률이란 불변하는 것이라고 이해하였던 사회의 원로들은 이 법률을 선조 시대에 존재하였던 것과 같은 것이라고 인식하였다. 모든 것을 결정한 것은 합리가 아닌 전통이었다. 로마 제국의 해체와 함께 과학적인 법학은 인멸되었으며, 11세기에 북부 이탈리아 롬바르드족에게서 로마법 일부가 다시 등장한 흔적이 보이기는 하지만 11세기 말엽-12세기에 완전히 부활된 『로마법 대전』과 함께 로마법이 다시 등장하였다고 보는 것이 적절하다. 법학적 방법론에 관한 모델은 오직 로마법 텍스트, 특히 『법령집』에서만 발견되었다. 재발견된 이 같은 방법론은 다른 법률체계에도 적용되었다. 우선 그라티아누스와 그 계승자들의 교회법에, 이후에는 교회법보다 훨씬 느리게 봉건적 관습 및 영국 군주가 제정한 새로운 법률에 적용되었다. 12세기에 법제 분야에서 나타난 이러한 새로운 움직임은 법률에 관한 로마 규범의 부활 그 이상으로, 로마의 제도 및 로마적 사유방식의 부활 내지 확대이기도 하였다.

중세 초기에 로마법은 로마인들의 관습법 및 6세기 유스티니아누스 대제에 의해 집대성된 『로마법 대전』이라는 두 가지 형태로 존속하였다. 첫 번째 유형의 관습법은 주로 438년에 편찬된 『테오도시우스 법전』에 의존하였는데, 특히 서유럽의 게르만 왕국들에서 발췌 형태로 편집되고 존속되었다. 『서고트 왕국의 로마법』Lex Romana Visigothorum 내지 『알라릭의 로마법 개요』Breviary of Alaric, 『동고트 왕국의 칙령』Ostrogothic Edict, 『부르군디 왕국의 로마법』Lex Romana Burgundiounm 및 알프스 동부지역의 『큐레스의 로마법』Lex Romana Curiensis4) 등이 그것이다. 대다수의 게르만족 왕국들에서 로마의 개인 및 로마 교회가 고유한 법률을 유지할 수 있도록 해준 것은 법률의 의인화 이론이었으며, 이탈리아 일부 지역 및 남부 프랑스처럼 로마적 요소가 강한 지역에서는 로마법이 실제로 그 지역의 법률이 되었다. 지식인들이 종종 이들 성문법 책자에 의존하였던 것에 비해, 대다수의 사람들은 대중화된 형태의 로마법과 어떻게 보면 법률이 퇴보한 형태라 할 국지적 관습에 의존하였다. 이들 속주의 대중적 라틴어에서 고전적 연설이 나온 것처럼, 이 국지적 관습은 고전 법학과 일정하게 관련이 있었다. 이 같은 법률은 로마의 전통을 살려는 놓았으나 법학을 태동시키지는 못하였다.

이러한 이유로 고대의 법률 자료들은 『로마법 대전』에 보존되어 있었다. 『로마법 대전』은 황제의 법률을 편찬한 『칙령집』Code, 로마법학자들의 저술을 요약한 『법령집』Digest, 법학도를 위한 『개요집』Institutes 및 유스티니아누스 대제 이후 제정된 법률인 『신법집』Novels으로 구성되었다. 이 가운데 『법령집』은 매우 항구적인 중요성을 띠었는데, 제국의 법제화를 위한 양식과 내용까지 모두 전성기 로마법의 특징이라 할 단순함과 명료함을 갖추었기 때문이다. 또 『법령집』에는 위대한 로마법학자였던 바울, 울피아누스 및 다른 학자들의 법률 용어와 방법론이 발췌 형태로 보존되었다. 이들 법학자의 노력 덕분에 로마법은 '기록된 이성'이 되었으며, 법률의 분석 및 기교에서 타의 추종을 불허하는 모델이 되었다. 서유럽에서 법학의 존속 여부는 『법령집』을 이용할 수 있느냐의 여부에 달려 있었으며, 메이틀랜드의 지적에 의하면, 『법령집』은 암흑기에 겨우 생명만 유지하였다. 사실상 서로마 제국의 일부 속주들이 로마 제국에서 항구적으로 떨어져나온 이후, 서유럽에서 유스티니아누스 대제

---

4) |옮긴이| 프랑코니아의 로마 시민을 위해 서고트족 법률에 근거하여 편집된 법률.

의 『로마법 대전』은 콘스탄티노플에서 편집·반포되었다는 사실 때문에 어려움을 겪었다. 말하자면 이는 갈리아와 스페인에서 유효하지 않았으며, 이탈리아는 554년 로마법이 공포된 직후 일어난 롬바르드족의 정복으로 심각한 타격을 입었다. 또『로마법 대전』은 선행한 법률문헌에 비해 양이 엄청나게 많았는데, 한동안 곤경에 처하고 역경의 시기를 거치면서 전달하는 데 매우 적절하고 간략하며 간결한 형태로 등장하였을 것이다. 하지만 암흑기에 이르기까지 방대한 양의 『로마법 대전』은 양피지도 구하기 어렵고 지식의 모든 분야에서 그저 극히 단순한 개요서만 활용되던 시기에 여러 책으로 구성되어 있었다.

물론 12세기에 정의의 왕자가 도래할 때까지 로마법은 마법에 걸린 공주처럼 초인적 인물*Schupfer*을 활용하기 위해 서유럽에서 인멸되지도 않았고, 잠들어 있지도 않았다. 이제 역사가들은 1135년 아말피에서 『법령집』사본이 발견됨으로써 로마법이 부활하였다는 유서깊은 전설을 더 이상 사실로 받아들이지 않는다. 따라서 역사가들은 피사인들이『법령집』사본을 가져와 1406년까지 보관하다가 그 해에『법령집』이 피렌체에 항구적으로 보존되게 되었다는 유서 깊은 전설도 신뢰하지 않게 되었다. 로마법이 12세기 이전까지 오랜 세기에 걸쳐 잠들어 있었다는 이야기는 매우 그릇된 것이기는 하지만, 새로운 법학 발전의 핵심을 이루는『법령집』의 중요성을 강조하였다는 점에서는 진실이기도 하다. 로마법은 관습과 공증인의 법률적 관행에서 살아 있었고, 법률 문서 작성을 위한 지침도 제공하였다. 한편 근대의 연구를 통해 학생과 실무자를 위한 로마법의 몇몇 요약집, 발췌문 및 주석이 발견되었다. 이 가운데 그 어느 것에 대해서도 법학이라는 고유한 명칭을 사용할 수는 없다. 603-1076년 사이에 사람들 시야에서 사라졌던『법령집』이 나타난 것은 1076년 토스카나 법정에서 인용되면서였는데, 그 사이에는 단 두 권의 필사본만이 알려져 있었다. 겨우 명맥을 유지하던『법령집』은 다시 햇빛을 보게 되고 이에 따라 비로소 법학이 재탄생하였다. 요약집과 발췌문의 시대에는 법학이 독립된 학문으로서의 위상을 확립하지 못하고, 자유학 내지 주로 수사학의 일부에 불과하였다. 법률용어를 인용하거나 이것에 관해 토론한 학자들은 이시도르의 『어원학』이라는 일반적인 백과사전 등에서의 간략한 발췌로 만족하였다.

12세기 초엽에 일어난 로마법 부활이 볼로냐 및 볼로냐의 법학자 이르네리우스와 결부되어 있다는 점에 대해 학자들은 전반적으로 동의한다. 이르네리우스 이후의 법학자들은 이르네리우스가 볼로냐 법학교 및 법학 부활의 토대를 놓았다고 주장하기도 하였다. 13세기에

강의를 듣고 있는 볼로냐 대학 법학부 학생들(14세기)

오도프레두스[5)]는 이르네리우스를 '[법학] 재건의 위대한 인물,' '법률의 등불이자 법학에 빛을 비춘 최초의 인물'이라고 찬사를 보냈다. 하지만 이 같은 경구에 구체적인 함의를 적용할 경우, 어려움에 직면하게 된다. 볼로냐보다 앞서 로마, 파비아 및 라벤나 등이 법학 연구의 중심지였다. 또한 이르네리우스 이전에도 법학자들은 볼로냐에서 활동하였으며, 특히 '볼로냐의 밝고 빛나는 등불'로 불린 페포는 아마도 1065년에 볼로냐에서 활동하였을 것이며, 1076년 『법령집』이 최초로 다시 등장한 그 사건의 판결에도 분명 관여하였을 것이다. 우리는 이르네리우스의 실체를 당대의 문서들과 오늘날 복원된 그의 저술들에서 찾아야 한다. 1060년경

---

5) |옮긴이| Odofredus, ?-1265. 이탈리아의 법률학자. 야코부스 발두이누스와 아쿠시우스 밑에서 수학하고 볼로냐 대학의 교수가 되었다. 로마법에 관한 그의 주석 및 12-13세기 법률가들에 관한 전기적 서술로도 유명하다.

태어난 이르네리우스는 11-12세기의 전환기 인물이었다. 1125년까지의 그의 행적은 추적이 가능하며, 아마도 그 이후 몇 년 간도 추적이 가능할 것이다. 일찍이 토스카나의 대공작부인 마틸다파의 일원이었으며, 1155년 마틸다가 사망한 이후 황제 하인리히 5세를 위해 일했던 것을 보면 이르네리우스는 탁상공론만 일삼던 법률가는 아니었다. 이르네리우스는 하인리히 진영에서 종종 재판관으로 활약하였으며, 1118년에는 대립교황의 선출을 지지한 법률자문관들 중 한 명이었다. 그렇기는 해도 교사 겸 저술가로서 이르네리우스의 주 활동 무대가 된 것은 역시 볼로냐였다. 그의 저술들은 『로마법 대전』, 특히 『법령집』 그리고 아마 일부 사소한 편린들과 더불어 일련의 『법률의 미묘한 쟁점』에 대한 뛰어난 주석체계로 구성되어 있다. 그의 저술들 가운데 일부는 소실되었고, 나머지는 아직도 간행을 기다리고 있다. 법학 교사 이르네리우스는 독창적이고 탁월한 교수법으로 많은 학생들을 끌어모았다. 그는 마침내 법률을 수사학에서 분리해내고, 법학에 독립학문이라는 완전한 지위를 부여하였다. 이에 따라 법학은 더 이상 발췌나 개요가 아닌 『로마법 대전』의 텍스트에 입각하게 되었으며, 당시 『로마법 대전』은 모든 부분을 설명하는 데 활용되었을 것이다. 이르네리우스 교수법은 의심의 여지없이 『주석집』에 반영되었다. 이 『주석집』에서 그는 법률 구절을 명확하면서도 간결하게 설명하고, 『로마법 대전』의 관련 부분에 근거하여 그것의 자구적 의미를 검토하였을 뿐 아니라 그 함의도 분석하였다. 동시에 이르네리우스는 『법률의 미묘한 쟁점』에서 질문과 토론을 장려하고, 전거들 간의 외견상의 모순을 해결하고자 하였다. 명쾌하면서도 '매우 명민한 박사'로 불린 그는 줄곧 실천적인 학자이기도 하였다. 이르네리우스는 『법령집』에 대한 주석에서 자신의 재능을 유감없이 발휘하였으며, 당연히 이를 주석의 핵심으로 삼았다. 그는 비록 주석학파 최초의 학자는 아니었지만, 자신의 방법론을 명확히 하고 후대를 위해 그 과정을 확립하여 누구보다도 법학 발전에 크게 기여하였다. 비록 그의 학문적 독창성을 검증하는 것이 불가능하고, 그의 특정 연구성과는 다수가 인멸되고 전문이론이라는 일반적인 체계에 통합되기는 했지만, 그에 관한 많은 사실들이 명확해지게 되었다.

이르네리우스의 계승자들은 백 년 이상 동안 총괄하여 주석학파 *Glossators*로 알려졌다. 이르네리우스의 독창적인 주석은 사실 『로마법대전』의 초기 필사본에서 대단히 많은 시간을 들여서 추출해 내야 하는데, 수많은 계승자들 속에서 이르네리우스만의 고유한 머리글자인 I 혹은 Y를 통해 주로 확인된다. 당대에는 이르네리우스 말고도 법학자가 있어서, 12세기 중엽 이른바 4대 박사로 불린 4명의 탁월한 법학자도 있었는데 이들은 지적 전통에 따라 이르네리우스의 제자가 되었다. 전하는 이야기에 따르면, 제자들이 임종 직전의 이르네리우스를 찾아가 후계자의 지명을 요청하자, 그는 다음과 같이 말했다고 한다.

"불가루스는 황금의 혀를, 마르티누스는 완벽한 법률 지식을, 휴고는 법률에 대한 이해를 가지고 있는 반면, 야코부스는 나의 분신이다."

이렇게 하여 이르네리우스의 후계자는 야코부스가 되었으며, 나머지 세 명은 후세대를 위해 자신의 이름을 남겼다. 이들 네 명의 학자는 법률문헌은 물론 당대의 문서에서도 발견되며, 황제 프리드리히 바바로사의 법률 자문관으로도 유명하였다. 마르티누스와 불가루스는, 비록 특정 학파를 대변하지는 않지만 다양한 사유의 흐름을 대변하였다. 법률적 형평에 주안점을 두었던 마르티누스는 "유대인처럼 종종 자구에 집착"하였던 것으로 알려져 있다. 우리는 이들 간의 견해차로 『법률의 중요한 차이』*Dissensiones Dominorum*가 저술되기 시작되었음을 이미 확인하였다. 다음 세대의 로게리우스의 저술을 무용지물로 만들기 위해 『칙령집』에 대한 고유의 『대전』summa을 집필한 플라켄티누스는 독자들에게 자신의 저작이 독창적인 것임을 확신시키는 데 애를 먹었고, 후대에 그가 다른 학자들의 주석을 표절한 것이 알려졌다. 즉 플라켄티누스가 12세기 말엽의 위대한 학자들인 요하네스 바시아누스, 필레우스, 오토 후골리누스 등 여러 학자들을 표절한 사실이 밝혀진 것이다.

주석학파는 어떤 문헌 작업을 하든 늘 주석 작업을 하였다. 애초에 이 주석 작업은 성서에 대한 행간의 주석에 상응하는 주로 구어적인 형태로 이루어졌지만, 설명과 함께 나란하게 실은 인용문이 길어지면서 주석이 많은 여백을 차지하게 되어 다수 사본들의 경우, 텍스트보다 노트가 더 많을 정도였다. 주석이 이용 가능한 여백으로까지 확대되자, 이는 길든 짧든 독립적 형태의 작품이 되었다. 이런 책들은 이미 상당히 다양하게 나왔다. 즉, 대전summa 내지 모든 제목 하나하나를 포함한 책에 대한 전반적인 분석, 각 문구에 관련된 사건에 대한 논의, 브로카르다 brocarda 6) 내지 텍스트에서 추론한 일반적인 경우 및 특정 주제, 특히 소송 절차에 관한 책들이 있었다. 그럼에도 불구하고, 법학부에서 이루어진 교육이란 주로 주석에 대한 체계적이고 연속적인 해설이었으며, 이는 약 1250년경 아쿠시우스7)의 『일반 주석』으로 편찬되었다. 이즈음 학자들은 텍스트를 뒤덮는 수많은 주석을 메뚜기 떼에 비유하였으며, 법학자들이 주석에 대한 주석을 달기 시작하자 그 같은 방법론은 그 유용성이 사라진 후까지도 존속되었다. 당시 텍스트에는 주석이 자주 수반되어, 사실상 주석 달린 법률만이 법정에서 인정된다는 말이 나올 정도였다.

우리는 볼로냐 주석학파가 정규 교사였다는 사실을 염두에 두고

---

6) |옮긴이| 주로 특정 법률 사례에 대한 상반되는 논지를 의미한다.
7) |옮긴이| 약 1182-1263. 이탈리아의 저명한 로마법 학자로 『로마법 대전』의 주석에 주력한 주석학파의 대표적인 인물이다. 여러 곳에 흩어져 있던 로마법 주석을 하나의 일관되고 체계적인 책으로 집대성하였는데 그것이 『일반 주석』이다.

이들의 저술을 연구해야 한다. 한편 학습 과정은 『로마법 대전』에 기초하고 있었지만 그 순서와 분류체계는 고대 내지 근대의 것과 매우 상이하였다. 중세의 법학 교육은 『개요집』이라는 기본 교재 대신 『법령집』과 더불어 시작되었다. 아마도 초기에 단편적으로 활용된 『법령집』은 『구법령집』(책 i-xxiv, 2), 『법령집 2부』 *Digestum Infortiatum*(xxiv, 3-xxxviii) 그리고 『신법령집』(xxxix-l)의 3권으로 구성되어 있었다. [12권으로 이루어진] 『칙령집』은 첫 9책이 권4가 된 반면, 이후의 제국 공법과 중요성이 덜한 법률을 다룬 나머지 3책은 중요성이 떨어진다고 간주되어 소책자 *Volum parvum*로 불린 권5에서 『신법집』 및 『개요집』과 함께 하나로 묶이게 되었다. 해설은 『법령집』, 『칙령집』, 『신법집』 및 『개요집』의 순서를 따랐고, '정규' 강의 내지 오전 강의에서는 『구법령집』과 『칙령집』을, 나머지 부분은 오후의 '보충 강의'에서 다루었다. 13세기 초엽 후고리누스가 강의를 하기 전까지 볼로냐 대학에서 강의가 어떻게 진행되었는지는 정확하게 알려진 바 없지만, 강의 방식은 전통적인 것이었다. 물론 여기에는 질문과 토론 및 다소의 유익한 유머가 곁들여졌다. 약 1250년경 오도프레두스는 강의의 내용에 대해 다음과 같이 자세히 서술하였는데, 이를 강의의 전형적인 사례의 하나로 보아도 될 것이다.

교수법은 고대의 박사들과 오늘날의 박사들, 그리고 특히 나의 스승에 의해 준수된 다음 순서대로 진행되었으며, 나의 강의도 이 방식을 따를 것이다. 첫째, 본문에 들어가기 전에 각 제목에 대한 개요를 학생들에게 설명한다. 둘째, 제목에 포함된 모든 법률의 취지를 가능한 명백하고 명료하게 언급한다. 셋째, 본문을 읽고 잘못된 부분을 바로잡는다. 넷째, 법률의 내용을 간단하게 반복한다. 다섯째, 외견상의 모순들을 해결하고, 이른바 '브로카르디카'로 불린 (문구에서 발췌하게 될) 법률의 어떤 전반적인 원리들, 신의 섭리로 내가 해결할 수 있는 한 모순들에 대한 해결책과 더불어 그 법률에서 야기되는 차이 내지 미묘한 문제나 유용한 문제를 추가한다. 그리고 어떤 법률이 그것이 지닌 명성이나 문제로 인해 반복할 가치가 있을 것 같으면, 저녁에 이를 되풀이하게 한다. 나는 학생들이 원한다면 성탄절 이전에 한 번 그리고 부활절 이전에 한 번, 1년에 적어도 두 번에 걸쳐 토론을 할 것이다.

나는 미카엘절 8일째 되는 날(10월 6일)이나 그 즈음에 『구법령집』을 늘 먼저 강의할 것이며, 신의 도움으로 일반적인 모든 것 그리고 예외적인 모든 것과 더불어 8월 중순경 『구법령집』을 완전히 마무리할 것이다. 미카엘절 2주 후 『칙령집』을 늘 강의할 것이며, 일반적인 모든 것 그리고 예외적인 모든 것과 더불어 8월 1일경 『칙령집』을 신의 은총에 힘입어 마무리할 것이다. 종래에는 박사들이 예외적인 부분을 강의하지 않았지만, 나의 강의를 통해 학생들, 심지어 무지한 학생이나 신입생들까지 도움을 받을 것이다. 이 지역의 일상적인 관행이었던 내용을 누락하는 일이 없을 것이기 때문에, 학생들은 책 전체를 배우게 될 것이다. 내용을 모르는 학생들은 사례에 대한 언급과 본문 해설을 통해 배움을 얻을 것이며, 배움이 향상되면 될수록, 미묘한 문제와 대립되는 견해에 더욱 익숙해질 것이다. 그리고 나는 모든 주석을 읽을 것이다. 이런 방식은 내가 강의를 하기 전까지는 관행이 아니었다.

그리고 나서 교수 선택과 학습법에 대한 몇 가지의 통상적인 조언이 이어지고 『법령집』에 대한 일반 설명이 일부 뒤따랐다. 이 강좌는 다음과 같은 말과 더불어 끝맺고 있다.

자, 학생 여러분, 이 강의를 수강했던 학생 여러분이 알고 있듯이, 우리는 이 책을 읽기 시작하였고 내용을 살펴보았으며 그리고 마무리하게 되었다. 우리는 신과 성모 마리아 그리고 모든 성인의 은총에 힘입어 이 과정을 매듭짓게 되었다. 한 권의 책을 독파한 후 성령에게 미사를 드리는 것은 이 도시의 유서 깊은 관행이자 좋은 전통이기에, 우리는 이를 준수해야 한다. 하지만 책을 한 권 독파한 교수는 자신의 구상을 밝히는 것이 관례이기 때문에, 여

중세 대학에서의 강의 모습

러분에게 이에 대해 언급하겠지만 길게 이야기하지는 않겠다. 늘 그러하였듯이 본인은 내년에도 정규 강의를 잘 그리고 적법하게 할 것이나, 보충 강의는 염두에 두고 있지 않다. 모두가 배움에 대한 욕구는 갖고 있지만 그 대가는 아무도 지불하려 하지 않는다는 경구처럼, 배우려는 학생들이 수업료를 잘 내지 않기 때문이다. 신의 은총과 함께 강의를 마무리하고 여러분은 미사에 참석하기 바란다.[8]

볼로냐 주석학파의 산물은 12세기 지적 활동의 많은 부분을 그리고 매우 중요한 부분을 차지하며, 동시에 유럽 지성사 전반에서 고유한 위상을 차지한다. 이는 텍스트를 정리하고 『로마법 대전』 전체에 대한 이해를 통해 그 자구적 함의를 밝혀 후속 세대를 위한 근거를 명확히 하였다. 또한 엄격하고 제한된 자료체계에 입각해 있던 논리의 시대에 특히 적절한 변증법적 분석에서 선구적 역할을 수행하였다. 만약 주석학자들에게서 오늘날 학자들이 활용하는 역사적 문헌적 방법론이 결여되어

---

8) Paris, Biblothèque Nationale, MS. Lat. 4489, f.102 ; Savigny, *Geschichte des römischen Rechts im Mittelater*, iii, 264, 541, 543 ; Rasdall, *Universities*, i, 219를 참고할 것.

있다면, 그것은 주석학자들의 잘못이 아니다. 이들은 당대에 실현 가능한 것을 이룩하였다. 또한 법률에는 늘 스콜라주의라는 중요한 요소가 있었듯이, 스콜라주의 시대의 다른 사람들이 활용할 수 있었던 많은 성과도 있었다. 심지어 최악의 경우에도 주석학자들의 방법론은 비유가 아닌 주석이라는 결실을 가져다주었다. 이 같은 방법론에는 대단한 세련미를 보여주는 반면 내용은 빈약해질 위험성이 내재되어 있었다. 이에 베이컨 경은 이들의 지식이라는 그물망의 "재료와 작품의 세련미에서는 경이롭지만 본질이나 편익이라는 면에서는 그렇지 않다"라고 지적하였다. 하지만 형이상학에 비하면 법률과 같은 구체적인 학문에서는 이러한 위험이 적었다. 또한 시기적으로도 지나친 세련미에 비해 내용이 빈약해질 위험은 후기보다는 초기에 더 적었다. 따라서 그 위험은 후기 주석학파의 시대보다는 12세기에 더 적었다. 한편 로마법을 당대의 상황에 맞추어 조율하거나 적용하는 것이 후대에 비해 많지 않았다고는 해도, 일찍이 이르네리우스의 사례로 알 수 있듯이 심지어 실천적인 전략과 이해가 부재했던 것은 아니다. 왜냐하면 로마법은 일상생활의 문제이자 논리의 문제였기 때문이다. 근대 법학자들로부터 많은 존경을 받고 있는 것은 다름 아닌 주석학파의 법률적 기예와 순수한 기교다. 래쉬달은 이를 다음과 같이 지적하고 있다.[9]

볼로냐 학파는 많은 점에서 중세 유럽의 매우 탁월한 지적 업적을 대변한다. 사실상 중세인들은 이미 기존의 법률체계에 대한 연구 및 발전에 대해 본성적으로 어떤 친밀감을 가지고 있었다. 과거 및 물질세계에 대한 중세인들의 지식의 한계는 일상생활의 문제 내지 관계에 관심을 가진 학문을 숙지하는 데 심각한 장애물이 되지는 않았다. 신학자들이 교회법 저서와

---

9) Rashdall, *The Universities of Europe in the Middle Ages*, i, pp. 254-255.

교부들의 저서를 지적 권위로, 그리고 철학자가 아리스토텔레스의 저서를 지적 권위로 수용하였던 것과 마찬가지로, 법학자들은 유스티니아누스 대제의 『로마법 대전』을 지적 전거로 수용하되 이를 원래의 언어로 수용하는 장점을 가지고 있었다. 중세의 법학자들은 『로마법 대전』을 이해하고 해석하고 발전시키고 적용시켜야 했다. 신학, 철학 및 여전히 자연과학 영역에서 놀라운 천부적 재능을 가진 학자들을 아주 그릇된 방향으로 이끌었던 지적 성향은 권위있게 규정된 법전을 해석하는 데에는 올바른 지침을 제공하였다. 위대한 법률가의 몇 가지 특징이라고 할, 기록된 문헌 *littera scripta*에 대한 맹신에 가까운 존경심, 하나의 이론을 논리적으로 극단까지 밀고 나가는 성향, 외견상 상충된 이론임에도 불구하고 이를 조화시키려는 강력한 흐름, 분류, 정의 및 세밀한 구분에 대한 열정, 정교함을 추구하는 천부적 재능 등, 이 모든 것이 분별력 및 사물에 대한 전반적인 지식과 결합되었다. 더욱이, 그러한 훈련은 다른 학문 분야에서 그 유용성에 대해 의구심을 자아냈지만 훌륭한 법학 교육 과정을 형성하였다. 끊임없는 논의의 실천은 논쟁의 고안이나 그 대처, 그리고 역사학도나 자연과학도에게는 별반 중요하지 않지만 변호인 내지 재판관에게는 필수불가결한 기존 지식의 신속한 적용에 위력을 발휘하였다. 이 같은 실천이 신학 내지 철학의 진전에서 중요한 사물의 진리에 대한 무관심을 강화한 반면에, 변호인에게는 훌륭한 논지와 더불어 안 좋은 사례를 제시하거나 가능한 최상의 논지와 더불어 좋은 사례를 제시하는 데 필요한 능력을 제공하였다.

우리는 중세 문화사에서 차지하는 시민법[로마법]의 위상을 평가할 때 학문으로서 시민법의 성장과 직업으로서 시민법의 추구를 세심히 구분해야 한다. 이르네리우스에 의해 부활한 시민법이 학문으로서 크게 성장한 한 세기 반에 걸쳐 시민법 교수들은 거의 모두 볼로냐에 집결하였다. '주석학파', 즉 이르네리우스와 저명한 네 명의 박사들인 로게리우스, 프라켄티우스, 아조 및 후고리누스에 의해 시민법이 크게 발전하였다. 아마도 이들의 업적은 학문 연구에 매진하는 오늘날의 교수라면 누구나 신뢰할 수 있는 중세의 유일한 지적 업적이었을 것이다. 오늘날의 학자는 이들에 대한 역사적 관심이나, 의미심장한 가치를 지닌 개념을 발견하려는 기대감만이 아니라, 오늘날의 학생들을 여전히 곤혹스럽게 만드는 의문, 난제 및 문제에 대한 해결책을 발견하려는 어떤 개연성과 더불어 주석학파의 업적을 신뢰하고 있다.

우리는 로마법이 진공 상태에서 부활한 것이 아니며, 당대의 중요한 역사적 흐름과 밀접히 결부되어 있었다는 사실을 고려해야 한다. 지중해 경제가 부활한 12세기에는 특히 북부 이탈리아의 경제가 활력을 찾기 시작하였으며, 교역 내지 상업의 부활로 롬바르드족의 낡고 기본적으로 농촌적인 관습법보다 탄력적이고 도시에 적합한 법률이 필요하게 되었다. 도시민들은 로마법을 선호하였다. 정치적으로 안정된 12세기에는 단순한 국지적 관습에 비해 광범위하게 적용될 수 있고 보편타당한 원리에 입각한 '보편적 법률'이 요구되었다. 또한 이 시기에는 정치적 행위와 논의가 활발해지면서 모든 정치 세력이 새로운 법학의 도움을 받고자 하였다. 그리고 이 시기에는 아마도 문학과 사유에서 로마의 전통과 로마의 영향력을 전반적으로 강화하기 위한 기반이 마련되었을 것이다. 그리하여 프리드리히 바바로사는 로마 제국의 콘스탄티누스, 발렌티아누스 및 유스티니아누스 황제를 언급하며 '제국의 힐데브란트'는 '우리 로마 법률'의 논지를 즉각 활용하고, 알라딘을 소환하여 크라수스와 안토니우스가 정복한 영토를 포기하도록 하였다고 알려졌다. 또한 전통에 따라, 바바로사는 1158년 롬바르드 도시들에 대한 권리가 황제에게 있다는 자신의 주장을 강화하기 위해 네 명의 박사들[불가루스, 마르티누스, 휴고, 야코부스]로부터 확고한 지지를 얻어냈으며, 황제의 권위를 배경으로 그가 공포한 롱카글리아 칙령을 『로마법 대전』에 포함시킬 것을 명하였다. 로마법은 절대주의의 강력한 보루로 판명되었으며, 주석학파 중 다수가 황제 프리드리히 진영을 지지한 사실은 놀라운 일이 아니다. 물론 전승에 의하면, 불가루스는 바바로사 면전에서 황제의 권위에는 한계가 있다고 주장한 마르티누스의 견해를 대담하게 비판하였다고 한다. 그리고 필자가 이해하는 한, 이르네리우스는 한 주석에서 황제의 권한이 신민의 재산에 대해서는 제약을 받는다는 견해를 천명하였다. 그런데 아놀드 브레시아의 영향력 아래 있던 로마 원로원은 콘스탄티누스와 유스티니아누스 황제가 로마 인민의 권위에 의거하여 지배했다고 주장하였다. 만약 당시 현장에 있던 오토 프라이징의 서술이 신뢰할 만한 것이라면, 이들 특사는 황제 프리드리히에게 전임 황제들의 지배도구로서 매우 적절하게 활용된 '훌륭한 관습과 유서깊은 법률'의 준수를 요구하였다. 이에 대해 프리드리히는 이들 관습과 법률이 자신의 적법한 소유물*legitimus possessor*10)이라고 응수하였다. 아마도 당시는 물론 후대에 여러 사람이 로마법을 두고 게임을 하였을 것이다.

이런 게임은 볼로냐 이외의 많은 지역에서도 있었을 것이다. 만약 볼로냐가 계속 주석학파의 본거지로 남아 있었다면, 13세기에는 주로 법학부 중심의 대학이 대두하고, 대학에서 훈련받은 법률가들은 지위와 권위를 획득하면서 로마의 보편적이고 핵심적인 법률을 선호하고 국지적인 관습·법률을 격하시키고자 영향력을 행사하였을 것이다. 이후 12-16세기에 걸쳐 이탈리아는 로마법을 유럽 전역으로 확산시키는 중심지가 되었다. 독일과 스코틀랜드가 16세기가 되어서야 로마법을 공식적으로 수용하였다면, 프랑스와 스페인 등은 이보다 훨씬 이른 시기에 로마법을 수용하였을 것이다. 유럽 도처에서 나타난 이 같은 현상은 대학에서의 법률 연구에 의해 야기되었다. 우선 이탈리아에서 법학을 수학한 알프스

---

10) 앞의 132쪽을 참고할 것.

이북지역의 학생들, 알프스 지역을 넘어 신생 대학들에서 수학한 학생들, 그리고 훈련받은 법률가들 및 영향력 있던 재판관들이 그 주역이었다. 로마법이 실행에 옮겨지고 로마법적 사유방식이 유럽 지식인들에게도 영향을 미치게 된 것은 바로 이 대학들을 통해서였다.

새로운 지역에서 선각적 지식인인 일부 유랑하던 교수들에 의해 로마법은 여러 대학으로 널리 확산되었다. 이를테면 남부 프랑스에서 로마법은 로마인이 인구의 압도적 다수를 점하던 매우 이른 시기부터 존속하였으며, 아마도 506년 가스코뉴에서 반포된 알라릭의 『알라릭의 로마법 개요』Breviary에 의해 강화되었을 것이다. 한편 12세기 남부 프랑스 에서는 『베드로의 로마법 발췌』Exceptiones Petri가 간행되었는데, 이 책은 『로마법 대전』에서 발췌한 내용을 기초로 작성된 지침서로서 11세기 말엽 론 강에 위치한 발렌스의 재판관이었던 오딜로에게 헌정되었다고 한다. 그것과 유사한 『로마법 요약』Brachylogus은 이보다 늦게 간행되었다. 유스티니아누스 대제의 『칙령집』을 프로방스어로 요약한 『법전』Le Codi 이라는 책은 1149년경에 간행된 것이 분명하다. 이 요약본은 아를 지방의 재판관들을 위해 작성되었다. 하지만 프랑스 남부 지방 최초의 법률학교 인 몽펠리에 대학은 볼로냐 대학의 주석학파에서 유래하며, 1160년 이후 어느 시점에 몽펠리에에 도착한 프라켄티누스에게로까지 그 연원이 거슬 러 올라간다. 그의 이름이 시사하고 있듯, 피아켄자 출신의 프라켄티누스 는 몽펠리에는 물론 만투아와 볼로냐에서도 학생들을 가르쳤다. 그는 먼저 몽펠리에에서 체류한 이후 볼로냐에서 2년간 체류하였는데 여기서 "다른 교사들의 학생들을 모두 빼앗아옴으로써 질투를 샀으나, 법률에 관한 자신의 비장의 무기를 학생들에게 선보였다." 물론 1192년 몽펠리에 에서 숨을 거두기 전 그가 진술한 내용이 사실이라는 전제 하에서 말이다. 유랑 생활에도 불구하고 프라켄티누스는 도처에서 『칙령집 대전』과 『개요집 대전』은 물론 소책자인 『법률적 쟁점들』Summulae과 주석과 다른 작품들까지 남긴 생산적인 법률가였다. 로마법은 남부 유럽이나 성문법이 존재하던 지역에서 확고하게 자리를 잡았을 뿐만 아니라, 13세기에는 국지적 관습법이 지배적이었던 북부 유럽이나 관습법의 고장에서도 확고하게 자리를 잡기 시작하였다. 로마법이 북부 프랑스로 확산된 한 경로는 신생 대학으로 북부 지방에서 법학의 주요 중심지였던 오를레앙이었으며, 다른 경로는 군주의 궁정이었다. 일찍이 1202년경 군주 궁정으로 법학자나 법률가가 초빙되었고 이들은 특히 성문법 *ius scriptum* 을 환기시키며 군주의 권리를 변론하였다. 프랑스의 법률가들도 자국의 군주를 지지하였다.

한편 정확히 반세기 전, 영국의 군주는 로마법에 대해 비판적인 견해를 천명하였으며, 로마법 강의도 금지하였다. 금지령이 내려질 정도로 영국에서 로마법이 중요하였다는 사실은 오늘날의 독자들이 보기에는 놀라운 일이다. 왜냐하면 영국의 법률은 국지적·게르만적이었고, 심지어 다른 게르만족 법률에서는 찾아볼 수 없는 게르만적 서술이 등장하기도 하였으며, 신뢰할 만한 로마적 유산이 없었기 때문이다. 그럼에도 불구하고, 12세기 로마법의 부활은 적어도 문헌적 측면에서 영국에 영향을 미쳤다. 영국의 많은 성직자들은 볼로냐에서 법학을 배웠고, 만약 이들이 주로 교회법을 습득하였다면, 논쟁에서 자신들의 논리적 근거로서 로마법을 충분히 신속하게 인용할 수 있었을 것이다. 사실상 교회법과 로마법이라는 양 법률 체계는 "영국에 나란히 진출하였다." 고전적 지식의 소유자였던 존 솔즈베리는 로마법에도 해박하였다. 피터버러의 수도원장은 『로마법대전』 전부는 물론 그것의 여러 부분들 및 프라켄티누스의 『대전』도 소장하였다. 롬바르드의 교사이자 볼로냐의 주석가였던 바카리우스는 영국을 방문하여 캔터베리 대주교 테오발드의 궁정에서 법률을 가르쳤으며, 아마도 1154년 이전에 영국의 다른 지역에서 법률을 가르쳤던 것으로 보인다. 이후 거의 반세기에 걸쳐 그는 영국에서 법학자로 활동하였다.

또 바카리우스는 롬바르드족의 법률 및 교회법에 관한 책을 저술하였는데, 그의 주요 저작은 "가난한 법학도를 위한 책"*Liber Pauperum*이었다. 즉 값비싼 책을 살 여력이 없고, 로마법 관련 자료를 학습하는 데 시간을 많이 들일 수 없었던 학생들을 위해 『칙령집』과 『법령집』을 토대로 하여 편찬한 책이다.11) 그는 주석에서 "황제란 법률의 유일한 원천이자 해석자다"라는 주장을 피력하였는데, 이 이론이 영국에 적용되는 것을 목격하는 일은 흥미롭다. 옥스퍼드 대학 법학도에게는 빈자학파*pauperistae*라는 이름이 붙여졌다고 하며, 옥스퍼드 대학에서는 중세 내내 로마법에 대한 학문적 연구가 지속되었다. 하지만 로마법은 군주의 재판관들에게 결코 '수용되지' 않았으며, 따라서 로마법학자는 경력을 쌓을 수 없었다. "교회법학자가 아닌 로마법학자에게는 폭넓은 기회가 제공되지 않았다." 외교관, 상서청 서기 내지 교사를 제외하면 로마법학자가 "영국에서 종사할 수 있는 법률 분야는 거의 없었다."12) 영국에서 로마법은 교회법과 분리된 독립적인 실체가 아니었으며, 실상 양자의 긴밀한 관계 때문에 영국 군주는 애초부터 이를 기피하였던 것으로 보인다.

헨리 2세와 베켓의 갈등이 보여주고 있듯이, 유럽 전역에 걸쳐서 교회법은 보편적 교회의 법률로서, 종교적 문제는 물론 당시 세속 권위에 속하던 여러 분야에서도 보편적인 권위를 주장하여 세속 국가와 실제적 내지 잠재적 갈등을 빚고 있었다. 사실상 교회는 그 자체로서 하나의 국가였으며, 국가의 경계를 넘어 모든 국지적 공동체 생활에까지 영향을 미치는 보편적인 국가였다. 메이틀랜드는 교회를 다음과 같이 정의하였

---

11) P. Vinogradoff, *Roman Law in the Mediaeval Europe*, p.53에는 가난한 법학도를 위한 책 *Liber*의 우스터 사본에 있는 그림들이 실려 있다.

12) Pollock and Maitland, *History of English Law*, i, pp.123-124.

다.13)

중세 교회는 하나의 국가였다. 교회를 그렇게 칭하는 일은 편의상 금지되고 있지만, 우리는 때때로 그렇게 칭해야 한다. 교회를 포함하지 않고서는 국가에 대한 신뢰할 만한 정의를 내릴 수 없기 때문이다. 국가가 당연히 가지고 있어야 할 요소 가운데 교회가 보유하지 않은 것이 있었던가? 교회는 법률, 법률 제정자, 법정, 법률가를 보유하고 있었다. 교회는 신도들에게 교회 법률을 준수하도록 물리적 강제력을 사용하였다. 교회는 감옥을 유지하였다. 13세기에 교회는 고지식한 문구와 함께 사형선고를 내렸다. 교회는 자발적 공동체가 아니었다. 만약 사람들이 교회에서 세례를 받지 않고 태어났다면, 이들은 어쩔 수 없이 세례를 받고 교인이 되었다. 만약 교회를 떠나려는 자가 있다면 그는 반역죄를 범하게 되며, 화형을 당할 수도 있었다. 교회는 비자발적 기부인 십일조와 세금으로 유지되고 있었다.

우리는 교회법을 성직자와 교회 규율에 관한 법률이라고 정의하는 근대적 편견에서 벗어나야 한다. 교회를 오직 성직자들로만 구성된 조직이라고 간주하는 것은 너무나 안이한 생각이다! 중세 교회가 성직자에 대해 사법권을 주장한 것은 사실이나, 교회는 원고든 피고든, 민사 사건이든 형사 사건이든, 삭발한 성직자와 관련되어 있는 모든 사건에 대해 사법권을 주장하였다. 그리고 성직자의 특권을 위반한 사람들이 발견되었듯이, 성직자라는 용어는 포괄적으로 사용되었다. 따라서 교회는 많은 경우 관련 당사자에 의해 그리고 사안에 따라 사법권을 주장하게 되었다. 교회는 교회조직, 행정, 교회재산 및 재산권 관련 사항, 혼인, 가족관계, 유언, 서약, 맹세 및 신의에 기초한 계약 등과 같은 성사에서 야기된

---

13) F. W. Maitland, *Roman Canon Law in the Church of England*, p.100.

모든 문제에 대해 사법권을 주장하였다. 교회는 범죄와 관련하여 종교적 죄악, 종종 범죄 혹은 죄악의 공적 양상, 특히 잘못된 모든 교리, 이단, 분열, 위증, 고리대금 그리고 여러 성범죄 등에 관심을 기울였다. 이 모든 문제에서 평신도는 성직자만큼이나 지대한 영향을 받았다. 이들 주장은 모두 다는 아니라 해도 다수가 세속 지배자들에게 인정받았다. 그리하여 세속 법정 외에 주교 및 주교의 감독 아래 하위 성직자들이 주재하고 로마 교황청을 최종 상고 법정으로 하는 교회의 사법체계가 존재하였다.

12세기는 교회행정의 중앙집권화 및 체계화에서 매우 중요한 시기로, 교회의 이 같은 중앙집권화 경향은 종종 교황수장제로 수렴되었다. 수도원은 교황청의 직접적인 보호 아래 있었고, 주교의 독립성은 약화되고 로마 교황청에 대한 상고가 선호되었다. 법제가 대규모화하고 재판이 증가하면서 라틴 그리스도교 공화국 각지에서 제기된 사건들이 교황청 법정에 쇄도하였다. 송사가 증가하면서 법률가와 재판관들이 많이 필요해졌고, 특화된 전문 훈련을 필요로 하게 되었다. 당시 여건에서는 학교는 물론 법정에서도 체계화된 교회법에 대한 요구가 있었다.

교회법은 유서 깊은 자매법인 로마법과 달리, 로마 교회의 지속적인 법규로서 역사적 연속성을 가지고 있었다. 그리고 만약 교회의 역사가 로마 제국에서 시작되었다면, 중세는 교회사에서 매우 중요한 부분을 차지한다. 교회법의 원천이 되는 성서, 교부들의 저술, 공의회 법률 및 교황령은 소 디오니시우스, 위 이시도르, 부차드 보름스를 통해 종종 정비되었으며, 12세기 초엽 이보 샤르트르의 작품으로 알려진 선집에서 정리되었다. 하지만 교회법은 전거에서 혼란과 모순을 안고 있어, 약 1140년경 볼로냐 산 펠리체 수도원의 수도사였던 그라티아누스가 『조화되지 않는 교회법의 조화』를 출간하여 쟁점들을 매우 명확히 정리하였다. 주로 『교회 법령집』으로 불리는 이 책은 3부로 이루어져 있다. 제1부는

101개의 분류distinctiones로 이루어져 있는데, 법률의 원천 및 성직자와 교회의 관리에 관한 법률을 다루었다. 제2부에서는 교회법에 입각하여 36개의 사례 causae 내지 선별된 사례를 논의하고 있다. 제3부에서는 예배와 성사를 다섯 가지로 분류하고 있다. 그라티아누스는 불일치하는 교회법을 설명하면서 이를 조화시키기 위해 아벨라르의 『예 그리고 아니오』에서 활용된 전제에 대한 동의와 반론이라는 대립되는 논지를 활용하며 교회법을 수집하였을 뿐만 아니라, 모순을 강조하기보다는 이를 조화시키려 하였다. 당시의 사유방식에서 영향을 받은 『교회 법령집』은 교과서 및 참고도서 분야 모두에서 즉각 성공을 거두었다. 교회가 이것을 교회법으로 공식 채택하지 않았음에도 불구하고 『교회 법령집』은 교회법에 관한 권위 있는 저서로 널리 인정받았으며, 『교회법 대전』Corpus Juris Canonici의 제1부라는 위상을 차지하였다. 그라티아누스 시대까지 교회법은 신학에 매우 종속되어 있었는데, 그 자체의 권위있는 교과서와 더불어 『교회 법령집』은 완전한 독립성을 획득하게 되었다. 단테는 그라티아누스를 파리의 신학자 피터 롬바르드와 함께 천국의 반열에 올려놓았다.14) 피터 롬바르드는 『명제집』에서 그라티아누스의 방법론에 따랐다.

　　로마법과는 달리 교회법 체계는 폐쇄적이지 않았으며, 입법 및 사법적 판단을 통해 지속적으로 성장하였다. 12세기에 입법가로서 매우 왕성하게 활동한 교황 알렉산더 3세(1159-81)는 교회법학자이자 볼로냐 대학의 법학교수로서 『로랑두스 대전』Summa Magistri Rolandi15)을 저술하였다. 이 책은 그라티아누스에 관한 여러 주석 시리즈 가운데 초기 작품의 하나다. 알렉산더 3세와 그의 후임 교황의 이름으로 공포된 교황령들이

---

14) |옮긴이| 『신곡』, 〈천국〉 10편, 104-5.
15) |옮긴이| 교황 알렉산더 3세의 원래 이름인 로랑두스 반디넬리(Rolandus Bandinelli)에서 유래한 것이다.

신속하게 누적되어 1192-1203년 사이에 스테픈 투르네는 이 교황령들을 길도 나 있지 않은 무성한 숲에 비유하였다. 이 길도 없는 숲과 같았던 교황령은 학자들에 의해 주제별로 『5부작』으로 편집되었다. 이 편집 작업은 1190년에 시작되어 1234년에 교황 그레고리우스 9세에 의해 『교황령』이라는 항구적인 명저로 완성되었다. 그리하여 『교황령』은 『교회법 대전』 제2부를 형성하게 되었다. 한편 교회법은 로마법과 함께 대학의 강의 주제가 되어, 많은 학생들은 교회법 박사와 로마법 박사 혹은 법학 박사 학위를 모두 취득하는 것이 유리하다는 것을 깨닫게 되고 법학 교수들은 교회법과 로마법을 모두 강의할 수 있게 되었다. 교회법은 대학의 안팎에서 도서관 서고에 자리잡기 시작한 주석, 대전 및 특정 저서 등에 비견될 만한 문헌을 발전시켰다. 교회법 주석이 또 다시 성장하자, 단테는 주석으로 인해 "복음과 위대한 박사들이 팽개쳐지게 되었다"라고 불만을 토로하였다. 교회법은 또한 13세기에 성장한 교회의 행정 및 사법 분야에 종사할 수 있는 여지를 마련하였다. 신학이 고상한 학문이기는 하지만 많은 수입을 기대하기는 어려운 학문이라 학생들이 이를 포기하였던 반면, 교회법은 돈벌이가 잘 되는 학문이라는 인식이 굳어졌다.

교회법의 기원에서 그러하였듯이, 로마법은 교회법의 성장에도 많은 기여를 하였다. 그라티아누스는 아벨라르는 물론 이르네리우스부터도 영향을 받았다. 원래 교회는 로마적 제도로서, 법률의 의인화 시대에 '로마법에 의해 존속하였으며', 로마 법률을 다수 보유하고 있었다. 9세기부터 심지어 교회용으로 정리된 로마법 안내 책자 *Lex Romana canonice compta* 도 있었다. 이보, 그라티아누스 등의 신세대 교회법학자들의 저서에도 다수의 로마법이 포함되어 있었고, 그리티아누스가 저술 작업을 볼로냐에서 마무리한 것도 우연이 아니다. 이러한 상황에 가시적인 변화가 보이게 된 것은 교황 알렉산더 3세 때였다. 교회는 계속 로마법을 차용하기는 했지만, 로마법에는 교황 관련 내용이 없었을 뿐 아니라 도처에서 황제를 강조하였기 때문에, 그 자체의 전거로서 로마법을 인용하지는 않았다. 그리고 당시 교회는 이제 자신에 반하는 법률의 전거를 빌리지 않고도 독립적으로 존재할 수 있을 만큼 충분히 성장하였다. 1219년 교황 알렉산더 3세는 성직자의 로마법 연구를 금지하였으며, 파리 대학에서는 로마법 강의도 금지하였다.

이 시기의 교회법은 보편적 교회의 법률로서 로마법이 아직 침투하지 못했던 영국이라든가 당시 이미 침투해 들어가 있던 독일 같은 여러 지역으로 확산되었다. 그리하여 교회법은, 그것이 수용하였던 로마법 및 법학의 새로운 방법론을 전달하는 도구로 기능하였다. 더욱이 교회법은 고유의 특별한 사법적 절차, 즉 유럽 대륙의 형사법에 지대한 영향을 미친 13세기의 종교재판 절차를 발전시킨 데 반해 영국에서는 민사법정에서 종국적으로 채택된 유언 같은 법률의 몇몇 지엽적인 내용을 형성하였다. 하지만 이 교회법은 12세기를 훨씬 뛰어넘어 후대 법제사의 한 장을 장식하게 된다.

12세기의 법학 부활은 로마법과 교회법 이외의 영역, 즉 봉건적 관습법 내지 국지적 관습법에 여전히 지배되고 있던 국가에서도 확인되었다. 로마법의 이 같은 영향력은 일부는 로마법의 실체가 배제된 곳에서 발견되는 로마 경구와 로마 제도의 활용처럼 직접적인 것이었다. 하지만 일부는 간접적이었는데, 성문법의 사례 및 관습법의 체계적인 적용 등에서 그러하였다. 관습법은 여전히 성문화되지 않았지만, 당시 성문법에 대항할 고유 법률을 확보하기 위해서는 이제 성문화될 필요성이 있었다. 동시에 관료제의 성장, 왕권 강화 및 기록 문화의 확산이라는 여건이 마련되어야 하였다. 법학의 부활은 국가 부활의 한 국면이었다. 봉건법에 관한 초기의 기념비적인 법률은 11세기 말로 거슬러 올라가는 (1068년이나 그 이후에 완성된) 바르셀로나의 『관습』Usages과 아마도 12세기 초 롬바르드족의 『봉건법』Leges feudorum일 것이다. 1199년 이후 노르망디의 『매우 유서깊은 관습』Très ancien coutumier이 등장하였고, 13세기부터는 프랑스의 봉건적 관습법이 다양하게 편찬되었다. 9세기 이래 잠자고 있던 입법화는 로저 시칠리아, 헨리 2세 및 예루살렘 군주들의 법정 판결, 존엄왕 필리프의 법령 및 스페인 신분제 의회Cortes의 초기 언명들에 서 다시 등장하였다. 영국의 경우, 앵글로-노르만 재무청의 새로운 행정절 차와 함께 새로운 법률이 군주 법정의 판결에 의해 형성되고 있었다. 이들 법률은 리처드 1세 치세기의 문서에 정규적으로 기록되었으며, 행정 절차는 일찍이 재무청 문서에서 명확하게 등장하였다. 헨리 2세 치세기에 집필된 리처드 피츠 닐의 『재무관의 대화』, 라눌프 그랑빌 (1187-89)의 『영국의 법률 및 관습』 등을 보면 이 초기의 제도들이 어떻게 작동되었는지를 알 수 있다. 이들 저작은 새로운 통치술은 물론 새로운 법률에 관한 기념비적인 저술이기도 하였다.

군주 법정의 영장과 판결문이 라틴어로 되어 있는 것처럼 그랑빌 역시 라틴어로 집필하였다. 그는 유스티니아누스 『개요집』의 서두 문구 를 모방하여 저술하기 시작하였는데, 『법령집』의 문구에 있던 군주권의 인민적 원천에 관한 고유의 구절을 삭제하고 "군주의 의지가 법률의 강제성을 부여한다"는 절대주의와 관련한 유명한 경구를 곧 인용하였다. 하지만 그랑빌은 성문법과 달리 영국 법률들이 기록된 것이 아니라는 비판으로부터 이들 법률을 변론하는 데 애를 먹는다. 이 모든 내용은 서문에 불과하고, 본론에 이르자, 메이틀랜드가 지적하였듯이, 그랑빌의 저서에는 소수의 정의定義와 양도논법의 방법론 이외의 로마적 요소가 거의 없었다. 그랑빌의 저서는 다음과 같이 시작되고 있다.

송사들 중 일부는 민사 소송이며, 다른 일부는 형사 소송이다. 그리고 형사 소송 중 일부는 우리의 주군인 군주의 권한에 속하고, 나머지는 카운티 세리프의 영역에 속한다. 아래의 송사는 군주의 권한에 속한다. [로마법에서 규정한] 일명 대역죄 즉, 군주 시해 혹은 군주의 인신 내지 왕국 혹은 군대에 대한 배반, 그리고 매장물 은폐, 왕국 평화의 파괴, 살인, 방화, 강도, 강탈, 위증 및 그 유사 범죄 등이다.16)

그랑빌이 다룬 내용은 실제로 철저히 영국적인 것으로서, 기본적으로 군주 법정에서 발부한 영장의 분류 및 그것에 대한 논의로 구성되어 있다. 그리고 이는, 보통법이 앞으로 계속 성장하게 되는 것과 마찬가지로, 법률이 실제로 군주 법정의 재판관의 수중에서 성장하고 있음을 보여준다. 영국의 법률체계 역시 결코 폐쇄적이지 않았다. 원래의 영장제도 및 재판에서의 배심원제, 즉 영국 및 바다 건너 군주가 없던 영국 영토[지금의 프랑스]에서의 배심원과 같이 이미 영국식 법률의 여러 특징이 뚜렷해졌다. 헨리 2세 치세기는 초기 보통법 역사에서 중요하였다.

영국의 보통법은 한 가지 점에서 12세기에는 유리하지 않았다. 즉, 다른 국가의 관습법과 마찬가지로 영국 보통법도 대학에서 교과과목으로 채택되지 않았다는 것이다. 유럽 전역의 대학은 로마법과 교회법을 가르쳤다. 심지어 군주 법정의 법률은 영국의 대학에서조차 연구되지 않았다. 옥스퍼드와 캠브리지 대학에서 축출된 보통법은 런던 법학원(Inns of Court)이라는 독특한 교육기관에서 자리를 잡았으며, 로마법이 독일과 스코틀랜드에서 지배적인 자리를 차지하게 된 16세기의 위대한 부활 과정에서 야기된 파괴 내지 피해에서 벗어날 수 있었던 것은 어느 정도 이들 법학원 덕이었다.

12세기는 이탈리아 도시들의 성문법 및 이들 도시가 크게 기여한

---

16) Maitland's translation, *History of English Law*, i, p.165.

상업법과 해양법 분야에서 여전히 풍요로운 법학의 시대였다. 도시의 법률에서는 로마법과 게르만적 관습이 지속적으로 결합되었으며, 이 점에서 행정체계의 확대라는 현실적 필요성은 법률의 성문화 과정에서 나름 영향력을 발휘하게 되었다. 피사의 『관습법』*Constitutum usuu*은 1160년부터, 알레산드리아의 관습법은 1179년부터 유래하였으며, 12세기가 막을 내리기 이전에 다른 관습법들도 일부 존재하였다. 도시의 법률 *statuti*에서도 새로운 법제화가 등장하여, 다양한 국지적 법률체계가 개막되었다. 이 같은 법률체계는 후대의 이탈리아 도시들에서 현저하였다. 13세기 초엽 본콤파뇨 볼로냐는 "이탈리아의 모든 도시에서 고유한 법률이나 헌정을 제정하였으며, 이 법률이나 헌정에 따라 포데스타 *podesta* 내지 집정관이 시정을 담당하고, 도시의 법률에 반하는 것으로 간주된 범법자를 처벌한다"고 주장하였다. 더욱이 도시들 사이에 체결된 여러 교역협정은 대외관계의 확고한 토대를 마련하였으며, 만약 초기의 해양법 법전이 명백히 12세기의 산물이 아니라면, 해외 도시에 거주하는 사람들을 위한 영사제도와 발로 뛰는 상인들을 위한 특별법정이 적어도 12세기의 산물임을 우리는 확인할 수 있다. 이 상인들은 탁발 수도사와 시장을 빈번하게 접하였고, 시장 법정에서 이루어지던 송사의 신속한 처리를 요구하였다. 상인과 제조업자들은 고유한 통치제도는 물론 고유한 법률까지도 발전시키고 있었다.

12세기 이래 법률은, 로마 시대와 마찬가지로, 다시 한 번 유럽인들의 주요 관심사로 떠올랐으며, 이는 고도의 지적 노력을 요구하였다. 상황이 이렇게 되자 신학은 세속의 경쟁자를 가지게 되었다. 심지어 당시 교회법조차 독립적이게 되었다. 성서 및 교부 이외의 전거들이 존재하였으며, 세속적인 작품은 그 대다수가 종교적 재가도 받지 않은, 심지어 이교도의 작품이었다. '인정적이고 이교적인 『법령집』'의 수용은 그리스도교적 색채가 약한 저서들, 즉 '중요한 주석을 야기하였던' 아리스토텔레스,

히포크라테스, 심지어 아베로에스 저서들의 수용조차 예견케 하였다. 교회도 경쟁자를 가지게 되었다. 성직자가 지식을 독점하고 있는 한은 교회가 서적을 통한 지식의 습득으로 제공되던 공직을 독점하였다. 성직자를 제외한 그 누구도 문서를 초안하지도 못하고 선례를 확인하지도 못하게 되어 상서나 비서직은 당연히 성직자들에게 돌아가, 사실상 상서청과 부속성당을 구분하기란 불가능하였다. 성직자들은 대개 충실한 신복이었으나, 충성을 구분하였고, 교회가 안정되고 교회에 대한 보다 정확한 정의가 이루어진 12세기에는 두 명의 주군을 섬기게 되면서 생기는 중압감이 크게 증가하였다. 헨리 2세와 베켓의 갈등이 그 역사적 사례다. 성직자가 역할을 감당하지 못하게 되자, 법률은 물론 자유학 분야에서 훈련받은 평신도 식자층의 대두가 유럽의 군주들에게 매우 유리하게 작용하였다. 이 군주들은 평신도 식자층에게서 전문 행정가 내지 향후의 대리인을 발탁하게 된다. 관료제가 성장하면서 교회마저 교회 법률가들에게 더욱 의존하게 되었으며, 당연히 군주들은 세속 법학자와 법률가를 신뢰할 수밖에 없었다. 좋든 싫든, 법률가는 세속 통치에서 핵심 집단으로 떠올랐고 그 지위도 공고해졌다.

참고문헌

중세 로마법을 다룬 저술은 여전히 사비니(F. C. von Savigny)의 *Geschichte des römanischen Rechts im Mittelater*(second edition, Berlin, 1834-51, 7 vols.)가 중요하며, 그 중 일부는 프랑스어로 번역되었다(Paris, 1839, 4vols.). 후속 연구에서 세부 사항이 많이 첨가되었는데, 특히 피팅(H. Fitting)의 많은 연구서가 그러하다. 이르네리우스에 관한 가장 뛰어난 저서로는 베스타(E. Besta)의 *L'opera d' Irnerio*(Turin, 1896)가 있는데, 『구법령집』에 관한 주석들을 편집한 것이다. 플라켄티누스에 관해서는 투르톨롱(P. de Tourtolon)의 저서(Paris, 1896)를 참조할 것. 바카리우스에 관해서는 리베르만(F. Liebermann)의 *English Historical Review*, xi(1986, pp.305-314, 514-515)를 참고하기 바란다. 비노그라도프(P. Vinogradoff)의 *Roman Law in Mediaeval Europe*(London and New York, 1909)은 참고문헌과 함께 로마법을 다룬 탁월한 저술이다. 하젤틴(H. D. Hazeltine)은 *Cambridge Medieval History*(v, ch.21)에 정교한 참고문헌과 함께 교회법을 다룬 글을 게재하였다. 중세 대학에서의 로마법 및 교회법에 관해서는 래쉬달(H. Rashdall)의 *The Universities of Europe in the Middle Ages*(Oxford, 1895)를 참고하기 바란다.

그라티아누스 이후의 교회법 자료에 관한 표준적인 저서로는 슐트(J. F. von Schulte)의 *Geschichte de Quellen und Literatur des canonischen Rechts von Gratian bis auf die Gegenwart*(Stuttgart, 1875-80)가 있으며, 12세기 말엽의 로마법을 다룬 보완적인 글로는 세켈(E. Seckel)의 *Neues Archiv*, xxv(1900, pp.521-537) 및 비엔나의 싱어(H. Singer)의 *Siltzungsberichte, phil.-hist. Klasse*, clxxi(1912)를 참고하기 바란다. 9-12세기 기간은 많은 사전적 연구들을 간행한 푸르니에(Paul Fournier)에 의해 포괄적으로

240

다루어졌다. 교회법과 신학과의 관계에 대해서는 겔린크(J. de Ghellinck)의 *Le movement théologique du XIIe siècle*(Paris, 1914)를 참고하기 바란다. 『교회법 대전』의 표준적 판본은 프라이베르크(E. Friedberg) 판본(Leipzig, 1882)이다.

로마법 및 교회법과 보통법과의 관계는 폴록과 메이틀랜드(F. Pollock and F. W. Maitland)가 *History of English Law*, I, bk. I, chs.1, 5, 6(second edition, Cambridge, 1898)에서 충실하게 다루었다. 이와 더불어 시사적인 책으로는 메이틀랜드의 리드 강의를 엮은 *English Law and the Renaissance*(Cambridge, 1901)가 있다. 또한 홀스워스(W. S. Holdsworth)의 *History of English Law*(London, 1922-26, 9 vols.)를 참고하기 바란다. 12세기 대륙의 여러 국가들의 법제사와 관련해서는 다음의 표준적 저작을 참고할 수 있다. 독일에 관해서는 슈뢰더(R. Schröder), 프랑스에 관해서는 비오레(P. Vilollet), 이탈리아에 관해서는 슈퍼(F. Schupfer), 칼리스(C. Calisse), 베스타(E. Besta) 등을 참고할 수 있다. 또한 위그모어(J. H. Wigmore)가 엮은 *Continental Legal History Series*(Boston, 1912)의 개요를 참고하기 바란다. 그로스(C. Gross)가 편집 번역하고 셀던 학회(Selden Society)가 펴낸 *Select Cases concerning the Law Merchant*(London, 1908)도 참고할 수 있는데, 단 이 책은 1270년부터 시작하고 있다.

제 8 장

역사서술

12 세기의 지적 부활이 매우 두드러진 분야 가운데 하나가 역사서술이었다. 사실상 여러 가지 측면에서 볼 때, 12세기는 중세 역사서술의 위대한 시기 중 하나였다. 구래의 역사서술은 방대한 폭과 내용을 담게 되었고, 새로운 역사서술이 발전하였다. 그리고 역사서술이 당대의 다양한 활동을 보다 충실히 반영하면서 역사책의 숫자도 크게 증가하였다. 12세기에 여러 분야의 문헌에 걸쳐 큰 영향을 미쳤던 고전은 기이하게 보일 정도로 역사서술에서는 그 영향력이 좀처럼 드러나지 않았다. 즉 역사서술의 경우, 12세기는 고전적 모델의 부활기가 아니라 새로운 활력이 넘친 시기로서, 보다 풍부하고 다양화된 역사서술에서, 라틴어 및 12세기 후엽에는 속어라는 두 가지 언어 모두에서 자연스러운 표현을 추구하였다.

로마의 2대 역사가 중 한 명인 타키투스는 실제로는 중세에 알려지지 않았다. 그의 『연대기』*Annals*라든가 역경의 시기에 단 한 부의 사본 덕택에 유일하게 살아남았던 저서들은 15세기에 포지오 브라치올리니[1]의 위서로 오해받았을 정도로 당시에는 전혀 알려지지 않았다. 타키투스의 『역사』Histories의 첫 4와 1/2 책은 11세기 몬테카시노 수도원에서 만들어진 필사본 덕에 보존될 수 있었다.[2] 타키투스의 그 밖의 저서들 가운데 짧은 작품인 『게르마니아』Germania만이 전해졌는데, 이는 9세기 풀다 수도원에 보관된 필사본에서 인용된 것이었다. 이후 『게르마니아』는 사라졌다가 에녹 아스콜리가 그 필사본을 이탈리아로 가지고 온 1455년, 풀다 수도원의 수도사들에 의해 나머지 책들과 함께 햇빛을 보게 되었다. 『게르마니아』와 『연설에 관한 대화』의 모든 근대 필사본은 이 필사본에서 유래되었다고 추정되고 있다. 16세기 근대 정치의 개막과 더불어 타키투스는 역사서술 및 정치적 사유에서 고유의 영향력을 행사하게 되었다. 그는 봉건시대의 인식을 완전히 넘어섰던 것이다.

리비우스 저작의 필사본은 타키투스에 비하면 다소 많지만, 실제로 활용된 경우는 많지 않았다. 11세기에 람베르트 허스펠트[3]가 리비우스를 활용한 것으로 보이지만, 12세기의 탁월한 고전학자인 존 솔즈베리도 리비우스는 간접적으로만 알고 있었다. 인문주의자들을 슬프게 한 '잃어버린 수십 년'은 12세기 이전에 잃어버렸으며, 마르티노 푸스코[4]와 일간지의 노력에도 불구하고 여전히 상실된 상태다. 리비우스는 중세에 작성된 고대작가 목록에 정규적으로 등장은 하지만 그저 이름만 남아 있어, 단테가 언급한 '흠잡을 데 없는 리비우스' 그 이상의 인물이 아니었다.

---

1) |옮긴이| Poggio Bracciolini, 1380-1450. 이탈리아의 학자 겸 초기 인문주의자로서 라틴 고전 필사본의 발굴 및 보존에 크게 기여하였다. 그가 발굴한 대표적인 필사본으로 루크레티우스 『사물의 본성에 관하여』가 있다. 저술로는 『탐욕에 관하여』, 『고귀함에 관하여』 등이 있다.

2) 이는 『연대기』와 『역사』의 필사본 전통을 존중하는 기존의 견해다. 근년의 연구들은 바티칸 필사본 1958의 권위를 주장하고 있다.

3) |옮긴이| Lambert of Hersfeld, 약 1024-약 1088. 독일의 연대기 작가로서 독일사 및 신성 로마 제국 역사에 관한 중요한 사료를 남겼다. 대표적인 저술로 창조로부터 1040년까지의 역사를 다룬 『연대기』가 있다.

4) |옮긴이| Martino Fusco, 고전에 관한 잡지 Museion의 편집자.

『제정론』*De monarchia*에 보이는 고대 로마에 대한 단테의 이해가 리비우스로부터 유래된 것처럼 보이는 것이 사실이지만, 리비우스에 대한 열망은 리엔지(1313-54)와 포지오(1380-1459)와 함께 처음 등장한다. 그리고 14-15세기의 인문주의는 단테가 묘사한 '완전무결한' 리비우스5)와 마키아벨리의 『첫 열 권에 관한 논고』(『로마사 논고』) 사이에 위치한다.

카이사르, 살루스티우스6) 및 수에토니우스7)는 12세기에 알려졌지만, 그 영향력은 미미하였다. 카이사르 저술에 대한 필사본은 드물었고, 그에 대한 이해를 가지고 있던 역사가도 거의 없었다. '9세기와 10세기 역사가들이 선호한 양식의 모델'이었던 살루스티우스는 아담 브레멘과 이후 라헤빈에게서 발견되지만, 앙주 백들의 『역사』에 통합되면서 『카틸리나 전투』*Catiline*8)와 『유구르타 전투』*Jugurtha*9)에서 끄집어내지 않는 한, 12세기에 그의 영향력은 미미하였다. 수에토니우스의 저술은 12세기에 모방의 대상이 되고 존 솔즈베리가 많이 인용하였지만, 아인하르트의 『샤를마뉴 생애』만큼 지속적으로 모방의 대상이 되지는 못했다. 사실 중세의 전기傳記는 고전적 모델에 거의 영향을 주지 못했다. 이들 라틴 역사가들은 로마 제국 말기의 로마인들에게 즐거움을 제공한 것처럼 중세인들에게도 즐거움을 주었다. 역사를 라틴어로 요약한 플로루스,

---

5) |옮긴이| 『신곡』, 〈연옥〉, 28편 12.

6) |옮긴이| Gaius Sallustius Crispus, 86B.C-34B.C. 로마 공화정기의 정치가이자 역사가. 카이사르의 총애를 받아 누미디아의 총독을 역임하였다.

7) |옮긴이| Gaius Suetonius Tranquillus, 69-130. 로마 제국 5현제 시대의 정치가이자 역사가. 카이사르 및 아우구스투스로부터 도미티아누스에 이르는 11명의 황제의 전기인 『황제 열전』을 저술하였다.

8) |옮긴이| Lucius Sergius Catilina, 108B.C.-62B.C. 로마 공화정기의 정치가로서 공화정, 특히 원로원을 타도하기 위해 음모를 꾸몄다가 발각되어 처형당했다. 16세기에 벤 존슨(Ben Johnson)이 이를 극화하였다.

9) |옮긴이| Jugurtha, 160?B.C-104B.C. 로마에 저항하다 처형당한 누미디아의 왕 (118B.C-105B.C.).

유스티니아누스 및 유트로피우스 등은 솔리누스 같은 다른 분야의 요약자 내지 인용자의 인기에 필적하였다. 이는 중세인들이 로마적 양식에 거의 관심이 없었고 중세에는 고대의 역사서술에 반영된 세계관이 결여되었음을 보여준다. 그리고 12세기에 그러하였듯이 양식에 대한 이해가 좀 부활하자 중세인들은 로마 시인들의 시 구절을 차용하고 선호하였다. 이에 프랑스 군주들의 전기를 산문체로 집필하였던 쉬제르는 수에토니우스가 아니라 루카누스[10]를 모방하였다. 더욱이 고전적 역사서술은 고전적 수사학, 특히 대중 연설에서 많은 영향을 받고, 고전적 역사서술의 토대는 중세의 일상생활에서 인멸되었다. 만약 중세 역사가들이 여전히 도덕적 훈계의 전달자로서 고대의 방식에서 스스로를 변론하였다면, 그것이 의도한 바는 리비우스의 열정적인 서문에서처럼 애국심과 시민적 윤리를 찬미하는 것이 아니라, 또 다른 더 좋은 세계에 이르는 길을 제시하는 것이었다. 앵글로-색슨의 연대기 작가는 정복왕 윌리엄에 대한 서술을 마무리 지으며 "우리는 좋은 것이든 나쁜 것이든 상관없이 이것들을 기록하였고," "덕있는 자가 선을 추구하고, 모든 악을 멀리하며, 천상의 왕국에 이르는 길로 갈 것이다"라고 지적하였다.

따라서 이교적 로마가 아닌 그리스도교적 로마에서 중세 역사서술의 선례를 찾아야 하며, 삶에 대한 전반적인 인식이나 특정 양식 혹은 일반적 형식 모두에서 이를 찾아내야 한다. 멀리 근대로까지 계승된 그리스도교적 유럽은 아우구스티누스에게서 역사철학을, 유세비우스에게서 연대기적 역사서술 체계를 물려받았으며, 이 양자는 중세의 연대기 내지 보편사에서 결합되었다. 사실상 진정한 의미의 보편사는 그리스도교가 승리한

---

10) |옮긴이| Marcus Annaeus Lucanus, 39-65. 로마 제국 초기의 철학자이자 시인. 네로 황제 음모사건에 연루되어 살해되었다. 카이사르와 폼페이우스 간의 내전을 묘사한 『파르살리아』를 저술하였다.

후에야 가능하였다. 로마의 세계 지배가 보편사의 외형은 제시하였지만, 진정한 보편사에 대한 핵심적 인식에는 인류의 근본적인 통합에 대한 인식을 필수적으로 요구하였기 때문이다. 고전적 전통과 유대적 전통을 모두 계승한 초기 그리스도교 역사가들은 각기 독자적으로 성장한 이 두 역사를 결합하고 조율하는 문제에 직면하였다. 로마의 역사가들 및 구약성서에서 발견되는 소재들을 공통의 소재로 환원하려던 노력은 무엇보다 연대기에서 이루어졌는데, 『규범』Cannons을 저술한 유세비우스 카에자리아가 후대의 그리스도교 시대를 위해 이 문제를 해결하였다. 두 연대기를 나란히 제시한 유세비우스는 아브라함, 니누스, 모세, 케크롭스, 삼손 및 트로이 전쟁과 같은 대표적인 인물이나 사건들을 동시에 배열하고 결합시켰다. 그가 325년까지 작성한 이러한 방식의 연대기 내지 요약된 역사는 성 제롬에 의해 번역되어 중세 보편사의 토대가 되었다. 성 아우구스티누스는 인류 역사를 6일간의 창조에 입각하여 여섯 시기로 구분하는 이론을 여기에 덧붙였다. 조물주에게 천년은 '하루에' 불과하며, 7일째는 영원한 안식일이었다. 이시도르에 의해 더욱 발전되고 대중화된 이 같은 체계에서 첫 번째 시대는 아담에서 노아로까지 확대되고, 여섯 번째 시기는 그리스도의 탄생에서 세계의 종말에 이른다. 초기 그리스도교도들이 세계의 종말을 고대한 것과 마찬가지로 중세인들도 종말의 신속한 도래를 기대하였던 것이다. 오로시우스는 『이교도 비판』에서 여섯 번째 시대를 예언자 다니엘이 예언한 4대 왕국의 마지막 왕국인 로마 제국과 동일시하였다. 그리하여 그는 로마 제국이 세계의 종말이 도래할 때까지 지속된다고 확신하였다. 아우구스티누스는 소멸하게 될 로마라는 지상 도시와 영원한 도시를 구분함으로써 이 모든 것을 보완하고자 하였다. 영원한 도시란 인간의 손으로 만들어지지 않고 천상에서도 가시적이지 않은, 신에 의해 만들어지고 형성된 신도집단 전체를 의미하였다. 따라서 그리스도교 왕국은 지금 존재하는 현세에서 눈을 돌려 내세에 초점을 맞추는 고유한 역사철학을 갖게 되고, 이원론적 사유는 중세를 내내 지배하였다.

로마적 요소 및 그리스도교적 요소에서 형성되고, 로마적 요소가 그리스도교적 요소에 종속된 중세의 보편사는 연대기, 여러 시기들로의 시대구분 및 역사철학으로 이루어졌다. 주로 창조와 더불어 시작되는 중세의 보편사는 유세비우스, 제롬 및 당대에 이를 때까지 이 두 역사가의 계승자를 모방하였다. 당대의 역사에 이르게 되자 이들 보편사는 당대의 사건들에 대한 설명이 독자들이 각별하게 관심을 가진 유일한 부분이라고 기술하였다. 시간이 지나면서 보다 내실 있고 더욱 관대해진 역사가들 중 일부가 그리스도 시대와 더불어 서술을 시작하였는데, 6세기에 처음 도입되어 확산된 이러한 시간 산정방식은 로마 시대를 서서히 대체하였다. 그리고 서기전 4004년이 아니라 5509년 10월 22일 오후 6시, 콘스탄티노플에서 인류의 역사가 시작되었다고 산정하고, 훌륭한 대주교 어셔가 연대기에서 이를 확정하였는데, 이는 제임스 흠정본 성서의 여백에서도 여전히 확인된다. 심지어 11세기가 막을 내릴 즈음 그리스도교 시대의 원년을 둘러싸고 논쟁이 일어났는데, 한 학파는 천문학적 근거에 입각하여 당시 계산법이 22년이나 늦으며, 따라서 1100년은 실제로 1122년이 되어야 한다고 주장하였다. 한편 12세기의 보편사는 마리아누스 스코투스의 연대기에서 그 토대가 확고해지게 되었다. 스코투스는 1082년 마인츠에서 생을 마감하였는데, 그의 계승자인 시제베르 겜블루는 연대기에 기록된 1100년이 오히려 1112년이라고 대담하게 주장하였다.

중세 역사서술의 두 번째 형태는 연보[11])로, 이는 고전적 기원을 갖는다

---

11) |옮긴이| 저자는 년을 단위로 하여 역사를 기술하는 연보(annals)와 연도는 물론 그 해에 일어난 역사적 사건들을 시간적 순서로 기술하는 연대기(chronicle)를 구분해서 사용하고 있다.

고 보아도 될 것이다. 고대 역사가들은 투키디데스의 여름과 겨울로부터 타키투스의 『역사』의 무시무시한 해*annus terribilis*에 이르기까지 연대기적 형태를 매우 일상적으로 활용하였기 때문이다. 그리하여 연보는 당대의 기억과 대비되는 역사를 의미하는 표준 용어가 되었다. 하지만 매년 역사를 기술한다는 인식을 가지고 있었다고는 단정 짓기 어려우며, 로마 집정관의 명단이 일부 잔존함에도 불구하고, 중세 연보는 사실상 8세기의 부활절 절기표에서 기원하였다. 그 같은 문맹 시대에 교회력의 부활절 같은 매우 중요한 날들을 나름의 방식으로 계산하는 것을 전적으로 신뢰하는 사람은 거의 없었고, 비드의 부활절 절기표처럼 일련의 연도에 대한 권위있는 부활절 절기를 모방하였고 이것이 교회와 수도원으로까지 확산되었다. 보통 한 페이지에 19년치를 기술하였고, 넓은 여백을 두어 매년 연도 아래 기록할 제목을 위한 유용한 공간을 제공하였다. 나중에 그 목록이 목적을 달성하게 되자, 그 밖의 소소한 항목이나 행간의 항목들은 독립된 연보로 작성되었다. 얼핏 보면 이들 항목은 여백이 많고 매우 국지적인 이해관계를 반영한 여러 제목과 더불어 매우 거칠고 간략하였다. 생 갈에서 작성된 아래 연보는 이를 잘 보여준다.

709년 혹독한 겨울. 고트프라이드 공 사망
710년 힘겨운 한 해 작황 부진
712년 대홍수
714년 궁재 피핀 사망
718년 찰스 마르텔 작센 지역을 대거 파괴함
720년 찰스 마르텔 색슨족과의 전투
721년 테오도가 사라센인들을 아퀴텐느에서 축출
722년 대풍작
725년 사라센인들이 최초로 도착

731년 복자 겸 사제 비드 사망

732년 찰스 마르텔 토요일 푸와투에서 사라센인과 전투[12]

이는 연보 작가가 해당 기간 동안 기록한 내용의 전부인데, 작가는 심지어 근대의 계승자들 중 일부가 역사상 중요 전투의 하나로 간주하게 될 732년의 이른바 투르-푸와투 전투까지 기록했다. 미국의 한 학부생은 이 전투의 중요성을 강조하면서, 푸아투 전투에서 마르텔이 승리하지 못했다면 "우리는 모두 유일하고 진정한 신을 섬기는 그리스도교도가 아닌 일부다처제를 채택하고 모하메드를 신봉하는 투르크족이 되어야 했을 것이다"라고 말하였다.

이윽고 이러한 국지적 연보들은 도처의 수도원을 전전하면서 증가하거나 혹은 창조 내지 1년으로까지 거슬러 올라가는 보편사에 접목되었다. 그리하여 정보를 제대로 가진 역사가라면 국지적 연보를 연대순으로 정렬하는 일반적인 연대기로 바꾸었을 것이다. 하지만 수도원 연보든 주교좌성당의 연보든, 대부분의 연보는 극도로 국지화된 당시의 삶에 부합하여 여전히 국지적인 성격을 유지하였다.

역사서술의 또 다른 양식인 성인전은 중세 초기에 자리를 잡았다. 전기란 한 개인을 미화하는 작업이라는 로마 수사학 규칙에 따라 작성된 이들 전기는 한때 이교의 신들이 일으킨 기적을 성인들 및 순교자들이 재현한 유서깊은 성지에 대한 기억을 영속시켰다. 중세에 생산된 전기적 서술의 매우 독특한 양식으로 자리를 잡기 전까지는 나름 고유한 개성을 발전시켰던 이들 성인전은 유감스럽게도 현저히 획일적인 양식을 띠게 되었다. 이러한 양식에서 모든 성인은 다른 성인이 갖춘 진부한 덕목들을 갖추고, 성서나 선대 성인을 모방한 일련의 기적을 행한 후 천국으로

---

12) *Monument Germaniae Historica, Scriptores*, i, 73. 연도 사이는 공백으로 남겨두었다.

향하였다. 기본적으로 그리스도교도 교화용으로 당대의 언어나 사유로 다시 작성된 이 같은 성인전들은 객관적 진실보다는 주관적 사실을 더 많이 내포한 것으로 보였다. 이것들은 종종 개인적·국지적 세부사항도 기록하였는데, 이는 중세인의 심성 및 추앙받은 종교생활을 주로 반영하였다는 점에 그 가치가 있다.

12세기는 연대기, 연보 및 성인전이라는 그리스도교 역사서술의 세 가지 일반적 양식을 물려받고 지속시키되, 12세기의 고유한 방식으로 그리고 새롭고 보다 역동적인 시대를 충실하고도 다양하게 반영하였다. 위의 세 가지 양식을 뒤에서부터 살펴보면, 정형화된 전기든, 기적에 관한 특별 모음집이든 혹은 유적의 발견과 이전에 관한 기록물이든, 다수의 성인전이 있었다. 초기 성인들의 생애는 1163년 고해왕 에드워드 유해의 웨스트민스터 안장 같은 특별한 경우에 다시 기록되었고, 어떤 때는 리처드 공의 무훈시처럼 아예 일련의 새로운 전설까지 등장하였다. 베디에르는 이 무훈시를 1162년 페캄에 안장된 노르만 공들의 무덤의 엄숙한 개장에 결부시켰다. 그리하여 성 니콜라스의 유해와 숭배가 남부 이탈리아의 바리에서 북부로까지 확산되고 이에 따라 그가 행한 기적은 예배극 형성에 결정적 역할을 하게 된다.

한편 보다 맹신적인 메로빙 왕조보다 그 수는 적지만, 12세기에도 클뤼니 수도회 및 시토 수도회의 성인들, 특히 성 베르나르 같은 성인들이 있었다. 12세기의 가장 유명하고 대표적인 순교자는 성 토마스 베켓이었다. 1170년 살해되었다가 불과 2년 만인 1172년에 성인의 반열에 오른 베켓은 즉각 당대인들의 심성에 세속정부에 맞선 교회의 대표적 인물로 표상되었다. 그리고 12세기가 막을 내리기 전에 프랑스어, 아이슬란드어는 물론 라틴어로 된 베켓 관련 문헌이 다수 출현하였으며, 이들 작품에는 캔터베리의 그의 무덤에서 일어난 여러 기적들이 포함되었다. 이들 기적에 의해 수많은 순례자가 순례에 나섰으며, 초서의 작품에서 베켓은 영원불멸한 인물이 되었다. 유적지에서 일어난 기적은, 특히 대중적 서사시를 통해 더 잘 알려진 경우 많은 순례자들을 끌어모았기 때문에, 성유물의 구매는 종교적 성격은 물론 상업적 성격도 띠게 되었다. 모든 유적지 가운데 콘스탄티노플은 유서깊은 유적지의 거대한 보고로서 명성이 자자하여, 이곳을 순례하는 사람들의 숫자가 증가하면서

존 솔즈베리와 토마스 베켓 살해 장면

구걸을 하거나 유적지의 보고를 탈취하려는 순례자들까지 있었다. 캔터베리의 한 수도사는 약 1090년경 콘스탄티노플에서 성 안드레 유해의 일부를 확보하려 했던 자신의 경험담을 들려준다. 알자스 지방의 페리스의 한 수도사는 1204년의 콘스탄티노플 대약탈 과정에서 자신의 수도원장이 자행한 약탈을 편집도 하지 않은 채 기술하였다.

정복자들이 정복한 도시를 맹렬히 약탈하는 동안, 수도원장 마르텡은 전리품들 가운데 자기 몫에 대해 숙고하고, 자기만 빈손으로 돌아갈 수 없다고 생각하였다. 다른 모든 사람들이 부자가 되자, 그는 자신의 거룩한 손으로 약탈을 하기로 결심하였다. 하지만 거룩한 손으로 세속적인 전리품에 손을 대는 것은 적절하지 않다고 생각한 그는 성인들의 유물 중 일부를 어떻게 확보할 것인지 궁리하기 시작하였다. 그는 콘스탄티노플에 엄청난 양의 유물이 있다는 것을 알고 있었다. …… [유물 상자가 있는 교회를 발견한] 수도원장은 서둘러 허겁지겁 양 손으로 뒤져 단단히 마음을 먹고 부속성당 사제와 함께 성물을 한 아름 약탈하였다. 현명하게도 그는 가장 귀해 보이는

성물은 은밀히 숨기고 곧 자리를 떠났다. 이 거룩한 도둑들이 가져간 성물이 무엇이고 값어치가 얼마나 되는지는 이 작품 말미에 상세히 소개되어 있다 [여기에는 그리스도가 흘린 피의 흔적, 그리스도가 졌던 십자가의 조각, 세례자 '성 요한의 중요 물품', 성 야고보의 팔 및 많은 성인과 성지의 유물들이 언급되어 있다.] 전리품이 가득 실린 배를 향해 수도원장이 서둘러 가자, 만약 필자가 이런 표현을 사용해도 된다면, 그를 알고 그를 사랑하던 사람들은 서둘러 그 배를 약탈하면서 그 수도원장을 보게 되었고, 그리고 무엇을 훔쳐 잔뜩 들고 가는지를 걸어가는 그에게 물어보았다. 늘상 그러하듯이, 얼굴에 미소를 머금은 수도원장은 유쾌한 어조로 '잘되었어'라고 말하자, 이들은 '하나님 감사합니다'라고 답하였다.[13]

시간이 지나면서 많은 성물들의 가치가 하락하고, 특히 초서가 자신의 면죄사를 '돼지 뼈'라고 부르고 에라스무스가 월싱햄 성모의 모유를 풍자할 정도로 성물이 거래의 대상이 되자 진본에 대한 의구심까지 제기되었다. 동일한 성물에 대한 복제물이 다수 양산되어 또 다른 의혹이 제기되었으며, 각기 자신의 것이 진본이라고 주장하였다. 중세 말엽 프랑스 교회들 중 적어도 다섯 교회가 그리스도가 할례를 받으면서 잘려나간 피부의 진본을 소장하고 있다고 주장하였으며, 13세기 초엽 교황 이노켄티우스 3세도 이 문제를 해결할 수 없었다.[14] 일찍이 한 세기 전에 노장의 수도원장이었던 기베르는 1119년 즈음 『성인의 유물에 관하여』*De pignoribus sanctorum*라는 흥미로운 책을 집필하였는데, 이 책에서 그는 유물에 대해 의문을 제기하였다. 그는 세례자 성 요한은 머리가 두 개이거나

---

13) P. Rianst, *Exuviae sacrae Constantinoplianae* (Geneva, 1877-78), i, pp.104-122. D. C. Munro, *The Fourth Crusade* (Philadelphia, 1901), pp.16-18을 참조하기 바람.

14) H. Denifle, *La désolation des églises en France* (Paris, 1897-99), i, p.167.

아니면 콘스탄티노플과 생 장 당글리에 보존되어 있는 요한의 머리 중 하나는 가짜라고 주장하였다. 아미앵에 안장된 성 피르멩의 시신도 진신 여부를 확인할 표식이 없었지만, 그의 머리와 사지는 이를 입증하는 양피지와 함께 생 드니에 있었다. 만약 생 메다르 수와송에 인접한 수도원에 그리스도의 치아가 보존되어 있고 만약 그것이 사실이라면, 그리스도는 결코 부활하지 않았으며, 따라서 부활과 관련된 교리의 근거는 상실될 것이었다. 후대에 피카르드 출신의 논객 장 칼뱅은 이 같은 논지를 활용하였다. 기베르는, 당시 랑 대성당을 재건하기 위한 기금 모금 행렬처럼, 진위가 의심스러운데도 기적을 일으킨다는 유물을 가지고 다니며 행하는 모금 활동을 통렬히 비난하였다.

기베르의 저작에 대한 필자의 주요 관심사는 그것이 역사적 비판 정신을 보여주고 있다는 점이다. 종종 제기되는 주장과는 다르게 이 비판 정신은 중세에 결코 완전히 사라지지 않았다. 왜냐하면 텍스트 상의 문제와 연대기 상의 문제가 제기된 것은 확실하며, 역사가들은 상충된 서술에 어떤 식으로든 직면하였기 때문이다. 12세기에 오토 프라이징 같은 작가들이 이러한 문제를 구체적으로 제기하였다. 12세기 초엽 마리아누스 스코투스 등 다른 작가들은 당대의 연대기를 비판하였다. 1198년 교황 이노켄티우스 3세는 의심이 가는 교황 문서를 비판적으로 검토하는 건전한 정신을

오토 프라이징

강조하였다. 기베르는 이른바 고고학적 자료들에 대한 매우 건강한 비판적 인식을 보여주었으며, 이는 오스트리아의 특권들[15]에 대한 페트라르카의 비판 및 콘스탄티누스 대제의 기진장에 대한 로렌조 발라[16]의

공격을 예견한 비판적 태도에 대한 증거였다.

12세기의 연보는 이전 시대의 연보와 뚜렷한 차이를 보이지는 않는다. 가뭄, 홍수, 역병, 전염병, 기근, 일식과 월식, 수도원장과 주교의 사망과 취임 등은 여전히 연보의 핵심 내용이었다. 하지만 기록할 내용이 증가하고 여행이 확대되고 외부 세계에 대한 소식이 증가하면서 연보는 더 충실해지고 다양해졌다. 그리하여 영국의 '두루마리 시리즈'에서 『수도원 연대기』로 편집된 일군의 기록물은 13세기 영국 상황에 대한 매우 중요한 기록물이 될 것이었다. 13세기에 매슈 파리는 성 알반의 국지적 기록물을 가지고 위대한 역사를 서술하게 될 것이었다. 고조된 관심, 특별히 이탈리아에 대한 관심이 많은 도시의 연보에 추가되었다. 이는 상업공화국 내지 산업공화국의 삶을 매우 집약적으로 반영하거나 종종 후대의 도시연대기로 발전하기도 하였다. 이러한 사실에 비추어 볼 때, 12세기의 남부 유럽은 여전히 선진적이었다. 『독일 도시의 연대기』*Chroniken de deutschen Städte*와 그것과 유사한 영국 및 저지대 지방의 기록물들은 중세 말엽의 산물이다. 12세기 역사가 증언하듯, 전반적으로 역사서술은 덜 국지적인 성격을 띠게 되었다. 이는 통신의 발달, 법정 및 중앙집권화된 군주정의 강화에서 일부 기인하였다. 생 드니 수도원이 그 대표적인 사례를 제공한다. 즉 이곳에 프랑스 군주들의 유서 깊은 묘들이 조성되어 군주의 전기

---

15) |옮긴이| 오스트리아 공국의 특권들이 고대 로마의 카이사르와 네로 황제로까지 거슬러 올라간다고 기록된 중세의 대표적인 위서 가운데 하나였다. 1360년 신성 로마 제국의 황제 카를 4세는 이 문서가 위조문서임을 확증받기 위해 페트라르카에게 의뢰하였으며, 페트라르카는 그것이 위서임을 밝혔다.

16) |옮긴이| Lorenzo Valla, 1406-57. 이탈리아의 철학자 겸 인문주의자로서 나폴리의 알폰소 5세에게 수사학을 가르치기도 하였다. 교권의 속권에 대한 우위의 역사적 근거로 오랫동안 활용되던 콘스탄티누스 대제의 기진장이 위서임을 밝혀내었다. 이 같은 문헌학적 연구는 성서에 대한 학문적 비판적 연구의 중요한 토대를 제공하였다.

형태든 국가 연보든 성 드니 수도원은 13세기 프랑스 역사서술의 일종의 공식 중심지가 되었다.

12세기 역사서술의 현저한 특징은 보편적 연대기라는 점이다. 프랑스에서는 이 보편적 연대기가 이전 시대의 국지적 기록물에서 완전히 사라졌고, 독일에서는 연대기의 보편적 성격을 유지하였지만 마리아누스와 지게베르트의 저술에서 보다 대담하고 무미건조해졌다. 이들 저술을 시발점으로 해서 프랑스에서는 로베르 토리니와 오르데리쿠스의 저술, 이탈리아에서는 로무알두스 살레르노의 저술과 함께 역사서술이 부활하였으며, 중세 독일의 역사서술은 오토 프라이징 때 절정에 이르렀다.

구시대의 보편적 역사는 12세기의 대표적 저술들 가운데 하나인 로베르 토리니의 저서에서 명확히 유지되었다. 몽 생 미셸의 수도원장을 지낸 로베르는 사실상 "새로운 모든 연대기 작가들보다 먼저"『지게베르트 부록』이라는 제목을 붙였다. 로베르가 수도사가 되었던 벡에서 시작된 이 연대기는 1154년 몽 생 미셸 수도원장에 부임하여 1186년 그가 사망할 때까지 기술되었다. 바위 위에 세워진 이 수도원처럼 격리된 생활과 종교적 명상을 위해 애초부터 세속사회에서 분리된 천혜의 지역은 극히 드물었다. 폭풍우가 지나간 브레타뉴의 갑을 향하고 있는 이 외딴 바위섬은 조수와 움직이는 모래에 의해 육지로부터 유한한 생명의 해가 지면 사라지는 끝도 없는 바다에 이르기까지 격리되어 있었다. 어느 지역의 연대기도 이보다 더 국지적이고 보잘것없는 인간의 삶과 동떨어진 보이지 않는 세계를 지향한 것은 없을 것이다. 사실 수도원장 로베르는 수도원 업무를 헌신적으로 수행하고, 수도원 교회, 수도원 도서관, 유물 및 성인의 유물함을 정성껏 관리하였다. 그는 이 모든 업무를 관장하면서 수도원 재산이 소재되어 있던 노르망디, 잉글랜드, 메인, 브레타뉴 및 채널 제도, 그리고 군주와 고위 성직자들의 궁정까지 외부 세계의 일에 관여하게 되었다. 바다 너머의 순례자들이 그러하였듯이, 그가 수도원장으로 재임하던 동안 군주들도 이 수도원을 방문하였으며, 이 모든 것이 수도원장 로베르의 역사서술에 일조하였다. 따라서 매년 기록된 그의 연대기는 먼 스페인, 시칠리아, 시리아는 물론 앵글로-노르만 왕국에서 훨씬 멀리 떨어진 지역에서 일어난 사건들, 심지어 1128년 제임스 베네치아에 의해 만들어진 신판 아리스토텔레스 저술 같은 연대기와 무관한 지적 산물들, 20년 후 일어날 로마법 교사 바카리우스에 의한 로마법의 영국으로의 도입 및 피사의 재판관 부르군디오에 의한 그리스 저술에 대한 라틴어 번역에 관해서도 기록하였다. 이 연대기에는 보이지 않는 세계에 대한 내용은 결코 많지 않았다. 상상력은 뛰어나지 않았지만 사물에 대해 냉철한 태도를 유지하였던 로베르는 연대기에 대한 안목, 특히 주교들 및 수도원장의 승계, 교회 건축 및 헌당에 대한 식견을 가지고 있었다. 그는 자연의 전조와 군주의 원정에서 이 모든 것을 연대기 작가의 방식에 따라 간략하면서도 진지하게 기술하였다. 하지만 로베르는 자신의 연대기와 몽 생 미셸 수도원에서 지속적으로 유지된 간략한 연보를 명확히 구분하였다. 그리하여 1165년 이전의 연보들이 루앙의 대주교 로트루의 취임만을 기록하였던 데 비해, 이 연대기는 헨리 2세와 왕비의 여행, 헨리 2세와 루이 7세의 회동, 헨리 2세와 프리드리히 바바로사의 협상, 존엄왕 필리프의 탄생과 향후의 시칠리아 왕비, 교황 알렉산더 3세의 시칠리아 방문, 베이외와 샤르트르의 주교 및 생 완드릴과 마무티에 수도원장의 교체, 스코틀랜드 군주의 사망, 몽 생 미셸에 떨어진 번개와 금과 은으로 만든 성물함도 기록하였다. 성물함에 관한 기록은 모든 목록 중에서도 가장 길었는데, 이 성물함은 전임 수도원장이 한 세기 이상 이전에 이탈리아에서 가져온 성 로렌스의 유해를 안치하기 위해 그에 의해 만들어졌던 것이다. 그리고 지게베르트와 로베르는 1165년을 신성 로마 제국의 황제 프리드리히 바바로사 재위 13년, 프랑스의 군주 루이 재위 28년, 영국의 헨리 2세 재위 11년이라고 동일하게 표기하였다.

12세기의 노르망디 수도사 오르데리쿠스 비탈리스 생 에브루의 『교회사』 역시 일견 국지적으로 보인다. 오르데리쿠스는 결코 수도원장이 아니었지만, 외부 세계와의 접촉을 거의 끊고 전 생애를 이 수도원에서 보냈다. 이 책에는 확실히 수도원과 그 인접 지역, 특히 인접 지역에 살던 제후들의 전쟁과 관련된 내용이 많이 기술되어 있다. 하지만 장수한 그는 구전이나 기록을 통해 전해진 다른 많은 자료들을 활용하여 그리스도교 시대의 개막으로부터 시칠리아, 동방은 물론 노르망디와 자신의 고국인 영국에 관해 많은 내용을 서술하였다. 겨울의 혹독한 추위 때문에 집필을 못한 때를 제외하고는 매년 집필 활동을 한 그는 12세기 프랑스에서 일어난 주요한 역사적 사건들을 기술하였다. 사적으로 '알렉산드리아, 그리스 및 로마의 역사'를 연구할 수 없었던 그는 초기 그리스도교 세기에 관한 오래된 연대기에 의존하였으나, 보다 가까운 시대를 기술하는 데는 당시 노르만 및 영국의 역사가들의 저서와 성인전들을 활용하였다. 또한 수도원 문서고에 소장되어 있던 자료와 자신이 지은 라틴어 시에 기초하여 자유롭게 기술하였다. 그는 한때 마리아누스와 지게베르트에 관해 일별한 적이 있지만 이는 그저 주마간산에 불과하였고, 그의 작품은 그리스도의 탄생으로부터 1141년에 이르기까지 그 자신만의 독특하지만 산만한 구상에 따라 서술되었다. 간행된 5권은 당대의 생활상을 이해할 수 있는 정보의 보고일 뿐 아니라, 반드시 수도원과 관련되어 있는 것은 아닌 사람들을 명확히 언급한 것은 물론 깊은 지식까지 보여주었다. '12세기 프랑스의 가장 탁월한 역사가'였던 오르데리쿠스는 종신토록 수도사로 지내며 임종 시 젊은 시절에 약속받은 영원한 보상에 대한 강력한 희망과 함께 성직자로서의 자신의 삶을 회고하였다.

1158년 사망한 오토 프라이징은 주교 겸 역사가의 탁월한 사례로, 그와 함께 보편사는 철학적 색채를 띠게 되었다. 역사가인 동시에 철학자였던 오토는 수도사이자 주교이기도 하였다. 신성 로마 제국의 황제 프리드리히 바바로사의 숙부로서 왕실과 인연을 맺은 그는 당대의 주요 사건들을 목격하였고, 로마를 방문하였을 뿐만 아니라 멀리 떨어진 예루살렘을 탈환하기 위한 십자군 원정대에 파견되어 그 목격자로서 사건을 명확하게 기술하였다. 젊은 시절에는 파리에서 수학하여 아리스토텔레스의 『신논리학』을 독일에 최초로 도입하기도 하였다. 『신논리학』에 많은 영향을 받고 당대의 스콜라 논쟁에 관심이 많았던 그는 자신의 역사 저술들에서 삼단논법 및 실체와 속성에 관한 논의를 상당한 정도로 소개하였다. 라틴 세계의 심오한 지식의 스승이었던 오토는 자신의 『연대기』에 지상의 도시와 천상의 도시에 관한 논고라는 제목을 붙일 만큼 아우구스티누스의 『신의 도시』에서 많은 영향을 받았다. 이 『연대기』의 책 8 내지 마지막 책은 통째로 적그리스도의 도래와 천상의 예루살렘 수립에 할애하였으며, 진주로 장식된 문과 황금으로 된 거리에 대한 묵시적 서술을 통해 천상의 예루살렘의 영광을 희미하게나마 그려냈다. 그의 역사서의 초반부가 변화와 쇠퇴라는 하나의 지난한 비극이고 각 책이 "비참한 종말"이었던 데 비해, "말하자면 임종을 앞둔 상태에서" 그의 불타오르는 마음은 다가오는 절정을 기다린다. 여기에서 우리는 [가톨릭 신앙이] 현세에 대한 교회의 엄청난 경멸 및 내세에 대한 교회의 사소한 착각으로 이루어져 있다는 산타야나[17]의 한 구절을 환기하게 된다! 하지만 실제로 그는 산만한 자료들을 책 및 시기로 구분함으로써 매우 합리적인 역사적 인식을 보여주고 있다. 그는 아우구스티누스의 처음 4시대 내지 아우구스티누스가 활동한 로마 이전 시대들을 책 1에 묶고, 책 2는 로마의 등장으로부터 그리스도의 탄생까지를 담았다. 이어지

---

17) |옮긴이| George Santayana, 1863-1952. 스페인의 철학자 겸 문인으로 『미에 대한 인식』, 『이성적인 생활』, 『최후의 청교도』 등의 저작을 남겼다. 이 구절은 미국의 가톨리시즘에 관한 그의 견해다.

는 세 책은 종착지인 콘스탄티노플, 오도아케르 및 베르덩 조약이 근대의 안내 책자들에서 강조한 날짜들을 환기시켜 주는 반면, 책 6은 1085년 힐데브란트의 사망과 함께 끝을 맺고 있다. 책 7은 제1차 십자군 원정으로 부터 1146년에 이르기까지 매우 세밀하게 기술하였다. 오로시우스의 네 번째 왕국이자 철의 왕국이었던 로마 제국에서 그리스도교적 세기들을 통합한 오토의 역사 인식은 대단히 로마적이었다. 동방의 학문이 그리스 인, 로마인 그리고 마침내 갈리아족과 저자가 활동하던 당시 스페인족으로 동에서 서로 이동하였던 것처럼, 제국은 로마인에게서 그리스인으로 그리고 프랑크족, 롬바르드족 및 게르만족으로 동에서 서로 계속 옮겨가고 있었다. 황제의 숙부답게 오토는, 『로마법 대전』의 경구처럼, 법률을 초월한 통치자인 황제는 단지 신에게만 책임을 진다는 고상한 이론을 주창하였다.

중세 제국의 전성기인 프리드리히 1세 치세기에 제국은 번영을 구가하였고 이 때문에 오토 프라이징은 역사를 다소 덜 비관적으로 서술하였다. 1156년까지의 기간을 다룬 프리드리히의 전기 내지 『역사』Gesta에 관한 두 책은, 비록 아무리 열정적인 독일의 저술가라 해도 오토를 타키투스나 투키디데스 같은 위대한 역사가의 반열에 올려놓는 것은 주저했다고 해도, 역사가로서 오토가 가진 다양한 재능을 여실히 보여준다. 오토는 황제가 대관받기 위해 행한 로마로의 대규모 여행을 대단히 훌륭하게 서술하였으며, 황제가 씨름해야 했던 롬바르드 자치시들을 그 어떤 저술 가보다 잘 묘사하였다.[18]

이들[롬바르드 자치시들]은 도시를 통치하고 시정을 관리하는 데 고대 로마

---

18) *Gest Friderici*, ii, 13, J. H. Robinson, *Readings in European History*, i, pp.303-304에서 주로 번역되었다.

인의 기예를 또한 모방하고 있다. 더욱이 자유를 매우 애호하는 이들은 권력 남용을 방지하기 위해 군주가 아닌 집정관들에 의한 지배를 택하였다. 이들은 세 계층, 즉 '지배자'와 배신, 인민으로 세분화되었다. 특정 계층의 과도한 자만심을 방지하기 위해 집정관은 한 계층만이 아닌 각 계층에서 선출되고, 권력에 대한 탐욕을 방지하기 위해 집정관은 거의 매년 교체되었다. 거의 모든 나라가 이 도시들에 속해 있었기 때문에, 각 도시는 그 도시의 주교관구 주민들을 도시에 합류시켰고, 주변의 영토 내에서는 자신이 속한 도시의 권위를 무시할 정도의 지위나 중요성을 가진 인물은 찾아내기 거의 불가능하였다. …… 이들의 이웃에 강제력을 행사할 수 없는 무력 부재의 상황이 일어나지 않도록 도시는 지위가 낮은 젊은이들에게 칼과 명예로운 지위를 부여하였고, 심지어 명예와 자유를 추구하는 시민들이 해충이나 되는 듯 배척하고 경멸하는 노동자와 장인들에게도 무력과 지위를 부여하였다. 롬바르드 자치시들이 부와 권력에서 세계의 다른 도시들을 압도한 것은 바로 이러한 관행에서 기인한다. 그리고 이들 도시민의 성실성은 논외로 하고, 알프스 산맥 너머에서 지배자의 장기간에 걸친 지속적인 부재는 이 같은 추세에 크게 기여하였다. 한 가지 점에서 이들은 자신들의 아주 오랜 고결함에는 아랑곳 없이, 자신들의 야만성을 드러내고 있다. 왜냐하면 이들 자치시는 비록 법률에 입각하여 지배한다고 자랑하지만, 법률을 준수하지 않기 때문이다. 지배자에게 자발적이고 존경어린 복종을 표하는 것이 의무임에도 불구하고 이들은 자신들의 지배자에게 거의 혹은 결코 존경심을 보이지 않는다. 강력한 군대에 의거한 지배자의 권위를 느끼지 않는 한, 이들은 지배자의 법률적 권한에 의해 제정된 법률을 준수하지 않는다.

12세기에는 특히 전기가 풍부한데, 이는 개성 넘치는 인물들을 찾아보기 힘들었던 중세 초기와는 상이하다. 중세 초기에 샤를마뉴의 전기를 기술한 아인하르트 류의 서술은 아인하르트 못지않게 수에토니우스의 덕을 본 것으로, 현저한 예외다. 중세의 초상화와 마찬가지로 중세의 전기는 그 다수가 유사하며, 일반적으로 개인의 특징에 대한 예리한 묘사는 부족하였다. 슈메이들러가 지적하였듯이, 작가가 한 개인이나 일군의 사람들을 강조하여 묘사하는 경우가 거의 없었던 중세에는 우리가 알고 있는 문학적 묘사가 드물었다. 다음에서 보는 예외는 바로 위와 같은 것이 규칙이었음을 보여준다. 아케르부스 모레나 로디는 1163년 황제 바바로사의 이탈리아 원정을 서술하면서 황제, 황후 및 황제의 주요 인사들을 부각시켰는데, 이는 독자들이 자신의 글에서 과도하다거나 부적절함을 느끼지 못할 것이라는 그의 바람을 드러낸다. 사람들이 선호한 전기 양식은 국지적 전기들의 카탈로그나 시리즈 혹은 특정 지역의 주교, 수도원장 내지 특정 궁정의 공들의 요람, 국지적 전기 시리즈 내지『역사』였다. 단도직입적인 연보에 비해 세밀하고 흥미로운 전기들은 기본적으로 여전히 국지적인 기록물이었다. 심지어 그리스도교 왕국에서 많은 관심의 대상이었던 교황들의 전기마저도 순전히 국지적으로 일어난 사건들에 관한 수세기에 걸친 연대기, 즉 로마 주교에 관한 연보였다.

만약 이것이 그리스도교 왕국의 중심지인 로마의 실상이라면, 초기의 『수도원장과 교황의 역사』에 개인에 대한 묘사와 유럽적 지평의 인식이 결여되어 있었던 것은 당연하다. 12세기에는 이 같은 기록물이 풍부해지고 보다 전기적인 성격을 종종 띠게 되었다. 사실 이런 부류의 새로운 시리즈들은 그 다수가 12세기에서 유래한다. 추기경 보소는 로마에서 초기의 전기들에 대한 개정 작업 및 당대 교황에 관한 훌륭한 전기, 특히 1149년 그가 교황청에 근무한 이후의 교황들의 전기인『교황론』 *Liber pontificalis*을 통해 사라져가던 전통을 부활시키고 있었다. 보소가 가진 큰 장점은 충실한 서술이었다. 그는 교황청 문서고를 자유롭게 활용하였다. 교황 알렉산더 3세에 관한 그의 전기는 불완전하기는 하지만 교황 시리즈 중 내용이 가장 길었다. 하지만 결국 그것은 전기라기보다는 여전히 연보였다. 이 연보 역시 대부분이 로마에 관한 것이었다. 따라서 영국 출신의 유일한 교황인 아드리아누스 4세(1154-59)의 생애는 인습적인 국지적 구도에 맞춰져, 또 다른 영국 출신의 존 솔즈베리가 『교황의 역사』Historia pontificalis(1148-52)에서 할애한 4년에서 볼 수 있는 그런 놀라운 진폭은 없었다. 오토 프라이징과 로무알두스의 저술에서 프리드리히 바바로사와 윌리엄 시칠리아의 관계에 대한 보다 많은 사실이 발견되기 때문이다. 물론 보소는 교황 아드리아누스 4세의 등자를 붙잡은 사건에 초점을 맞추기는 했다. 하지만 아드리아누스 4세에 대한 다음과 같은 내용, 심지어 찬사조차 모든 교황이 매우 친절하며 고상한 존재였다고 묘사한 7-8세기의 전기를 모방한 것이었다.

> 그의 재임 기간은 4년 8개월 6일이었다. …… [그는] 매우 친절하고 온화한 성격에 인내심 많고, 영어와 라틴어에 능숙할 뿐만 아니라, 품위 있는 연설에 능하고, 찬송과 설교 모두에 뛰어나며, 화를 잘 내지 않고, 잘 용서해 주며, 호쾌하고 관대한 기부자이며, 탁월한 성품의 소유자였다. …… 그는 라테란의 땅을 파서 매우 필요하고 편리한 수조관을 만들었을 뿐만 아니라 오랜 세월을 지나며 낡은 많은 것들을 또한 새롭게 하였다. 사순절 기간에 그는 교황 성 그레고리우스가 축성했던 돌 위에 성 코스마스와 다미아누스 교회의 대규모 제단을 직접 봉헌하였다. 그는 사도의 토지 및 건물과 더불어 성 베드로의 세습영지를 확대하였으며, 오르비에토에 있던 교황청 재산을 회복하고 그 곳에 머문 최초의 교황이었다. 그는 (1159년) 9월 1일 아냐니에서 서거하였으며, 로마로 옮겨진 그의 시신은 성 베드로 성당의 묘소에 안치된 교황 유게니우스 옆에 장엄하게 안장되었다. 이것은 성 푸덴치아나의 성직자 겸 추기경이자 아드리아누스 교황 재임 기간 내내 그의 시종장으

로 봉사하고, 성 코스마스 및 다미아누스 교회의 부제였던 보소에 의해 작성되었다. 보소는 교황이 임종을 맞을 때까지 그와 지속적이고 긴밀한 관계를 맺고 있었다.[19]

교황을 중심으로 한 서술 전통은 심지어 전기에서까지, 이후 세기에서도 그러하였듯이 12세기에도 역시 강력하였다.

보소의 『교황론』은 라벤나 주교좌에서와 마찬가지로, 르망, 옥세르 및 툴 등의 많은 주교좌 역사가들에게 모방의 대상이 되었다. 하지만 12세기경의 이들 모방 작품은 동 시대의 상황을 다소 자유롭게 반영하기 시작하였다. 이에 고전을 좋아하고 당대의 특징인 다듬어지지 않은 운율의 취약점을 연마하고 있던 한 작가가 『르망 주교들의 역사』라는 유서 깊은 시리즈의 저술에 착수하였다. 본문에는 특허장이 아닌 운문이 삽입되었다. 그렇게 삽입된 운문들 중 힐데베르의 정교한 노래는 키케로 같은 수사학자의 언변으로도 제대로 찬사하기 어려울 정도로 널리 그리고 크게 유행하였다. 따라서 11세기의 연대기 중 매우 뛰어난 작품의 하나인 캉브레 주교들에 관한 연대기는 이제, 비록 그 운문이 고전적이지는 않아도 당시의 운문으로 서술되었다. 12세기에 폭넓게 이용된 트리에르 대주교들의 『역사』는 카이사르의 『갈리아 전기』를 자유롭게 활용하였다. 또한 『역사』는 기원전 약 2000년경 니누스의 아들인 트레베타스에 의해 로마가 형성되기 이전의 이 장엄한 도시 트리에르의 기원을 기술함으로써 고대에 대한 많은 관심도 보여주었다. 트레베타스의 후손은 라틴어로 작성된 묘비에서 찬사를 받았으며, 여전히 존속하고 있는 포르타 니그라 *Porta Nigra* [20]처럼 트리어 시의 로마 기념물 작가가 되었다. 도시의

---

19) Duchesne ed., ii, 388-397.
20) |옮긴이| 독일 트리어 시에 소재한 고대 로마시대의 문. 서기 180-200년 사이에

유서깊은 기원에 관한 이야기는 중세는 물론 이탈리아 르네상스의 특징이기도 하였다.

윌리엄 맘즈베리가 집필한 『영국 주교들의 역사』(1125)는 그가 활동하던 시대까지의 영국의 교회사 및 수도원의 역사에 대한 개요로, 후대의 것과 마찬가지로 다루고 있는 주제의 폭이 넓다. 이 책의 토대 겸 모델은 물론 비드[21]였다. 맘즈베리에게 비드는 매우 중요한 인물이지만, 글래스톤뷰리 수도원장에 관한 맘즈베리의 각별하면서도 긴 서술에서 알 수 있듯이 이 책은 그가 직접 행한 많은 연구에도 기초하고 있다. 『영국 군주들의 역사』에 필적하는 『영국 주교들의 역사』는 비드에게서 유래하기는 하였지만, 맘즈베리가 활약한 당시에는 지속적으로 중요한 사료가 되었다. 사실상 윌리엄 맘즈베리는 영국의 역사서술에서 다음과 같은 이유로 중요한 위상을 차지하고 있다.

날짜와 사건에 역사라는 명칭을 붙이듯, 원인과 결과를 체계적으로 결합시켜 날짜와 사건에 관한 상세 정보를 기술한 그(윌리엄)는 비드 이후 최초의 역사가였다. 그가 역사가의 기예를 열망한 것은 분명하다. 그리고 그는 제도의 발전, 정치적 행위의 결과, 중요 사건의 추이 등을 어느 정도 성공적으로 규명하였다. 그는 스스로에 대해 자부심을 가졌으며, 다소 그럴 듯한 인물 묘사에 대한 자신의 재능에 자긍심을 가지고 있었다. 역사적 정의에 대한 인식 못지않게 자기 보호 본능에 따라, 그는 왕조적 이해관계와 관련하

도시를 방어하기 위해 세워진 네 개의 문 가운데 하나로, 중세에 색이 검게 되자 포르타 니그라 즉, 검은 문으로 불리게 되었다.

21) |옮긴이| Bede, 673-735. 신학자이자 역사가로서 영국 역사학의 아버지로도 불린다. 앵글로 색슨족의 그리스도교로의 개종의 역사를 다룬 『영국민의 교회사』를 집필하였다. 이 책은 우리말로도 번역되었다. 비드 지음, 이동일·이동춘 옮김, 『영국민의 교회사』(나남, 2011).

여 공정성과 균형을 유지하려고 하였다. 또한 노르만 출신인 부친의 피와 잉글랜드 출신인 모친의 피를 물려받은 그는 노르만 인과 잉글랜드 인과의 경쟁관계에서 다소 중립적인 위치를 활용하였다. 그는 엄청난 독서광이었고, 매우 근면하였으며, 매우 진취적인 학자로서 다양한 분야에서 깊이 있는 연구를 수행하였다. 설령 결과물이 모두 충분하지는 않다 해도 적어도 이전에 나온 어떤 것보다 역사적 이상에 근접하였다.[22]

유력한 성직자들 역시 봉건 제후였고, 속인 영주들의 전기는 주로 성직자나 부속성당의 사제가 집필하였기 때문에, 성직자의 전기와 봉건 제후의 전기는 구분하기가 쉽지 않다. 예외적인 것으로는 앙주 백들에 관한 파편적인 전기가 주목할 만한데, 1096년 공작 가운데 한 명인 풀크 레솅에 관한 것이다. 프랑스의 유력 봉건가문 중 하나를 다룬 이 전기에서 간략히 묘사된 지오프리 마르텔 공작의 생애는 봉건시대의 정신이 깃들어져 있다.[23]

숙부이신 지오프리는 그의 부친[백부]이 살아계실 때 기사가 되었으며, 인접 지역 기사들과 벌인 전투에 두 차례 참가하여 기사의 삶을 시작하였다. 한 번은 푸아투 인들과의 전투였고, 다른 하나는 메인 인들과의 전투였다. 그는 푸아투 백을 쿠에르 산에서 사로잡았고, 메인 백 헤르베르 바콩을 쿠에르 산에서 또 사로잡았다. 그리고 그는 자기 부친과 전투를 치르고 그 와중에 많은 악행을 저질렀는데, 나중에 이러한 행위를 매우 후회하였다. 부친 사망 후 예루살렘에서 되돌아오던 도중에 부친의 토지와 앙제르

---

22) W. Stubbs ed., "preface," *Gesta Regum* (1887), i, p.x.
23) *Chroniques des Comtes d'Anjou* (ed. L. Halphen and R. Pouparin, Paris, 1913), pp.235-237.

시를 소유하게 되었고, 오도 백의 아들이자 블루아 백 티보와 전투를 벌이고 군주 앙리에게서 투르 시를 하사받았다. 투르 시는 티보 백에게 격렬히 저항하였는데, 전쟁의 와중에 투르와 암보이즈와 사이에서 벌어진 전투에서 티보는 휘하 기사 천 명과 함께 생포되었다. 그리하여 지오프리는 부친에게서 유산으로 받은 투렌의 일부 지역을 제외하고 투르와 그 주변의 치논, 릴 부샤르, 샤토르노 및 생테냥 성 등을 획득하였다. 이후 그는 노르망디 백이자 나중에 잉글랜드 왕국을 정복하고 탁월한 군주가 된 윌리엄, 프랑스, 부르주 및 푸아투의 자작 에메리 및 낭트 백 호엘, 렌느를 장악한 브레타뉴 백들 및 자신의 충성서약을 파기한 휴 메인 백과 전투를 치렀다. 이 일련의 전투에서 그는 용맹하게 해머로 적들을 제압하여 해머로 불리게 되었다. 그는 생애 말년인 예수 탄생 1060년 오순절 축일에 앙제르 시에서 열일곱 살 난 조카인 나를 기사로 서임하고, 피터 디돈느와의 분쟁으로 인해 생토뉴느와 생트 시를 나에게 하사하였다. 같은 해 앙리 왕이 성 요한의 탄생일에 사망하고, 숙부 지오프리는 마르텐 축일이 끝난 지 사흘째 되던 날 세상을 떠났다. 세상을 떠나기 전날 밤, 기사도와 세속사에 대한 모든 염려를 내려놓은 그 숙부는 부친[백부]과 자신이 많은 재물을 기부해 건립한 성 니콜라스 수도원의 수도사가 되었다.

생애 말년, 그리고 매우 적절한 시점에 지오프리는 결단을 내렸던 것이다. 오랫동안 기사로 생활하고 세속사에 관여하였던 그는 수도원에서의 조용한 생활을 통해 생애 마지막 순간을 잘 정리하였다. 또한 1159년 세네샬 겸 순회 재판관이었던 로베르 뇌프부르크는 벡 수도원에 입회하고, 그곳에서 임종을 맞을 때까지 근 한 달 간 의미 있는 참회의 시간을 보냈으며 "그의 기부로 훌륭하게 건설된" 참사위원회 회의장에 묻혔다.

성직자들이 집필한 봉건 제후들의 전기들 가운데 매우 뛰어난 것 중 하나가 12세기 말 긴느 백들 및 칼레 근교의 아르드르 영주들에 관한 전기로, 성직자 랑베르 아르드르가 집필하였다. 비록 영주의 조카 입을 빌려 기술한 것이기는 하지만, 전부 거의 동일하였다. 그리고 성서 및 로마 시인들의 구절을 인용하고 아울러 따분한 라틴어 양식, 라틴어 운문 및 서문에서 정교하게 활용한 고대 사례들은 그것이 성직자의 작품임을 분명하게 보여준다. 이 작품에 등장하는 봉건 영주는 플랑드르 백들의 가신이자 소영주였다. 이들은 플랑드르 백을 모방하여 12명의 동료 기사를 가신으로 삼았다. 하지만 당대의 역사에서 볼 때 단지 지엽적인 역할만 수행한 이들을 통해 우리는 모든 국지적 생활의 실상을 보다 잘 이해할 수 있게 되었다. 가장 뛰어난 전기적 서술은 보두앵 2세 백(1169-1206)의 전기였다. 보두앵 2세는 정의롭고 관대하며, 훌륭한 건축가이자 고대의 용맹한 헤라클레스처럼 습지의 물을 빼내 개간을 하였으며, 성당에서 울려 퍼지는 찬송가보다 사냥개의 울부짖는 소리를 좋아한 뛰어난 사냥꾼이었다. 또한 보두앵 백은 엄청난 주정뱅이로 성 안의 물그릇이란 물그릇은 죄다 깨뜨릴 정도로 난폭하였지만, 부르군디의 유일한 유력자인 랭스 대주교가 급수를 간청하자 이를 들어주기도 하였다. 그는 아내의 죽음에 커다란 충격을 받았으나, 독수리처럼 곧 원기를 회복하였다. 그는 솔로몬이나 주피터처럼 여성 편력이 심하여 혼인관계만이 아니라 혼외관계로 태어난 자식들도 많아 그의 장례식에 참여한 자녀들만 해도 33명이나 되었다. 그는 문맹이었지만 다른 사람의 말을 경청하고, 성직자들의 딱딱한 지식을 이해하기 위해 음유시인들과 교류를 나누었으며, 자신의 명에 따라 라틴어에서 로망스어 속어로 번역된 작품들로 채운 서고를 마련하였다. 이런 인물을 찾기란 당연히 어렵다. 한편 이 전기의 여기저기에 봉건사회에 대한 간략한 언급이 나온다. 예컨대 영국에서 큰 곰을 들여와 아르드르 사람들의 오락용으로 거의 죽을 때까지 괴롭혔다. 하지만 아르드르 사람들은 곰을 사육하려면 모두의 오븐에서 빵 한 덩어리씩을 부담해야 한다는 것을 깨달았고 괴롭힐

곰이 없어진 후에도 오랫동안 그 의무를 계속 져야 했다. 성주의 부인에게 새끼 양을 바치지 못한 아르드르의 농민은 자신의 딸을 바쳐야 하였다. 기사로 갓 서임을 받은 아놀드는 음악가, 무언극 배우, 음유시인, 협잡꾼 및 축제에 참가한 모든 추종자들에게 호탕하게 선물을 내리고 많은 지역을 여행하였다. 신심이 깊은 사랑스러운 아내 페트로닐라는 인형놀이를 하고 춤을 추고 구경꾼들을 즐겁게 해주기 위해 양어장에서 수영도 하고 다이빙도 하였다. 아마 이들이 살았던 성에 관한 랑베르의 서술은 매우 중요할 것이다. 12세기 초엽 축성되어 여전히 사용되고 있는 성은 목재와 흙더미를 사용한 3층 높이의 건물로 대다수의 성 주거지들보다 그 규모가 컸다. 1층에는 커다란 홀과 주인용 침실과 침실 2개, 따뜻한 옷방, 식료품 저장고가 있었다. 물론 안전을 위해 부엌은 돼지와 가금을 키우는 구역과 함께 독립된 건물에 자리하였다. 그리고 12세기 말엽 보두앵은 긴느에 돌로 된 둥근 성을 축조하였는데, 평평하고 무거운 지붕과 많은 방들, 그리고 미로들로 이루어져 있었다. 또한 그는 투르네헴에 지옥같은 무시무시한 감옥을 갖춘 탑을 다시 건축하였다. 감독관의 무서운 채찍 아래 허기와 고통 속에서 작업자들이 땅을 파서 만든 커다란 해자도 아르드르에 있었다. 해안의 모래언덕 가운데 위치한 상카트에는 높은 성채가 있었는데, 어찌나 견고하던지 트로이 일리움에 이런 성이 있어서 무장한 군사를 배치하였더라면 여전히 위엄을 자랑하며 서 있었을 것이다.

『윌리엄 마셜의 생애』에서는, 12세기 말엽 유대가 약화된 봉건제에 관한 놀라운 서술이 발견된다. 고 폴 메이에가 발견하여 훌륭하게 편집한 이 작품은, 프랑스 어로 된 무려 19,000줄 이상의 장편 시다. 젊은 시절에는 용병, 후덕한 기사 정신으로 무장한 기사, 젊은 군주의 동반자, 예루살렘 및 쾰른의 순례자, 스트리길 백작 및 펨브로크 백작 반열에 오른 이 장수는 1216년부터 1219년 숨을 거둘 때까지 헨리 3세의 섭정을 역임하였다. 따라서 그의 삶은 네 명의 영국 군주, 아일랜드와 프랑스에서 일어난 여러 중요한 사건들과 결부되어 있었다. 그의 전기는 당대의 생활상을 다수 소개하고 있다. 특히 마상시합, 사자심왕 리처드 1세가 영국에 도입한 프랑스의 운동경기와 종종 실제 전투를 방불케 하는 운동경기, 윌리엄 마셜처럼 유능한 전사가 받

마상시합 장면

는 엄청난 혜택에 대해 많은 것을 설명해주고 있다. 윌리엄 마셜은 다른 동료들과 함께 일년도 안 되어 103명의 기사를 사로잡았을 뿐 아니라 그 성직자에 의해 기록되지는 않았지만 말과 무구도 노획하였다. 그는 봉건적 덕목을 갖춘 모델로서, 존엄왕 필리프는 그에게 자신이 알고 있는 가장 충성스러운 인물이라고 찬사를 보냈다. 동시대의 세세한 사건을 풍부히 기술하고 있을 뿐만 아니라, 동시대의 자료들을 독창적으로 활용한 이 전기는 속어의 역사라는 새로운 시대의 고유한 산물로서, 백작 가족이 읽을 수 있는 프랑스어로 집필되었다.

형제자매여, 가족들이 장차 그 같은 일을 당할까
많은 사람들이 두려워하고 있을 때,
그것을 완강하게 믿지 않은 윌리엄 형제는 아버지를 위해
그 작업을 계속하였다.
그리고 그때부터 그에게는 기쁨이 찾아왔다.
왜냐하면 많은 사람들이 그 책을 소장하게 될 때
그 책을 향유할 수 있고,
그리고 그는 선조들의

명예와 훌륭한 선행을 위해
그 책을 소유할 수 있기 때문이었다.

그 이야기의 끝이 마무리되는 그 순간
바로 그때 깨끗한 영혼이 젖어들고
천사들에게 에워싸인 영혼들이 들어오는
그 같은 영광이 영원하게 하소서!
아멘

사실 12세기의 자서전이 우리에게 알려주는 것은 거의 없으며, 아마도 근대적 의미의 자서전은 아무것도 없을 것이다. 우리가 살펴보고 있는 중세는 여전히 순박한 시대였으며, 이 중세는 페트라르카의 『후손들에게 보내는 서한』에서 등장하는 자의식과는 거리가 멀었다. 중세의 회고적 성격을 띤 전기는 여전히 대단히 종교적이고 수도원적이며, 일찍이 '참회의 눈물'을 흘린 사람들이나 쿨튼[24])에 의해 제시된 리참[25])의 예지를 우리에게 환기시켜 준다. 성 아우구스티누스는 『고백록』이라는 내면적 기록의 또 다른 모델을 제시하였다. 이 자서전들이 미친 영향은 1104-24년까지 피카르디 노장의 수도원장을 지낸 기베르의 『나의 생애』*De vita sua* 같은 작품에서 명확히 드러난다. 이 혼란스럽고 산만한 작품에 비록 수도원적이고, 봉건적이며, 도시의 국지적 역사가 다수 포함되어 있기는 해도, 『나의 생애』에는 기베르의 수도원장으로서의 활동에 대한 언급이 거의 없다. 『나의 생애』는 개인적인 기록인 한 보다 내면적인 것들,

---

24) *Five Centuries of Religion*, i, p.35 ff.
25) |옮긴이| Richalm of Schönthal, 1219년 사망. 독일 시토 수도회 수도원장으로 헛된 생각과 악마에게서 벗어나는 최상의 방법이 독서라고 주장하였으며, 저서로는 『계시록』*Liber Revelationum*을 남겼다.

예컨대 젊은 시절의 기베르가 범한 죄악과 이후 과오에 대한 회한, 수도원적 생활을 준수한 경건한 모친에 대한 강한 애정, 이단 학문에 대한 유혹과 성서 연구 및 주석이라는 확실한 도피처, 성인들의 기적에 관한 서술 그리고 성서 구절의 악마 및 예지에 관한 환상 등 이 모든 것은 수도원적 신앙 및 대중적인 신앙의 흥미 진지한 내용을 많이 반영하고 있다. 물론 대다수의 독자들은 최근 편집된 그의 자서전을 가지고는 그가 '회고록 작가들의 선조'라는 사실을 거의 알아내지 못하겠지만 말이다.

전적으로 외향적이고 현세적 성격의 수도원적 자서전이라는 매우 상이한 유형은 『성 드니 수도원장의 업적』*De rebus in administratione sua gestis*에서 발견된다. 이 책은 성 드니의 위대한 수도원장이었던 쉬제르가 자신의 삶을 기록한 것이다. 1122년부터 1151년 사망할 때까지 성 드니의 수도원장을 역임한 쉬제르는 프랑스 왕국의 행정에 많은 시간을 할애하고, 루이 7세가 동방 십자군 원정에 참여할 동안 섭정으로 활동하였으며, 성 드니 수도원의 수입 증대, 문서고 정리 및 교회 재건축 등을 통해 유능한 행정가의 면모를 보여주었다. 따라서 그가 수도원의 내면적 생활은 물론 자신의 내면적 삶이 아니라, 토지와 임대, 건축, 성물 및 값비싼 돌에 대해 언급하였다는 것은 놀랍지 않다. 내면적인 삶은 그의 관심사가 아니었으며, 각별히 관심을 가진 것으로 보이지 않는다. 따라서 그의 다른 저작은 설교 내지 신학적 주제에 관한 것이 아니라, 왕국의 지배자들과 그들의 행적을 기술한 것이었다. 자신이 이룩한 탁월한 업적을 후대를 위해 기록으로 남기라는 동료 수도사의 권고를 받아들인 쉬제르는 '허영심이나 세속적 보상에 대한 기대가 아닌' 자신의 교회가 새롭게 획득하거나 회복한 권리 내지 소유를 상실하지 않도록 기록하기 시작하였다. 쉬제르는 주요 수입원인 성 드니 경내는 물론 외부에서 매주 거두는 시장세, 통행료, 방앗간 이용료 및 랑디[26]라는 대규모 정기시의 수입을 확충하였다. 그는 임대료 수입 및 경작지 규모를 확대하였고, 포도주를 안정적으로 공급받기 위해 포도밭을 경작하였다. 이 포도밭은 이전에 수도원의 성배 및 의복을 저당 잡힐 때 이용되기도 하였다. 한편 '프랑스 왕국의 국사가 증가함에 따라' 그는 6마일 가량 떨어진 생 메리 문 인근 도시의 가옥 하나를 '우리 자신, 우리의 말[馬] 및 우리 후손의 매우 고귀한 주거지'로 구입하였다. 영국 해협에 이르기까지 수도원으로부터 멀리 떨어진 곳에 소재하던 재산과 관련하여 이 책의 여러 장에서는 쉬제르가 수도원 문서고에 보관된 유서깊은 부동산 권리증서와 면제 특권들에 매달린 노력 덕분에 그 수도원들의 재산을 증식하고 재산권을 회복하고 토지 소출을 늘렸다는 사실이 기술되어 있다. 한편 쉬제르는 로마네스크 양식에서 고딕 양식으로 전환되는 시기의 수도원 재건축 및 장식에 관해 세밀히 기술하였다. 이 같은 양식의 변화는 쉬제르가 수도원 학교에 다니던 학창 시절 이래 갖고 있던 꿈에 부합하는 것이었다. 새로운 재단, 부속 성당의 문, 탑 그리고 '사파이어처럼 빛나는' 경이로운 창문과 더불어 낡고 답답한 수도원 교회의 성가대석, 회중석 및 익랑이 크게 확대되고

로마네스크 양식의 글루체스터 대성당

개조되었다. 1144년 6월 11일 거행된 성대한 봉헌식은 성직자로서의 쉬제르 삶의 전성기였을 뿐만 아니라, 신중함, 열정, 세속적 화려함을 추구하고 아울러 선각자적으로 예술을 후원하였던 그의 기념비적 업적이기도

---

26) ㅣ옮긴이ㅣ 랑디는 성 드니 순례지를 중심으로 거대한 시장을 형성하게 되었다. 랑디 정기시는 6월 둘째 주 수요일에 시작되어 6월 23일까지 열렸으며, 가죽 및 가축 시장으로도 유명하였다.

고딕 양식의 아미앵 대성당 　 고딕 양식의 특징인 스테인드 글라스(샤르트르 대성당의 성모마리아)

하였다. 이 봉헌식에서 20명의 대주교와 주교들은 동일한 책에서 소상하게 설명된 것처럼 많은 재단을 봉헌하였다. 교회 문 위에는 그의 이름이 여러 차례씩 선명하게 아로새겨졌기 때문에 쉬제르라는 이름을 숨길 수 없었다. "내가 누구이며 나의 아버지의 집이 무엇이건대, 하나님과 하나님의 거룩한 순교자들의 자비가 없었더라면, 내가 어떻게 이 일에 헌신할 수 있고 아름다운 건축 사업을 시작할 수 있고, 완공할 꿈을 꿀 수 있었겠는가?"라고 그는 반문하였다. 우리는 그의 저술 속에서 예루살렘과 콘스탄티노플의 보고에 비견되는 현세적 풍요, 금, 보석 모자이크, 에나멜 및 값비싼 의복, 식자층만이 알아볼 수 있는 신비로운 의미를 지닌 보배, "여러 나라의 많은 장인들이 새롭게 만든 다양하면서도 화려한 창" 아래 라틴어 시로 기록된 성서적 비유를 줄곧 발견하게 된다. '홍옥을 제외한' 모든 보석이 등장하고 그는 이 품목들의 가격을 보란 듯 기술하였다. 적황색과 홍색의 거대한 황금 재단은 그 무게가 140온스고, '엄청난 값'의 황금색 문, 창문의 가격은 700리브르 이상, 주재단은 금화 42마르크, 십자가를 장식한 보석은 400리브르로, "이것들은 그 이상의 가치를 가졌다."

시인 워즈워스는 "왕실의 성인[쉬제르]에게 쓸데없는 비용을 전가하지 말라"라고 하였다. 몇 년 전에 새로 건립된 화려한 수도원 교회들을 보며 불같이 화를 낸 것처럼, 근엄한 성 베르나르의 눈에는 이것이 분명 쓸모없는 것으로 보였을 것이다. 엄청나게 높이 솟구치고, 불필요할 정도의 길이와 폭을 가진 교회, 막대한 돈을 들인 장식, 예배자들을 정신 없게 만드는 기이한 장식을 가지고 신에게 영광을 돌리는 것을 용인하라고 베르나르는 주장하였다. 하지만 수도사인 내[베르나르]가 그대에게 묻노니, 신도들에게 더 많은 금을 모을 수 없는데도 왜 금이어야 하는가. 가난한 자가 필요한 것을 얻지도 못한 채 빈 손으로 돌아가는 판국에, 사방으로 빛을 발하는 샹들리에나 황금 성유물함, 그저 괴팍한 취향을 충족시키기 위한 성인들의 거대한 형상이 왜 필요하단 말인가? 수도사들을 경멸어린 눈으로 바라보는 기이한 조각상들, 즉 불결하기 이를 데 없는 원숭이, 무서운 사자, 점박이 호랑이, 켄타우로스와 반인, 전투하는 기사, 호른을 불고 있는 사냥꾼 및 다양한 동물들로 이루어진 괴물들과 수도사들은 무슨 공통점을 가지고 있는가? 이 다양한 작품들은 매우 뛰어나고 경이로워, 누군가는 기록된 책보다는 대리석으로 만든 이 작품들을 감상하고, 신의 법을 명상하기보다 이것들을 종일토록 찬미하려고 할 정도다. "아 저런! 이토록 어리석은 짓을 저지르고도 부끄러워할 줄 모르고, 적어도 이처럼 엄청난 비용을 들인 것에 비애를 느끼지 않는 이유는 무엇인가?"[27]

"헛되고 헛되다"라고 말한 최고의 설교가 성 베르나르는 이 점에서 근본주의 설교가였다. 무엇보다 지적 교만과 현세 지식의 습득을 무익하다고 본 베르나르는 당대의 탁월한 지식인 아벨라르를 향해 "권위의

---

27) Migne, *Patrologia Latina*, clxxxii, 916.

면밀한 조사자이자 이단의 제조자"로서 "인간의 이성으로 신을 전적으로 인식할 수 있다고 여기는" 자라고 퍼부어댔다. 베르나르 류의 신비주의자와 아벨라르 류의 합리론자 사이에는 공통점이 없었다. 이 신비주의자는 한동안 배후에서 교회에 영향력을 행사하였다. 한편 익명의 친구에게 자신이 경험한 여러 가지 불행을 기술한 아벨라르의 『나의 재난의 역사』에서는 또 다른 유형의 자서전이 발견된다.

아벨라르가 수도사이자 수도원장이었던 것은 사실이다. 하지만 그는 자발적 선택이 아닌 불가피한 상황에 의해 수도사가 되었다. 심지어 그가 샹파뉴 숲이나 브레타뉴의 오지에 은둔하고 있을 때조차도, 그의 관심은 늘 파리에 있었으며, 그곳으로 돌아가고 싶어 했다. 사실상 그는 후세대를 위해서가 아닌 자신의 직접적인 목적을 달성하기 위해, 그리고 파리로 복귀하기 위해 『나의 재난의 역사』를 집필하였다. 이 저서에선 수도원적 겸손이나 종교적 소명의식 같은 것을 전혀 찾아볼 수 없다. 오히려 대조적으로 지적인 교만과 논쟁이 가져다주는 희열, 심지어 육체의 탐욕과 육안의 욕심 및 자기 삶에 대한 자긍심으로 가득 차 있다. 아벨라르는 자만심이 강했다. 그는 논쟁에서 자신의 높은 식견과 기예를 자만하고 다른 교사의 학생들을 빼앗아오는 능력을 자만하고 여성과의 관계에서도 성공을 자만하였다. 그래서 아벨라르는 "자신이 감히 고귀하게 사랑할 수 있는 여성이라면 그 어떤 여성에게도 거절 당할 것을 두려워하지 않았고," 늘 자신의 견해를 확신하고 자신의 적들에게 가차없었다. 그는 의례적인 준비보다는 자신의 재능을 신뢰하고, 폐쇄적인 신학 분야에 대범하게 뛰어들었으며, 심지어 에스겔서의 함정이 많고 매우 모호한 부분에 대해서도 즉석 강의를 하였다. 그는 기질적으로 항상 공격적이었고, 지적·사회적 융화라는 측면에서 가시 같은 존재였다. 강의실에서 그는 스승보다 더 박학하였고, 스승의 견해를 논박하는 것을 즐겨한 총명한 학생이었다. 또한 그는 당시 연로한 안셀름 랑의 명성에 대해 재능이나 학문이 아닌 단지 전통에 의존한 것에 불과하고 특히 안셀름이 어떤 의미나 합리성도 없이 현란한 언변으로 지적 명성을 얻었다고 조롱하였다. 즉, 아벨라르는 안셀름 랑을 "복음서에 등장하는 열매를 맺지 못하는 무화과나무나 위대한 이름의 단순한 그림자에 불과한 루칸이라는 노쇠한 참나무처럼 빛을 내는 대신 연기만 자욱한" 인물이라고 비판하였다. 아벨라르는 성 드니 수도원에서 이 수도원의 창설자이자 수호성인과 관련된 전통을 공격하여 수도사들의 반감을 샀다. 그는 자신이 늘 옳고 자신의 많은 적들이 옳지 않다고 생각하였다. 또한 그는 자신의 재난의 역사에 어울리게, 자기 자신을 아주 측은히 여겼다. 객관적으로는, 아벨라르의 자서전에 나오는 일들이 대체로 그의 다른 저서들과 당대인들의 진술을 통해 확인된다. 주관적으로는, 우리가 『나의 재난의 역사』를 읽으면서 그가 일관되게 구상한 학자로서의 삶을 묘사하는 중에 터져나오는 자신감 사이 사이에 그의 우유부단함과 낙담을 알아차린다면, 모든 것이 이 책 전반에 걸쳐서 입증된다. 아벨라르의 마음을 사로잡은 특정 주제가 중세의 산물이었듯이, 고대 전거의 장황한 인용 역시 중세의 산물이었다. 그러나 '자신을 급진적인 인물로 묘사'한 아벨라르 같은 인물이 후대의 어떤 시대에나 등장할 수는 있었을 것이다. 그래도 엘로이즈의 사랑의 기쁨이 바로 이 시대의 소산이듯, 아벨라르가 추구한 지식의 기쁨 역시 새로운 르네상스의 산물이었고, 아벨라르는 이 새로운 르네상스의 각별히 빛나는 별이었던 것이다.

아벨라르의 자서전이 12세기의 새로운 지적 양상을 보여준 것이라면, 당시 군주의 궁정과 궁정에서의 행적을 세밀히 다룬 저술들에는 통치조직의 성장이 반영되어 있다. 일견 이들 작품은 무훈시를 태동시킨 흐름의 한 국면으로만 간주될 수도 있다. 말하자면 봉건 영주들이 속어로 기술된 자기 선조의 행적에 열심히 귀를 기울였다면, 플랜태저넷 왕조의 헨리

내지 예루살렘의 라틴 제후들 등 교양을
갖춘 통치자들은 보다 지적인 역사서술을
강화하거나 아예 감독까지 하였을 것이
다. 플랜태저넷 왕조의 군주 헨리는, 아래
에서 살펴보게 되듯이 앵글로-노르만 속
어로 된 역사서술에 많은 기여를 하였으
며, 영국의 새로운 제국주의를 위한 문학
적 토대로서 심지어 아서 류의 로망스를

무훈시 롤랑의 맹세

조장했다는 비난까지 받고 있다. 하지만 12세기 말엽의 궁정에서는 관료
제라고 하는 새로운 제도가 성장하고 있었다. 또한 이 시기에 행정체계가
발달한 중심지가 노르만족이 지배한 시칠리아 왕국과 알프스 이북의
앵글로-노르만 왕국이었다는 사실은 우연이 아니다. 프랑스의 역사서술
은 존엄왕 필리프 이전의 군주 루이 7세에게 충분히 초점을 맞추지
않았다. 신성 로마 제국에서는 황제 프리드리히 1세와 관련된 사실들을
수집한 역사적 문헌 내지 페트루스 드 에불로가 하인리히 6세에게 헌정한
『카르멘』은 궁정보다는 통치자에 대해 서술하였다. 사실상 『카르멘』은
독일적이라기보다는 시칠리아적이며, 심지어 팔레르모의 궁정 생활에
관한 삽화도 시칠리아적이었다. 한편 12세기에 관료제는 견고히 확립되
었고, 따라서 이미 행정제도를 갖춘 궁정이 발견된다. 문서고, 재정,
궁정에 관한 기록물 및 궁정 생활을 기록한 성직자 출신의 전문 관료가
존재한 것은 매우 자연스러웠다. 앞에서 살펴보았듯이 판사 그랑빌이
집필한 『영국의 법률 및 관습』*Tractatus de legibus et consuetudinibus regni Anglie*
에 행정문서가 등장하며, 리처드 피츠닐의 『대화』*Dialogue*는 영국 재무관
의 활동을 자세히 기술하였다. 『대화』의 저자인 리처드 피츠닐은 3부로
구성된 매우 사실중심적인 역사서를 집필하였는데 이는 놀라운 일이
아니다. 『삼부작』의 제1부는 영국 교회를, 제2부는 헨리 2세의 치적을,

제3부는 공적인 일인 동시에 궁정에 관련된 일들을 다루고 있다. 이 귀중한 『삼부작』은 오래 전 분실되었으나, 분명 헨리 2세 치세기의 궁정 역사에 관한 많은 내용이 서술되어 있었을 것이다. 이 가운데 두 부분이 군주의 서기들에 의해 전해 내려오고 있는데, 『군주 헨리의 역사』*Gesta Regis Heinrici*의 익명의 저자는 오랫동안 베네딕트 피터바로라고 알려졌으며, 로저 호베덴에 의해 작성된 시리즈는 1201년까지의 내용을 다루었다. 이들 두 책은 헨리 2세의 여행 및 왕실 가족의 행적에 대해 매우 자세히 소개하고 있다. 또한 외교사절 및 리처드 1세의 대관식 같은 궁정 의례를 정교하게 기술한 이 책들은 제후 및 성채에 관한 긴 목록을 제공하고, 공식문서의 전문을 다수 첨부하였다. 충실하고 세밀하게 작성된 이들 두 책은 영국 헌정사 관련 사료들 가운데서 중요한 위상을 차지하고 있다. 이 책들은 단순하면서도 사실중심적인 서술 방식을 취하고 있는데 이는 군주 상서청의 소박하고 간결한 문서와 대비된다. 이 두 책은 왕실의 근검절약, 철두철미한 생활방식, 심지어 매일 제공되는 빵, 포도주 및 양초의 양에 이르기까지 군주의 명령에 따라 규제를 받았음을 보여준다.

혼인 등을 통해 앙주 궁정과 다양하게 관계를 맺고 있었음에도 불구하고, 시칠리아의 풍요로운 궁정에는 북유럽 궁정에는 생경한 그리스적 요소와 사라센적 요소가 있었다. 상서청의 문서 작성과 토지 및 토지수입에 관한 두툼한 등기부 작성을 위해서는 라틴어, 그리스어 및 사라센어라는 세 가지 언어가 필수적이었다. 그리하여 관료제는 보다 확대되고 강화되었다. 더욱이 헨리 2세 치세기에 왕실의 수도가 여전히 확정되지 않았던 것에 비해, 헨리 2세의 사위로 진격 중에도 지친 기색조차 보이지 않았던 윌리엄 2세는 팔레르모를 수도로 삼았다. 팔레르모에는 궁정과 대규모 관료가 항구적으로 자리를 잡았다. 이곳에서의 생활은 비잔티움과 이슬람이 지배하였던 동방의 궁정 생활을 많이 보여주며, 궁정에서 일어난 일들을 기록한 연대기는 바그다드나 콘스탄티노플 궁정의 역사를 떠올리게 한다. 연대기는 시칠리아 궁정에 관한 기록을 자세히 다루지는 않았지만, 1154-69년 사이에 일어난 일들을 서술한 책으로 『시칠리아 왕국의 역사』 *Liber de regno Sicilie* 가 잘 알려져 있다. 이 책에서는 휴고 팔칸두스가 저자로 주로 등장하는데, 그는 시칠리아 궁정의 일원으로 아마도 공증인이었을 것이다. 휴고가 지적하고 있듯이, "궁정에서 일어난 일들을 주로 다루고 있으

다양한 사람들이 모여 살았던 팔레르모의 12세기 모습

며", 궁정의 내분과 궁정 의식, 궁정 생활, 궁정이 자리한 풍요로운 수도, 수도의 항구, 수도의 상점가 및 지붕으로 덮인 거리에 대한 풍부한 이해를 보여주고 있다. 심지어 고대 로마인들이 자신들의 선조에 대해 가지고 있던 이미지, 즉 자신들의 눈앞에 덕과 악의 사례가 놓여 있는 것처럼, 그는 찬사를 선으로, 증오를 악으로 간주한 편견이 심한 인물이었다. 고대의 관습 및 중세에는 매우 희소하였던 인물 묘사에 뛰어났던 휴고 팔칸두스의 글은 생생하고도 예리하면서 동시에 유연하고 자유로웠다. 그의 글은 로마 고전기 및 이탈리아 르네상스기의 위대한 작가들을 현저하게 연상시킨다. 출신 지역과 상관없이 그는 적어도 입양을 통해 타키투스와 귀차르디니와 고향이 같은 사람이 되었다.

12세기 유럽의 역동성과 다양성은 간략한 에피소드나 특정 사건에 대한 서술이 많이 증가한 데서 확인되며, 이러한 서술들 가운데 일부는 12세기의 매우 뛰어난 역사적 산물에 속한다. 1127년에 일어난 플랑드르 선량공 샤를의 살해사건, 1138년 영국에서 일어난 스탠다르 전투,[28] 1173년 영국에서 일어난 젊은 군주의 반란,[29] 아일랜드 더모 막무르하[30]

『롤랑의 노래』에 등장하는 롱세스바예스(롱스보) 전투

의 업적, 프리드리히 1세의 이탈리아 원정, 1147년 리스본 장악 등이 12세기의 대표적인 역사적 사건들이었다. 그리고 앞으로 보다 자세히 다루게 될 수차례에 걸친 십자군 원정에 관한 서술도 여기에 속한다.

12세기 역사서술의 또 다른 현저한 특징은 라틴 그리스도교 왕국이 북유럽, 동유럽 그리고 지중해로 확장되었음을 반영하고 있다는 점이다. 약 1075년경 아담 브레멘은 탐험의 역사에서 중세가 남긴 매우 유용한 문서들 중 하나인 역사서를 함부르크 대주교에게 헌정하였다. 이 책에는 스칸디나비아 반도에서의 그리스도교의 기원에 관한 놀라운 설명이 포함되어 있다. 아담 브레멘은 선교 활동을 통해 그리스도교 문명권에 편입된 스칸디나비아 반도에 관해 기술하였을 뿐만 아니라, 반도의 서부지역인

28) |옮긴이| 영국군이 스코틀랜드의 다윗 1세가 이끄는 군에 맞서 승리한 전투.
29) |옮긴이| 헨리 2세의 아들인 '젊은 군주' 헨리가 부왕에 대항하여 일으킨 반란.
30) |옮긴이| 약 1110-71. 아일랜드 랜스터의 군주. 아일랜드 상위 군주로부터 폐위를 당하자 막무르하는 영국 군주 헨리 2세에게 도움을 청하였고, 왕위를 되찾았다. 하지만 헨리에게 원조 요청은 영국이 아일랜드 문제에 개입하는 빌미를 제공하였다.

아이슬란드, 그린란드라는 새로운 지역 및 노르웨이의 용감한 여행자들이 어두운 바다 너머의 서부로 진출하여 발견한 옥토 바인랜드에 관해서도 언급하였다. 하지만 동발틱해와 그 너머는 여전히 신화와 우화의 땅으로서, 사람들은 그곳에 아마존과 키클로페스[31]들이 살고 있으며, 파랑·빨강·초록 피부에 가슴에 머리가 달린 채 울부짖는 키노세팔리가 살고 있다고 믿었다. 이것은 플리니우스로부터 솔리누스, 아담 브레멘 시대의 뱃사람들 이야기에서 유래한 것이었다. 식민화의 동진으로 그런 어두운 모습은 곧 사라졌다. 이는 이미 12세기 중부·동부 유럽 역사 상 가장 중요한 사건들 중 하나인 독일인들의 슬라브족 격퇴와 동부 진출을 통해 어느 정도 명확하게 확인할 수 있다. 그리스도교 선교활동의 일부로 이루어진 이 같은 팽창은 새롭게 설립된 주교직과 수도원의 연보는 물론 헬몰드와 삭소 그라마티쿠스 등의 역사가들의 저술에서도 발견된다. 헬몰드의 『슬라브족의 연대기』*Chronica Slavorum*에는 국경지대의 소브족과 웬드족 및 루기아족과의 전투, 새로운 수도원의 건립, 뤼벡, 슈베링 등에서의 새로운 주교직 설치 그리고 이교도들에게 대항한 고위 성직자들의 거룩한 행적이라는 긴 이야기에 등장하는 엘베강과 자알[32] 사이에 진행된 독일화가 기술되어 있다. 이 모든 것은 무력, 언어, 그리고 대의를 위해 피를 흘려 이곳을 유명하게 만든 사람들의 명예에 관한 것이었다. 요컨대 이는 무력으로 강제된 게르만적 그리스도교적 문화로서, 13세기에 독일 기사단에 의해 동부의 오지 깊숙이 정착하였고 여전히 이교도였던 프러시아인들에게 강요될 것이었다. 한편 독립을 유지하고 있던 슬라브족은, 보헤미아 민족사의 대부라 할 코스마스 프라하[33]가 가장 잘 보여주고

---

31) |옮긴이| 그리스 신화에 등장하는 이마에 눈이 하나 달린 거인.
32) |옮긴이| 레겐스부르크 남서부의 다뉴브 강가에 소재한 도시.
33) |옮긴이| Cosmas of Prague, 약 1045-1125. 성직자, 작가 겸 역사가. 보헤미아의 건국으로부터 1125년까지의 역사를 다루고 있는 『보헤미아 연대기』를 집필하였

있듯이, 자신들만의 고유한 역사를 만들고 있었다. 그리하여 12세기에 헝가리에서 최초의 군주 출신 성인 스테픈에 관한 첫 전기가 등장하였으며, 이른바 네스토르[34]는 러시아의 역사서술을 열었던 것이다.

오르데리쿠스는 노르만족의 스페인, 시칠리아 등 남부 유럽 및 시리아 진출에 대해 이미 관심을 표명하였다. 이는 각기 사라센 정복을 통한 팽창이었다. 하지만 노르만족의 시칠리아 정복은 초기 지도자들의 주된 목표라기보다는 롬바르드족과 그리스인들이 남부 이탈리아를 정복한 것과 유사하였다. 이런 팽창에서는 종교전쟁의 색채가 결여되어 있었으며, 사라센인들은 시칠리아 섬에 계속 거주하였다. 시칠리아는 그리스도교도와 이슬람 교도 간의 문화 교류의 주요 거점이 되었다. 또한 만약 군주 로저가 아프리카 사라센인들을 정복하기 위한 원정을 감행하였다면, 그는 그리스인들과 라틴 그리스도교도들을 가리지 않고 싸웠을 것이다. 12세기경 시칠리아 역사서술에서는 팽창이라는 기조가 사라졌으며, 우리가 앞서 살펴본 것처럼 역사서술은 궁정에 관한 기록이었다.

12세기에 그리스도교도는 이베리아 반도에 있던 스페인의 많은 영토를 다시 회복하였으며, 이전까지 불투명하고 단편적이었던 역사 기록은 풍부해지고 일관성을 띠게 되었다. 하지만 여전히 전설류의 색채가 강하였으며, 12세기의 핵심적 사실에 관한 집단적 낭만적 이야기들이라는 두 가지 주요 모음집이 콤포스텔라 순례 및 시드의 모험에 각기 포함되어 있다는 점이 중요하다. 이보다 더 중요한 점은 이들 모음집이 롤랑과 시드라는 인물을 통해 오랜 세대에 걸쳐 사람들의 이목을 사로잡았으며, 세르반테스와 코르네이유에 이르러 유럽의 이상을 형성함으로써 역사를

다.

34) |옮긴이| Nestor, 1059-1120. 러시아 역사학의 태동에 크게 기여한 역사가. 러시아 고어로 정확한 사기史記를 저술하였다. 동부 슬라브족의 초기 역사를 기술한 『과거 이야기』의 편찬자로 알려져 있다.

만들고 있었다는 사실이다. 산티아고 데 콤포스텔라의 『칼릭티누스 고사본』*Codex Calixtinus*이 소개되었으며, 그 영향력은 베디에르의 『칼의 전설』*Légende épiques* 3권의 뛰어난 연구에서 확인되었다. 『칼의 전설』은 이 주제를 공부하려는 모든 학생들의 필독서다. 12세기 중엽 갖

콤포스텔라 산티아고 성당에 장식된 성 야고보

가지 이야기들을 수합한 이 사본에는 성 야고보(제임스) 성지 콤포스텔라에서 일어난 경이로운 기적 모음집이 포함되어 있다. 이것은 종래 프랑스의 다른 유명 성지와 연결된 대로를 경유하는 콤포스텔라로의 순례여행을 위한 지침서였다. 위 투르핀의 유명한 라틴어 연대기는 이 순례길을 따라 만들어진 로망스의 전반적인 주기와 긴밀히 연계되어 있었다. 프랑스에서 기원한 이 연대기는 12세기 프랑스와 스페인의 활발한 교류의 기념비였으며, 이 갈리아 선집은 12세기가 막을 내리기 전에 피레네 산맥의 이북지역에서 복제되고 수용되었다. 이들 모음집은 피레네 이북지역에서 역사와 로망스가 기묘하게 상호작용한 대중적 서사시에 라틴어로 지지를 보냈던 것이다. 이 새로운 성전으로 프랑스인들이 이베리아 반도로 들어왔고, 당연히 이들 모음집에서는 이교도와의 투쟁이 강조되었다. 샤를마뉴의 스페인 단독 원정은 세 배나 증가하고 14년 이상 지속되었다. 샤를마뉴는 전 국토를 정복하였으며 롤랑의 죽음에 복수를 하였다. 『롤랑의 노래』에 의하면 롤랑은 자신의 몸 아래에 부러지지 않는 칼을 놓고 얼굴을 스페인을 향한 채 죽어갔다.

그는 자신의 얼굴을 이교도의 군대를 향해 돌린다.

그는 이를 위해 싸웠으며, 그가 진정으로 바라는 것은
이 선량한 공이 정복자로서 숨을 거두었다는 것을
샤를마뉴와 그의 모든 병사들이 말해야 한다는 것이다.

‘수염을 멋지게 기른’ 시드가 재정복에 보다 적합한 인물이었다. 11세기 말엽 국경지대 전투에 참여한 역사적 인물인 시드는 ‘난폭하고 사나운 약탈자’, 교회의 파괴자, ‘보수만 많다면’[35] 무어인이건 그리스도교도건 상관 없이 똑같이 봉사를 할 무사였다. 그의 생활방식은 이미 종교적 열정과 기사에게 필요한 덕목이 되었고, 이슬람교도에 대한 그리스도교도의 승리의 상징이었으며, 필리페 2세는 그를 성인으로 추대하고자 하였으나 실패하였다. 정복자 시드는 1099년 사망하였고 12세기에는 『시드에 관한 시』*Poema de mio Cid*와 레옹의 라틴어 필사본 『역사』가 등장하였다. 『역사』에서 시드는 “살아 있는 동안 늘 적들에게 고귀한 승리를 거두었으며, 그 누구에게도 결코 정복당하지 않은” 인물로 이미 소개되었다.

십자군 원정에 대해서는, 간략하게 언급하기가 쉽지 않다. 종교전쟁이었던 동시에 봉건적인 정복전쟁이기도 하였던 십자군은 상업적 이해관계를 추구한 운동이자 식민화 운동으로서, 동방과 유럽 간에 벌어진 오랜 투쟁의 한 국면이기도 하였다. 십자군은 1096년부터 1204년에 이르는 시기와 심지어 그 후대까지 유럽의 역사 무대에서 많은 부분을 차지하며, 이 기간의 역사적 흐름과 특징에 관해 많은 것을 제공하고 있다. 라틴어, 프랑스어, 그리스어, 아랍어, 아르메니아어로 작성된 십자군 연대기들은 프랑스 금석고전 아카데미*Académie des Inscriptions et Belles-Lettres*에 의해 일련의 대 폴리오 시리즈에 통합되었다. 더욱이 이 연대기는 이 시대를 연구하

---

35) H. B. Clarke, *The Cid Compeador* (New York, 1897), p.iv.

는 유럽의 많은 역사가들에게 십자군 원정에 관해 부수적으로 많은 것을 제공하고 있다. 유럽 사료들에 대한 간략한 서술만으로도 책 한 권 분량이 되는데, 이는 유럽의 역사서술에 관해 많은 것을 제공할 것이다. 그 가운데

십자군과 무슬림

세 가지 사례만 언급해 보겠다. 첫째, 격렬히 싸우는 십자군이다. 십자군은 모든 경우에 신이 원한다고 소리쳤다. 이 십자군 병사들에게 십자군이란 그리스도의 기사고, 그리스인들은 반역을 꾀하려는 자이며, 투르크인들은 야만족이자 신의 적이었다. 제1차 십자군 원정에 관한 매우 중요한 서술이자 십자군 원정에 관한 후대의 대부분의 서술에서 그 원천이 된 『프랑크족의 행적』을 저술한 무명작가가 바로 그런 인물이었다. 시간차를 두고 일어난 사건의 목격자에 의해 1101년 이전에 기록된 이 저술은, 동방에 대한 어떤 지식도 없던 상태에서 십자군에 참여한 한 기사에 의해 평범하고 윤색 없이 서술되었다. 책이라고는 성서밖에 모르던 그가 기술한 내용, 즉 노상에서 겪은 무섭고도 힘겨운 일들, 안티오크에서의 격렬한 전투, 예루살렘에서의 잔인한 살육 등은 생생하고 인상적이다. 이 저자는 투르크족 전사들에게도 찬사를 보냈다. 사실 만약 투르크족이 그리스도교 신앙과 삼위일체 신에 대해 확고한 믿음만 가졌더라면 이들은 "전투에서 정말 강하고 용맹스러우며 노련한 종족이었을 것이다. 하지만 우리는 신의 은총에 힘입어 이 투르크족을 정복하였다." 즉, 그는 신성한 화살과 성 조지의 백색 군기[36] 및 다른 성인 지도자들과 더불어 기적을

_____

36) |옮긴이| 성 조지는 전설에 의하면 사악한 용을 무찌른 용감한 용사로 로마 군인을

행하는 군대의 경이로운 행적들에서 이 기적을 명백히 확인하였다. 좀 멀리 떨어져 있는 수도원에서 '탁상공론만 일삼던 병사'가 아니었던 이 저자는 클레르몽에서 함성을 내지를 정도로 넘치는 열정과 순박한 신앙심을 간직한 진정한 십자군이었으며 십자군의 과업을 이룩하기 전에는 여하한 경우에도 결코 대열에서 이탈하지 않을 진정한 군인이었다.

우리가 만약 『프랑크족의 행적』 같은 책만 읽는다면, 십자군이 일련의 성전이라는 인상을 받게 된다. 즉 우리는 창끝에 투르크족의 머리를 꽂는 '기세등등한 광경'에 대비되는 이슬람 작가들의 '돼지'와 '눈' 그리고 '알라신이여, 이들에게 저주를 내리소서!'라는 문구를 발견하게 될 것이다. 이러한 부정적인 인식을 바꾸려면 십자군 운동의 식민화, 이탈리아 도시의 제조공장, 유럽에서의 지속적인 이주, 봉건 영주권 및 종교적 군사조직, 이슬람인과의 평화로운 관계, 동방 생활방식의 점진적인 수용 및 그리스도교도 거주민의 관용적인 태도 등을 살펴보아야 할 것이다. 이슬람의 영향력 아래 있던 이집트와 벌인 종교전쟁의 결과에 대한 다음 불만에 귀를 기울여보도록 하자.

끝없는 탐욕은 매우 평화롭게 살고 있던 우리를 골치 아프고 우려할 만한 상황으로 격하게 내몰았다! 이집트의 보고와 엄청난 부는 우리 것이었다. 우리 왕국의 부는 확고하였다. 우리 중 그 누구도 남부에서의 위협에 대해 어떤 두려움도 갖지 않았다. 바다를 건너 우리에게 오려 하였던 사람들을 위협하는 것은 없었다. 우리 그리스도교도들은 양호한 여건에서 상업과 교역을 위해 아무 두려움 없이 이집트로 갈 수 있었다. 한편 이집트인들은 우리에게 낯선 보화와 우리 그리스도교도들에게는 전혀 알려지지 않은 물건들을 가지고 왔다. 이들은 늘 우리에게 이득과 영예를 가져다주었다.

상징하는 백마와 흰색 기를 사용한 것으로 알려져 있다.

게다가 이들이 매년 바치는 엄청나게 많은 조공은 힘의 원천으로서 궁정은 물론 개인의 재정도 증대시켜 주었다. 하지만 이제 이 모든 것이 사라졌다. 대단히 정교한 금은 변질되고, 나의 하프도 슬픔을 노래하였다. 어디를 가든 사방에서 적이 우리를 위협하고 있다. 우리는 더 이상 안전한 항해를 할 수 없게 되었고, 우리와 인접한 모든 지역은 적의 수중으로 넘어갔으며, 우리를 둘러싼 왕국들은 우리를 파멸시키기 위해 준비하고 있다.[37]

이 글의 작가는 유명한 대주교 윌리엄 티레가 아닌 다른 성직자였다. 1169년과 1184년 사이에 23책으로 집필된 윌리엄 티레의 『예루살렘의 역사』 *Historia Hierosolymitana*는 십자군 역사를 기록한 책들 중에서 가장 두꺼운 책이며 12세기의 주요 저작 가운데 하나였다. 비록 초기에는 신뢰를 얻지 못하였지만, 이 책은 작가가 활동하던 당시의 라틴 왕국에 관한 정보로 가득 차 있으며, 다소 광신적인 십자군과 대비되는 예루살렘에 거주하던 그리스도교도의 시각을 꾸준히 보여주고 있다. 윌리엄은 라틴 동방문화를 상징적으로 대변하고 있다. 시리아에서 태어난 그는 유럽에서 교육을 받아 고전을 자유롭게 인용하였을 뿐만 아니라 그리스어와 아랍어도 구사할 줄 알았다. 라틴 왕국의 상서를 지낸 그는 라틴 왕국의 조직과 부침 그리고 몇 년 지나지 않아 그 종말을 재촉한 갈등에 대해 기술하였다. 하지만 그는 라틴 왕국과 그곳의 산물인 우유와 꿀을 본능적으로 좋아하였다. 시온에 관해 언급하고 시온의 탑들을 소개한 그는 시리아와 이집트의 다른 도시들, 특히 그가 태어난 대도시 티레에 관해서도 서술하였다. 물론 그는 티레의 고색창연한 모습, 성벽 및 항구, 보라색 염색,[38] 뛰어난 유리 제조술과 우물을 이용한 정원 관리, 사탕수수

---

37) William of Tyre, xx. 10. D. C. Munro, *Essays on the Crusades* (Burlington, 1903), p.28을 참조하기 바란다.

경작에 관해서도 언급하고 있다. 이 선량한 대주교는 십자군의 관점에서 라기보다는 시리아인의 관점에서 보다 많은 내용을 서술하였다. 따라서 우리는 윌리엄의 글보다는 이슬람을 여행한 이븐 주바이르[39]의 말에 귀를 기울이게 된다. 이 여행자는 1184년 티레를 방문하고, 그곳에 거주하던 그리스도교도들에 대한 관용적인 태도와 이들의 보호 하에 생활하며 자신들의 모스크에서 예배를 드리는 '진정한 신자들'의 조용하고 평화로운 생활을 묘사하였다.

　제4차 십자군 원정(1201-04)이 진행되는 동안 종교적 동기와 세속적 동기 사이에 빚어진 오랜 갈등은 명확히 세속적인 방향으로 기울고 있었다. 제4차 십자군 원정은 이집트에 있던 이슬람 세력의 주요 거점을 공격하기 위해 원래 계획된 것이었으나, 콘스탄티노플 정복과 라틴 제국의 형성 및 그것이 단명할 때까지 상업적·정치적 요인에 의해 변질되었다. 이는 당시 비잔티움 재화의 의도적 파괴라는 '문명에 대한 범죄이자' 아시아에서 이슬람의 침입에 대비한 거대한 군사적 완충지대를 와해시키는 그리스도교 왕국에 대한 범죄였다. 지오프리 빌레아르두잉은 제4차 십자군 원정에 관한 고전적 저술을 남겼다. 샹파뉴 출신의 기사였던 그는 이 원정의 주역들 중 하나로 동방에서 새로 태동한 라틴 제국의 군사령관으로서, 생생하고 살아있는 속어를 이용하여 이 책을 직접 저술하여 프랑스 문학사에서 명예로운 지위를 부여받았다. 하지만 그의 저술이 오랫동안 문학적 매력을 발휘하면서 이 책에 부적절한 역사적 중요성이 부여되었다. 빌레아르두잉은 십자군 원정대의 자라[40] 및 콘스탄티노플로

---

38) |옮긴이| 티레의 보라색 염색은 왕실 내지 제국을 상징한다.
39) |옮긴이| Ibn Jabair, 1145-1217. 스페인의 여행가로 이집트·시리아·이라크 등을 여행하였다. 탁월한 기행문으로 평가받는 그의 『여행기』는 십자군 시대의 지중해 연안의 정세까지 소개하고 있어 귀중한 사료적 가치를 갖고 있다.
40) |옮긴이| 크로아티아에 소재한 도시로 제4차 십자군 원정대가 가톨릭을 신봉하던

의 방향 선회를 잘 준비된 구상이 아니라 그저 일련의 우연으로 치부하였으며, 다소 공식적인 서술에서 보인 그의 절제된 표현은 다른 이들로부터 비판을 받았다. 심지어 군사령관이었던 그는 이 저작에서 십자군에 의해 파괴된 그리스인들의 문명보다 라틴 문명이 낙후되었다고까지 기술하였다. 사실 지오프리는 콘스탄티노플에 도착한 십자군 원정대가 "콘스탄티노플을 에워싼 높은 성벽, 멋드러진 탑, 화려한 궁정과 웅장한 교회"를 목격하였으며, "다른 모든 도시를 압도한 콘스탄티노플의 믿을 수 없을 정도로 많은 건축물과 웅장한 규모에 전율하지 않은 자가 없었다"라고 서술하였다. 그럼에도 그는 이 화려한 도시에 대한 모든 약탈과 파괴 행위를 만족스러워했다. 그에게 이러한 행위는 위대한 군사적 위업이었고, 나중에 비잔티움의 소도시들을 말을 타고 방문한 그는 비잔티움의 뛰어난 문명을 외면하였다. 원정에 참가한 다른 대 제후들과 마찬가지로 그는 약탈자의 심성을 소유하게 되었다. 지오프리 빌레아르두잉은 속인이었고, 프랑스어로 집필하였다. 이제 우리는 13세기를 다루어야 한다. 12세기가 끝나기 이전에 또 다른 속인 역사가였던 주엥빌[41]은 샹파뉴에 있던 자신의 성에서 생활하기보다 십자군 원정이 더 가치 있는 일인지에 대해 의문을 제기하였고, 루트뵈프는 『함대』*Descroizié*에서 집에 머무르는 것이 더 안전하다는 심정을 솔직하게 드러내었다.

이 나라에 머물러 있는 사람은 많은 것을 얻을 수 있다
신을 얻고자 하면 그것은 엄청난 피해를 가져다줄 것이다

이 도시를 약탈하였다.

41) |옮긴이| Jean de Joinville, 1224-1317. 13세기 프랑스의 연대기 작가. 십자군 운동에 관한 연대기를 비롯하여 성 루이에 관한 전기인 『성 루이』를 남겼다. 성 루이의 십자군 원정에 두 번이나 동행하였다.

12세기 역사서들은 외형적 형식에서 라틴 운문을 선호하던 당대의 인문주의를 반영하고 있다. 오리데리쿠스의 사례와 마찬가지로, 이는 종종 묘지명이나 발췌된 사망자명부 및 다른 시들을 통합함으로써 드러났다. 하지만 몇몇 연대기는, 고전 양식의 라틴어 6보격이나 중세의 2행 연구식 같은 시로 작성되었다. 이런 글쓰기는 특히 이탈리아에서 인기를 끌었다. 그리하여 모세 베르가모는 6보격의 372연으로 이루어진 시에서 베르가모 자치시의 영예와 초기 역사에 찬사를 보냈으며, 피사의 무명작가는 1114년 피사인들의 마조르카 원정을 운문으로 기술하였다. 이 책 후반부에서, 우리는 모세 베르가모를 콘스탄티노플에서 만나게 될 것이다. 다수의 역사 시는 호헨슈타우펜가 황제들의 이탈리아 행적에 초점을 맞추었는데, 군터의 『리구리누스』와 지오프리 비터보의 『판테온』과 『프리드리히의 역사』 및 페트루스 에불로의 과도한 찬사글이 그 대표적인 사례였다. 하지만 이러한 작품들을 이탈리아 저술가들만이 집필한 것은 아니었다. 지오프리는 독일의 밤베르크에서 수학하였으며, 알자스 지방 페리스의 수도사였던 군터의 탁월한 시는 오랫동안 후대 인문주의자의 작품으로 인식되었다. 프랑스에서는, 비록 흐름이 다소 중단되었지만, 기욤 브레타뉴의 『필리프』*Philippis*가 그 대표적인 작품인데 기욤은 일찍이 13세기에 이 작품에서 존엄왕 필리프의 치적에 찬사를 보냈다.

속어를 역사서술의 언어로 사용하는 것은 시간적으로 멀리 떨어진 고대를 모방하는 것보다 항구적으로 중요하게 되었다. 속어는 프랑스와 약 1150년경 독일 레겐스부르크에서 작성된 『제국 연대기』*Kaiserchronik* 및 앵글로 노르만 궁정에서 거의 동시에 사용되었다. 하지만 속어에서도 주도적 역할을 한 것은 프랑스였다. 이보다 훨씬 전 『앵글로 색슨 연대기』 *Anglo-Saxon Chronicle*에서 속어가 발견된 것은 사실이다. 이 연대기에 사용된 화려한 산문은 영국사를 매우 충실하고 생생하게 서술하였지만, 플랜태저넷 왕조의 초대 군주 헨리 2세가 왕위에 오른 1154년에 끝을 맺고 있다.

플랜태저넷 궁정에서 사용된 프랑스어는 역사적 문서를 기록하는 언어가 되었다. 이 새로운 운동은 노르만에서 기원하였으며, 12세기 내내 지속되었다. 처음에 운문으로 등장한 새로운 양식의 대표적 작품으로는 웨이스 저지의 『브뤼 이야기』*Roman de Brut*와 『루 이야기』*Roman de Rou*가 있는데, 각각 브루투스와 롤로로부터 영국과 노르만 통치자 계보의 기원을 추적하였다. 종종 삼류시인으로 평가 절하되었던 웨이스는 이제 유서깊은 노르만 역사가들의 정보와 함께 시인이 아닌 역사가라는 명칭으로 불릴 정도로 특정 지역의 중요 정보를 기초로 하여 작품을 저술한 인물로 알려지게 되었다. 사실 그의 간결하면서도 근엄한 양식은 당대의 궁정인에게는 진부하게 보였으며, 그는 봉건적 로망스에서 사용된 보다 산만한 문체를 받아들이지 않을 수 없었다. 12세기가 막을 내리기 전에 산문체로 집필된 역사적 문헌이 노르망디에서 등장하였고, 이는 곧 속어를 사용하던 빌레아두잉, 즈웽빌 및 이들보다 지명도가 낮은 속어 작가들을 통해 프랑스의 다른 지역으로 확산되었다.

1200년경 속어로 작성된 역사서가 뿌리를 내렸고, 이는 언어적 및 문학적 중요성 그 이상의 의미를 지니게 되었다. 속어로 된 역사서에는 종국적으로 역사의 세속화 내지 대중화가 내재되어 있었기 때문이다. 역사서술이 라틴어로 국한되는 한, 그것은 기본적으로 성직자의 몫으로 남을 수밖에 없고, 성직 세계의 편견 내지 견해가 반영될 수밖에 없다. 그러다가 속인을 위한 역사서가 집필되자 이는 속인에게 영향력을 발휘하게 되었다. 우선 궁정에서는 속인 궁정 작가를 지원하였고, 이후 중세 말엽이 되면 도시에서 도시 연대기가 등장한다. 속인을 위한 역사 내지 대중을 위한 역사는 12세기에 신속하게 성장한 궁정과 도시라는 속인 세계의 언어로 서술된 역사를 필연적으로 의미하게 되었다.

참고문헌

근대 역사서술에 관한 입문서인 포터(E. Feuter)의 저서와 울리히(H. Ulirici), 뷰리(J. B. Bury) 및 쇼트웰(J. T. Shotwell) 등의 고전적 저서는 중세의 역사서술에 대해 언급하지 않았다. 포트하스트(A. Potthast)의 *Bibliotheca historica mediaevi*(second edition, Leipizig, 1896)는 모음집 및 판본에 관한 일반적인 참고문헌 안내서다. 각국에 대한 전반적이고 유용한 저서들도 있다. 이 가운데 세밀한 정보와 시사점을 제공하는 매우 포괄적이고 가치있는 것으로, 2권으로 된 몰리니에(A. Molinier)의 *Les sources de l'histoire de France*(Paris, 1901-06)는 12세기를 다루었다. 바텐바흐(Wattenbach)의 *Deutschlands Geschichtsquellen im Mitellater*(sixth edition, Berlin, 1893-94)도 12세기의 역사서술에 관한 뛰어난 저서다. 그로스(C. Gross)가 *Sources and Literature of English History to about 1485* (second edition, London, 1915)에서 개별 작가들을 개괄적으로 다루고 있기는 하지만, 영국에 관해서는 이에 견줄 훌륭한 안내서가 없다. 발자니 (U. Balzani)의 *Italy*는 대중적인 시리즈인 *Early Chroniclers of Europe* (London, 1883; third edition Italian edition, Milan, 1909)에서도 뛰어난 책이다. 카스텔(R. Ballester y Castell)의 *Las fuentes narrativas de la historia de España durante la edad media*(Palma, 1908)는 영국에 대해 가볍게 다루었다.

역사서술의 독특한 양상을 간략하되 뛰어나게 기술한 것으로는 젠킨스(C. Jenkins)의 *The Monastic Chronicler*(London, 1922), 풀(R. L. Poole)의 *Chronicles and Annals*(Oxford, 1926), 들러헤이(H. Delehaye)의 *The Legends of the Saints*(New York, 1907), 슈메이들러(B. Schmeidler)의 *Italienische Geshcichtschreiber des XII. und XIII. Jahrhunderts*(Leipzig, 1909),

라슈(B. Lasch)의 *Das Erwachen und die Entwickelung der historischen Kritik im Mittelater*(Breslau, 1887), 슐츠(Marie Schulz)의 *Die Lehre von der historischen Methode bei den Geschitschchreibern des Mittelaters*(Berlin, 1909) 등이 있다.

12세기 역사가들에 관한 가장 훌륭한 입문서는 스텁(Stubbs), 바이츠(Waitz), 리베르만(Liebermann) 및 들리슬(Delisle) 등 오늘날의 위대한 역사가들에 의해 이루어진 비판본 서문에서 발견된다. 롤 시리즈(Roll Series)와 MGH(Mounumenta Germaniae Historica) 혹은 이 밖에 들리슬의 *Ordericus and Robert of Torigni* 등에서도 발견된다. 또한 메이어(P. Meyer)가 편집한 *Guillaume le Maréchal*(Paris, 1891-1901), 슈메이들러(B. Schmeidler)의 *Adam of Bremen*(Hanover, 1917) 및 풀(R. L. Poole)의 *Historia pontificalis*(Oxford, 1927) 등을 참조하기 바란다.

12세기 오르데리쿠스, 윌리엄 맘즈베리 등의 일부 연대기들은 *Bohn Antiquarian Library*로 영역되었다. 또한 로베르 토리니, 거베이스 캔터베리 등에 관해서는 스티븐슨(J. Stevenson)의 *The Church Histories of England*(London, 1853-58)가 있다. 다른 역사가들에 관해서는 개별적인 저서에서 발견된다. 즉, 블랜드(C. C. S. Bland)가 번역한 *The Autobiography of Guibert, Abbot of Nogent-sous-Coucy*(London, 1925), 클라크(E. Clarke)가 번역한 *Jocelin of Brakelonde*(London, 1903), 빌레아르두잉(Villehardouin)의 *Everyman's Library* 등이 그것이다. 오토 프라이징, 윌리엄 티레 등의 역사가들은 컬럼비아 대학에서 간행한 *Records of Civilization*에 소개되어 있다. 이 시리즈에서는 *Liber pontificalis*(『교황론』) 초반부가 이미 간행되었다. 오르데리쿠스, 쉬제르 및 십자군 원정을 기록한 많은 역사가들의 저술에 대한 프랑스어 번역은 기조(F. P. G. Guizot)의 *Collections des mémoirs relatifs à l'histoire de France*(Paris, 1823-35)를 참고할 수 있다. 새로운 시리즈에 라틴어 텍스트가 함께 실린 책들로는 할펭(L. Halphen)

이 엮은 *Les classiques de l'histoire de France au moyen âge*가 있다. 12세기 오토 프라이징, 아담 브레멘, 헬몰드, 코스마스 프라하 등 독일의 다수의 연대기는 *Die Geschichtschreiber der deutschen Vorzeit*(Berlin and Leipzig, since 1849)로 번역되었다.

제8장에서 언급된 작가들에 대한 근년의 비판적 연구는 다음과 같다. B. Schmeidler, "Der Briefwechsel zwischen Abälard und Heloise eine Fälschung?," *Achiv für Kulturgeschichte*, xi. 1-30(1913), A. Hofmeister, "Studien über Otto von Freising," *Neues Archiv*, xxxvii(1911-12, pp.99-161, 635-768), E. Besta, Il "Liber de regno Sicliae," *Miscellanea A. Salinas* (Palermo, 1907, pp.283-306), F. L. Ganshof, "A propos de la Chronique de Lambert d'Ardres," *Mélangers Ferdinad Lot*(Paris, 1925, pp.205-234). 이것들은 모두 에르브(W. Erbe)의 *Neues Archiv*, xliv(pp.314-340) 주장에 대한 반론으로서 이 연대기를 15세기의 산물로 간주하고 있다. 웨이스에 관해서는 필자의 *Norman Institutions*(pp.268-272)를 참조하기 바란다.

제 9 장

그리스 및 아랍 저술의 라틴어로의 번역

12 세기 르네상스는 그로부터 삼백 년 후의 계승자인 이탈리아 르네상스와 마찬가지로 두 가지 핵심 원천으로부터 활력을 도출하였다. 12세기 르네상스와 이탈리아 르네상스는 모두 라틴 서유럽 사회에 이미 존재하던 지식과 사상, 그리고 동방에서 일부 유입된 새로운 지식과 문헌에 기초하였다. 하지만 15세기 르네상스가 주로 문학에 관심을 기울였다면, 12세기 르네상스는 철학과 과학에도 관심을 기울였다. 또한 15세기의 새로운 지적 원천이 전적으로 그리스적이었던 것에 비해 12세기의 새로운 지적 원천은 아랍적인 것으로, 스페인, 시칠리아, 시리아, 아프리카는 물론 콘스탄티노플에서도 유래되었다. 이제 우리는 이 새로운 지적 원천에 관심을 기울여야 한다.

유럽의 문학과 과학이 그리스에서 직접 유래하였고, 후대에 로마로 전달되었다는 것은 역사적 상식에 속한다. 하지만 로마의 문학과 예술이 그리스에서 유래하였음에도 불구하고, 스키피오 시대 이후에는 그리스 고전에 대한 직접적인 번역은 거의 이루어지지 않았다. 물론 테렌스와 키케로 및 이른바 라틴 일리아드 등의 저술은 직접 접하였으나, 그리스의 주요 저작들은 대부분 고대 고전기에 번역되지 않았다. 물론 로마가 정치적 승리를 거둔 이후에도 오랫동안 학자들은 계속 그리스어로 집필을 하였다. 헤로도투스 시대의 히포크라테스는 물론 그리스도교화된 2세기에 갈렌은 의학 서적들을 그리스어로 집필하였다. 알렉산드리아의 수학자들 및 프톨레마이오스(약 160년)의 지리와 천문학은 유클리드를 추종하였다. 그리스의 신플라톤주의자들이 아리스토텔레스와 플라톤의 뒤를 이었다. 따라서 5-8세기 동안 백과사전학파가 당대와 후세대를 위해 고대 지식을 수집하면서 추출한 것은 단지 라틴 지식이었다. 고대의 마지막 학자인 보에티우스가 아리스토텔레스와 플라톤의 전작을 번역할 구상을 갖고 있었던 것은 사실이다. 하지만 그는 아리스토텔레스의 논리학 저서들만 번역하고 그리스 수학을 적용하였으며, 아리스토텔레스의 논리학 등은 뒤이은 혼란기에 아예 대거 인멸되었다. 그리스어를 몰랐던 이시도르와 비드 같은 불굴의 편찬자들은 그 대상을 라틴 자료들로 국한할 수밖에 없었고, 빈약하고 비생산적이며 종종 몽상적이기까지 하였던 이들의 과학은 고대 지식을 거의 수정하지 못한 채 중세로 전달하였다. 로마 제국 후기의 간략한 지침서에 기초한 이러한 지식은 암흑기라고 하는 긴 공백기 동안 작은 짐 꾸러미 형태로 더욱 압축되었다. 그리고 그 과정에서 무미건조해지고 종종 이해하기 쉽게 편집되기도 하였다.

중세 초기에는 이 보잘것없는 지침서에 그리스 저술들의 핵심 내용이 추가되지 못했다. 남부 이탈리아의 경우, 일부 그리스 의학을 직접 이해하는 경우도 있기는 했지만 이는 비교적 미미한 수준에 그쳤다. 9세기에 힐두인1)과 요하네스 스코투스는 위 디오니시우스의 작품을 번역하였다.

---

1) |옮긴이| Hilduin, 775-840. 생 드니 수도원장 및 파리 주교를 역임하고 루이 경건왕의 개인 사제를 역임하였다. 루이의 명령에 따라 위 디오니시우스의 작품을 번역하고, 이른바 제국 연대기를 완성하는 데 일조하였다.

11세기에 일부 성인전이 아말피와 나폴리로 전파되었다. 하지만 전반적으로 보아 12세기인들에 비해 11세기인들은 그리스어에 대해 대단히 무지하였다. 중세 초기의 서유럽 도처에서 그리스어로 된 구절, 그리스 알파벳, 그리스 숫자 표 및 그리스어의 흔적들이 곧 인멸되었다. 심지어 그리스 알파벳까지 소실되었다. 중세 필경사들의 손에서 그리스 단어는 두서가 없어지고 원래 위치에 그리스어 *grecum* 라는 단어가 첨부된 채 그리스어로 된 내용이 누락되었다. 이는 필경사가 이해한 '그리스어의 전부'였다. 12세기의 대표적인 인문주의자였던 존 솔즈베리조차 "라틴어 번역문이 없으면 그리스어 저술을 결코 인용하지 않았다."

한편 그리스 전통은 비잔티움 제국 전역에 걸쳐 그리고 특히 콘스탄티노플에서 지속되었다. 이곳에서는 그리스어가 법률과 행정의 언어이자 정교회, 학문 및 문학의 언어였다. 여기서 지식 및 문학에 첨부된 것은 비교적 적었지만, 고대의 학자와 문인들이 존경 받았고 모방의 대상이 되었으며 연구되었다. 주석, 백과사전, 문법, 사전, 인용문 및 우아한 발췌문 관련 책자들은 고전 그리스에 대한 이해를 보여준다. 복제되고 재복제된 고대 고전들은 보존되었다. 프레데릭 해리슨이 지적하였듯이,[2] 불멸의 단어들은 지루할 정도로 엄청나게 반복되었지만, 이러한 반복이 없었더라면, 그것들이 유럽에서 이미 인멸되었을 것이라는 점을 고려한다면 "불멸의 단어들은 오래 전에 사라졌을 것이다."

더욱이 그리스 문헌이 12세기에 유럽으로 확산되지 않았더라도, 그리스 지식은 시리아어, 히브리어 및 아랍어로 번역되고, 종교 저술들은 아르메니아어, 조지아어 및 콥트어로 번역되어 동방으로 널리 확산되었다. 이 번역본들은 그리스 원본에서 종종 소실된 작품들을 보존하기도

---

2) Frederic Harrison, *Byzantium History in the Early Middle Ages* (London, 1900), pp.36-37.

하였지만, 라틴 유럽에는 영향을 주지 못하였다. 한편 셈족어로 번역된 작품은 도중에 추가된 지식과 더불어 그리스의 과학과 철학을 라틴 유럽에 전달하는 주요 수단으로서 매우 중요해졌다. 그리스어에서 시리아어 내지 히브리어 그리고 그 이후 아랍어 및 라틴어, 매개어로서의 스페인어와 더불어 그리스 문헌이 서유럽에 전달된 경로는 종종 오랜 시간이 걸리고 굴곡이 있기는 하였다. 하지만 그리스 문헌은 긴 여정을 거쳐 마침내 라틴 유럽에 도달하였다.

연금술

이야기의 시발점이 된 곳은 시리아였다. 여기서는 아리스토텔레스 및 그리스 신학자들의 저술에서 일부 자양분을 제공받은 아람어 문헌이 풍부하였다. 이 가운데 일부 번역물이 7세기 아랍에게 정복을 당할 때까지 시리아에 남아 있었으며, 나머지 번역물은 네스토리아 난민들을 통해 페르시아 궁정, 그리고 다시 아랍인들의 수중으로 넘어갔다. 독창적인 철학 내지 고유의 철학을 갖지 못했던 사라센들은 다른 문화에 대한 뛰어난 동화력을 바탕으로 서아시아에서 발견한 모든 것을 신속하게 흡수하였으며, 시간이 경과함에 따라 고유한 관찰은 물론 멀리 동방인들로부터 얻은 다수의 내용도 첨가하였다. 아랍어 번역물들은, 프톨레마이오스의 『알마게스트』(827) 사례와 마찬가지로 그리스어로 된 작품을 직접 번역한 것일 뿐 아니라 시리아어는 물론 히브리어로 된 작품을 번역한 것이었다. 몇몇 칼리프들은 특별히 지식을 존중하였고, 정치적 분열에도 불구하고 아랍어의 보편적 확산은 이슬람 전역에 걸쳐 소통을 원활하게 만들고 공동의 문화를 확산시켰다. 중세 초기에 매우 활발하였던 과학적·철학적 활동은, 의학과 수학 혹은 천문학, 점성술 및 연금술을 불문하고 모두 이슬람 수중에 있었다. 아랍인들은 그리스로부터 물려받은 유산에다 자신만의 고유한 지식을 덧붙였다. 즉 충분히 확인 가능한 질병에 대한 정확한 관찰, 산수, 대수 및 삼각법에서 이루어진 커다란 진전, 중세의 표준적인 천문학표 등이 그것이다. 여기에서는 수학 분야에서의 힌두(교)의 기여도 고려해야 한다. 서유럽이 아랍 학문을 수용한 것은 유럽 지성사에서 하나의 전환점이 되었다.

12세기에 이르기까지 그리스도교화된 유럽과 아랍 세계 사이의 지적 접촉이란 극히 드물었고 중요하지도 않았다. 이들 간의 접촉은 거의 전적으로 십자군의 시대에 이루어졌지만, 십자군 자체에서 기인한 것은 거의 없었다. 십자군은 행동가였지 학자가 아니었고, 팔레스타인과 시리아에서 번역이 이루어졌다는 증거는 거의 발견할 수 없다. 약 1127년경 스테픈 피사와 한 세기 이후의 필립 트리폴리 같은 시리아의 저명 번역가들은 명목상의 이름 그 이상이 아니었다. 스테픈은 알리 벤 아바스의 의학, 필립은 매우 대중적인 저술로서 그 저자가 아리스토텔레스라고 알려진 『비밀 중의 비밀』과 관련이 있었다. 또 아델라르 바스가 일찍이 12세기에 시리아를 방문하여 어떤 책들을 가지고 갔는지는 알려져 있지 않다. 7세기 이래 북아프리카는 이슬람의 영향력 아래 있었고, 딱히 내세울 만한 고유의 학교는 거의 없었지만, 동방과 스페인의 주요 교차로였다. 시간이 흐른 후 콘스탄티누스 아프리카, 레오나르드 피사 등 일부 모험적인 이탈리아인들이 북아프리카를 방문하였다. 입양으로 이탈리아인이 되어 몬테카시노의 수도사로서 생을 마감한 콘스탄티누스는 갈렌과 히포크라테스 및 유대인 이삭의 저술들을 번역하여 의학에 새로운 지적 자극을 부여한 것으로 보인다. 북아프리카에서 피사의 관세를 맡아보던 관리의 아들로 태어나 아랍 수학에 정통하였던 레오나르드 피사는 13세기 유럽의 대표적인 수학자가 되었다. 시칠리아는 아랍 지식을 적극 도입하였다. 유럽과 아프리카 사이에 위치한 시칠리아는 902-1091년까지 아랍에 이어 노르만족의 지배를 받았고 인구의 다수는 이슬람인이었다. 더욱이 군주 로저가 북아프리카 원정을 감행하고, 신성 로마 제국의 황제 프리드리히 2세가 팔레스타인 원정을 시도하는 중에도 시칠리아는 다수의 이슬람 국가들과 교역관계를 맺고 있었다. 시칠리아 궁정은 아랍인 의사와 점성술사를 고용하였고, 아랍 학문의 위대한 업적의 하나인 에드리시의 『지리』가 군주 로저의 명령으로 작성되었다. 당대의 학자이자 제독이었던 유진은 프톨레마이오스의 『광학』Optics을 번역하였고, 프리드리히 2세 치세기에 미카엘 스코트와 테오도르 안티오크는 황제를 위해 아랍어판 동물학 관련 책자를 만들었다. 또한 프리드리히는 이슬람 지역의 여러 통치자들 및 학자들과 과학 주제에 관한 서신을 주고받았으며, 그 번역작업은 그의 아들 겸 계승자였던 만프레드 치세에도 지속되었다. 한편 무명작가를 통해 이루어진 일부 번역본들이 번역의 중심지 시칠리아에서 유래되었다는 사실도 아울러 지적해 둔다.

하지만 새로운 학문을 서유럽으로 전달하는 데 매우 중요한 통로 역할을 하였던 것은 스페인이었다. 커는 "헤라클레스의 기둥이 있는 남부의 바위에서 북부의 롱세스바예스[3] 고개에 이르기까지 스페인은 환상적인 이야기들로 가득 차 있다"라고 지적하였다.[4] 스페인에는 티레 교역업자의 '골이 패인 짐짝'으로부터 인도양의 은색 함대에 이르기까지 교역 관련 이야기, 콜럼버스와 정복자들이 대변하듯 발견과 정복 이야기, 십자군과 엘시드 및 돈키호테라는 유랑 기사에 관한 이야기들이 있었다. 또한 스페인에는 학문, 새로운 분야의 지식 및 심지어 금기시된 분야에서의 지적 모험에 관한 로망스도 있었다. 사라센에 정복당한 스페인 반도는

---

3) |옮긴이| 스페인 북부 나바르의 피레네 산맥에 있는 고개로 롱스보라고도 불린다. 778년 샤를마뉴 대제가 바스크족에게 패하고 롤랑이 숨진 곳으로도 유명하다.
4) W. P. Ker, *Two Essays* (Glasgow, 1918), p.23.

중세의 오랜 기간에 걸쳐 동방 이슬람 왕국의 일부이자 이슬람의 지식과 과학, 마술과 점성술의 계승자로서 이슬람의 지식과 과학을 서유럽에 전달하는 핵심 지역이 되었다. 12세기에 라틴 세계가 아랍의 지식을 흡수하기 시작하면서, 이 새로운 학문은 주로 스페인에 의존하게 되었다. 이들 선구자는 스페인에서 축적된 수학, 천문학, 점성술, 의학 및 철학의 핵심 지식을 추구하였다. 또한 12-13세기에 피레네 산맥 이북의 호기심 많은 지식인들의 눈에 비친 스페인은 신비의 땅이자 미지의 땅이면서도 이해 가능한 땅이기도 했다. 스페인 반도는 유럽 학자들에게 대모험의 무대였다.

전반적으로 볼 때 스페인의 매력은 12세기가 되어서야 발산되기 시작하였으며, 피레네 산맥 이북 및 다양한 지역 출신의 학자들은 아랍 학문의 확산에 적극적인 자극을 제공하였다. 피레네 산맥 이북 출신의 주요 인물로는 아델라르 바스, 플라토 티볼리, 로베르트 체스터, 헤르만 카린티아, 헤르만의 제자인 루돌프 브뤼지 및 제라드 크레모나 등이 있었다. 한편 스페인에서는 도미니쿠스 곤디살비, 휴 산탈라 그리고 페트루스 알폰시, 존 세비야, 사바소르다 및 아브라함 벤 에즈라 등 일군의 유대인 학자들이 핵심 인물이었다. 다수의 전기에 나타난 이들에 관한 많은 사실 및 이들 상호간의 관계는 여전히 모호하다. 이들의 작업은 처음에는 한 지역으로 국한되지 않아, 바르셀로나, 타라조나, 세고비야, 레옹, 팜플로나는 물론 피레네 산맥 이북의 툴루즈, 베지에르, 나르본느 및 마르세유에서도 번역작업이 이루어졌다. 하지만 후대에 번역의 주요 중심지가 된 곳은 톨레도였다. 새로운 번역운동이 정확하게 언제 시작되었는지는 알려져 있지 않다. 티볼리 플라톤이 번역한 번역물의 초기 제목을 기초로 해서 상정한 1116년이라는 시점은 오늘날 비판을 받고 있지만, 1126년에 아델라르의 천문학표가 제작되고 제라드 크레모나를 제외한 일군의 번역가들이 활동한 시기가 12세기 중엽이라는 사실은 분명해졌다. 이들은 교회로부터 많은 후원을 받았으며, 특히 톨레도의 대주교 레이몽 및 그와 동시대의 인물인 타라조나의 주교 미카엘로부터 많은 후원을 받았다. 이 밖에 점성술이 천문학의 단순한 응용이자 매우 실용적이고 유용한 학문으로 간주된 시기에 이들은 필수적인 여러 점성술 외에 주로 천문학과 수학에 관심을 기울였다.

12세기 후반에는 이들 번역가 중 아랍어를 라틴어로 번역한 성실한 제라드 크레모나가 매우 생산적이고 왕성한 활동을 하였다. 다행스럽게도 갈렌의 『의술』*Tegni*에 대한 제라드 판본에 그의 신상을 알려주는 간략한 정보와 그의 번역물 목록이 첨부되어 있다. 이는 갈렌의 저술목록을 모방해서 제라드의 제자들이 작성한 것인데, 번역자 이름이 사장되는 일을 막고 그가 무명으로 남겨놓은 작품을 다른 번역자들이 자신의 것이라고 주장하지 못하도록 하기 위한 것이었다. 이 기록물을 보면, 젊은 시절 이래 라틴 지식에 조예가 깊었던 학자 제라드가 라틴어 저작들에서 발견하지 못한 프톨레마이오스의 『알마게스트』에 대한 애정에서 톨레도를 방문하였던 사실이 확인된다. 톨레도에서 다양한 분야의 아랍어 서적을 다수 발견하였을 뿐만 아니라 라틴어 작품의 빈곤을 안타깝게 여긴 제라드는 아랍어 책들을 번역하기 위해 아랍어를 배웠다. 제라드의 『알마게스트』는 1175년 판본이다. 1187년 73세로 사망할 때까지 그는 이 목록에 포함된 71개의 아랍어 저작들을 라틴어로 번역하였으며 그 밖에 아마도 다수의 작품을 번역하였던 것으로 보인다. 이 71개 작품 가운데 세 개가 테미스티우스와 알 파라비의 주석이 첨부

제라드 크레모나의 『알마게스트』 라틴어 번역본 필사본(13세기)

된 아리스토텔레스의 『분석학 후서』라는 논리학 저서였다. 유클리드의 『기하학 원론』, 테오도시우스의 『구면 기하학』, 아르키메데스의 소책자 및 광학 등을 포함한 수학 관련 저술도 있다. 천문학 및

라틴어판 히포크라테스와 갈렌의 삽화에 등장하는 아랍인 번역가. 유럽인의 복장을 한 오른쪽 아랍인의 입에서 흘러나오는 말은 갈렌의 첫구절이다 (13세기).

점성술 관련 목록은, 아리스토텔레스의 과학 저술 목록과 마찬가지로 상당하다. 하지만 이 모든 번역물 가운데 가장 긴 것은 갈렌, 히포크라테스 및 다른 의학자들의 의학 관련 저술들이다. 위의 의학자들은 주로 중세 말엽에 번역본을 통해 알려졌다. 제라드 크레모나는 다른 어느 번역가보다 아랍 학문을 서유럽에 전달하는 데 크게 기여하였다.

로저 베이컨은 제라드 크레모나 이후의 영국의 알프레드, 미카엘 스코트 및 독일의 헤르만을 아랍어 문헌의 주요 번역자로 소개하였다. 그런데 이들은 모두 13세기 초에 스페인에서 활동하였다. 철학자 알프레드는 특히 아리스토텔레스의 자연철학을 규명하는 데 관심이 있었다. 물론 그는 앞서 언급한 두 권의 위 아리스토텔레스 저술에 대한 번역자로 알려져 있었다. 미카엘 스코트는 알 비트로기의 『천구론』의 번역자로서 1217년 톨레도에 처음 등장하였으며, 1220년경 아리스토텔레스의 『동물론』에 대한 표준 라틴어 번역본을 완성하였다. 아리스토텔레스 저작에 대한 아베로에스의 주석 및 점성술에 관한 아베로에스의 주요 저작들이 서유럽으로 전달된 데는 미카엘의 역할이 중요하였다. 12세기 중엽 독일인 헤르만 역시 아리스토텔레스와 아베로에스, 특히 아리스토텔레스의 『윤

아리스토텔레스의 『동물론』의 라틴어 번역본 필사본
(13세기)

리학』, 『시학』 및 『수사학』 그리고 이에 대한 아베로에스의 주석에 관심을 가졌다. 이 시기에 소수의 번역가들이 점성술과 의학에 관심을 기울였다.

피레네 산맥 이북 출신의 번역가들은 스페인에 도착하였을 당시 아랍어를 거의 몰랐던 것 같으며, 일부는 스페인을 떠날 때까지도 아랍어를 습득하지 못하였다. 이들은 주로 개종한 유대인 번역가를 통해 번역을 할 수밖에 없었다. 제라드 크레모나가 갈립푸스라는 모사라베인을 활용한 데 비해, 미카엘 스코트는 야고보라는 유대인의 도움을 많이 받은 것으로 알려져 있다. 야고보는 팔렌시아의 참사위원이자 교사였던 야고보와 동일 인물로 보이는데, 1125년 교황으로부터 아랍어, 히브리어, 칼데아어 및 라틴어는 물론 7자유학에도 조예가 깊다는 찬사를 받기도 하였다. 유대인들은 종종 저술가나 번역자로 활동하였는데, 페트루스 알폰시, 존 세비야, 아브라함 이븐 에즈라 및 알폰소 10세의 천문학자들이 이러한 범주에 속하였다. 이들은 아랍어 저술을 당시의 관용구가 포함된 스페인어로 번역하였고, 그리스도교도 번역가들이 이것을 라틴어로 옮겼다. 많은 번역본이 부정확한 것은 이 때문이다. 물론 전반적으로 그들의 번역이 너무 직역이었고, 심지어 아랍 문헌을 전달하는 경우에도 그러하였다. 히브리어 번역물에 관한 슈타인슈나이더[5]의 중요한 저서를

---

5) |옮긴이| Moriz Steinschneider, 1816-1907. 보헤미아의 문헌학자 겸 히브리어

읽어봤다면 누구나 알 수 있듯이, 이런 많은 저술들은 아랍어에서 히브리어로 그리고 다시 라틴어로 번역되었다는 사실을 염두에 두어야 한다.

이 같은 번역 및 번역물의 전달 과정에서 일어난 우연한 사건 내지 편의성이 중요한 역할을 하였다. 번역 대상이 될 자료에 대한 전반적인 조사는 이루어지지 않았으며, 초기 번역자들은 갑자기 쏟아진 산더미 같은 새로운 자료들을 다소 맹목적으로 분류하였다. 주요 작품을 번역하는 데는 시간도 많이 들고 어렵기도 했기 때문에, 종종 짧은 작품을 우선 번역하기도 하였다. 또 주석의 주제보다 주석가를 종종 선호하기도 했다. 더욱이 다른 장소에서 작업한 번역가들은 다른 번역가의 작품을 손쉽게 복제하였으며, 초창기 번역본 내지 정확한 번역본이 늘 대중적인 것은 아니었다. 많은 작품이 번역되었지만, 현대인의 관심사와는 거리가 먼 것이 많았고 당연히 복원되어야 작품들은 소실되었다. 하지만 번역된 책의 양은 전체적으로 상당히 많았다. 아리스토텔레스 및 아리스토텔레스에 대한 아랍 주석가들의 철학 및 자연과학은 스페인에서 유래하였으며, 이는 14세기 유럽의 사유를 바꾸어 놓게 될 것이었다. 스페인 번역가들의 번역은 갈렌, 히포크라테스 및 아비세나 등의 아랍 의학자들의 저술에 대한 가장 최신 번역본이었다. 새로운 유클리드, 새로운 대수 그리고 원근법 및 광학에 관한 책이 스페인에서 유래하였다. 스페인은 마스라마와 알 자르칼리 시대로부터 현명왕 알폰소 치세기에 이르기까지 천문학표와 천문학적 관찰의 본고장이었으며, 톨레도의 자오선은 오랫동안 유럽 시각 계산의 기준이었다. 한편 알 파르가니 등 당시의 천문학 개설서는 물론 프톨레마이오스의 『알마게스트』 보급판에도 주목할 필요가 있다. 제라드 크레모나는 『알마게스트』에 대한 열정으로 머나 먼 톨레도 여행도 마다하지 않았다. 동방의 연금술 체계가 그러하였듯, 동방의

문헌 전문가.

방대한 점성술 체계가 스페인을 통해 서유럽에 전달되었다.

스페인에서 일어난 번역의 물결은 피레네 산맥을 넘어 나르본느, 베지에르, 툴루즈, 몽펠리에 및 마르세유 등 남부 프랑스의 주요 도시로까지 확산되었다. 일찍이 1139년 이들 지역에서 새로운 천문학이 대두하였으며, 14세기까지 줄곧 이어진 아랍의 점성술, 철학 및 의학의 흔적이 발견되고 있다. 이들 지역에서 유대인 번역가들이 수행한 역할은 스페인에서보다 더 중요하였을 것이며, 히브리어로 된 자료를 라틴어로 번역하는 작업이 많이 이루어졌다.

지중해의 여러 지역에서 생산된 번역물은 논외로 치더라도 작가와 생산된 지역을 모두 알 수 없는 아랍에서 번역된 작품에 대한 여지도 고려해야 한다. 우리는 여기서 중요성이 덜한 산재된 많은 자료들, 특히 점성술 관련 자료는 물론 아리스토텔레스의 『물리학』, 『형이상학』 등과 같이 핵심 저작들 및 자연과학에 관한 몇몇 짧은 저술들을 고려해야 한다. 아리스토텔레스의 저술들은 약 1200년경 서유럽에 등장하였다. 아랍어로 된 프톨레마이오스의 『알마게스트』와 『천문학 4부작』에 대한 무명의 라틴어 번역본도 있다. 약간의 예외와 함께 이른바 게베르[6]의 저술처럼 아랍어에서 유래하였다고 전해진 연금술 관련 라틴어 문헌에는 번역자 이름이 없는 작품들이 첨부되어 있다.

유럽이 아랍으로부터 받은 영향은 아랍어를 라틴어로 번역하지 않고 아랍어를 그대로 차용한 다양한 과학용어 내지 상업용어에서 여실히 드러난다. 알 카리즈미를 통해 습득하고 오랫동안 많이 사용된 '아라비아' 숫자와 아라비아 기수법에서 알 수 있듯이 대수, 영, 자릿수 같은 어휘는

---

6) |옮긴이| Geber, 721-?. 근대 화학이 탄생하기 전까지 가장 위대한 연금술사이자 화학자들 중 한 명으로 평가받고 있다. 원래 이름은 자비르 이븐-하이잔(Jabir ibn-Haijan). 13세기경 그의 저서가 라틴어로 번역될 때 게베르로 소개된 이래 그대로 통용되고 있다.

그 고유한 이야기를 전해준다. 천문학 분야에서는 월력, 천정, 천저, 방위 같은 용어가 아랍의 영향을 보여주는 대표적인 사례다. 유럽은 연금술, 그리고 아마 화학은 물론 알코올, 알칼리, 묘약, 시럽, 아라비아 고무 같은 약학 용어를 아랍에서 수용하였다. 교역 및 항해 분야에서도 상가, 관세, 제독, 병기고, 설탕, 면화 등 아랍 지역의 산물, 모술의 모슬린, 다마스쿠스의 다마스크 직물, 코르도바와 모로코의 가죽 등이 유럽에 들어왔다. 오늘날 우리가 사용하고 있는 어휘의 이 같은 흔적은 지중해 세계에서 이루어진 인적 교류의 전반적인 양상을 보여준다.

아랍 지식이 라틴 그리스도교 공화국의 여러 지역으로 전달되었다면, 12세기에 이루어진 그리스 저술의 직역은 거의 전적으로 이탈리아에 국한되었다. 남부 이탈리아의 노르만 왕국과 시칠리아는 그리스 문화와 라틴 문화가 교차하는 대단히 중요한 지역이었다. 오랫동안 비잔티움 제국의 일부였던 이들 지역에는 여전히 그리스 전통과 그리스어 구사자들이 많이 남아 있었으며, 동방과의 접촉도 단절되지 않았다. 11세기 아말피 상인들은 콘스탄티노플은 물론 시리아와도 활발히 교역하였다. 비잔티움의 장인들은 남부 이탈리아의 교회와 궁정에 쓸 동으로 된 거대한 문을 가지고 왔다. 그리고 순회 수도사들은 라틴어로 번역하기 위해 그리스 신화 및 그리스 신학 관련 작품들을 가지고 왔다. 주로 그리스에서 기원한 성서와 신학 작품 같은 장서는 바실리우스 수도원에 소장되었으며, 보다 포괄적인 선집들은 노르만 왕국의 수도에서 제작되었다. 군주 로저와 그의 계승자들은 라틴어 번역을 장려하였다. 사실상 이 시기의 핵심 번역자인 헨리쿠스 아리스팁푸스와 제독 유진은 모두 궁정인이었다. 이들은 모두 철학적 성향과 폭넓은 취향을 가지고 있었을 뿐만 아니라 학자들을 매료시킨 군주 윌리엄 1세에게 찬사도 보냈다.

1156년 베네벤토에 주둔한 군부대에서 플라톤의 저술을 번역한 카타니아의 부주교 아리스팁푸스는 1160-62년까지 시칠리아 궁정의 핵심 관리로 일했고 관직에서 해임된 후 사망하였다. 완성되었다 해도 지금은 전해지지 않는 그레고리 나지안젠과 디오게네스의 저술 이외에, 아리스팁푸스는 플라톤의 『메논』과 『파이돈』 및 아리스토텔레스의 『기상학』 네 번째 책을 최초로 번역하였으며, 이 라틴어 번역본들은 중세 및 초기 이탈리아 르네상스기에 활용되었다. 개인적인 취향으로 자연현상을 관찰하였던 아리스팁푸스는 콘스탄티노플의 황제 마뉴엘의 서고에 있던 사본들을 시칠리아로 가지고 왔다. 이 사본들 중 특히 중요하였던 것이 프톨레마이오스가 저술한 『알마게스트』의 아름다운 사본이었다. 이는 1160년경 한 방문 학자에 의해 처음 라틴어로 번역되었다. 번역자에 따르면 자신은 제독 유진에게서 많은 도움을 받았는데 유진은 "그리스어와 아랍어에 해박하였을 뿐 아니라 라틴어도 이해하고 있었으며", 아랍어로 된 프톨레마이오스의 『광학』도 번역하였다는 것이다. 시칠리아 학파의 과학적·수학적 성향은 아마도 이곳에서 최초로 라틴어로 번역되었을 다른 작품들에서 여전히 확인된다. 즉, 유클리드의 『자료』 Data,[7] 『광학』 및 『반사광학』 Catoptircs, 프로클루스의 『운동론』 De motu 및 히브리어로 된 알렉산드리아의 『기학』 Pneumatics 등이 그것이다. 모국어인 그리스어로 집필을 하고, 중요한 시인이기도 하였던 유진은 또 동방의 다소 기이한 내용이 포함된 작품인 에리트라이언 시빌[8]의 예언과 산스크리트어로 된 우화집 『카일라와 딤나』를 유럽에 소개하였다. 12세기 시칠리아의 지적 관심사를 보다 깊이있게 이해하려면 아리스토텔레스의 『논리학』 신판들이 윌리엄 1세의 궁정에서 유통되었고 일군의 중요한 신약성서 사본들이 군주 로저의

---

7) |옮긴이| 『기하학 원론』의 1-4권에 관한 내용을 다룬 저서.
8) |옮긴이| 그리스 로마 신화에 등장하는 여성으로 아폴론에게서 예언력을 전수받았다. 시빌은 신탁을 알리는 무녀의 총칭으로 쓰였다.

궁정 필경사들에까지 거슬러 올라간다는 점을 부연해야 한다. 한편 살레르노 의학교는 결코 간과해서는 안 될 과학지식의 매력적인 중심지이자 확산지였다.

이탈리아에서는 로저의 궁정이 새로운 지식의 유일한 중

중세의 살레르노 의학교

심지이자 비잔티움과 서유럽 사이에 지속적이고 생산적인 유일한 교류지이기도 하였다. 우리는 콘스탄티노플에서 그리스어를 습득한 라틴인들에 비해 이탈리아 반도의 나머지 지역들에서 그리스어를 사용하던 주민들의 수가 많지 않았다는 사실을 고려해야 한다. 그리스어를 배운 사람들은 여행자나 외교관, 또는 주로 강력한 상업공화국이던 베네치아와 피사에 의해 건설된 상당 규모의 라틴 식민지의 구성원이었다. 1136년 비잔티움 제국의 수도 콘스탄티노플에서 황제가 참석한 가운데 개최된 신학 논쟁에 "적지 않은 라틴인들이 참석하였고, 이들 중 세 현자는 라틴어와 그리스어에 능통하고 문자에 대한 조예도 깊었다. 이 세 현자는 베네치아 출신의 제임스, 피사 출신의 부르군디오, 베르가모 출신의 이탈리아인 모세였다. 모세는 그리스어와 라틴어에 대한 탁월한 구사 능력 및 그리스 문헌과 라틴 문헌에 대한 지식으로 유명하였으며, 모든 사람들이 비잔티움은 물론 서유럽의 충실한 통역자로 추천한 것"으로 알려져 있다. 각기 다른 자료들을 통해 우리에게 알려져 있는 이들 세 학자는 시칠리아 왕국을 뛰어넘어 당대 이탈리아의 대표적인 번역가로 간주되었다. 제임스 베네치아는 아리스토텔레스의 『신논리학』을 번역하였다. 베네치아를 경유한 동방과의 연계를 발견한 모세 베르가모는 문법학자, 번역가, 시인 및 사본 수집가로서 다방면에 걸친 활동 흔적을 단편적으로나마 남겼다. 이 같은 활동 때문에 그는 15세기에 '난제를 해결한' 사람들의 원형으로 보아도 될 것이다. 콘스탄티노플을 수차례 방문한 피사 출신의 부르군디오는 자신의 고향에서 크게 이름을 날린 공인이었다. 비록 그리스어를 라틴어로 번역하는 작업이 그저 여가 시간을 활용한 부수적 활동에 불과했던 것으로 보이기는 하지만, 그의 번역물은 당대인들의 라틴어 번역물보다 뛰어났다. 그의 번역물은 그 다수가 바실리우스, 크리소스톰 및 존 다마스쿠스의 저작들을 포함한 신학에 관한 것으로서, 라틴 사유에 많은 영향을 끼쳤다. 네메시우스는 철학을, 『법령집』에 있는 그리스어 인용문은 법률을, 『농업』*Geoponica*에서 발췌된 문구는 농업을 각기 표상하였다. 부르군디오는 아마도 히포크라테스의 『경구』*Aphorism* 및 갈렌의 저작 10권에 대한 번역자로 널리 알려졌을 것이다. 한편 또 다른 피사 출신의 스테픈 안티오크는 아랍어로 된 이들 작품을 가져오는 데 일조하였다. 부르군디오의 묘비명은 이 최고의 번역가가 보유한 보편적 지식을 찬미하고 있다.

이곳에 묻힌 이는
세상의 모든 지식을 알고 있노라.

콘스탄티노플의 피사 식민지령 주민이었던 휴고 에테리아누스와 레오 투스쿠스라고 주로 알려진 그의 형제 레오는 부르군디오에 비해 주목을 덜 받았다. 휴고는 그리스어와 라틴어에 모두 능통하였는데, 번역가라기보다는 그리스 신학자들과의 논쟁에서 라틴 교리를 적극 옹호한 변론가였다. 이 논쟁에 참여하였던 휴고는 교황 루키우스 3세에 의해 추기경 반열에 올랐다. 비잔티움 제국 황제의 번역가로 활동한 레오는 성 크리소스톰의 미사와 아메드 벤 시린의 꿈에 관한 책 *Oneriocriticon* 을 번역하였다. 비잔티움 제국의 황제 마뉴엘의 궁정에서 성행하던 징후와 경이에 대한 관심은 종교 저서를 번역한 로마인 파스칼에 의해 잘 드러나고 있다. 그는 1165년 콘스탄티노플에서 꿈에 관한 또 다른 책을 편찬하였고, 1169년 그곳에서 만들어진 키라니데스 *Kiranides* 9) 판본의 번역가로 추정된다. 비의에 관한 다른 저술들도 이 시기에 서유럽에 도입되었는데 아마도 비잔티움 제국 도서관에서 일부 도입되었을 것이다. 비잔티움 제국과 교황청 및 신성 로마 제국과의 공식적·비공적인 관계는 문헌의 교류에 많은 기회를 제공하였다. 그리스 신학자와 라틴 신학자들 사이에 전개된 논쟁의 대다수가 알려져 있는 반면, 그 내용이 완전히 파악되지 않은 다른 자료들이 서유럽으로 유입된 것은 거의 확실하다.

알프스 이북지역에서 번역이 어떻게 이루어졌는지를 보여줄 기록은 거의 남아 있지 않다. 물론 이탈리아에서 활동한 무명 번역가들 중 일부가 다른 나라 출신일 개연성은 있다. 1150년경 안셀름 하벨베르가 그리스어로 집필한 『대화』 *Dialogi* 와 신성 로마 제국의 특사가 1179년에 가지고 왔던 『인간과 자연의 다양성에 관하여』 *De diversitate persone et nature* 가 독일에 소장되어 있다. 12세기 중엽 이전에 헝가리 수도사였던 케르바누스는 고해자 막시무스의 『수백 가지』 *Ekatontades* 를 번역하였으며, 존 다마스쿠스의 책도 번역하였을 것이다. 원래 프로방스의 갑 출신인 의사 기욤은 1167년 그리스어 필사본들을 콘스탄티노플에서 파리의 생 드니 수도원으로 가져왔다. 이후 기욤은 생 드니 수도원장(1172-86)을 역임하였다. 한편 위 디오니시우스의 저작들은 존 사라진이 번역하였는데 그는 필사본

---

9) |옮긴이| 4세기경 그리스어로 된 의학 및 마술에 관한 작품들을 편집한 책.

을 구하기 위해 그리스어를 사용하던 동방지역을 방문하기도 하였다.

마지막으로 익명의 번역물들을 살펴보자. 이것들은 대부분 이탈리아에서 번역된 것이 거의 확실하다. 매우 다행스럽게도 이 작품들의 번역연대는 서문을 통해 대략적으로나마 추정해 볼 수 있다. 약 1160년경시칠리아에서 번역된 『알마게스트』의 최초의 라틴어 판본과 톨레도의주교좌성당에 보관되어 있는 아리스토텔레스의 『분석학 후서』의 사본에서처럼, 번역자와 관련해서는 몇 가지 사실이 확인된다. 하지만 다수의사례는 이런 증거도 없이 전해져 내려오고 있으며, 그리스어에서 직접유래한 경우 필사본의 날짜와 텍스트의 인용문 외에 지침서가 없다. 앞으로 더 많은 연구가 진행된다면, 12세기 작품을 중세 초기의 작품및 이를 직접 계승한 13-14세기 번역가들의 작품과 명확하게 구분할수 있게 될 것이다. 우리는 이탈리아 인문주의자들이 활약한 시기보다앞선 시기의 특정 작품이 그리스어에서 라틴어로 번역되었다는 사실을종종 확인할 수 있다. 12세기에 익명으로 번역작업이 이루어진 매우중요한 그리스어 자료군은 아리스토텔레스의 저작들이었다. 아리스토텔레스의 『물리학』, 『형이상학』 및 자연사에 관한 간략한 저작들은 약1200년경 서유럽에 도입되었다. 『정치학』, 『윤리학』, 『수사학』 및 『가정경제학』은 두 세대 후에 서유럽에 소개되었다. 거의 모든 경우, 그리스어및 아랍어를 라틴어로 번역한 작품들이 발견되지만, 이 모든 번역물은거의 연대를 확인할 수 없다. 아리스토텔레스의 『물리학』, 『천체론』, 『영혼론』, 『자연론』 및 『형이상학』과 관련해서는, 12세기에서 13세기로의 전환기에 그리스어 판본에 대한 라틴어 번역본의 흔적을 찾을 수있는 것이 현재 우리가 가진 지식의 전부다.

그리스어 저술들을 라틴어로 옮긴 12세기 번역가들의 개인 신상에관한 정보는 거의 남아 있지 않다. 제임스 베네치아는 단지 이름만 남아있다. 『알마게스트』의 번역자는 아예 그 이름조차 남기지 않았다. 그가 작성한 서신들 중 우연히 남겨진 서신 하나가 모세 베르가모의 개인 신상에 관해 약간의 정보를 제공한다. 다른 번역가들에 대한 정보는 거의가 번역 서문에 전적으로 남아 있다. 모세는 금화 3파운드나 나가는 자신의 그리스어 장서의 손실을 안타깝게 여겼다. 황제 마누엘 콤네누스의 비서는 피사 출신으로 터키 원정대의 고난에 찬 진군에서 황제를 수행하였다. 부르군디오는 외교 여행 중에 여가 시간을 활용하여 크리소스톰의 저서를 번역하여 자기 아들의 영혼을 연옥에서 구원하고자 하였다. 살레르노의 한 의학도는 콘스탄티노플에서 막 도착한 해부에 관한 필사본을 보기 위해 시킬라[10]와 카리브디스[11]라는 공포의 대상에 용감히 맞섰으며, 그 내용을 숙지하고 이를 라틴 세계가 활용할 수 있을 때까지 시칠리아에 남아 있었다. 아리스팁푸스는 군 막사에서 플라톤 연구에 몰두하였으며, 대 플리니우스의 심정으로 에트나 화산의 폭발 현상을 탐구하였다. 공직 생활 말년에 투옥된 제독 유진은 고독과 책을 찬미하는 그리스어 산문을 집필하였다. 이 모든 것들은 충분하지는 않지만, 번역가와 '고대의 보편적인 학자들'과의 친밀감을 보여주는 데 충분하다.

12세기 르네상스기 동안 확인되지 않은 다수의 활용은 논외로 쳐도, 그리스어로 된 저술들을 라틴어로 번역한 번역가들은 중세 후기 문화에 크게 기여하였다. 이들 번역가의 번역물이 아랍어에서 라틴어로 번역된 작품들과 경쟁하게 되자, 전자가 후자보다 번역도 충실하고 보다 더 신뢰할 만하다는 인정을 받게 되었다. 후자 즉 아랍어에서 라틴어로

---

10) |옮긴이| 그리스 신화에 등장하는 불사신. 허리 위는 어여쁜 여성의 모습을 하고, 허리 아래는 여섯 개의 긴 목과 턱을 가진 개의 머리와 열두 개의 다리로 이루어져 있다.

11) |옮긴이| 바다의 신 포세이돈과 땅의 여신 가이아의 딸이자 대식가大食家. 제우스가 번개를 때려 그녀를 시칠리아 가까운 바다에 던져버렸다. 하루에 세 번 바닷물을 마신 다음 그것을 토해낼 때 커다란 소용돌이가 일어난다고 한다.

번역된 작품들은 원본에서 많이 벗어나, 전적으로 다른 부류의 언어라는 굴절된 매체를 통해 전달되었다. 한편 번역서들 가운데 최악은 스페인어 속어로 작업한 무지한 번역자의 도움을 받아 급조된 것들이었다. 아랍어 저술 번역팀과 그리스어 저술 번역팀이 같은 자료를 활용한 경우도 꽤 있었다. 이들 두 팀은 철학, 수학, 의학 및 자연과학에 관심을 가지고 있었다. 그리고 이들 분야의 그리스어 저술은 대부분 아랍어로 번역되었기 때문에, 주로 그리스어나 아랍어 중 어느 한 형태로 서유럽에 도입되었을 것이다. 플라톤의 저작들이 그리스어로만 발견되었다면, 아리스토텔레스의 저술들은 아랍어로도 이용이 가능하였으며, 아리스토텔레스의 저서들은 대부분 아랍어본에 필적하는 둘 내지 그 이상의 라틴어본이 있었다. 신학, 예배 및 성인전은 물론 그리스 문법이 당연히 그리스어에서만 유래하였던 반면, 점성술은 주로 아랍어로 되어 있었다. 그럼에도 불구하고 우리는 비의 및 전설과 관련하여 그리스어로 된 키라니데스와 꿈에 관한 책들, 『카릴라와 딤나』 그리고 시빌, 아마도 연금술, 프톨레마이오스의 『천문학 4부작』*Quadriparitum* 및 점성술 관련 작품에서 지식을 얻고 있다. 그리스어를 라틴어로 번역한 작품이나 아랍어를 라틴어로 번역한 작품의 전반적인 유통 여부는 많은 경우 우연에 달려 있었다. 그리하여 시칠리아에서 작성된 『알마게스트』 번역본의 경우, 시기적으로 이르기는 하지만, 사본 4부만이 알려져 있는 반면, 스페인에서 작성된 번역본은 도처에서 발견된다. 하지만 오직 그리스어를 통해서만 알려진 12세기의 번역물 목록은 상당하다. 이 목록에는 플라톤의 『메논』과 『파이돈』이 포함되어 있으며, 중세 시대에 유일하게 다른 대화편으로 알려진 오래된 판본의 『티마이오스』, 유클리드의 심오한 작품들, 프로클루스와 헤로, 갈렌의 여러 저술들, 크리소스톰, 바실리우스, 네메시우스, 존 다마스쿠스 및 위 디오니시우스 그리고 흩어져 있던 일부 신학, 신화, 예배 및 주술 관련 자료 등이 포함되어 있다.

라틴어로 번역된 이 같은 그리스어 저술목록에서 고전 문학작품과 역사서가 없다는 것은 중세 대학의 커리큘럼에서 이것들이 없는 것과 마찬가지로 중요하다. 필자가 다루고 있는 시기는 15세기가 아니라 12세기고, 우리의 관심사는 의학, 수학 및 철학이다. 신학은 인문주의자들의 광범위한 관심사라기보다는 당시 교회의 관심 및 실천적 관심을 반영하고 있었다. 중세의 번역물들은 "문학작품으로 간주되지는 않았다. 이들 번역물은 목적을 위한 수단이었다." 하지만 동일한 번역가들의 작품은, 새로운 번역물이든 오래된 번역물이든, 15세기에 지속적으로 읽혀졌다. 단지 이것들은 새로운 학문에 의해 뒤로 밀려났던 것이다. 이 점에서 12세기와 15세기 사이에는 연속성이 존재하였다. 학문의 소재에서도 일정 정도로 연속성이 존재하였다. 초기 시대의 개별적인 필사본들이 베네치아와 파리 도서관에 소장되었으며, 시칠리아 군주들의 도서관은 아마도 바티칸 도서관에 소장된 그리스어 장서의 핵심을 형성하였을 것이다. 남부 유럽에 관해 우리가 가진 단편적인 지식에 비추어 볼 때, 헬레니즘의 지속적인 영향력이 어느 정도였는지 판단하기는 더욱 어렵다. 프리드리히 2세와 만프레드 궁정의 번역가들이 12세기의 시칠리아 번역가들을 직접 추종한 반면, 14세기에는 페트라르카가 로버트 나폴리의 궁정에 잠시 머물렀고, 칼라브리안 출신의 그리스인이 보카치오를 가르쳤다는 사실을 지적할 필요가 있다. 이들 두 시기의 시간적 간극은 짧았지만, 메워질 수는 없었다.

그리하여 과학 분야에서의 12세기 르네상스는 그리스적이었을 뿐만 아니라 아랍적이기도 하였다. 또한 이 시기 아랍 과학의 고유한 위상은 그리스어를 라틴어로 직접 번역한 번역물에 의해 약화되고 있었다. 라틴 유럽은 주로 아리스토텔레스, 갈렌, 프톨레마이오스 및 유클리드의 그리스어 저술에 대한 고유의 라틴어 번역본을 확보하게 되었다. 라틴 유럽은 이 같은 방식으로 그리스 과학을 많이 획득할 수 있었지만, 대부분의 경우 그렇지 못했다. 당시 과학의 표준적 언어는 아랍어였다. 스페인 및 프로방스에서의 과학운동은 전반적으로 아랍에 기원을 두고 있었으며, 남부 이탈리아에서도 일부 기원하였다. 아랍어 작품을 라틴어로 옮긴 번역물은 그리스어를 라틴어로 옮긴 번역물에 비해 종종 시기적으로 앞서거나 적어도 당시 많이 활용되었다는 점에서 의미가 있다. 이들 번역물은 번역에 수반된 아랍의 주석 및 지침서에 권위를 더하였으며, 그 중 일부는 유럽의 사유에 많은 영향을 미쳤다. 아랍어를 라틴어로 옮긴 번역물은 '보다 좋은 출판물'이었다. 이들 번역물에는 아랍 과학이 추가되어야 한다. 아랍 과학은 그리스 과학에 동화되었으며, 의학, 수학, 천문학 및 점성술, 그리고 아마도 또한 연금술 분야는 그리스 과학보다 종종 뛰어났다. 이것이 전부는 아니다. 과학 지식은 아랍인들 및 중세 유대인들 모두에게 매우 중요해졌으며, 아랍인과 유대인의 지식을 접한 라틴인들에게는 과학에 대한 헌신적 기풍이 전해졌다. 과학에 대한 관심과 더불어 합리적인 사유 방식 및 실험 정신이라는 방법론이 도래하였다. 물론 이 합리적 사유 방식과 실험 정신은 고대 그리스인들에게서 발견되었고, 그들의 저술에 내재되어 있었다. 하지만 이것들은 이슬람 국가들에 의해 강화되고 살아 있었으며, 주로 이들 국가를 통해 서유럽의 그리스도교 사회로 전해졌다.

참고문헌

본 장의 내용은 대부분 필자의 *Studies in the History of Mediaeval Science* (second edition, Cambridge, Mass., 1927)에서 발췌한 것으로, 특히 제1장과 제8장 내용을 요약한 것이다. 위의 제1장과 제8장에는 당대의 전거들 및 오늘날의 권위 있는 저서들에 대한 참고문헌을 충분하게 게재하였다. 또한 필자의 "Arabic Science in Western Europe", *Isis*, vii(1925, pp.478-485)를 참고하기 바란다. 필자가 이 논문과 본 장에서 사용한 '아랍적' 및 '아랍'이라는 어휘는 인종적 의미가 아니라 언어학적·문화적 의미를 갖고 있다.

제 10장

과학의 부활

12 세기의 지적 부활이 크게 두드러진 분야는 과학이었다. 1100년경 서유럽의 과학 지식은 이시도르와 비드의 저술 및 로마의 산재되고 파편적인 지식에 한정되어 있었다. 1200년경을 전후로 하여 서유럽은 아랍의 자연과학과 철학은 물론 그리스 지식을 다수 수용하였다. 백년이라는 기간 사이에 내지 약 1125년으로부터 한 세기 만에 서유럽은 유클리드, 프톨레마이오스 및 아랍의 수학과 천문학, 갈렌, 히포크라테스 및 아비세나의 의학, 그리고 아리스토텔레스의 풍부한 백과사전적 지식을 활용할 수 있게 되었다. 당시 그리스와 아랍의 연금술 및 아랍 점성술의 많은 부분이 알려졌으며, 실험 정신이 뚜렷하게 드러났다. 우리는 과학 분야에서 일어난 르네상스의 전반적인 특성을 언급할 수 있다. 비록 12세기 르네상스를 문학에서처럼 12세기로만 한정할 수 없고, 과학 분야에서의 12세기 르네상스의 시점이 11세기였다는 사실을 더 명확히 하기 위해서는 종종 13세기로까지 그 시기를 확대할 수밖에 없더라도 말이다.

대단히 대중적인 백과사전인 이시도르 세비야의 『어원학』에는 중세 초기의 전반적인 과학적인 풍토가 잘 반영되어 있다. 636년 이시도르가 사망하기 직전 스페인에서 편찬된『어원학』은 피레네 산맥 이북지역으로 신속하게 확산되었고 그 필사본은 수백 개에 이르렀다. 이 책을 소장하지 못한 도서관은 좋은 도서관의 반열에 오를 수 없을 정도로 이 책은 중요한 장서가 되었고, 참고용 내지 발췌용으로『어원학』은 지속적으로 활용되면서 그 명성이 더욱 확고해졌다.『어원학』은

이시도르 세비야의『어원학』중 혈족의 나무

갖가지 지식을 요약 형태로 요구하였던 시대에 내실 있고 간결한 정리로 인기를 끌었다.『어원학』이 인기를 끈 또 다른 이유는 학구적이고 쉽게 신뢰할 수 있는 내용을 포함하고 있었을 뿐 아니라, 비유적이고 신비적인 해석도 활용하였기 때문이다. 사물보다는 어휘를 다루었던『어원학』은 어원론과 정의에 과도한 관심을 기울였다고 비판을 받지는 않았다. 후대의 다른 많은 백과사전과 마찬가지로『어원학』은 주로 종래의 백과사전에 기초하고 있었다. 당시 인멸된 작품에서 발췌된 내용을 포함한『어원학』은 '10세기 동안 누적된 지적 산물'을 제공하였을 뿐 아니라 '암흑기에 활동한 인물의 단면'도 보여주었다. 편찬자가 이시도르 한 명이었다는 바로 그 사실은, 보다 독창적인 작품이라면 결여되었을 대표성을『어원학』에 부여하였다. 브레하우트는 이것을 다음과 같이 기술하였다.[1]

---

1) E. Brehaut, *An Encyclopedia of the Dark Ages*, pp.67-68.

자연계와 초자연계 그리고 삶에 대한 인식에서 자연계와 초자연계의 상대적인 비중에 대한 암흑기의 이해는 엄밀히 말해 근대 지식인의 인식과는 정확히 상반되었다. 우리에게 물질세계는 질서정연한 모습을 띠고 있다. 물질세계의 한계 안에서 일어나는 현상은 과학적 지식체계에 의해 구축된 증거에 기초한 명확한 행동방식을 따르는 것처럼 보인다. 사실상 초자연계와 관련하여 과학의 몇몇 분야에서는 중세 시대의 지배적인 것과 유사한, 비록 그에 반하는 것이 있었다 하더라도, 교조주의의 위험이 종종 도사리고 있었다. 한편 초자연계와 관련하여 과거에 존재하였던 명확성은 사라지게 되었다. 초자연계를 탐구하는 데 신뢰할 만한 수단이 고안되지 못하였으며, 초자연계에 관한 어떤 관념이든 과학이 도달한 결론에 부합하지 않으면 진리가 아니라고 여겨지게 되었다. 이 모든 점에서 이시도르와 그가 활동한 시대의 태도는 우리의 그것과는 정확하게 배치된다. 이시드로에게 초자연계란 입증 가능하며 질서정연한 세계였다. 초자연계의 현상 내지 그와 같이 존재할 것이라고 상정된 것이 정당한 것으로서 수용된 반면, 물질과 관련하여 감각이 제공한 증거는 중요하지 않게 되었다. 현대인의 심성에서 자연계가 차지하는 위상에 비해 중세 사상가의 심성에서는 초자연계가 훨씬 중요하였으며, 비판을 결코 용인하지 않는 강력한 교조주의에 의해 강화되었다고 [우리는] 주장할 수 있다.

20책으로 이루어진 『어원학』은 오랜 세기에 걸쳐 축적된 인간 지식의 총화로 간주되었을 뿐 아니라 7자유학, 의학과 법률, 교회, 알파벳, 인간과 동물(동물에 관한 가장 긴 책), 지구와 우주, 물리적 지리는 물론 정치적 지리, 건축과 측량, 농학과 군사학, 선박과 가정용품 그리고 실용적 기술 전반까지 포함하였다. 『어원학』에 대한 브레하우트의 번역본2)에서 일부

---

2) W. M. Lindasy 판본(Oxford, 1911) 참조.

를 다소 장황하게 인용하는 경향이 있는데, 아래 발췌문은 이시도르의 방법론과 사유 관행에 대한 좋은 사례를 제공한다.

IV. 13. 의학의 기원에 관하여

1. 의학이 왜 자유학에 포함되지 않았던가에 대해 누군가 의문을 제기하였다. 이런 이유로 해서 자유학이 각각의 주제를 포함하고 있지만, 의학은 모든 주제를 포괄한다. 왜냐하면 의사는 자신이 읽고 있는 책을 이해하고 표현하기 위해서는 문법 지식을 가져야 하기 때문이다.

2. 수사학자와 마찬가지로 의사 역시 자신이 다루는 질병을 참된 논지에 따라 정의할 수 있어야 한다. 더욱이 이성의 도움을 받아 질병의 원인을 찾고 질병을 치유하기 위해서는 논리학이 필수적이다. 발작이 일어난 시간과 그것이 일어나는 주기를 계산하기 위한 산수도 필수적이다.

3. 지역의 특성이나 장소의 위치를 설명하는 기하학과 마찬가지로 의학도 의사가 무엇을 관찰해야 할지를 가르친다. 더욱이 의사는 음악에 무지해서는 안 될 것이다. 다윗이 악기를 연주하여 정신착란을 일으킨 사울을 구해주었다[3]는 사실로 알 수 있듯이, 음악을 통해 환자를 치료하는 여러 가지 사실들이 알려져 있기 때문이다. 의사 아스클레피아데스[4] 역시 음악을 통해 과거 정신이상이었던 환자의 건강을 회복시켜 주었다.

4. 마지막으로 어떤 의사가 지적하듯이, 인간의 신체 역시 하늘의 특성과 더불어 변화하기 때문에, 의사는 별들의 체계와 계절의 변화를 관찰하기 위해 천문학을 배우게 된다. 따라서 의학은 '제2의 철학'으로 불린다. 왜냐하면 이 두 학문은 인간의 모든 부분을 다루고 있으며, 인간의 영혼이 철학을 통해 치유되듯, 인간의 몸은 의학을 통해 치유되기 때문이다.

---

3) |옮긴이| 사무엘상 16장 14-23절.
4) |옮긴이| 로마 공화정기의 의사로 기원전 약 40년경 세상을 떠났다.

XI, I, 125. 간 *lecur* 에는 불이 자리 잡고 있기 때문에 간이라는 이름이 붙었고, 불은 거기에서 머리까지 날아 올라간다. 그리하여 그 불은 눈과 다른 감각기관 및 사지로까지 연결된다. 또한 간은 그 열기에 의해 음식에서 얻은 액체를 혈액으로 바꾸어 놓으며, 이들 기관을 부양하고 영양분을 제공하기 위해 혈액을 공급한다. 자연철학에 관해 논쟁하는 학자들에 의하면, 쾌락과 욕구가 간 사이에 존재한다.

XI, 3, 23. 스키오포데스라는 종족은 에티오피아에 거주한다고 알려져 있다. 이들 종족은 발이 하나밖에 없는데도 매우 빠른 속도로 달린다. 그것을 보고 그리스인들이 이들을 스키오포데스라고 부른다. 그리고 이들은 여름에 등을 땅에 대고 누워 엄청나게 큰 다리로 그림자를 만든다.

XII, 7. 18. 백조 *cygnus* 는 조율된 음정으로 감미로운 노래를 부른다고 해서 백조라는 이름으로 불린다. 길고 굽은 목을 가지고 있어 감미롭게 노래하며, 길고 꼬불꼬불한 길[목]에서 애써 내는 소리는 다양한 색조를 가져야만 한다.

XII, 7. 44. 천수를 누리는 새인 까마귀 *cornix* 는 라틴어 이름 대신 그리스어 이름을 가지고 있는데, 점쟁이들은 까마귀가 보여주는 징조를 통해 그 수가 늘어나면 인간의 염려가 늘고, 까마귀가 은밀한 것을 드러내며 미래를 예견한다고 주장한다. 신이 까마귀에게 자신의 예언을 알려준다고 믿는 것은 매우 사악한 것이다.

XIV, 6. 6. 히베르니아 *Hibernia* 와 동일한 뜻을 갖는 스코티아(Scotia) 섬은 브리튼 섬에 매우 가까이 있으며, 육지 면적은 작지만 토양이 매우 비옥하다. 이 섬은 아프리카로부터 보레아스를 향해 뻗어 있으며, 전면부는 이베리아와 칸타브리아해[비스케이만5)]와 마주하고 있다. 이 섬은 히베르니아라고도

---

5) |옮긴이| 스페인 북서부 오르테갈 곶에서 프랑스의 브르타뉴 반도 서쪽 끝에 이르는 대서양 연안의 만灣.

불리지만 스코 족이 거기에 살고 있기 때문에 스코티아라고 불린다. 그곳에는 뱀이 없고, 새도 거의 없고, 벌도 없다. 그리하여 만약 누군가 거기에서 가지고 온 먼지나 자갈 같은 것을 다른 지역의 벌통에다 흩뿌려 놓는다면 벌들은 그 벌집에서 떠나버릴 것이다.

12세기 초엽의 일반적인 심성은 생 오메르의 참사위원을 지낸 랑베르가 1120년경 편찬한 『꽃에 관한 책』에서 잘 드러난다. 편찬자 랑베르의 초상화와 함께 독창적인 그림이 실린 이 책의 사본은 켄트에 보존되어 있다. 랑베르는 자신이 읽은 과학, 역사, 신학 및 천국의 강과 그리스 알파벳에서 치통 치료에 이르기까지 갖가지 잡다한 내용을 이 책에 기술하였다. 그의 과학 책에는 천체 운동, 날씨, 지구상의 여러 지역과 민족들, 로마 숫자와 분수, 보석, 식물 및 적그리스도를 상징하는 리바이던을 포함한 동물 이름과 특징 등이 기록되어 있다. 이 책에서는 연대기 작가들에게서 채택한 일부 경이를 제외하면 명확한 출전을 밝히지 않은 경우가 없는데, 주로 인용한 전거는 이시로드, 비드, 플리니우스, 마르티아누스 카펠라, 마크로비우스 및 라틴 교부들이었다.

12세기 과학의 부활로 이시도르와 그의 동료들이 경시되었다거나 17세기 내지 심지어 그 이후 시대까지 지속된 이들의 사유방식이 비과학적인 것이라고 하여 폐기되기 시작했다고 생각하면 안 된다. 이들 사유방식의 뿌리는 깊다. 플리니우스가 충분히 증명하고 있듯이, 과학의 쇠락은 로마 시대로까지 거슬러 올라가며, 앞서 인용한 구절의 이시도르는 자신의 로마인 안내자를 주로 추종하였기 때문이다. 이를테면 플리니우스와 이시도르는 영국인 바르돌로뮤에게 여전히 많은 영향을 미쳤으며, 바르돌로뮤는 약 1230년경 『사물의 속성에 관하여』라는 매우 인기있는 백과사전을 편찬하였다. 이 책에는 많은 사건들, 매우 유사한 우화들과 함께 오랫동안 대중에게 친숙해진 아일랜드의 뱀, 불타는 간, 감미로운 목소리를 가진 백조 및 대중적 전통을 지닌 강인한 불로초가 등장한다. 12세기 유럽인들은 다시 그리스의 과학 저술들을 보유하고, 아랍의 주석가들 및 해설자들의 지식에 안목을 가지게 되었으며, 모든 분야에서 과학 활동을 고무하였다. 크게 증가한 문헌자료는 엄청난 양에 이르고 매우 다양화되었으며, 따라서 일정 정도의 전문화가 시작되었다. 이러한 변화는, 근대적 정신이라고까지 부르기 어렵다고 해도 커다란 진전이 이루어 졌음을 의미하였다.

집필 작업에 몰두하고 있는 뱅상 보베

이 같은 발전은 13세기의 주요 백과사전인 뱅상 보베의 『커다란 거울』Speculum maius에서 잘 드러난다. 말6)에 의해 주교좌성당의 조상 造像에 관한 최고 안내서로 채택되었던 이 책은 13세기 당대 지식의 거울이었다. 일반 독자를 위해 위대한 책들을 많이 발견하였던 도미니크 탁발수도회의 수사 뱅상은 방대한 자료들 속에서 몇몇 발췌문과 뛰어난 저술가들의 핵심 내용을 수집하고 이것들을 크게 세 가지로 분류하였다. 즉, 자연과학을 다루는 『자연의 거울』Speculum naturale, 철학을 논하는 『학문의 거울』Speculum doctrinale 및 역사를 기술한 『역사의 거울』 Speculum historiale 이라는 표제로 세분하였다. 이렇게 해서 완성된 책은 1624년판 대형 2절판 인쇄본으로 3권이나 되는 엄청난 양이었는데, 8절판

---

6) |옮긴이| Émile Mâle, 1862-1954. 중세의 성례, 도상 등을 연구한 예술사가로, 프랑스 학술원 회원을 역임하였다.

크기의 단행본인 이시도르의 『어원학』과 대비되었다. 이 책은 그 절반 즉, 2절판 크기로 약 3천 페이지 정도에서 특정한 의미에서의 과학을 다루었다. 여러 자료들에서 편집된 『커다란 거울』은 그것의 지적 원천이 된 이시도르의 이론을 간결하게 압축한 것이 결코 아니었다. 이 책에서 활용된 방대한 자료는 자료 자체를 언급한 것이며, 당시 현존하던 이시도르와 플리니우스는 논외로 치고 새로 번역된 아리스토텔레스의 저술, 아랍의 여러 저술가들, 특히 의학 저술가들 및 아벨라르 베스와 기욤 콩슈 등 보다 최근 작가들까지 포함한 많은 자료가 활용되었다. 『자연의 거울』의 구성은 당대의 특징을 잘 보여준다. 즉, 『자연의 거울』에서는 32책 3,718장이라는 세밀한 학문적 분류체계와 세분화가 이루어졌을 뿐만 아니라 방대한 자료를 성 암브로시우스의 『헥사메론』*Exameron*을 본떠 창조 6일의 구도에 따라 배치하기도 하였다. 따라서 『학문의 거울』은 인간의 타락에서 시작하여 인간의 본성을 다시 회복하게 하는 여러 철학들을 다루었다. 18세기에 백과사전이 대두하기 전까지 이렇게 포괄적인 지적 작업이 시도된 적은 없었다.

뱅상이 활약한 시대의 과학이 질과 양 모두에서 1100년 이전 것보다 뛰어났다는 것은 보편적 박사이자 백과사전적 지식의 소유자였던 알베르투스 마그누스의 저술에서 명확하게 드러난다. 아리스토텔레스의 전작과 당시 아리스토텔레스의 저작으로 알려졌던 다른 저술에 관해 주석을 달았던 알베르투스는 동물, 식물, 광물에 대해 진지하게 논하였다. 사실을 설명하면서 아리스토텔레스 이론이 필요할 때라도, "창의적인 모든 부분, 심지어 그 자신이 모방한 것처럼 보이는 부분에서조차" 차별화된 사실이 필요하다면 알베르투스는 아리스토텔레스와도 차별화시킬 각오가 되어 있었고 자신이 수행한 관찰과 실험을 통해 많은 내용을 첨부하였다. 그의 핵심적 논지는 "자연과학이란 누군가에게 들은 바를 그저 수용하는 것이 아니라 자연현상의 원인을 규명하는 학문"이라는 것이다. 알베르투스는 영국인 바르톨로뮤 주변에서 배회하던 그리핀을 철학자의 실험이나 철학적 논쟁에 기초하지 않은 이야기꾼들이 만들어낸 허구로 보았고, 자신의 피와 더불어 젊음을 회복하는 펠리컨 이야기 역시 허구로 보았다. 그리하여 자필 서명이 있는 사본이 쾰른에 보존되어 있는 『동물론』 *De animalibus*에서 알베르투스는 매의 질병에 대한 다양한 치료법을 언급한 후 다음과 같이 기술하고 있다. "이것들은 전문가에 의해 검증된 매 의약품이지만, 현명한 매사냥꾼이라면 새의 건강을 위해 경험에 입각해서 이들 의약품에 무언가를 추가하기도 하고 때로 삭제할 것이다. 매사에 경험이 최고의 스승이기 때문이다."

이제 몇몇 분야를 간략히 검토해 보면 12세기에 이룬 과학의 발전을 평가할 수 있는 보다 좋은 척도를 가질 수 있게 될 것이다. 수학 분야부터 살펴보자. 중세 교육체계의 근간을 이룬 7자유학에서 4과*quardrivium* 즉 산수, 기하, 천문학, 음악은 수학적인 것으로 간주되었다. 하지만 이 분야의 수학은 매우 초보적이었던 것이 사실이다. 이 초보적 요소는 산수 및 천문학 계산을 다룬 매우 간단한 개요와 함께 보에티우스와 비드의 교재에 등장할 뿐만 아니라, 제르베르가 위의 학자들의 명성을 일정하게 넘어서 얻게 된 예외적인 명성으로부터도 유래한다. 보에티우스 및 로마 기하학자들의 단편적인 자료만 활용한 제르베르는 주산의 실용적인 활용 내지 로마인들의 계산표를 부활시킨 것으로 보인다. 이 계산표는 11-12세기에 크게 유행하였다. 설령 그가 로마의 계산방식과 대비되는 아랍의 계산방식에 일부 기이한 명칭과 상징을 제공했다고는 해도, 그는 점에 의한 아랍의 계산방식을 활용하지 않았으며, 로마 숫자와 더불어 긴 나눗셈이라는 '철의 과정'에 대해 지루할 정도로 여러 장을 할애하였다. 기하학에 대한 제르베르의 이해는 단지 유클리드의 매우 초보적인 지식뿐이었다. 천문학 분야에서 제르베르는 단순한 기구를 고안해서 대중들의 경이를 샀지만, 이는 비드를 넘어서지 못했던 것으로 보인다. 제르베르의 전통은 13세기 로렌 및 샤르트르가 수학 분야에 노력을 기울인 덕분에 유지될 수 있었다. 그럼에도 불구하고, 산술적 계산 및 천문학적 계산을 다룬 약 1100년경의 필사본 숫자는 지적 부활을 명백히 보여준다.

일찍이 12세기에 아랍어로 된 '유클리드의 『기하학 원론』*Elements* 전부'를 번역한 라틴어본이 등장하였고, 그로부터 한 세대 후 보다 지적 수준이 높은 학생들은 유클리드의 『자료』*Data*와 『광학』*Optics*을 접하게 되었다. 당시 기하학이 차지한 위상은 기본적으로 근대까지 지속되었다. 1126년 아델라르 바스는 알카리즈미의 삼각함수표를 유럽에 도입하였다. 1145년 로베르트 체스터는 알카리즈미의 『대수』를 라틴어로 번역하였으며, 모든 대수 용어는 물론 과정까지 그리스도교화된 유럽에 도입하였다. '수의 복원 및 대조'*Liber algebre et almucabola*를 다룬 이 책은, 호기심에 찬 독자들이 근대의 방정식 기호를 표기한 카르핀스키[7] 교수의 영역본에서 확인할 수 있듯이, '근대적 대수 분석의 토대를 제공하였다'. '알고리무스'*algorimus*로 불리고 마침내 초서에 의해 '오그림'*augrim*이라고 불렸던 알카리즈미라는 이름은 인도의 새로운 산수에 첨부되었으며, 최초의 라틴어판에도 등장하였다. 아라비아 숫자는 12세기에 도입되었는데, 학술 서적을 통해서라기보다는 아마 교역 과정에서 전해졌을 것이다. 하지만 12세기 말경 지식인 사회는 새로운 계산법인 아라비아 숫자를 지지하는 자들과 구래의 주산가들로 양분되었고, 1299년 주산가들은 새로 유행하던 계산방식의 사용을 금지하는 법률을 통과시켰다. 1202년 레오나르드 피사의 초기

---

7) |옮긴이| Louis C. Karpinski, 1878-1956. 미국의 수학자. 수학의 역사와 수학 교육에 전념하였으며, 미국 과학사학회 회장도 역임하였다. 저술로는 『알카리즈미 산수에 대한 로베르트 체스터의 라틴어 번역』, 『통합 수학』 등이 있다.

작품인 『산수론』*Liber abaci*이 간행되고 뒤이어 획기적인 저술들이 간행되었다. 이들 저서를 통해 수학의 천재 레오나르드는 4차방정식과 3차방정식에 대한 해법을 제시하였을 뿐만 아니라 '당대와 그 이전의 모든 세대의 수학자들 가운데 최고의 수학자'임을 보여주었다. 당시 대수 분야에서 이룩된 현저한 발전은 16세기까지 지속되었다. 12세기가 성취한 업적은 다른 어떤 분야보다 수학 분야에서 분명하였다.

12세기 초엽 천문학 관련 필사본은 주로 비드 및 카롤링 왕조의 계산가 헬페릭의 지침서를 복제하거나 발췌하는 형태로 이루어졌으며, 일부는 그리스도교 시대의 날짜와 관련하여 교회 연대기에 집중되었다. 아랍 아스톨라베에서 발견되던 극소수의 참고문헌은 더 이상 아랍 천문학에 대한 수준 높은 이해를 보여주지 못하였으며, 1119년 앵글로 노르만의 필립 타온이 저술한 『피조물론』*Cumpoze*은 구래의 라틴 전통만을 반영한 것이었다. 하지만 그 다음 해인 1120년 영국인 왈쉬 말베른은 각도, 분, 초로 계산을 하기 시작하였는데, 페트루스 알폰시라는 스페인의 유대인을 통해 이 지식을 습득하였다. 1126년에는 아델라르 바스가 알카리즈미의 천문학표를 번역하였다. 이러한 성과에 이어 알 바타니와 알 자르칼리의 표 및 알 파르가니의 간단한 지침서가 등장하였다. 고대 천문학을 포괄적으로 요약한 프톨레마이오스의 유명한 『알마게스트』는 1160년경 그리스어에서 라틴어로, 그리고 1175년에는 아랍어에서 라틴어로 번역되었다. 이렇게 하여 고대 세계의 천문학 지식을 완전히 수용할 수 있는가는 『알마게스트』에 대한 이해 여부에 달려 있었다.

한편 아리스토텔레스의 물리학은 아랍의 저술가를 통해 전수되기 시작하였는데, 플라톤의 『티마이오스』뿐만 아니라 프톨레마이오스와 아리스토텔레스 간의 갈등은 표준적 전거들을 가능한 한 조화시키려 하였던 시대의 난제가 되었다. 아리스토텔레스의 『기상학』이 1162년 이전에 활용되었고 『천체론』은 아마도 이보다 더 빠른 시기에 활용되었으며, 그의 『물리학』도 그로부터 오래지 않아 1200년에 번역되었지만 물리학 이론의 편린들은 12세기에 다양한 경로를 통해 유럽으로 전래되었다. 1200년경 우주의 성격, 우주의 구성 요소, 지진, 조류 및 화산 활동에 대해 언급한 소책자의 수가 증가하였다. 12세기의 기상학은 명백히 아리스토텔레스적이었다.

참 이상하게도 12세기 지리학은 기본적으로 로마적이었고, 주로 프톨레마이오스와 이시도르에 국한되었다. 앞서 살펴보았듯이, 십자군 원정과 유럽의 북부 및 북동부 지역에 대한 탐험을 통해 유럽인들의 지리적 인식은 그 지평이 확대되었다. 이에 상응하여 유럽 문명권이 확장되었지만, 아랍의 지리는 수용되지 않았다. "아랍 세계에서 매우 유명한 지리학자인 알 마수디,

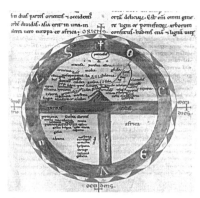

지구 지도. 아시아(상단), 아프리카(우측), 유럽(좌측)의 세 대륙이 표시되어 있다. 아시아와 유럽에는 여러 지명이 표기되어 있는 데 비해, 아프리카 지명은 전혀 없다.

이반 하우칼, 알 이스타크리 등의 저서들이 중세 유럽에는 알려지지 않았으며, 아랍의 공식적인 지리가 십자군 시대 서방인들의 지구 지식에 기여한 바가 거의 없다는 것은 분명하다."[8]

12세기에 이 새로운 지식의 중요 원천이 활용된 것은 아니지만, 이 시기의 지리가 완전히 전통적이었다는 주장은 사실이 아니다. 백과사전류에서도 관찰에 입각한 지리가 결코 완전하게 사라진 것은 아니며, 서신, 연대기 및 다양한 종류의 서술적 작품에서 풍부하게 제시되었다. 지진과 화산 같은 자연의 고유 현상에 대한 서술은 물론이고 보다 일상적

---

8) J. K. Wright, *Geographical Love of the Time of the Crusades*, p.77.

이고 단편적인 관찰도 12세기 전 시기에 걸쳐 많이 등장하였다. 특히 여행작가들 가운데 기랄두스 캄브렌시스는 그 위상이 각별하였다. 기랄두스의 『아일랜드 지형』이 1188년에, 그로부터 몇 년 후 『웨일즈 정경』 및 『웨일즈 여행』 같은 작품들도 집필되었다. 의심이 많고 편견을 가진 기랄두스는 소문으로 알게 된 아일랜드의 내부 모습을 장황하게 기술하였으며, 솔리누스[9]와 은유에 대한 인습적인 해석도 결코 경시하지 않았다. 하지만 그는 호수, 강, 산, 기후에 대한 많은 내용을 직접 기술하였다. 뿐만 아니라 아일랜드 해안의 조류 현상과 관련하여 일군의 매우 흥미로운 사실들, 아마도 항해자들과 어부들에게서 나온 이야기들을 종합한 여러 사실을 기술하였다. 하지만 그의 책을 읽는 학생들은 항해자와 어부들이 들려주는 정확한 정보를 간과하기 쉽다. 또한 기랄두스의 지리는 매우 인간적이었으며, 근대의 다수의 웨일즈인과 아일랜드인 비평가들에게도 또한 호의적이었다. 기랄두스는 언어, 풍속이나 관습, 사람들의 기질에 대한 기후의 영향을 논하였을 뿐 아니라 자신과 같은 웨일즈인들의 장단점도 기록하고, 심지어 웨일즈의 요정들이 사용한 언어와 프리스키아누스가 사용한 그리스어와의 유사점까지 기술하였다.

12세기의 지역 지리는 관찰의 기회에 따른 지식의 편차를 보여주고 있다. 13세기경 서유럽인들이 지리에 대해 갖고 있던 인식을 정리해 보면 다음과 같다.[10]

첫째, 널리 알려진 지역이 있었다. 이 지역들에 대한 지식은 활발한 상업, 외교, 교회, 군사 및 학문 활동에서 유래하며 신선하였다. 이들 지역은

---

9) |옮긴이| Solinus. 3세기에 활약한 로마의 문법학자 겸 작가. 『경이로운 세계』*De mirabilibus mundi* 라는 저술을 남겼다.

10) J. K. Wright, 앞의 책, p.257.

엘베강 서부에 해당하는 대부분의 유럽 및 헝가리를 포함한다고 알려져 있다. 이들 지역은 콘스탄티노플, 지중해 연안 및 성지 예루살렘에 이르는 육로도 포함하고 있다. 위대한 여행자들인 스칸디나비아인들은 앞서 언급한 지역들은 물론 발트 해 연안, 남부 노르웨이, 스웨덴 및 아이슬란드를 널리 알려진 지역에 포함시켰다. 잘 알려진 지역의 경계 너머로 두 번째 지역이 있었는데, 이 지역에 관한 훌륭한 정보는 다음과 같은 세 가지 원천들 중 하나에서 유래하였다. (1) 여행자들의 간헐적인 보고서 (2) 다소 신뢰할 만한 소문 (3) 문헌자료에서 유래한 고전적 기술이 그것이다. 서아시아 및 북아프리카의 대부분의 지역이 이 범주에 속하며, 스칸디나비아인들에게는 그린란드가 여기에 속한다. 세 번째 지역은 극히 모호한 소문으로만 알려져 있던 지역이다. 즉, 기이한 괴물과 전설 속의 남자들이 사는 지역이다. 몇몇 사람들에게는 인도가, 다른 이들에게는 러시아 및 스칸디나비아 반도의 북부지역이, 그리고 나머지 사람들에게는 대서양에 숨어 있던 전설상의 섬들이 이 범주에 속한다. 마지막으로 이들 지역 너머로 미지의 세계가 있었으며, 이 지역에 관해서는 중세인들은 아는 바가 없다고 인정하였을 것이다.

이 같은 구분은 또한 일부 개별적 취향의 문제이기도 하였다. 여행 경험이 없던 사람들에게는 보이지 않는 모든 나라가 유사하였으며, 중세에는 미지의 지역과 경이로운 지역이 매우 비슷하였다. 기랄두스가 서술한 서아일랜드로부터 이전에 '파도가 휩쓸고 간 헤브리데스 제도'를 지나간 성 브렌단[11] 및 그의 대원들의 항해에 이르기까지의 거리는 짧았다.

---

11) |옮긴이| St. Brandan 또는 St. Brendan, 약 484-약 577. '항해자'로 불린 초기 아일랜드의 수도사 출신 성인. '축복의 섬'에 대한 전설적인 탐험자로 유명하며, 아일랜드의 12사도 중 한 명이었다.

실제로 차가운 빙하와 에스겔서 및 요한계시록의 불타오르는 이미지들이 기묘하게 결합되었고, 고독한 인간 유다가 '대서양의 부빙에서 자신의 끓어오르는 감정을 진정시키기 위해' 타오르는 분화구에서 풀려나게 되었던 것이다. 지리는 당시는 물론 그 이후에도 오랫동안 로맨스에 쉽게 흡수되었다.

　12세기 과학의 또 다른 특징은 점성술의 부활이었다. 손다이크 교수의 연구에 의하면, 점성술적 신앙과 관행은 중세 초기에 완전히 사라지지 않았지만, 후대의 엄청난 양의 문헌과 비교해 보면 그 사례는 비교적 적었다. 12세기에 부활한 점성술은 코페르니쿠스 천문학에 의해 마지막으로 와해될 때까지 지속된다. 하지만 사람들이 점성술에 미혹되었다고 해서 바로 이를 무시해서는 안 된다. 왜냐하면 그들에게 점성술이란 그저 응용천문학, 혹시 여러분이 그렇게 부르기를 원한다면 '인간화된 천문학', 즉 여름과 겨울, 낮과 밤 및 천체의 운동으로 인해 일어나는 조수 현상의 자연스러운 결과였기 때문이다. 별을 신봉하는 종교는 인류 역사상 매우 광범위하게 확산된 신앙이었으며, 점성술은 프톨레마이오스, 그리고 일반적으로 생각하는 것처럼 아리스토텔레스는 물론 아랍 점성술사들의 이론에서 전반적으로 지지를 얻었다. 프톨레마이오스가 활약하기 오래 전 이스라엘의 딸은 "별들이 시스라와 싸웠다"[12]라고 노래하였다. 하지만 아랍인이 프톨레마이오스의 『테트라비블로스』 *Tetrabiblos*[13]의 고전적 이론보다 훨씬 뛰어났으며, 출생일과 관련된 점성술을 추가하였다는 사실을 지적해야 한다. 출생일과 관련된 점성술은 출생하는 순간의 행성의 삭朔[14]에 관심을 기울인, 즉 삶의 매 순간 의문과

---

12) |옮긴이| 『사사기』 5장 20절. 드보라가 바락과 함께 부른 노래로, 별들까지 이스라엘의 적인 시스라와 싸웠다는 내용이다.
13) |옮긴이| 이는 라틴어로 『천문학 4부작』으로도 알려져 있다.
14) |옮긴이| 행성이 태양과 동일한 방향에 있는 현상.

선택에 대한 보다 대중적인 과학이 있었다. 12세기 중엽 아랍 문헌이 유럽으로 대거 쏟아져 들어왔다. 사실상 다수의 사람들에게 이는 새로운 학문의 유용성에 대한 대단히 실천적인 증거를 제공하는 것처럼 보였다. 그렇게 해서 라틴 유럽 세계는 프톨레마이오스의 『테트라비블로스』와 위 프톨레마이오스의 『천문학에 관한 백가지 정의』 *Centiloquium*를 접하게 되었다. 뿐만

프톨레마이오스의 『테트라비블로스』 라틴어 번역본 (12세기)

아니라 유럽 세계에는 알부마사르의 『대입문』 및 알 킨디와 메사할라의 『판단』, 자엘의 『회전』, '인도인이 저술한 255권의 책에서 편집한' 이른바 아리스토텔레스의 『점성술』, 헤르메스와 토스의 작품들, 전조 및 비에 관한 서적은 물론 날씨 점, 수점手占, 풍수지리, 동물뼈 점 및 다른 형태의 점을 다룬 서적도 알려지게 되었다. 1235년 미카엘 스코트는 『입문서』, 『4원소론』, 『관상학』 등의 '새로운 학문'에서 이런 문헌을 집약하였다. 이탈리아에서는 공식 점성술사가 자신의 직책을 정례적으로 수행하고 상담을 하였으며, 사실상 이들 중 한 사람이 활동 내용의 일부를 기록으로 남겼다. 대학에도 점성술 교수가 있었으며, 군주와 제후들은 국가사나 방혈, 부부관계처럼 사소하고 사적인 일에까지 점성술사와 상의하였다. 귀도 몽테펠트로가 고용한 사람들 가운데에는 중세 점성술사들 중 매우 뛰어나고 성공적이었던 귀도 보나티가 있었다. 보나티는 정밀한 화재경보 장치를 개발하고 종탑에서 주군의 군사 원정을 감독한 인물로 알려져 있다. 그가 고안한 장치의 첫 번째 타종은 무장, 두 번째 타종은 승마, 세 번째 타종은 출정을 의미하였다. 에젤리로 로마노에게 고용된 여러

점성술사들 중에도 귀도 보나티가 포함되었으며, 파두아의 참사위원이었던 교사 살리오, 리프란디노 베로나 및 '긴 수염의 사라센인 바울' 같은 점성술사도 있었다. 바울은 극동의 오지 발다크(바그다드) 출신으로 배경이나 외모 및 행위가 제2의 발람[15]으로 불리기에 충분하였다." 황제 프리드리히 2세는 보나티의 기예는 물론 자신의 공식 점성술사였던 미카엘 스코트와 테오도르 안티오크에게 지속적으로 자문을 받은 것으로 알려져 있다. 하지만 프리드리히를 호위한 점성술사 및 마술사 군대를 파르마 앞에서 대패시킨 것에 대해 프리드리히의 적들은 기뻐하였다. 프리드리히의 군대는 바알세불과 다른 신들을 헌신적으로 신봉하였다.

원래 '금과 은을 제조하는 거룩하고 신성한 기예'라는 뜻을 가진 연금술은 중세 과학사에서 매우 모호한 주제였을 것이다. 연금술에는 고유의 어려움이 있었다. 연금술사들은 대중에게 서서히 혹은 때때로 익명으로 알려진 여러 비법들에 관심을 가졌고, 일찍이 단테가 그러하였듯이[16] 혹평을 받는 존재였기 때문이다. 중세의 한 연구자는 자신이 수은을 금으로 바꾸었다고 생각했음에도, 자신의 이름으로 그 비법을 서둘러 밝히지 않았다. 그런데 연금술의 그런 모호한 과정은 결과적으로 그리스 교재와 아랍 교재, 그리고 라틴 텍스트에 대한 불충분한 연구로부터 기인하였다. 귀금속을 본뜨는 관행은 고전기 및 심지어 고대 동방, 특히 이집트로까지 거슬러 올라가며, 연금술에 대한 풍부한 문헌 덕분에 로마 제국 시대의 그리스어 작가의 저술들이 보존될 수 있었다. 이론이라기보다는 제조 비결이나 제조 과정을 담은 다수의 문헌이 중세 유럽에 전달되

---

15) |옮긴이| 모압의 왕 발락은 선지자 발람을 보내 이스라엘 사람들에게 저주를 내리라고 했다. 그런데 발람이 타고 가던 나귀가 자꾸 방향을 바꾸었다. 이에 발람이 보니 신이 보낸 천사가 길을 막고 있었다. 발람은 이스라엘인들에게 저주 대신 축복을 내렸다. 『민수기』 22-25장 참조.

16) |옮긴이| 『신곡』, 〈연옥〉, 29편, 67-139.

었는데, 이러한 문헌적 통로 말고도 기술의 직접적인 전수를 통해서도 서유럽에 소개되었다. 아랍인들이 이러한 전수 과정에서 정확하게 어느 정도의 내용을 덧붙였는지는 여전히 공공연한 논쟁거리다. 사실상 기번은 화학의 기원과 그 중요성이 이슬람인의 근면성에서 기인한다고 지적하였다. 즉, "이슬람인은 증류 기계를 최초로 고안해 내고, 이것에 증류기라는 이름을 붙였으며, 자연의 세 왕국[17]의 실체를 분석하고, 알칼리와 산의 차이점과 유사성을 발견하려 하였으며, 유해한 광물을 부드럽고 유익한 의약품으로 전환시켰다." 하지만 기번의 이러한 지적이 있은 지 한 세기 후 그리스 연금술 문헌을 충분히 이해할 수 있게 되면서 아랍인들의 독창성은 상당히 감소하게 되었다. 그리하여 베르텔로[18]는 이 분야에서 이슬람인들이 기여한 바를 부정하고, 오히려 중세에 이룩된 연금술 분야의 모든 발전이 유럽 연금술사들에 의해 이루어졌다고 주장하였다. 최근 아랍 문헌들의 간행은 종래 그것들이 가지고 있던 중요성을 복원하려는 시도이기도 하다. 연구가 더욱 진전되어 아랍 연금술의 정확한 위상이 명확히 규명되어야 후대 유럽의 연금술이 아랍에 기원한 것이 얼마나 되고, 중세 라틴 그리스도교 왕국에서 실제로 이루어진 실험에서 얼마나 기인하였는지를 확인할 수 있을 것이다. 중세 과학 분야에서도 매우 기대되는 연구 주제들 가운데 하나인 이것은, 국제학술원연합의 책 간행 과정 및 아랍 과학에 관한 연구서 간행 과정의 파생물로서 연금술 관련 그리스 필사본의 새로운 목록과 아랍 과학에 대한 전문 연구를 통해 접근이 가능해졌다. 한편 이 같은 전문 연구는 라틴 서유럽에 대한 유사 연구와 병행될 필요가 있다.

---

17) |옮긴이| 동물, 식물 및 광물을 의미한다.
18) |옮긴이| Pierre Eugène Marcellin Berthelot, 1827-1907. 프랑스의 저명한 화학자 겸 정치가. 비유기적 실체에서 유기적 요소를 종합하기도 하였다.

여하튼 연금술 분야는 이 책에서 고찰하는 12세기보다는 후대의 시기에 유럽에서 활발하였다. 익명이든, 가명이든 혹은 가공의 작가든 다수의 라틴어 저작들이 14-16세기 사본에서 유래되었으며, 여전히 간행을 기다리고 있다. 그럼에도 불구하고, 1144년이라는 간행 연도와 관련하여 의구심이 제기되고 있는 모리에누스의 번역본은 논외로 친다 해도 12세기에는 제라드 크레모나가 연금술 관련 작품을 세 개나 번역하였으며, 연금술에 관한 많은 저작들은 미카엘 스코트와 탁발수사 엘리아스 코르토나 등 13세기 초엽에 활동한 저술가들의 작품이다. 이 작품들의 저자가 누구인지 우리가 알지 못한다고 해도, 연금술의 핵심이론이, 뱅생 보베와 알베르투스 마그누스의 백과사전에서 확인되었듯이, 13세기 초엽에 유럽에 알려진 것은 분명하다. 1236년 이전에 집필된 독창적인 장에서 미카엘 스코트는 일곱 가지 금속이 수은, 유황, 흙 등으로 다양하게 구성된 혼합물임을 보여주었다. 또한 "분말의 추가 그리고 수은, 유황, 웅황, 염화암모늄이라는 네 가지 요소의 배합과 연금술을 통해 금속들이 정교해질 수 있다"는 점도 보여주고 있다. 그리고 회춘이나 기력 회복을 원하던 노인들에게 유익한 식품으로서의 금, 즉 이른바 아랍 연금술사의 생명의 영약 제조에 대한 활용 가능성도 분명히 보여주고 있다. 유럽에 알려진 이러한 원리와 함께 13세기 후엽에 등장하게 될 실험 관련 문헌작업이 이루어졌다. 14세기 중엽 볼로냐의 한 수도사는 연금술 관련 책 72권을 자신의 장서목록에 기록하였다. 1376년경 이들 라틴어 저술은 그리스어로 번역되었다. 연금술 이야기는 헬레니즘 시대의 이집트에서 17세기까지 지속되었으며, 사실 오늘날도 진행중인 화학의 한 분야다. 연금술 연구의 부산물로 얻게 된 항구적인 다수의 화학 지식은 물론 최신 화학 이론이나 실험도 일찍이 하나의 금속을 다른 금속으로 전환시키려 한 이 같은 시도에 대해 매우 관대하다.

12세기에는 그리스어로 된 의학 문헌이 완전하게 복원되었고, 아랍

의학자들의 주요 저서가 번역되었으며, 근대 유럽의 가장 유서 깊은 의과대학의 하나인 살레르노 대학이 전성기를 맞았다. 실상 그리스 의학은 남부 이탈리아에서 완전히 인멸된 것은 아니었다. 6세기 남부 이탈리아에서 카시오도루스가 자신의 서고를 만들었으며, 그리스 의학 저서의 일부 라틴어 판본이 일찍이 10세기에 베네벤탄 사본에서 확인되었다. 이 보잘것없던 전통은 살레르노 의학교를 태동시키기에 충분하였다. 정확히 언제 어떻게 살레르노가 의학의 중심지로 자리잡게 되었는지는 알려져 있지 않다. 하지만 10세기경 살레르노는 의술의 본고장이었으며 11세기경에는 의학교가 확고히 자리를 잡았다. 콘스탄티누스 아프리카누스의 판본들은, 비록 살레르노 의학교를 태동시키지는 않았다고 해도 그 활동을 고무하였다. 그리고 12세기경 살레르노는 고유의 의학 문헌을 보유하게 되는데, 기본적으로는 라틴 문헌이었지만 전부 그런 것은 아니었다. 1127년 스테픈 피사가 언급하였듯이, "주로 의학도가 많이 있었던 시칠리아와 살레르노에는 그리스인과 아랍어에 정통한 사람들이 있었기 때문이다." 살레르노의 교사였던 가리오폰투스, '트로툴라', 우르소, 로저, 니콜라스 및 다른 교사들은, 간행된 지 얼마 안 된 이들의 의학 저술에서도 알 수 있듯이 의학과 수술에 관한 여러 문제를 논의하였다. 아랍인과 마찬가지로 이들 역시 인체 해부는 기피하였지만, 돼지 해부에 관한 책을 남겼다. 약리학과 눈병에 관한 저술들은 광범위하게 활용되었다. 일반적으로 이러한 책들은 목욕과 식이요법을 강조하였다. 특히 시에 등장할 정도로 유명했던 살레르노의 목욕탕과 온천수는 간단하면서도 합리적인 처방이었다. 이 처방은 이후 살레르노의 건강규범 *Regimen sanitatis Salerintanum* 이라는 362줄로 된 시에서 대중화되었다. "아침 식후 1마일의 산책, 저녁 식후 잠시 휴식" 같은 경구들 중 일부는 아직도 회자되고 있다. 살레르노 대학 의학부의 초기 교육에 대한 보다 적절한 설명은 질레스 코르베이가 운문으로 집필한 여러 책에 등장한다. 살레르노와 몽펠리에에서 수학한 이후 파리로 간 질레스는 존엄왕 필리프의 왕실 의사가 되었으며, 아마도 파리 대학 의학부에서 영향력을 행사하였을 것이다.

유럽에서 등장한 의학의 부활 및 의사라는 직업은 무엇보다 일찍이 살레르노의 초기 사례에서 유래한 반면, 의학 분야에서 보다 내실 있는 발전을 위해서는 고대 세계, 특히 의학의 아버지인 히포크라테스의 의학 지식에 대한 완전한 동화가 필수적이었다. 히포크라테스의 저술들은 의학 분야의 고도의 방법론과 의학 윤리에 유용한 것으로서 여전히 읽히고 있었으며, 그의 뛰어난 계승자이자 다작의 작가였던 갈렌의 저서들 역시 마찬가지였다. 이들의 가르침 중 일부는 콘스탄티누스 아프리카누스를 통해 아랍어로 전해졌으며, 그의 판본들은 1161년 힐데하임 주교의 의학 관련 서고를 채운 서적 26권의 대다수를 차지하였다. 하지만 이들 저작 중 일부는 12세기 말 피사인 부르군디오에 의해 그리스어에서 라틴어로 번역되어 서유럽에 도입되었지만, 대부분은 제라드 크레모나에

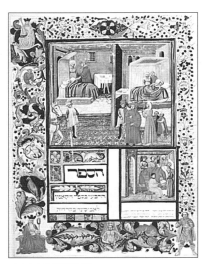

아비세나의 『의학경전』

의해 아랍어에서 라틴어로 번역되어 유입되었다. 이들 작품은 알리 벤 압바스의 아랍어 주석과 축약본, 유대인 이삭, 그리고 12세기 말 아비세나의 『의학경전』*Canon*에 의해 보완되었다. 이삭의 작품들 가운데 일부는 1200년 이전에 독일어로 번역되었다. 아비세나의 『의학경전』은 1582년 대형 2절판의 라틴어 판본으로 간행되었으며, 지금까지도 이슬람 세계의 표준적 의학 백과사전이다. 『의학경전』에 의해 중세

의학의 기본체계가 확립되었으며, 대학 교과과정은 집중적인 연구를 위해 히포크라테스의 『잠언집』Aphorism, 갈렌의 『의술』Tegni, 알리 벤 압바스의 『의술에 관한 모든 것』Pantegni, 유대인 이삭의 의학 저술들 및 후대의 아비세나의 저작들을 가지고 주로 편성되었다. 기본적으로 그리스적이었던 중세 의학은 질병에 대한 아랍인의 매우 충실한 관찰과 의술에 힘입어 풍요로워지게 되었다.

유감스럽게도 스콜라적 사유방식과 문헌기록을 존중하던 중세의 풍토때문에 이 저술들은 실험실과 진료실에서 실험할 대상이 아니라, 설명하고 자구적·교조적으로 해석해야 할 절대적 전거로 간주되었다. 따라서 중세 의학은 그 발전이 매우 더뎠다. 프리드리히 2세는 의학도가 되고자 하는 학생에게 사전에 3년에 걸쳐 논리학을 이수하라는 규정을 제정하였다. 볼로냐 기념비들에 묘사되어 있듯, 교사와 학생들 앞에 의학 교재가 펼쳐져 있는 14세기의 강의실을 보면 렘브란트의 '해부학 강의'에서 묘사된 내용[19]은 실상과 거리가 멀다.

그럼에도 불구하고 중세 대학에서는 의학 연구가 교조적인 동시에 학구적이었기 때문에, 의술의 보다 합리적 관행에서 일정한 진전이 있었다. 가정에서 주술이나 부적, 노련한 부인의 갖가지 민간요법이 일상적으로 행해지던 중세 초기에는 현재 우리가 알고 있는 의사라는 전문 집단은 존재하지 않았다. 우리는 다음 글에서 영국의 오래된 민간 치료술을 확인할 수 있다.[20]

두통이 있을 경우에는 버드나무 잎과 기름으로 재를 만들고 이것을 점성질의

---

19) | 옮긴이 | 렘브란트의 이 그림에서는 교사가 교재도 없이 학생들에게 인체 해부를 설명하고 있다.

20) T. O. Cockayne, *Leechdoms* (Rolls Series), ii, 19-21, 105, 113-115.

물체로 만든 다음, 여기에 독미나리, 엉겅퀴 및 붉은 쐐기풀을 첨가하여 빻은 다음, 이것들을 점성체에 놓고, 이것들과 더불어 목욕을 하라. 두통을 없애려면 개의 머리를 불로 태워 재로 만들라, 개의 머리를 잘라 ······ 놓아라 ······

급성 염증을 치유하려면 여우를 산 채로 잡아 어금니를 뽑거나 (혹은 송곳니를 뽑은 후) 여우를 놓아주고, 어린 사슴 가죽으로 어금니를 묶은 다음, 몸에 휴대하라······

날벌레에 물려 생긴 독과 부어오른 모든 독을 제거하려면 금요일에 소나 한 가지 색을 띤 암사슴의 우유로 버터를 만들라. 그것을 물에 섞지 말고, 호칭기도를 아홉 번 외우고, 주기도문을 아홉 번 외우고, 이 주문을 아홉 번 외우라 ······ 이는 모든 상처에 효험이 있고 심한 상처에도 듣는다. 어떤 사람들은 뱀에 물리면 폴(Faul)이라고 한 마디 외치라고 가르친다. 그렇게 하면 물린 사람이 다치지 않을 것이다. 뱀에 물린 사람은 낙원에서 나오는 껍질을 구해 먹으면 그 독이 몸에 퍼지지 않을 것이다. 그리고 나서 그는 이 책을 집필하였으며, 그 껍질이 딱딱해졌다고 말했다.[21]

만약 당시 살레르노 의학교의 방식이 근대적 의미에서 전적으로 과학적이지는 않다 해도, 적어도 그 치료법은 단순하고 합리적이었다. 아랍인들은 실제로 질병 치유에서 대단한 기량을 보여주었고, 이들의 의술은 의료직의 성장과 함께 점차 확산되었다. 특히 유대인 의사와 아랍인 의사를 활용할 수 있게 되자 의사는 더욱 선호되었다. 영국의 헨리 1세는 개종한 유대인 페트루스 알폰시와 그림발드라는 그리스도교도에게 치료를 받았다고 하며, "스페인에서는 가톨릭 제후들이 자신의

---

21) |옮긴이| 이 내용은 비합리적인데다 때로는 황당하기까지 한 민간요법의 문제점 내지 한계 등을 잘 보여준다.

생명을 사라센인의 의술에 의탁하였다." 동방의 의술과 그리스도교의 오래된 미신 간의 차이는 우사마의 기억에 저장된 시리아 의사 타비트에 대한 서술에서 잘 드러난다.[22]

그들은 다리에 종기가 난 기사와 고열에 시달리던 여성을 나에게 데리고 왔다. 나는 기사에게 약간의 습포제를 투여하였다. 기사의 몸에 난 종기가 열리고 증상이 호전되었다. 여성에게는 몇 가지 음식을 먹지 말 것을 권하였고, 열도 낮추어 주었다. 그런데 프랑크족 의사가 도착하였을 때 나도 그 자리에 있었는데 그 의사는 "이 사람은 이들을 치유할 수 없습니다"라고 말하였다. 그리고 나서 그 기사에게 "그대는 다리 하나로 살기를 원합니까? 아니면 다리 둘을 가지고 죽기를 원합니까?"라고 물었다. 기사는 "다리가 하나뿐일지라도 살고 싶습니다"라고 말하였다. 의사는 "그렇다면 날카로운 도끼와 함께 건장한 기사를 데리고 오십시오"라고 말하였다. 기사와 도끼가 즉시 도착하였다. 의사는 나무판에 환자의 다리를 뻗게 하더니 건장한 기사를 향해 "도끼로 이 사람의 다리를 자른 후 단번에 떼어 내십시오"라고 말하였다. 내가 눈으로 직접 목도하는 가운데 그 기사는 엄청난 힘으로 도끼를 내리쳤으나 다리는 잘리지 않았다. 그 기사가 불쌍한 그 환자에게 다시 두 번째 타격을 가하자 골수가 흘렀고 그는 즉사하고 말았다.

또 의사는 그 여성을 진찰한 후 "머리에 악마가 들어가 그 악마에게 사로잡혀 있습니다. 머리카락을 자르십시오"라고 말하였다. 그들은 그렇게 하였으며, 그녀는 동료와 마찬가지로 마늘과 겨자를 다시 먹었다. 그녀의 체온이 더욱 올라갔다. 그러자 의사는 "악마가 당신 머리에 들어갔습니다"라고 말하였다. 면도칼을 잡은 그는 십자가 형태로 그녀의 두개골을 자르다가

---

22) H. Derenbourg의 프랑스어판(Paris, 1895)을 보기 바란다. D. C. Munro가 번역한 *Essays on the Crusades* (Burlington, 1903), pp.19-20 및 E. G. Browne, *Arabian Medicine*, pp.69-73를 참조하기 바란다.

가운데 두피를 너무 많이 벗겨 그만 뼈가 드러났다. 그는 그녀의 머리를 소금으로 문질렀고 그녀는 즉사하였다. 나는 그들에게 나의 처치가 여전히 필요한지를 물었고, 필요 없다는 대답을 듣고는 전에는 몰랐던 그들의 의술의 실상을 깨닫고 돌아왔다.

이 시기의 수의학은 학술적이라기보다는 실천적이었다. 매와 개의 질병을 다룬 책들이 12세기에 등장하였으며, 중세 전 시기에 걸쳐 지속적으로 활용되었다. 말에 관한 당대의 지식은, 프리드리히 2세 사례가 보여주듯이, 카라비안의 기사였던 지오다노 루포에 의해 집약되었다. 지오다노의 수의학 지침서는 여러 언어로 번역되고 광범위하게 모방되었다. 만프레드 치세기의 히에로클레스의 수의학 판본은 그리스어로 된 관련 책을 번역하여 만들어졌다.

12세기의 학구적인 동물학은 여전히 플리니우스에게, 그리고 동물학에 대한 대중적 인식은 동물우화집에 의존하였다. 보다 과학적인 내용은 13세기 초엽 미카엘 스코트가 아리스토텔레스의 동물 관련 저서들을 번역하고 이 저서들을 아비세나가 축약한 아랍어본이 소개되면서 등장하였다. 나중에 살펴보겠지만, 일반적인 동물에 관한 관찰이 많이 이루어졌고, 군주들은 보다 희귀하고 기이한 야생동물을 보유하기 시작하였다. 초기 노르만 지배자들은 자신의 숲을 보유하기는 했지만(정복왕 윌리엄은 커다란 수사슴을 부모가 자식 대하듯 애지중지하지 않았던가?), 앙주 왕조 때 표범이 영국에 들어왔고, 헨리 2세는 발렌시아의 사라센 군주에게서 낙타를 선물로 받았다. 당대의 이슬람인들과 마찬가지로 프리드리히 2세는 거대한 동물원을 보유하였으며, 이탈리아나 심지어 독일에까지 이 동물들을 데리고 다녔다. 1231년 프리드리히 2세는 "이탈리아에 생소한 코끼리, 단봉낙타, 낙타, 검은 표범, 큰 매, 사자, 표범, 흰 매, 수염 난 올빼미 같은 많은 동물을" 라벤나로 데리고 왔다. 그로부터 5년 후에는 그 유사한 동물들이 파르마 시내를 지나갔으며, 이는 살림베네라고 알려진 15세 소년에게 좋은 볼거리가 되었다. 술탄이 선물로 준 코끼리는 황제파의 지배 아래 있던 크레모나에 머물렀고, 거기에서 콘윌 백을 위해 역량을 시험받고, 그 뼈가 결국 값비싼 상아가 될 것이라는 대중적인 열망 속에서 13년 후 '정말 우스꽝스럽게' 죽음을 맞이한다. 1245년 베로나 산토 제노의 수도사들은 황제 프리드리히 2세를 융숭하게 환대하면서 코끼리 한 마리, 표범 다섯 마리, 낙타 스물네 마리도 귀하게 대접하였다. 낙타는 운송용으로도 활용되고 심지어 알프스 산맥에서도 활용되었는데, 원숭이, 표범과 함께 여행 경험이 없던 알프스 이북의 독일인들에게 경이의 대상이 되었다. 또 다른 경이로운 동물은 술탄이 하사한 기린으로, 중세 유럽에 처음 등장하였다. 니느베나 티레 등의 유서 깊고, 근대의 '동물원' 같은 새로운 소재가 동방에서 유래한 상아, 원숭이 및 공작과 함께 도처에서 발견되었다. 매우 희귀하여 보존차 매슈 파리[23]가 특별히 그린 코끼리 그림에서 발견되는 13세기의 화법畵法 그리고 빌라르 호네쿠르[24]가 여행에서 목격한 후 자신의 스케치북에 '살아 있는 것을 그린' 것이라고 세심히 이름붙인 사자가 더불어 등장하고 있다. 빌라르가 엄청나게 큰 동물만 관찰한 것이 아니었다는 사실은 그가 묘사한 다른 동물에서도 확인된다. 그는 백조와 앵무새, 뱀과 메뚜기에 이르기까지 다양한 동물도 스케치하였다.

　　12세기가 식물학에 기여한 분야는 주로 의학 소재였다. 여기서 그리스의 전통은, 당시의 디오스코리데스 판본에서도 볼 수 있듯이 지속되었는

---

23) |옮긴이| Matthew Paris, 약 1200-59. 영국 베네딕트 수도회 수도사로서 연대기 작가이자 사본 장식화가. 『영국사』, 『대연대기』 등을 저술하였으며, 희귀한 사본 장식 그림들을 남기기도 하였다.

24) |옮긴이| Villard de Honnecourt. 프랑스 피카르디 출신의 13세기의 예술가. 조각, 건축, 측량 등에 관한 다양한 작품을 남겼다.

데, 확실하게 알려지지는 않았지만 거기에는 어떤 이유가 있었을 것이다. 의학 저술의 초기 번역에는 종종 식물 용어에 대한 그리스 주석과 아랍 주석이 수반되었으며, 아랍 지식은 그 다수가 아비세나의 『의학경전』과 함께 도래하였다. 식물학 분야에서는 책을 통하지 않고 터득한 관찰도 활발하였다. 예컨대 고딕 조각품에 새겨진 나뭇잎과 과일의 경우, 근대 자연과학자들이 근대 프랑스 식물군의 많은 원형을 확인할 수 있을 정도로 정교하다. 즉 실경이, 아룸족, 미나리아제비, 양치식물, 클로버, 콜라딘, 노루귀, 매발톱꽃, 갓류, 파슬리, 딸기, 담쟁이넝쿨, 금어초, 떡갈나무잎 및 금작화 같은 것이 그것이다. 또 수많은 봄꽃과 새들이 새겨져 있어, "봄이 가져다주는 온갖 기쁨이 종종 자연의 아름다움에 무관심했다고 알려진 중세 예술가들의 작품에서 다시금 살아 숨쉬고 있다."[25]

농업 분야에서는 12세기에 실천적이든 이론적이든 관련 저서가 간행되지 않았다. 월터 헨리의 『농업』이나 피터 크레스켄티이스의 『농업일반』 같은 저작은 후대의 산물이다. 라틴 고대가 특별히 바로, 팔라디우스 및 콜루멜라의 사본에 기여하였으며, 피사인 부르군디오는 그리스어로 된 『농업백과』*Geoponica*[26]의 포도 재배 부분을 일부 번역하였다. 하지만 농업은 여전히 그리고 그 이후에도 매우 실천적인 기술이었다. 로마 전통에 의존하고 로마 영토에서 북유럽으로 퍼져나간 농업은 12세기에 동부 독일에서 일어난 수도원의 식민화를 통해 확산되었으며, 십자군 원정의 산물로서 지중해 서부지역에 도입된 새로운 작물에 힘입어 성장하였다. 하지만 이 모든 것은 과학적 특성을 결여하고 있었다. 실험 농장은 먼 미래의 일이었다.

---

25) E. Mâle, *L'art religieux du XIIIe siècle en France* (third edition, Paris, 1910), pp.70-71.
26) |옮긴이| 10세기 콘스탄티노플에서 농업에 관한 구전들을 편집한 농업서로 12권으로 구성되어 있다.

건축은 12세기에 응용과
학의 한 형태로서 전면에 부
상하였다. 이는 유서깊은 저
술들에 대한 독서나 고전적
모델의 모방에 의해서가 아
니라, 건축술 자체의 전통과
관행에 기초하였다. 물론 비
트루비우스[27])의 작품은 복
제되고 심지어 발췌되기조

고딕 양식의 샤르트르 대성당

차 하였다. 이 점에서 12세기
는 로마네스크 건축의 절정기이자 고딕 양식의 태동기였다. 고딕 양식은
대단히 탁월한 예술적 업적일 뿐만 아니라 압력과 스트레스 측정, 그리고
재료의 뛰어난 활용 및 건물 전체의 균형과 조화라는 측면에서 공학적
개가이기도 하였다. 하지만 유감스럽게도 이러한 지식은 이론적 지침서
에 의해서라기보다는 관행적으로 전해져 온 것이었다. 심지어 빌라르
호네쿠르 이전의 예술가가 그린 스케치북조차 전해져 오지 않으며, 이후
에도 오랫동안 그러하였다.

이제 과학적 관찰과 실험의 문제가 남아 있다. 12세기인들은 그리스
와 아랍 학자들의 가르침에 얼마나 만족하였고, 이들 지식을 입증하고
확대하였을까? 그리스 학자들과 그 후학들의 이론에 대한 심도 있는
연구 선례는 많이 있었다. 동물에 관한 아리스토텔레스의 서술은 근대의
동물학자들로부터 높이 평가받고 있는데, 사실 현미경 없이 도달할 수

---

27) |옮긴이| Marcus Vitruvius Pollio, 기원전 약 80, 70년경-기원후 약 15년경. 로마의
   작가, 건축가 겸 엔지니어로 『건축론』을 저술하였다.

있는 최고의 경지를 보여주곤 하였다. 질병들에 대한 히포크라테스의 관찰은 정확하면서도 예리하였다. 갈렌은 개구리 척추에 관한 유명한 실험을 수행하였다. 에라토스테네스와 바그다드의 천문학자들은 지표면의 각도를 측정하였다. 그리스의 천문대와 아랍의 천문학자들은 행성표에 입각하여 천체의 운동을 표시하였다. 중세 그리스도교도들은 이 같은 대표적인 사례들을 추종만 하였다. 하지만 이들이 그리스와 아랍의 방법론보다는 그것의 과학적 성과물을 주로 채택하였다는 점은 지적해 두어야 한다. 의학은 학술적으로 해석된 갈렌 및 히포크라테스의 저술에 대한 연구였다. 물리학은 아리스토텔레스 저작에 대한 논리적 해석이었으며, 지리학은 여행이나 지도에 대한 연구가 아니라 저술에 대한 해석과 탐구였다. 시간이 경과하면서 아리스토텔레스는 도움이 되기보다는 장애물이 되었는데, 아리스토텔레스의 이론이 외연을 확장하기 위한 방법론을 제공하기보다는 지식을 정형화시키고 우주에 관한 이론을 강제하였기 때문이다. 그러다 보니 그것은 과학의 보다 깊이 있는 진전을 위해 포기되어야 할 예비적 이론이 되었다. 아리스토텔레스의 논리는 그의 자연과학 및 그것을 태동시킨 방법론을 부정하는 경향이 있었다. 중세 대학들은 실험이나 관찰이 아니라 서적을 통해 의학과 자연사를 연구하였는데, 이러한 방식으로는 과학적 지식의 성장을 기대할 수 없었다.

하지만 이 모든 것은 오늘날의 눈으로 중세 과학을 보고 부풀려진 것으로, 12세기 초 이래 이루어진 과학적 진전에 대해 충분히 설명하지 못하고 있다. 12세기에 이루어진 관찰과 실험 사례는 다수 있었다. 1092년 왈쉐 말베른은 일식에서 영국과 이탈리아의 시차를 발견해 내려고 하였고, 아리스팁푸스는 생명의 위험을 무릅쓰고 에트나 산의 화산 폭발을 연구하였으며, 기랄두스 캄브렌시스는 아일랜드와 웨일즈의 조수 높이를 기록하였다. 또한 미카엘 스코트는 리파리 제도[28]의 화산 활동을 기술하였다. 살레르노의 의사들은 인체 해부를 하지는 않았다고 해도 적어도 돼지 해부를 통해 연구를 하였을 것이다. 그 초기 사례로 1140년까지 활동한 아델라르 바스를 들 수 있다. 바스에게 전거란 장애물이었으며, 어떤 설명으로도 해명되지 않을 경우에만 신이라는 존재를 활용하였다. 지식을 얻기 위해 지중해 세계를 여행하였던 그는 아랍인들과 그리스인들의 과학적·사실적 기질을 배웠다. 그는 시리아에서 목격한 지진과 마그나 그라에키아[29]에서의 기압 실험을 보고하였고, 빛의 속도가 소리의 속도보다 빠르다는 사실을 기록하였다. 한편 아델라르나 그의 동시대인은 한낮에 태양이 머리 위에 서 있는 지점을 표시하려고 하였다. 아델라르가 과학적 탐구의 선구자였음은 분명하다.

그로부터 한 세기 이후의 관찰과 실험의 대표적인 사례는 황제 프리드리히 2세일 것이다. 새에 대해 기술한 프리드리히는 아리스토텔레스가 지나치게 소문에 의존하였으며, 직접적인 관찰을 통해 아리스토텔레스의 이론이 수정되어야 한다고 주장하였다. 예컨대 아리스토텔레스는 "우리가 일상적으로 즐겨 행하고 있는 매사냥을 거의 해본 적이 없거나 혹은 아예 해본 적이 없다"는 것이다. 매사냥에 관한 책에서 황제 프리드리히는 새의 습성, 특히 스포츠와 연구에 골몰하느라 바빴던 그는 데리고 다니던 매의 습성을 직접 관찰하여 집약하였으며, 먼 지역에서 들어온 새와 매를 통해 이를 입증하였다. 사실상 왕실의 행정자원을 체계적으로 활용한 이 탐구는 정부기구에 의한 연구 수행이라는 흥미로운 사례를 제공한다. 그가 말하고자 하였던 바는 "우리는 많은 비용을 들여 멀리 있는 이 분야의 전문가들을 초청하여 그들이 가장 잘 알고 있는 모든 지식을

---

28) |옮긴이| 시칠리아 북쪽에 위치하고 있으며, 베수비우스와 에트나 화산 사이에 있는 군도.

29) |옮긴이| 남부 이탈리아의 타렌티아 만의 해안지역. 고대 그리스의 식민 활동에 의해 이곳에 그리스인들이 많이 거주하였다. 지명 마그나 그라에키아(Magna Graecia)는 위대한 그리스라는 뜻을 지니고 있다.

도출하였으며, 이들의 말과 관행을 기억하였다"는 것이다. "바다를 건너간 우리는 아랍인들이 매사냥에 두건을 사용한다는 것을 목격하였으며, 아랍 군주들은 여러 종류의 매와 매우 유능한 매사냥꾼을 우리에게 보내주었다." 황제 프리드리히 2세는 알의 인공부화를 시도하였을 뿐만 아니라 이집트에서 타조알이 햇빛에 부화되었다는 소식을 듣고는 이를 직접 검증하고자 직접 알과 전문가를 데리고 아풀리아로 가기도 하였다. 프리드리히는 흑기러기를 북쪽으로 날려 보내 흑기러기가 기러기에서 부화되었다는 우화를 탐구하고 거위가 실제로 부화된 장소에 대해 무지하여 이런 이야기가 나오게 된 것이라고 결론지었다. 그는 독수리 눈을 실로 꿰매고 콧구멍은 그대로 둔 채 독수리가 시각이나 후각 중 어떤 것을 사용하여 먹이를 발견하는지 알아보았다. 프리드리히는 관찰과 기록을 위해 둥지, 알, 새 등을 거듭 직접 관찰하였으며, 자신의 관찰에 입각하여 세밀하고도 정확한 기술을 남겨 신뢰를 얻게 되었다.

선량한 사림베네가 손사래를 쳤던 미신과 호기심의 이면에는 무엇이든 직접 확인해 보고 밝혀 보려는 욕구가 강하였던 프리드리히 2세의 이 같은 실험 정신이 있었다. 프리드리히가 영혼은 육체와 함께 소멸한다는 사실을 입증하기 위해 한 남자를 술통에 집어넣었다라든가 수면과 운동이 소화에 미치는 영향을 입증하기 위하여 두 사람의 내장을 꺼냈다는 일화도 있다. 그는 "아이들이 모국어로서 히브리어나 그리스어 혹은 라틴어 또는 아랍어나 적어도 부모가 사용하는 언어로 말하는지를 알아보기 위해 말을 못하게 한 채 이들을 양육해 보기도 하였다. 하지만 실험 대상이 된 아이들이 모두 사망하는 바람에 이런 노력은 허사로 돌아갔다." 쉴러의 『잠수부』*Des Taucher*에 등장하는 영웅으로 피쉬라는 성을 가진 잠수부 니콜라스가 있었다. 스킬라와 카리브디스의 물의 요새, 메시나의 작은 탁발수도회 수사들을 통해 전해진 이들의 위업은 파르마의 탁발수사 사림베네에 의해 다른 연대기에 기록되었는데, 당시 사라진 "다른 미신,

호기심, 저주, 불신, 사악함, 폐해"를 탐구하기 위해 프리드리히는 반복해서 이 잠수부를 바다로 보냈다.

　이 같은 대략적인 설명만으로도 로저 베이컨이 실험을 수행한 중세 최초의 과학자였다는 전설을 와해시키기에 충분하다. 물론 황제 프리드리히 2세는 예외적인 인물이었고, 중세의 실험 정신을 보여주는 유사 사례를 다수 발견하기 이전에 우리는 더 많은 사실을 알게 될 것이다. 그럼에도 불구하고, 프리드리히는 관찰, 특히 활발히 관찰하였던 가축과 사냥용 짐승에 대해 언급하였다. 왕실동물원은 물론 여러 농장과 숲에서도 관찰이 이루어졌다. 하지만 당연히 관찰한 내용은 대부분 기록되지 않았다. 사냥과 농사를 다룬 책은 물론 더 일반적인 책에서도 실험 정신이 발견된다. 사람들은 플리니우스에게서 용과 반인반수를, 동물우화집에서 그리핀을 도출하였으나, 말, 개, 매 등에게서도 지식을 도출해 냈다. 베이컨과 같은 영국인이었던 바돌로매는 그리핀의 존재와 펠리칸의 부활을 확신하였으며, 달라질 것이 거의 없는 집고양이에 관한 다음 구절을 자주 인용하곤 하였다.

　집고양이는 젊고 매우 호색적이며, 매혹적이고, 얌전하며, 쾌활하다. 또한 자신 앞에 있는 모든 물체를 뛰어오르고, 제자리로 돌아온다. 고양이는 짚을 좋아하며, 거기서 놀이를 한다. 그리고 이 고양이는 나이에 비해 몸무게가 많이 나가고 깊은 졸음에 빠지며, 쥐를 기다리며 교활한 거짓말을 한다. 쥐의 시각이 후각보다 뛰어나고 은밀한 곳에서 사냥하고 휴식을 취한다는 사실을 고양이는 알고 있다. 고양이는 쥐를 잡으면 잡은 쥐를 가지고 놀다가 놀이가 끝나면 잡아먹는다. 발정기에는 암컷을 차지하기 위해 격렬한 싸움을 벌이며, 이빨이나 발톱으로 상대방 몸에 상처를 내고 심각한 타격을 가한다. 한 놈이 다른 놈과 싸울 경우 서글픈 소리를 내고 섬뜩한 짓도 한다. 높은 곳에서 떨어져도 좀처럼 다치지 않는다. 또한 고운 털을 가진 고양이는 이를 자랑하며, 여기 저기 재빠르게 돌아다닌다. 털이 타면, 집에서 숨어 지낸다. 고양이는 또한 고양이털 수집가에게 붙잡혀 죽임을 당하고 가죽이 벗겨지게 된다.[30]

중세인이 미지의 세계에 산다고 믿은 귀가 큰 사람들

이 작가의 글에서 매우 충격적인 것은, 고양이와 그리핀을 병존시키고 사실과 우화를 예외적으로 결합시키고 있다는 것이다. 이는 일정하게 중세 지식이 갖는 한계에 내재된 것이었다. 아담 브레멘은 노르웨이와 덴마크에 대해 알고 있었지만, 발트 해 동부의 이 땅으로 푸른 피부색과 검은 피부색을 가진 사람들, 아마존 및 어깨 사이에 머리가 난 사람들을 데려다놓았는데, 이 기이한 존재들은 모두 플리니우스와 우화집에서 가져온 것이었다. 알려진 세계 너머에는 항상 어둠의 바다가 있었다. 하지만 이것이 전부는 아니었다. 프리드리히 2세는 검은 거위와 영혼의 존재에 대해 회의적이었으며, 17세기 합스부르크 왕조와 같이 왕실 점성술사의 예언을 넌지시 믿었다. 심지어 정점에 도달한 그리스도교화된 중세 유럽의 과학적 정신조차 당대의 특징이라 할 전거에 대한 존중에서 벗어나지 못하였다. 비판적 인식은 제한적으로만 제기되었고, 모든 영역에 깊숙이 침투하지는 못하였다. 전거에 대한 체계적인 검증도 이루어지지 않았고 모든 진술에 대한 확증이나 입증도 없었다. 물론 우리가 고찰하는 시기는 12세기이므로, 특정 시대에 이 모든 것을

---

30) Robert Steele, *Mediaeval Lore*, p.165.

요구한다는 것은 너무 과도하며 비역사적이다. 하지만 13세기에 아리스토텔레스의 언명들에 오류가 있을 수 있다는 것을 인정하였기 때문에, 이러한 부류의 무언가를 요구한다는 것은 역사적 정신에 위배되는 것이 아니다.

참고문헌

중세 과학을 다룬 권위있는 서적이나 참고문헌은 없지만, 사전적인 연구들은 여럿 진행 중이다. 보다 최신 자료에 대한 매우 훌륭한 지침서는 *Isis*에 있는 현재의 참고문헌이다(Brussels, 1913-). 과학 분야의 상당 부분을 포괄하는 이들 저작 중에서 뒤헴(Pierre Duhem)의 *Le système du monde à Copernie*(Paris, 1913-17)는 특별히 언급해둘 필요가 있다. 또한 손다이크(Lynn Thorndike)의 *History of Magic and Experimental Science*(New York, 1923)는 마술에 관한 모든 것 및 다수의 개별 작가에 대한 유용한 저서지만, 실험과학 즉 연금술에 대한 서술은 부족하다. 필자는 중세 과학의 몇몇 주제를 *Studies in the History of Mediaeval Science*에서 다룬 바 있다. 사르통(G. Sarton)의 주요 저서인 *Introduction to the History of Science* i(Washington, 1927)는 시기를 11세기 말엽까지로만 확대하였다. 대중 과학에 관해서는 랑글루아(Ch. V. Langlois)의 *La connaissance de la nature et du monde*(Paris, 1927; La vie en France au moyen âge, iii)를 참고하기 바란다.

백과사전 편찬자들 중 이시도르에 관해서는 브레하우트(E. Brehaut)의 *An Encyclopedist of the Dark Ages*(New York, 1912)에서 번역본이 자유롭게 발췌되면서 논의가 이루어졌다. 람베르트(Lambert)의 *Liber floridus*(by L. Delisle, in Notices et extraits des MSS., xxxviii, 2, 1906, pp.577-791) 및 스틸(R. Steele)의 *Mediaeval Lore from Bartholomaeus Anglicus*(London, 1907)에 의해 번역된 발췌문을 볼 것. 뱅생 보베에 관해서는 다양한 판본이 있는데 1624년 두에(Douai)에서 출간된 판본이 접근하기 가장 쉽다. 여기에 포함된 *Speculum moral*은 그의 작품이 아니다. 알베르투스 마그누스에 관해서는 손다이크(ch.59)를 참고하기 바란다. 그의 전집

352

(가장 최근의 A. Borgnet, Paris, 1890-99) 외에 스태들러(H. Stadler)의 *De animalibu*에 대한 주석이 달린 비판본(Münster, 1916-20) 및 마이어와 예센(E. Meyer and C. Jessen)의 *De vegetabilibus*(Berlin, 1867)가 있다.

수학에 관해서는 캔터(M. Cantor)의 *Vorlesungen über Geschichte der Mathematik*, I(third edition, Leipzig, 1907), ii, 1(second edition, 1899)과 스미스(D. E. Smith)의 *History of Mathematics*(Boston, 1923-24)를 참조하기 바란다. 새로운 수학에 관한 매우 편리한 사례는 카르핀스키(L. C. Karpinski)가 편집·영역한 *Robert of Chester's Latin Translation of the Algebra of al-Khowarizmi Arabic Numerals*(Boston, 1911)에서 볼 수 있다. 12세기 뒤헴에서의 천문학 및 물리학에 관한 서술은 필자의 *Mediaeval Science*, chs.2, 3, 5, 6 및 바타니(C. A. Nallion on al-Battani)의 in *Pubblicazioni del R. Osservatorio di Brera in Milano*, xl(1904)으로 보완 가능하다. 손다이크는 이 시기의 천문학을 충실히 다루었다. 날리노(Nallino)의 in *J. Hasting's Encyclopedia of Religious and Ethics*, xii(88-101) 및 웨델(T. O. Wedel)의 *The Mediaeval Attitude toward Astrology*(New Haven, 1920)도 참조하기 바란다.

비즐리(C. R. Beazley)의 *The Dawn of Modern Geography*, I, ii(London, 1897-1901)는 중세 지리학의 전반적인 배경을 소개하였다. 라이트(J. K. Wright)의 *Geographical Love of the Time of the Crusades*(New York, 1925)는 참고문헌과 함께 12세기 지리학에 관한 탁월한 저술이다.

중세 연금술에 관해서는 만족할 만한 개설서가 없다. 버스롯(M. Berthelot)의 *La chimie au moyen âge*(Paris, 1893)는 수정·보완이 필요하다. 리프만(E. O. von Lippmann)의 저작은 중세에 관한 서술이 취약하다. 그리스어 텍스트는 비데즈(J. Bidez)가 엮은 *Catalogue des manuscrits alchimistes grecs*(Brussels, 1924-)에 등장한다. 라틴어 텍스트들은 싱어 (Mrs. Dorothea Singer)의 정리와 카르보넬리(G. Carbonelli)의 *Sulle fonti storiche della chimica e dell alchimia in Italia*(Rome, 1925)를 볼 것. 근년의 가장 탁월한 연구성과로는 와이드만(E. Wiedeman), 홈야드(E. J. Holmyard)의 *Isis* vi(pp.293-305, 479-497), viii(pp.403-426)가 있다. 담슈태터(E. Darmstaedter)의 *Die Alchemie des Geber*(Berlin, 1922), *Archiv für Geschichte der Medizin*, xvii(1925, pp.181-197) 및 러스카(J. Ruska)의 *Arabische Alchemisten*(Heidelberg, 1924-)를 비교하기 바란다. 필자는 *Isis* 다음 호에서 미카엘 스코트가 집필한 *Alchemy*를 검토하였다.

의학에 관해서는 뉴베르거(M. Neuberger), 파겔(J. L. Pagel), 슈트호프(K. Sudhoff) 및 개리슨(F. H. Garrison)의 통사 외에, 브라운(E. G. Browne)의 *Arabian Medicine*(Cambridge, 1921)을 참고하기 바란다. 두 권으로 된 캠펠(D. Campell)의 *Arabian Medicine and its Influence on the Middle Ages*(London, 1926)는 비판적인 안목이 결여되어 있고 내용도 실망스럽다. 고대 영어로 된 *Leechdoms*는 콕케인(Cockayne)에 의해 롤 시리즈로 편집 번역되었다(London, 1864-66). 최근 슈트호프(K. Sudhoff)와 그의 제자들이 특히 살레르노 의사들을 대상으로 한 연구를 행하고 있다. 하트만(F. Hartmann)의 *Die Literatur von Frühund Hochsalerno*(Leipzig, 1919)를 참조할 것. 살레르노 의학교에 관해 가장 정평이 난 *Regimen sanitatis Salernitanum*이라는 제목의 시는 *The School of Salernum*(ed. F. R. Packard, London, 1922)에서 존 해링튼 경이 편집한 고풍스러운 영어본으로 이용 가능하다. 슈트호프는 이 시의 집필 시기가 비교적 후대 시기임을 보여주고 있다(*Archiv für Geschichte der Medizin, passim*). 질레스 코르베유에 관해서는 비에이(C. Vieillard)의 책(Paris, 1909) 및 디르세이(S. d'Irsay)의 in *Annals of Medical History*, vii(1925, pp.362-378)를 볼 것. 초기 살레르노 의학교에 관해서는 싱어(C. and D. Singer)의 in *History*, x(1925, pp.242-246)와 코너(G. W. Corner)의 *Anatomical Texts of the Earlier Middle Ages*(Washington, 1927)를 참고하기 바란다.

초기 식물학에 관한 표준적 역사는 메이어(E. H. F. Meyer)의 책 (Königsberg, 1854-57)이 있다. 농업에 관해서는 월터 헨리(Walter of Henley) 의 *Husbandry*(published by the Royal Historical Society, London, 1890) 를 보기 바란다.

아델라르 바스에 관해서는 필자의 *Studies in Mediaeval Science* 제2장을 참고하기 바란다.

제11장

철학의 부활

고대 그리스에서와 마찬가지로 중세에도 철학과 과학은 분리할 수 없을 만큼 긴밀한 관계를 맺고 있었다. 사실 중세의 대부분의 지식 분류체계에서 과학은 그저 철학의 한 분과에 불과하였다. 과학이 주로 추상적이고 연역적이던 시대에 이 두 학문의 방법론은 유사하였다. 두 학문이 우주론과 맞닥뜨려 크게 관심을 갖게 된 시기에 이들 학문에서 제기된 쟁점들 역시 유사하였다. 또한 둘 다 아리스토텔레스라는 훌륭한 전범이 있었다. 아리스토텔레스는 '철학자들 중의 철학자'였을 뿐만 아니라 자연과학의 다양한 분야에서도 공인된 스승으로서, 거의 보편적인 백과사전이라 할 자신의 저술들에서 철학과 과학을 결합하였다. 중세의 우주는, 오늘날의 사람들이 생각하듯이 개방되고 비정형적인 것이 아니라 폐쇄적이고 대칭적이었으며, 전 학문의 최고 통합자로서의 철학은 모든 학문의 총체이자 하나의 체계이기도 하였다. 이 같은 일관성과 통합성은 13세기 및 토마스 아퀴나스 시대에 이르러 성취되었다. 고대 철학의 편린만이 존재하였던 중세 초기에는 모순도 많고 일관성도 결여된 이러한 피상적인 자료에 사로잡혀 있었다. 전기가 마련된 것이 12세기였다.

12세기가 되자 철학 및 아리스토텔레스 학문이 완전하게 부활하고 플라톤의 주요 저술도 부활하였다. 논리학이 문학에 대해 우위를 점하게 되었으며, 아벨라르, 그라티아누스 및 피터 롬바르드의 스콜라적 방법론이 정교해졌다. 12세기는 13세기의 위대한 종합을 위한 필수불가결한 토대와 상부구조를 제공하였다. 사실상 드 울프가 지적하고 있듯이, 12세기에는 "신, 존재의 다원성 및 영혼의 활동에 관한 모든 교리 군들을"[1] 이해하게 되었으며, 보다 포괄적인 철학에 통합될 준비를 갖추었다.

중세인들은 고대의 대표적인 철학자인 플라톤과 아리스토텔레스 가운데 아리스토텔레스에 더 공감하였다. 그 전거들의 조화를 꾀했던 중세에는 이 두 철학자 간의 차이를 최소화하고, 아리스토텔레스가 종종 플라톤적이었음을 환기시키는 당시 저술가들에게서 위안을 얻었을 것이다. 그래도 중세인은 이 두 철학자를 동일하게 언급하지는 않았고 의식적으로 아리스토텔레스를 선호하였다. 기번은 아리스토텔레스 철학이 "모든 시대의 독자들에게 똑같이 명료하거나 혹은 불분명하게" 받아들여진 것에 비해, 플라톤은 아테네인들을 위해 책을 집필하였고 그의 탁월한 은유 역시 그리스의 언어 및 종교와 밀접히 결부되어 있었기 때문에, 아랍인들이 아리스토텔레스 철학을 수용하였다고 생각하였다. 하지만 이것이 중세인들이 아리스토텔레스를 선호한 이유의 전부가 아니다. 중세인의 심성이 본성적으로 아리스토텔레스에게 친밀감을 갖고 있었다고 주장하는 것은 중세인들이 아리스토텔레스를 선호한 이유를 외면하는 일이 될 것이다. 중세인들의 이러한 심성은 일찍이 보에티우스의 아리스토텔레스적 논리에 입각하여 형성되었기 때문이다. 하지만 이후의 세기들을 보면 아리스토텔레스의 변증론에 과도하게 의존하고 아리스토텔레스의 사유체계에 입각해 있었던 것이 사실이다. 특정 주제에

---

1) De Wulf, *Histoire de la philosophie médievale* (1924), i, pp.177-178.

관해 대화체 형식으로 자신의 견해를 자유롭게 표출하는 만연체로 된 플라톤의 저술은 중세인들이 충분하게 이해하기 힘들었다. 당시 널리 알려진 플라톤의 유일한 저서인 『티마이오스』는 대화체와는 거리가 멀었다. 중세인들은 압축적이고 명확하며 체계적인 논증방식에 입각한 지침서와 텍스트를 선호하였다. 철학과 과학의 거의 전 분야에서 이러한 지침서와 텍스트들을 아리스토텔레스의 이름으로 발견한 시대에 아리스토텔레스는 호소력을 발휘하였다. '교과서의 대부'는 손쉽게 '주석의 선조'가 되었고, 아리스토텔레스의 작품은 설명, 주석 및 주해의 적절한 대상이 되었다. 게다가 아리스토텔레스의 저술이 아랍인의 주석과 함께 유럽에 소개되었기 때문에 이 주석을 통해 내용은 보다 명확해지고, 아랍의 주요 철학자들을 통해 그 위상이 강화되었다. 전거가 거의 전무하였던 시대에 아리스토텔레스는 중요한 지식 내지 고상한 지식의 대변자로서 다른 학자들을 쉽게 압도하였다. 아리스토텔레스가 일찍이 '철학자들 중의 철학자'이자 '철학자들의 스승'이 되었던 것은 결코 놀라운 일이 아니다.

그럼에도 불구하고, 플라톤주의 전통은 중세 전 시기에 걸쳐 약하게나마 이어졌고 가끔 단명한 학교들에서 확산되기도 하였다. 공교롭게도 중세 플라톤주의가 가장 활기를 띠었던 시기는 12세기였다. 물론 이 시기에 플라톤 저술이 크게 활용된 것은 아니었다. 약 1156년경 아리스팁푸스 카타니에 의해 작성된 『메논』 및 『파이돈』 판본은, 대략 십여 개의 필사본이 남아 있지만 그 영향력은 크지 않았다. 당시 유럽인이 직접 활용할 수 있었던 플라톤의 대화편이라야 『티마이오스』가 유일하였고 4세기에 활동한 칼키디우스의 주석이 달린 번역본의 첫 53장이었기 때문이다. 플라톤에 대한 이해는 주로 키케로와 보에티우스, 마크로비우스, 아풀레이우스, 성 아우구스티누스를 통해, 그리고 12세기 말엽 일부 신플라톤주의 자료의 아랍어 번역을 통해 간접적으로 이루어졌다. 비록 대단한 존경을 받고 늘 언급의 대상이 되기는 했지만 플라톤의 저술에 직접 접근할 수 없었던 중세에 플라톤은 공정한 평가를 받을 기회를 갖지 못하였다. 이 시기에는 문학작가로서의 플라톤에 대해 전혀 알려진 바가 없었으며, 소크라테스의 인간적인 면모 역시 거의 알려지지 않았다. 안셀름도 플라톤에 대해 다소 이해를 갖고 있었지만, 12세기에 플라톤적 이상주의를 대변한 것은 주로 샤르트르 학파였다. 샤르트르 학파의 대표적인 플라톤주의자들은 베르나르 샤르트르와 티에리 샤르트르, 기욤 콩슈 및 질베르 라 포레였다. 이들과 더불어 아델라르 바스, 베르나르 실베스터, 티에리의 제자였던 헤르만 카린티아 그리고 우주론을 저술한 일부 무명 학자들을 플라톤주의자로 분류할 수 있겠다. 베르나르 샤르트르는 사물의 무상한 세계를 형성하기 위하여 질료와 결합한 구체적인 형상이 유래하는 영원한 이데아에 관한 이론을 발전시켰다. 그런데 그는 이 질료를 『티마이오스』에서 언급한 원초적이고 무질서한 덩어리로 이해하였다. 존 솔즈베리가 당대의 완벽한 플라톤주의자라고 찬사를 보냈던 베르나르의 저술들은 소실되었다. 『티마이오스』의 우주론은 티에리 샤르트르의 『신의 창조 6일에 관하여』*De sex dierum operibus*의 창조 부분에서 다시금 명백하게 드러나게 되었다. 하지만 이들 이론은 아리스토텔레스의 물리학이 승리하기 이전 세기에 소멸되었다. 12세기에 아벨라르에 의해 철학자들 중 최고 철학자라고 불렸던 플라톤의 대단한 명성은 아리스토텔레스에 대한 엄청난 무지와 함께 당시 아리스토텔레스가 변증론가로만 알려진 사실에서 일부 기인하며, 보편적 천재였던 아리스토텔레스의 저술들이 완전하게 되살아나기 전에 플라톤의 영향력은 급속히 사라져 버렸다.

한편, 아리스토텔레스의 영향력은 그의 수많은 저술들을 점진적으로 수용함에 따라 결정되었다. 중세 초기에는 그의 저술 가운데 보에티우스가 번역한 『오르가논』*Organon*이라는 6권의 논리학 저서만이 알려졌고,

사실상 이에 대한 축약본이라 할『범주론』과『해석론』을 제외한 모든 저서는 12세기 이전까지 사람들의 시야에서 사라졌다. 이들 두 저작은 『분석론전서』,『분석론후서』,『변증론』,『소피스트적 논박』등의『신논리학』과 대비되는『구논리학』으로 알려졌고 1128년 직후 다양한 형태로 다시 등장하였다. 1159년경 이들 저서 가운데 매우 중요한『분석론후서』가 유럽에 수용되었으며, 아리스토텔레스의 논리학 체계는 12세기 말엽 유럽인의 사유에 흡수되었다.『물리학』및 자연과학과 관련하여 이보다 짧은 저작들인『기상학』,『발생소멸론』및『동물론』은 1200년경에 번역되었다. 물론 이미 살펴본 것처럼 그리스 및 아랍 자료에서 유래한 이들 이론의 흔적은 이보다 좀 더 일찍 발견되었다. 1200년경『형이상학』이 처음에는 간략한 형태로, 나중에는 완전한 형태로 등장하였다. 13세기에 아리스토텔레스의『오르가논』의 나머지 저작이 첨부되었다. 즉,『동물론』에 관한 여러 책들,『윤리학』과『정치학』그리고 불완전하지만 뒤이어『수사학』과『시학』이 상당한 정도의 위 아리스토텔레스 자료와 함께 부활하였다. 그리하여 약 1260년경 현존하던 아리스토텔레스의 저술들이 알려지게 되었으며, 학자들은 이들 판본의 텍스트를 그리스어 판본에서 직접 유래한 아랍어 판본 텍스트와 비교하는 데 많은 시간을 할애하였다.

　　하지만 철학자들 중의 철학자라는 아리스토텔레스에 대한 호감은 그의 저술들이 등장하면서 수반된 이론들에 의해 약화되었다. 아리스토텔레스의『신논리학』이 정통 가톨릭 교회의 후원을 받고 오직 그리스 저술에서만 유래하였던 반면, 물리학과 자연과학은 유럽의 그리스도교 사회에 의구심을 불러일으킨 다수의 주석과 설명을 포함한 아랍 저술에서 유래하였다. 아리스토텔레스와 함께 아베로에스의 이론이 유럽에 유입되었다. 결국 아리스토텔레스는 그리스도교도 저술가, 유대인 저술가도 아니었고, 그의 철학이론에는 유대교, 그리스도교, 이슬람교의 정통교리에서 주장하는 창조관과 상충되는 우주의 영원성 같은 논지가 포함되어 있었다. 이 때문에 위 세 종교를 신봉하던 학자들은 이에 대해 충분히 해명을 해야 했고, 이 과정에서 뚜렷한 발전이 이루어졌다. 즉, "이들 세 종교의 신비주의는 기본적으로 신플라톤적이며, 이들 모든 종교의 스콜라주의는 압도적으로 아리스토텔레스적이었다."[2] 그리하여 이슬람인 아비세나와 유대인 마이모니데스 등 보다 전통적인 철학자들은 아리스토텔레스의 이론과 정

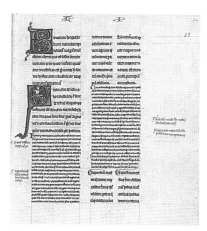

아베로에스가 주석한 아리스토텔레스 『영혼론』의 라틴어 번역 필사본

통신학 간의 차이를 완화시켰으며, 아리스토텔레스 이론을 일정하게 변형시켰다. 하지만 아베로에스(1126-98) 등의 철학자들은 그런 목적을 위해 자신의 논지에서 벗어나고자 하지 않았을 뿐 아니라, 비록 아리스토텔레스 철학에 내재되어 있기는 해도 아리스토텔레스가 강조하지 않았던 요소를 아예 전면에 내세우기까지 하였다. 질료의 영원성 이론 및 개체의 불멸성을 부정하는 지성의 단일성 이론이 그것이다. 이상하게도 아베로에스의 영향력은 이슬람 세계보다 그리스도교 세계에서 강력하였다. 아베로에스의 저술이 그리스도 세계에 끼친 최초의 영향력과 충격은 아리스토텔레스 저술로까지 확대될 정도로 강력한 것이었다. 1210년 새롭게 부활된 아리스토텔레스의 자연철학 및 그 주석이 파리 종교회의에서 금지되었다. 이 금지령이 1215년에 다시 공포되었으며, 특히 아리스토텔레스의 『형이상학』에 적용되었다. 1231년 교황 이노켄티우스 4세는 특별위원회가 모든 오류를 시정할 때까지 파리 대학에서 아리스토텔레스

2) G. F. Moore, *History of Religions* (New York, 1919), ii, p.ix.

의 이 저술들에 대한 연구를 금하였다. 하지만 아리스토텔레스의 이들 오류가 삭제되지는 않았다. 쟁점은 그저 완화되고 해명되었을 뿐, 1255년 파리 대학에서 인문학 석사학위를 취득하려면 아리스토텔레스의 새로운 체계를 이수해야 한다는 조항이 명문화될 때까지 아랍적 이론들은 무시되었다. 아베로에스는 이들 조항에는 등장하지 않았지만, 아리스토텔레스에 관한 그의 주석은 17세기까지 일상적으로 활용되었다. 단테는 『천국』의 〈지옥〉에서 아베로에스를 고대의 위대한 철학자 반열에 올려놓았고 그를 위대한 주석가로 칭송하기도 하였다. 단테는 아베로에스의 추종자인 시제르 브라방에 대한 회고도 남겼다. 시제르 브라방은 파리의 "짚의 거리3)에서 눈에 거슬리는 진리를 3단 논법으로 논박하였고,"4) 13세기 말엽 파리에서 부활한 라틴 아베로이즘은 스승 시제르에게 이단이라는 커다란 오점을 남겼다. 알베르투스 마그누스와 토마스 아퀴나스는 이 같은 신흥 이단을 억제하기 위해 엄청난 노력을 기울여야 했고, 이들 이단의 논지는 1277년 파리 대학에서 정죄당한 219개 명제라는 긴 목록에 포함되었다. 그 밖의 많은 명제들과 함께 이들 명제에서 질료의 영원성 및 인간의 불멸성을 부정하는 아베로에스 이론들을 발견할 수 있다. 이 이론들이 가톨릭의 정통 교리에 반한다는 비판이 제기되자, 시제르와 그의 추종자들 다수가 철학에서의 진리가 신학에서는 오류이거나 그 반대일 수도 있다는 솔깃한 이론을 제시하였다. 사람들은 아베로에스의 이론들이 신앙과 관련하여 교회로부터 의심을 받게 된 황제 프리드리히 2세를 오염시켰다고 생각하였다. 우리는 피사 캄포 산토 성당의 프레스코에 묘사된 모하메드 및 적그리스도와 함께 고통받고 있는 프리드리히의

---

3) |옮긴이| 지금의 단테 거리(Rue Dante). 학생들이 이 거리에 짚을 깔고 수업을 듣게 되면서 짚의 거리(Rue de Fouarre)로 불리게 되었다. 이곳에서 강의를 들었던 단테의 이름을 따 지금은 단테 거리로 불리고 있다.

4) |옮긴이| 『신곡』, 〈지옥〉, 144편.

모습에서 아베로에스의 명성을 발견할 수 있다.

철학과 신학은 12세기의 다른 이단적 이론들, 아모리 베느 및 데이비드 디낭의 범신론과 알비파의 이원론에서 갈등을 겪게 되었다. 아마도 아베로에스주의자와 연계된 범신론자들은 1210년 파리에서 이루어진 정죄 대상에 포함되었을 것이다. 이원론자들, 마니교도들 내지 카타르파는 알비파 십자군과 도미니크 탁발수도회가 주도한 종교재판의 주요 표적이었다. 명칭이 시사해주듯이 마니교는 로마 제국의 이단 및 종국적으로 페르시아의 이원론에까지 거슬러 올라간다. 아마도 일찍이 갈리아에서 존속하였을 마니교는 동방에서 발칸 반도를 거쳐 북부 이탈리아와 남부 프랑스로까지 확산되어, 12세기에는 남부 프랑스에 강력하게 등장하였다. 마니교는 당시의 철학적 사유에 많은 영향을 미치지 못하였지만, 대중에게는 광범한 영향력을 행사하였고, 반사제적 성격 때문에 교회의 모든 조직으로부터 탄압을 받았다. 유감스럽게도 이 이단적 문헌들은 그야말로 철저하게 파괴되어 그 문헌의 가르침은 인용구나 적을 논박하기 위해 활용된 경우를 제외하고는 외부세계에 거의 알려지지 않았다.

하지만 12세기의 철학적 활동이 전적으로 혹은 주로 그리스나 아랍의 영향을 받았다고 상정해서는 안 된다. 사실 12세기의 주요 철학자인 안셀름과 아벨라르는 새로운 지적 요소가 유럽에 들어오기 전에 활동하였으며, 스콜라주의의 매우 중요한 쟁점이었던 보편자 논쟁은 1092년 이전에 로스켈리누스에 의해 제기되었다. "교부들 중 최후의 교부이자 최초의 스콜라주의자"였던 안셀름(1109년 사망)은 성 아우구스티누스의 추종자인 동시에 성 보나벤추라와 성 토마스의 정신적 선구자이기도 하였다. 안셀름의 철학은 기본적으로 이론적 고찰, 특히 신의 존재에 관한 것이었다. 그는 가장 위대한 개연적 존재, 즉 정의나 진리 같은 추상적인 관념의 독립적인 실존을 입증하기 위해 적용한 일종의 극단적 실재론이라는 인정적 개념을 객관화함으로써 신의 존재를 증명하고자 하였다. 로스켈리누스의 이론을 비판하였던 안셀름은 "여러 사람이 하나의 종이지만 각기 단일한 인간으로 존재한다는 것을 이해하지 못하는 사람은 복수의 인격체가 유일한 신이며 각기 완벽한 신이 될 수 있다는 사실을 이해하지 못한다"라고 주장하여 보편자 문제를 제기하였다. 한편 그는 변증론에 대해 어떤 여지도 두지 않는 사람을 지지하지 않았다. "나는 이해하기 위해 믿는다"는 안셀름의 유명한 경구는 이성에 대한 많은 여지를 남겨두었다. 즉, "고유한 질서[가톨릭 교회]는 우리에게 이성 이전에 심오한 신앙으로 믿으라고 요구하지만, 신앙이 확고해진 후 우리는 우리가 믿고 있는 것을 이해하기 위한 탐구를 간과해서는 안 된다"는 것이다. 그는 줄곧 이해하기 위한 신앙을 추구하였던 것이다.

휴 생 빅토르

12세기의 위대한 신비주의 철학자 휴 생 빅토르(1096-1141) 또한 자유학의 중요성을 강조하였지만, 성서의 숨은 함의를 이해할 수단으로서 자유학을 주로 강조하였다. 그의 대표적 저서『성사론』은 후대의 대전 *summa* 의 특징인 유기적이고 논리적인 체계를 갖추고 있었다. 그런데 이『성사론』은 상징과 유비로 이루어진 작품이었다. 휴에게 물질세계란 하나의 상징이고 성서는 유비였다. "성사란 완벽하고 명백한 상징으로서, 태초로부터 신의 모든 피조물에 보이는 불완전한 성사적 성격에서 예시되었다"[5]는 것이다. 심지어 휴는 노아의 방주에서 교회라는 상징을 발견하였으며, 이 교회라는 상징의 모든 세세한 내용에 고유한 비유적 함의가 있다고 보았다. 만약 휴가 안셀름처럼 아우구스티누스 이론과 더불어 논의를 시작하였더라면 이 신비주의자는 안셀름에게 승리를 거두었을 것이고, 그의 비유적 해석은 보다 변증론적 성향을 띤 동시대인들을 당혹스럽게 만든 모순도 해결하였을 것이다.

아벨라르(1079-1142)는 중세 르네상스의 대표적인 인물 가운데 하나였다. 그의 자서전이 보여주듯 자만심과 자의식이 강하고 기질적으로 문제가 있기는 했지만, 그가 가진 위대한 지적 재능을 간과해서는 안 된다. 대담하고 독창적이며 뛰어난 학자였던 아벨라르는 중세 전 시기에 걸쳐 탁월한 철학자들 중 하나였다. 가장 탁월한 논리학자로서 합리적 추론 과정에 대해 확고부동한 신념을 가졌던 아벨라르는 당대의 변증론에 몰두하였으며, 스콜라주의의 쟁점과 방법론의 정의, 적어도 보편자 논쟁에서, 그리고 『예 그리고 아니오』*Sic et Non*라는 저서에서 누구보다도 큰 기여를 하였다. 보편자 논쟁은, 스콜라 철학의 고유 주제는 아니지만 핵심 주제로서, 인간, 집, 말 등과 같은 일반적 용어 내지 개념의 성격과 결부되어 있다. 이들 용어는, 유명론자들이 주장하듯 단지 이름에 불과하고 기껏해야 지적 편의 그 이상이 결코 아닌가? 아니면 이것들은, 실재론자들이 지적하듯 객관화된 순간 존재하는 특정 개별자에서 완전히 독립적이고 분리된 존재를 갖는 실재인가? 논리적 용어라는 사소한 문제는 현실 세계에서 중요하지 않다고 주장할 수도 있다. 하지만 많은 경우 그것이 적용될 때 문제가 된다. 유명론자의 이론을 신에게 적용할 경우, 분리할 수 없는 삼위일체의 신은 세 개의 인격체로 분해되고 만다. 유명론을 교회에 적용하면 교회는 더 이상 고유한 생명력을 가진 신성한 조직이 아니라, 그저 개별 그리스도교도로 구성된 공동체 전체에 대한 편의적인 명칭에 불과하게 된다. 유명론을 국가에 적용할 경우, 정치 권위는 어디에

---

5) Taylor, *The Mediaeval Mind* (1925), ii, p.90.

존재하는가? 군주에게 있는가? 아니면 개별 시민에게 있는가? 유명론의 논지에서는 그런 문제가 여전히 존재한다. 실천적 사유가 논리에서 전적으로 자유롭지 못한 데 비해, 논리는 종종 처음에는 구현되지 않았던 실천적 결과를 낳게 된다.

보편자 논쟁의 뿌리는 보에티우스와 포르피리우스로까지 거슬러 올라가지만, 그것이 전면에 부상한 것은 극단적 유명론자였던 로스켈리누스부터다. 로스켈리누스는 안셀름의 제안에 의해 1092년 삼위이체론三位異體論으로 정죄되었다. 기욤 샹포에 의해 다양하게 표출된 극단적 실재론을 비판하고 지적 비범함을 타고났던 아벨라르가 고안한 보다 온건한 이론은 현재 진행 중인 그의 『포르피리우스에 관한 주석』의 간행 작업이 시작되면서 이해되기 시작하였다. 앞서 살펴보았듯이, 이 이론은 후대의 정통 교리와 매우 유사하다. 하지만 신학이 최우선 관심사였던 시대에 논리학자들은 늘 자신의 변증론을 신의 속성에 관한 근본적인 문제에 적용하려는 유혹에 빠졌고, 이전의 로스켈리누스와 마찬가지로 아벨라르 역시 삼위일체와 관련하여 곤경에 빠진 것은 결코 놀라운 일이 아니었다. 삼위일체에 관한 아벨라르의 이론은 1121년 수와송 공의회, 1141년 상스 공의회에서 정죄되었다. 공격적 기질 때문에 반발과 논란을 불러일으킨 아벨라르에게 이 같은 갈등은 불가피하였다. 하지만 변증론과 신학이 결합되면서 야기된 위험은 푸아티에의 주교 질베르 라 포레의 경우 심각한 수준에까지 이르렀다. 대단한 중량감과 권위를 가진 질베르의 저술 『6개의 범주론』 Liber sex principiorum은 아리스토텔레스의 『오르가논』과 함께 중세 대학에서 논의의 대상이 되었지만, 보에티우스의 『삼위일체론』에 관한 그의 주석은 1148년 교회 공의회에 회부되었다. 다행히 질베르는 적보다 더 많이 알고 있었고, 자신의 적이 보에티우스를 이해하지 못하였다고 주장하였다. 그는 오토 프라이징과 존 솔즈베리 등의 동시대인들로부터 각별한 존경을 받았다.

한편 아벨라르는 『예 그리고 아니오』에서 스콜라주의의 형성에 기여하였다. 실상 교부들로부터 특정 주제에 관한 구절을 수집하고 편성하는 방식은 과거 안셀름 랑이 『명제집』에서도 활용한 것이나, 아벨라르는 이러한 방식에 지적 자극을 제공하고 자신의 명성을 지속적으로 활용하여 이를 크게 확산시켰다. 그는 전력을 쏟아부었고 스콜라주의는 널리 퍼져 나갔다. 신학과 윤리학의 핵심 주제를 선정하고 교부들로부터 이에 대한 찬반 논지를 수집하며, 그것들을 날카롭게 대비시키되 세심한 주의를 기울여 실제적인 모순이나 표면상의 모순은 해결하지 않는 것이 아벨라르의 방법론이었다. 오직 성서에만 무오류성을 부여한 그는 성서에도 외견상 모순이 있을 수 있지만 이는 필경사의 오류나 이해 부족에 기인한다고 지적하였다. 부수적인 전거에는 다른 이유로 인해 오류가 있을 수 있으며, 이들 전거에서 견해가 일치하지 않을 경우 교리 자체의 합리성을 규명할 권리와 무엇이 선인지를 명확히 하기 위해 모든 것을 입증할 권리가 있다고 그는 주장하였다. 따라서 아벨라르는 지적으로 성숙하지 못한 독자들이 진리를 발견하는 데 최상의 노력을 경주하도록 고무하고, 이 같은 탐구를 통해 이들의 지성을 보다 예리하게 만들기 위해 교부들의 다양한 경구를 수집하였다. "우리는 의심함으로써 탐구를 하게 되고, 이 탐구를 통해 진리를 인식하게 된다." 이들 명제는 광범위한 주제 및 독서를 포괄하며, 어떤 전제는 간단하게 논박될 수 있는 반면, 다른 전제는 다음과 같은 긴 인용문을 필요로 한다.

  1. 신앙은 인간 이성에 의해 입증될 수 있는가 아니면 그렇지 않은가
  5. 신은 유일한가 아니면 그렇지 않은가
 32. 신에게 모든 것이 가능한가 아니면 그렇지 않은가
 55. 아담이 아니라 오직 이브만이 유혹을 받았던가 아니면 그렇지 않았던가
106. 물로 세례를 받지 않으면 그 누구도 구원을 받을 수가 없는가 아니면

구원을 받을 수 있는가

115. 영혼의 기원에 관해 아직까지 확립된 것이 아무것도 없는가 아니면 확립된 것이 있는가

122. 모든 사람에게 결혼은 적법한가 아니면 적법하지 아니한가

141. 은총은 신앙이 없는 자들에게 효력이 있는가 아니면 효력이 없는가

145. 우리는 우리 의지와 관계없이 종종 죄를 범하는가 아니면 죄를 범하지 않는가

154. 거짓말은 용인될 수 있는가 아니면 용인될 수 없는가

157. 사람을 살해하는 것은 적법한가 아니면 적법하지 않은가

마지막 두 가지 전제처럼 이 명제들 중 몇 가지는 십중팔구 근대의 논쟁훈련 지침서에서 양편 모두에 대해 논지를 전개한 것을 떠올릴 것이다. 아벨라르의 주된 목표는 학생들 사이에 논쟁을 자극하는 것이었던 것 같다. 하지만 아벨라르가 명제에 대해 동의보다는 모순을 강조하고, 실제적이건 피상적이건 어떤 해결책을 제시하지 않은 것은 정통교리의 약점을 두드러지게 드러낼 뿐 아니라 일반적으로 전거를 무너뜨리려는 성향도 강하였다. 아벨라르 이후 이러한 방법론을 활용한 학자가 그라티아누스였다. 그라티아누스는 『조화되지 않는 교회법의 조화』에서 형식적이든 무의미하든 신중을 기하여 전거들의 조화를 꾀하였다. 여기에서 활용된 전제, 반론, 해결책이라는 방식은 스콜라적 논의의 표준적 형식이 되었다. 그리고 가장 정교한 스콜라적 논의는 토마스 아퀴나스에게서 발견된다.

지적 자극이 12세기 초엽에 학자들에 의해 변증론에 가해지고 아리스토텔레스의 『신논리학』의 발견과 수용으로 다시 강화되어 12세기는 위대한 논리학의 시대가 되었다. 초기의 3학, 즉 논리학과 문법 및 수사학은 균형을 유지하였으나, 변증론에서 논의될 새롭고 거대한 지식체계가

가세하면서 이러한 균형이 무너져 지적 균형을 추구하였던 샤르트르 학파와는 다르게 문법과 문학을 자유롭게 연구할 시간과 학문적 관심이 줄어들었다. 1159년 균형 잡힌 문화라는 유서 깊은 문화의 대표적인 상징이었던 존 솔즈베리의 인간적 철학, 즉 중용*moderatrix omnium*은 새로운 학문을 선호하고 고전 학문을 경시하는 지적 흐름을 비판한 것이고 동시에 교육에서 실용적인 지름길을 제시한 '코르니피쿠스파' 교사들을 비판한 것이었다. 존 솔즈베리는 돼지를 시장에 판매하기 위해 밧줄에 묶어 가져갈 것인지 마차로 운반할 것인지를 두고 토론하는 사람들의 과도한 논리적 논쟁의 폐단을 또한 비판하였다. 존에게 변증론이란 하나의 수단이었고 목적이 아니었다. 존은 변증론이 다른 학문을 고무한 반면, "만약 변증론만 홀로 있을 경우 그것은 활기가 없고 황량하며, 그것이 외부로부터 [무엇인가를] 인식하는 것을 제외하면 영혼에 철학의 결실을 가져다주지 못할 것이다"라고 주장하였다. 하지만 논리학은 이미 학교의 핵심 학문으로 자리잡게 되고 13세기 대학의 교과과정에는 라틴 고전을 위한 여지가 사라지게 된다.

그리하여 변증론이 새로운 시대의 사유를 지배하게 된 반면, 아리스토텔레스의 논리학 저술들은 그의 다른 저술들과 그 영역을 공유할 수밖에 없었다. 『물리학』, 자연과학에 관한 소작품들, 『윤리학』과 『형이상학』 등을 포함한 1255년 파리 대학의 교과과정은 논리학 훈련을 훨씬 뛰어넘는 것이었다. 변증론은 학문을 위한 여지를 발견하였으며, 13세기에는 철학적 사유에 대해 반응하게 된다. 또한 앞으로 살펴보게 되겠지만, 변증론은 신학과의 잠재적 갈등을 준비하고 있었다.

12세기 철학의 부활에는 신학이라는 관련 분야의 새로운 활동이 수반되었고, 사실상 이 둘은 당시의 사유에서 쉽게 분리될 수 없었다. 앞서 살펴보았듯이, 철학자들이 순수한 신학적 논쟁을 비판하고 있었던 것은 분명하다. 12세기의 논리적 방식은 신학적 사유의 형성과 편제에

『명제집』을 저술한 피터 롬바르드

신속하게 영향을 미쳤다. 부르군디오에 의해 이루어진 존 다마스쿠스 저서의 번역은 라틴 신학에 뭔가를 첨부하였으며, 위 디오니시우스의 저술들은 유럽의 신비주의와 천사학에 기여하였다. 하지만 안셀름 이후의 12세기 학자들은 주로 초기 자료를 체계화하는 데 관심을 집중하였다. 그리하여 『예 그리고 아니오』를 저술한 아벨라르와 그라티아누스의 영향력은 피터 롬바르드의 『명제집』에서 확인된다. 1160년 파리 주교로 생을 마감한 신학자 피터 롬바르드는 『명제집』 제1권에서 신과 삼위일체를, 제2권에서는 창조와 원죄를, 제3권에서는 그리스도의 탄생과 도덕을, 제4권에서는 성사와 최후의 것들을 각기 체계적으로 다루었다. 아벨라르가 전거들 간의 모순을 강조한 반면, 조화를 추구하고 보수적 기질을 지녔던 피터 롬바르드는 '변증론자들

피터 롬바르드의 학문 프로젝트. 피터 롬바르드의 명령에 따라 7자유학이라는 수레가 신학으로 이동하는 모습

의 다변'을 경계하고 차이와 이견을 완화·조화시켜 이 '명제의 교사'는 향후 오랫동안 표준적 전거가 되었다. 1205년 피터 푸아티에는 롬바르드의 『명제집』에 주석을 달았으며, 1215년 『명제집』은 라테란 공의회의 재가를 얻었다. 『명제집』은 신학부 과정에서 2년을 배워야 하는 교재여서

신학부 학생에게는 사실상 성서와 함께 핵심 도서였다. 1338년 소르본 대학 도서관에는 주석집 118권과 더불어 『명제집』의 사본 50부가 소장되어 있었다. 알베르투스 마그누스는 성서와 『명제집』은 물론 7자유학 그리고 성모 마리아에 관한 '개요적' 지식을 가르치기까지 하였다.

제1차 세계대전 이후 역사, 문학, 과학, 요리 및 거의 모든 분야에서 개요서가 출현한 것처럼, 뛰어난 체계화의 뒤를 이어 일련의 대전 내지 신학 주제에 관한 체계적인 개요가 등장하였다. 1178년까지 파리 주교좌 성당의 상서를 지낸 대식가 피터의 신성한 역사, 즉 『성서의 역사』*Historia scholastica*라는 소책자가 이러한 사례에 속한다. "대식가는 지금 먹히고 있다"*dictus comestor nunc comedor*라고 하는 그의 묘지명에서 알 수 있듯이, 피터는 진정한 책벌레였다. 그의 『성서의 역사』는 모든 도서관에 소장되어 있었으며 1487년 8쇄가 간행되었다. 파리 대학 교수 겸 성가대 선창자 페트루스의 『간단한 어휘』에 있는 윤리학 개요도 같은 사례에 속한다. 페트루스는 "주석과 쓸데없는 질문이 너무 많고 장황한 것을 비판"하기 위해 『간단한 어휘』를 집필하였다. 로베르 쿠르송과 다른 학자들의 교회법 대전과 신학적 대전 내지 명제집도 이 같은 범주에 속하였다. 우리는 이들 신학적 저술을 통해 13세기를 이해할 수 있으며, 신학적 대전과 명제집을 완성하고 종합한 토마스 아퀴나스의 위대한 『신학대전』의 출현을 예상할 수 있다. 엄청난 규모의 고딕 대성당과 동시대의 산물인 이들 건축학적 대전은 인간 사유의 대성당으로 불렸다.

12세기의 정치사상 분야에서는 가시적인 성과가 많지 않았다. 중세는 전 시기에 걸쳐 정치이론이 정치관행보다 훨씬 뒤떨어져 있었는데 12세기도 예외는 아니었다. 사실상 교회와 국가의 관계를 제외하면 이론과 관행 간의 연관성을 찾아볼 영역이 거의 없으며, 당시 목격된 사실들에서 정치이론을 도출하려는 시도도 없었다. 중세인들은 봉건제를 구현하였지만, 고대의 산물인 아리스토텔레스와 교부들에 관해 연구하였다. 12세기에는 영국, 시칠리아, 아라곤 그리고 후대의 프랑스에서 일어난 국가 부활에 대한 학문적 성찰이 없었다. 또 새롭게 대두한 철학적 비평가들은 국가를 그대로 방치하였다. 국가에 관한 이론이 대두한 것은 유명론자인 마르실리우스 파두아와 윌리엄 오캄에 이르러서였다. 사실 정치사상사에서 12세기는 오히려 정체기였다. 교회와 국가의 관계를 다룬 팸플릿 문헌은 서임권 투쟁이 진행되면서 그 힘을 막 소진하고, 1260년경 아리스토텔레스의 『정치학』이 라틴어로 번역되고 토마스 아퀴나스의 『신학대전』이 완성된 후에야 보다 체계적인 논의가 이루어졌기 때문이다. 1159년에 집필된 존 솔즈베리의 『정치가론』은 서임권 투쟁기와 13세기 중엽 사이에 등장한 주요 업적이었다. "주변 여건과 거리를 두고 정치 현상을 바라볼 뿐만 아니라 정치철학의 특징을 이해하고자 하는 열망으로 일관된 체계를 구현하고자 한 최초의 지적 산물인" 『정치가론』은 당대의 지배 형태들에 대해 언급하지 않았다. 존 솔즈베리는 교황청과 헨리 2세의 궁정에서 일하며 폭넓은 정치적 경험을 쌓았음에도 이들 궁정에 대해서는 어떤 것도 거의 기술하지 않았다. 즉, "그가 제시한 사례는 구약성서 내지 고대 로마 제국의 사례였고,"[6] 『정치가론』 전반에 걸쳐 사용한 정치적 용어 역시 마찬가지였다. 존 솔즈베리의 군주론이 군주는 법률 아래 있다는 봉건적 이념에서 영향받은 것처럼 보인다 해도, 그가 든 전거들은 로마법과 고대 역사가들로부터 유래한 것이며, 그는 이 전거들을 통해 폭정과 폭군의 응징에 관한 자신의 견해를 강화하였다. 관찰자가 아닌 인문주의자로서 『정치가론』을 집필한 존 솔즈베리는 당대의 정치가들이 직면한 어려움보다는 동료 정치가들 가운데서 철학자 되기가 얼마나 힘든 과제인지에 더 많은 관심을 기울였다. 존의 『정치가론』은 정치적

---

6) R. L. Poole, *Illustrations of the History of Medieval Thought and Learning* (1920), p. 204.

여건에 의해서라기보다는 문학적·로마법적 배경에 의해 12세기의 산물이었다. 존이 『정치가론』에서 활용한 스콜라주의는 아리스토텔레스적이라기보다는 문학적이었기 때문에, 이 책은 12세기보다 이른 시기나 혹은 그보다 훨씬 나중에 집필될 수는 없었을 것이다.

중세 철학에 대해 서술할 때는 어떤 경우든 지적 자유의 문제, 즉 지식인이 자신의 결론을 끝까지 밀고 나갈 수 있는 사상의 자유라는 문제를 염두에 두어야 한다. 이 자유는 일반적으로 사람들이 생각하는 것보다 훨씬 더 중요하였다. 중세인들은 교회 교리의 경계 안에서 자유롭게 사유할 수 있었으며, 이 경계는 우리가 지금 상상하는 그런 정도의 규제로는 인식되지 않았다. 법률, 의학, 문법, 논리학, 수학 및 천문학 교사들은 정해진 규정에 의해 규제를 받는다고 생각하지 않았다. 손다이크가 지적하였듯이, 중세의 실험과 연구는 지금 우리가 생각하는 것보다 훨씬 자유롭게 이루어졌다. 사회과학이 아직 태동하지 않았던 시기에는 근년에 이런 주제를 연구하는 학자들을 당혹스럽게 만드는 세속 당국과의 갈등 같은 것이 결코 존재하지 않았다. "천년에 이르는 중세에는 이성이 억압되고, 사유가 예속화되었으며, 지식의 발전이 없었다"라고 한 뷰리[7]의 주장은 결코 사실에 부합하지 않는다.

위와 같은 주장을 제기한 학자들은 아무리 확고하고 권위적인 교리체계에 대한 순응도 사유의 자유에 대한 '억압'의 한계를 설정하고, 중세 유럽이 이 같은 체제를 유지하였기 때문에 인간 이성이 감옥에 갇혀 있었다는 사실을 드러내려 하였다. 하지만 역사적으로나 실제적으로

---

7) John B. Bury, *History of Freedom of Thought* (London and New York, 1913), p.52.
 |옮긴이| John B. Bury, 1861-1927. 아일랜드 출신으로 고대 그리스 및 로마, 비잔티움 사가로 『로마 제국사』, 『사상의 자유의 역사』 등의 저술을 남겼다.

제기된 이 쟁점의 핵심은, 탐구에 대한 규제가 오늘날 어떻게 인식되는가가 아니라 실제로 중세에 어떻게 인식되었던가 하는 점이다. 자유란 상대적인 문제다. 만약 당시 사람들이 규제를 받지 않았다고 생각했다면, 사실상 그들은 자유로웠을 것이며 이성과 전거 사이의 실제적인 갈등은 비교적 미미하였을 것이다. 갈등은 거의 전적으로 철학에 국한되었는데, 오늘날의 철학자가 생각하는 것보다 그 정도는 외견상 훨씬 덜하였다. 좋은 의미든 나쁜 의미든 중세 철학자들은 지식의 토대보다는 지식의 과정에 더 관심이 많았으며, 일부 명제를 자명한 것으로 수용하고 결론을 도출하기 위해 열정적으로 철학을 적용하는 데 어려움이 없었다. 심지어 아벨라르가 『예 그리고 아니오』에서 전거의 모순을 제시할 때조차도 방해를 받지 않았다. 공손한 존 솔즈베리는 물론 오만한 프리드리히 2세 역시 구속받지 않는 삶을 영위하였던 것으로 보인다. 존은 이교적인 것이든 그리스도교적인 것이든 상관없이 고대 문헌을 마음껏 섭렵하였고, 정치철학 및 삶에 관한 철학을 자유롭게 집필할 수 있었다. 프리드리히 2세는 유대인, 이슬람인들과 함께 영혼의 불멸성을 논하였으며, 사람들은 고개를 저을 정도로 프리드리히에 대해 비판적이었다. 하지만 프리드리히나 그의 동료 누구도 처벌받지 않았다. 대부분의 지적 활동은 어떤 방해도 받지 않았던 것이다.

물론 다양성을 전제로 하는 지적 자유에 대한 오늘날의 인식이 중세 사유가 획일적이었다는 식의 잘못된 편견을 우리에게 심어주어 오해를 야기하는 것처럼 보인다. 스콜라주의는 단일한 이론체계라기보다는 하나의 방법론이었고, 많은 학자들은 이 방법론을 통해 상이한 결론을 도출하였다. 시간적으로 멀리 떨어진 현대인의 시각에서는 스콜라 철학에서의 이 같은 차이가 종종 미세한 것처럼 보이겠지만, 당대인에게는 커다란 차이로 비춰졌으며, 12세기의 모든 국면에서 활발한 논쟁을 자극하고 지속시킬 정도로 대단한 것이었다. 이 논쟁들이 13세기와 14세기에 보다

파리 대학에서 강의하는 아말릭(좌), 아말릭과 교황 이노켄티우스 3세(우)

첨예화된 것이라면, 그 뿌리는 이전 시기에 있을 것이다. 즉, 이 시기에 보편자 논쟁이 정형화되었으며, 아벨라르와 그의 계승자들에 의해 변증론이 발전하였다. 중세의 철학자가 모두 유사한 사유를 하였다는 주장이야말로 그들을 경악시킬 것이다.

따라서 철학이 신학의 영역을 침해하지 않는 한, 철학적 논의는 자유롭게 전개되었지만, 철학은 항상 신학의 영역을 침해하고 있었고, 지금 우리 시대의 눈으로 그 결과를 간과해 버려서는 안 될 것이다. 이 문제는 종교적 교리라는 전거 체계에 내재되어 있었으며, 이 같은 갈등은, 그리스도교에서 명백히 드러났듯이, 유대교와 이슬람교에서도 표출되었다. 아테네 시민들은 아테네 국가의 신들을 부정한 소크라테스에게 사형을 구형하기까지 했다. 앞서 살펴보았듯이, 12세기 철학적 사유에 규제를 가한 대표적인 사례는 로스켈리누스, 아벨라르 및 질베르 라 포레 등에게 논리학을 삼위일체에 적용하지 못하게 금지한 것과 '오류가 시정'되어야 했던 새로운 아리스토텔레스 체계를 금지한 것 정도다. 하지만 아리스토텔레스 체계는 결코 금지되지 않았다. 널리 알려진 이 사례들에 대해 교회 공의회가 취한 제재조치는 주장의 철회 내지 투옥이었으며, 1209년 아말릭[8] 이단의 경우에는 사형이었다. 후대의 라틴 아베로에스주의자들은 철학과 신학을 결합하거나 철학과 신학이 별개의 학문이며, 철학과 신학이 오히려 신앙을 침해하지는 않지만 상충되는 결론을 곧잘 도출한다고 주장하였다. 하지만 교회 당국은 라틴 아베로에스주의자들의 논리를 정죄했으며, 파리 대학 인문학부 교수들에게는 최고 학문인 동시에 독립된 학문인 신학에 관여하는 일을 금지하였다. 이를 위반할 경우 학교 당국에 의해 제재를 받거나 종교재판에 회부되었다.

라틴 아베로에스주의자들이 처한 곤경은 아리스토텔레스의 과학과 형이상학을 수용한 이후 철학자들 자신이 발견한 지위의 근본적인 어려움을 보여준다. "변증론 강의를 마치고 더 이상 언급할 바가 없었던 아벨라르가 다른 논지들을 공박하고자 부득이 신학자가 되었던 반면, 13세기의 변변찮은 인문학부 교수들은 구래의 변증론 외에 심리학, 물리학, 윤리학 및 형이상학을 포괄하는 방대한 분야에 관여하였다." 인문학부 교수는 새로운 교과과정의 교재를 설명하면서 "그 스스로 철학자로서 그리고 자연적 이성의 활용이라는 차원에서 당시까지 신학 내지 신학자의 고유 영역으로 간주된 쟁점들을 검토할 수밖에 없다는 사실을 발견하였다."[9] 또한 이들 문제에 대한 아리스토텔레스의 해법과 그리스도교의 신학적 해법이 늘 일치하지는 않았다. 동시에 신학부 교수가 아닌 인문학부 교수에게는 정통 교리적 차원에서 모순을 권위 있게 해결할 능력이 없었다. 여기서 신학은 '고상한 학문의 여왕으로서' 결정적인 우위를 점하였으며, 적의 포로가 된 철학은 단지 신학의 하녀에 불과하였다. 1128년 교황 그레고리우스 9세는 정신이 육체를 지배하듯 신학부가 대학의 다른 모든 학부를 지배하고 그들을 바른 길로 인도해야 한다고

---

8) |옮긴이| 12세기 말엽 아모리 베느(Amaury or Amalicus de Bène)에 의해 창설된 종파로, 신과 우주가 하나이며 신은 만물에 존재한다는 일종의 범신론을 주창하였다.

9) E. Gilson, *Études de philosophie médiévale* (Strasbourg, 1921), pp.56-57.

주장하였다. 1272년 파리 대학 인문학부는 삼위일체 등의 순수한 신학적 쟁점에 관한 어떤 논의도 금지하며, 신앙과 철학이 결부된 모든 논쟁에서 인문학부가 설정해둔 경계를 벗어나거나 철학이 신학에 반한다고 결론을 내리는 석사학위자나 학사학위자는 모두 이단으로 정죄하며 인문학부 교수단에서 축출한다고 선언하였다. 이후 신학과 철학의 두 분야를 아우르는 모든 공동 논쟁은 오직 신학자들의 몫이 되었다.

카타리파[10] 및 이보다 덜하기는 하였지만 왈도파의 흐름을 타고 사유의 자유라는 문제는 다른 양상을 띠게 되었다. 이들 운동은 개별적인 사유의 문제가 아니라 교리의 대중적 수용이라는 문제를 제기하였다. 교리의 대중적 수용으로 교회의 성사제도와 핵심 권력의 근간이 흔들리게 되었으며, 남부 프랑스에서 전개된 이 운동의 독특한 성격 때문에 이를 진압할 새로운 기구가 요구되었다. 지방 종교회의와 지역 주교의 위상을 보완하고 종국적으

왈도파는 여성을 포함한 평신도의 설교를 허용하고 복음서의 속어 번역을 시도하였다.

로 이것들을 대신하기 위하여 중앙집권화된 교황청의 종교재판소 내지 도미니크 탁발수도회의 종교재판소가 1227년과 1241년 사이에 교황 그레고리우스 9세에 의해 창설되었다. 당시 완고한 이단에게 내려진

10) **|옮긴이|** 물질을 악의 근원이라고 여기며 신을 선의 근원으로 인식하는 이원론二元論을 근간으로 하여 육식·혼인, 재산의 소유 등을 부정하고 극단적 금욕주의를 표방한 이상주의적 종파다. 교황 이노켄티우스 3세가 수차례에 걸쳐 십자군을 파견하여 이들을 무력으로 진압하였다.

처벌은 화형이었고, 이 점에서 교회는 대중의 여론은 물론 속권의 지지도 얻게 되었다. 이단은 일종의 무정부주의자로서 사회 근간을 뒤흔드는 반사회적 인물로 간주되었고, 이단에 대한 화형은 지옥에서의 영원한 형벌을 상징하고 예견하는 것으로 인식되었기 때문이다. 로마 제국 이래 이단을 대상으로 한 최초의 세속법은 1166년 헨리 2세가 공포한 클라렌든 법령[11]이었다. 자유분방한 프리드리히 2세의 법전에 화형이라는 형벌 조항이 등장하였고, 그에게 이단이란 신성한 황제 즉 신神인 자신에게 대역죄를 범한 반역자를 의미하였다. 중세적 관용의 한계가 여기서 선명하게 드러난다.

---

11) **|옮긴이|** 이 법령은 모두 22개 조항으로 구성되어 있다. 살인, 강도, 절도 등 중죄혐의자에 대한 순회재판관 등의 군주 재판관에 의한 재판의 길을 열어 놓았으며, 군주의 사법권 강화에도 기여하였다.

참고문헌

12세기 철학에 관한 지침서로는 울프(M. De Wulf)의 *Histoire de la philosophie médiévale*, i(London, 1924 ; 영역본, London, 1925) 5판을 활용할 수 있다. 이 책에는 페즐러(P. A. Pezler)가 작성한 훌륭한 참고문헌이 수록되어 있다. 바움가트너(Ueberweg Baumgartner)의 *Grundriss der Geschichte der Philosophie*, ii(tenth edition, Berlin, 1915)에는 보다 자세한 참고문헌이 수록되어 있다. 오로(B. Hauréau)의 *Histoire de la philosophie scolastique*(Paris, 1872-80)는 여전히 기본적인 지침서다. 이 분야의 전문가들이 간략하게 언급한 것으로는 질송(E. Gilson)의 *La philosophie au moyen âge de Scot Érigène à G. d'Occam*(Paris, 1913)과 보임커(C. Baeumker)의 *Die Kultur de Gegenwart*, i, 5 (Berlin, 1913, 288-381쪽) 및 그라브만(M. Grabmann)의 *Die Philosophe des Mittelaters*(Berlin, 1921) 등이 있다. 보다 간략한 서술로는 *Cambridge Medieval History*, v의 23장을 참고하기 바란다. 12세기에 관한 많은 텍스트와 연구성과는 보임커(Baeumker)의 *Beiträge zur Geschichte der Philosophie des Mittelaters*(Münster, 1891 ff) 및 *De eodem of Adelard of Bath and the Glosses of Abelard on Porphyry*에 포함되어 있다.

이 시기의 특정 양상을 다룬 중요 연구로는 그라브만(G. Grabmann)의 *Geschichte der scholastischen Methode*(Freiburg, 1911-13), 질송(E. Gilson)의 *Études de philosophie médiévale* (Strasbourg, 1921), 풀(R. I. Poole)의 *llustrations of the History of Medieval Thought and Learning*(second edition, London, 1920), 웹(C. C. J. Webb)의 *Studies in the History of Natural Theology* (Oxford, 1915), 겔링크(J. de Ghellinck)의 *Le mouvement théologique du XIIe siècle*(Paris, 1915) 등이 있다. 플라톤주의에 관해서는 보임커(C.

Baeumker)의 *Der Platonismus im Mittelater*(Munich, 1916), 아리스토텔레스 체계의 수용에 관해서는 필자의 *Mediaeval Science*, 특히 제11장과 여기서 인용된 저서들을 참조하기 바란다. 시제르 브라방에 관해서는 만도넷(P. Mandonnet)의 저서(Louvain, 1911)와 그라브만(M.Grabmann) 의 *Sitzungsberichte of the Munich Academy*(und hist. Klasse, 1924, no.2), 그리고 *Miscellanea Ehrle*, I (pp.103-147) 및 포윅(F. M. Powicke)의 *Mélangers Ferdinand Lot*(Paris, 1925, p.656)을 참고하기 바란다. 카타리파에 관해서는 알팡데리(P. Alphandéry)의 *Les idées morales chez les héterodoxes latins au début du XIIIe siècle*(Paris, 1903) 및 브록크(E. Broeckx)의 *Le catharisme*(Hoogstraten, 1916)을 참고하기 바란다. 데이비드 디낭에 관해서는 *the Bibliothèque Thomiste*, vi(1925)에 있는 테리(G. Thèry)의 글을 참고하기 바란다. 테리는 데이비드의 교리를 아무리(Amauri)의 그것과 날카롭게 구분하고 있다.

중세 정치사상사에 관한 표준적인 저서는 카알라일 형제(R. W. and A. J. Carlyle)의 *A History of Mediaeval Political Theory in the West*, i-iv (London, 1903-)이다. 존 솔즈베리의 *Policraticus* (ed. C. C. J. Webb, Oxford, 1909)의 핵심 부분은 디킨슨(John Dickinson, New York, 1927)에 의해 번역되었으며, 그의 뛰어난 서문도 여기에 포함되어 있다. 로마법학자 및 교회법학자의 정치이론에 관해서는 기에르크(O. Gierke)의 *Das deutsche Genossenschaftsrecht*, iii(Brlin, 1881)을 참고하기 바란다.

중세 종교재판의 역사에 관해서는 레아(H. C. Lea)의 *A History of the Inquisition of the Middle Ages*(New York, 1887, 또한 프랑스어판 및 독일어판)가 뛰어나다. 랑글루아(Ch.V. Langlois)는 *L'inquisition d'après des travaux récents*(Paris, 1902)에서 종교재판의 절차를 분석하였다. 학구적이고 치우침 없는 로마 가톨릭 학자의 연구로는 수도원장 출신 바캉다르 (E. Vacandard)의 *The Inquisition*(New York, 1908)이 있다. 필자는 북부

프랑스에서의 새로운 종교재판 절차에 관해 *American Historical Review*, vii (pp. 437-457, 631-652) 에서 논의한 바 있다.

제12장

대학의 형성

12 세기는 지식이 부활한 시기였을 뿐만 아니라 제도적 분야에서도
새로운 창조의 시대로서 무엇보다도 새로운 고등교육 기관이
태동하였다. 수도원 학교 및 주교좌성당 학교와 더불어 시작된 12세기는
초기의 대학들과 함께 막을 내렸다. 12세기에는 고등교육이 제도화되거
나 적어도 그 과정이 결정되었다고 할 수 있다. 1100년경에는 '교사가
있는 곳이 곧 학교였으나,' 1200년경에는 교사가 학교를 찾아다녔다.
동시에 약 1100-1200년 사이에 지식의 부활에 의해 보다 선진적인 형태의
학교가 등장하였다. 11세기 말엽, 지식은 거의 전적으로 전통적인 교과과
정인 7자유학으로 국한되었다. 12세기에는 새로운 논리학, 새로운 수학
및 새로운 천문학과 더불어 3학과 4과가 확대되었으며, 전문과정인 법학
부, 의학부 및 신학부가 형성되었다. 당시까지 서유럽에서는 대학이
자신의 존재 이유를 변론할 만큼 지식이 충분히 성장하지 못한 상태였다.
하지만 12세기 들어 지식이 확대되면서 대학이 자연스럽게 대두하였다.
말하자면 지적 혁명과 제도적 혁명이 병행해서 일어난 것이다.

12세기에는 초기의 대학들이 출현하였을 뿐만 아니라 후대의 대학조

직도 확립되었다. 고대 그리스와 로마에는 근대적 의미의 대학이 없었기 때문에 이 시기의 대학은 고대 모델이 부활한 것이 아니었다. 고대 그리스와 로마에서 고등교육이 실시되고 법률, 수사 및 철학 분야에서 우수한 교육이 제공된 것은 사실이다. 하지만 이는 규정된 교육과정과 학위라는 제도를 겸비한 학부 내지 칼리지로 편재되지는 않았다. 심지어 로마 제국 말기에 교사에게 급여를 주고 고등교육 및 공공 법률학교의 운영을 맡겼을 때조차도, 국가는 대학을 설립하지 않았다. 대학은 12세기에 처음으로 등장하였으며, 근대 대학의 핵심 요소는 살레르노, 볼로냐, 파리, 몽펠리에 및 옥스퍼드 대학에서 유래하였다. 오늘날의 대학은 이 대학들의 직접적인 계승자이며, 다른 제도에서 기원하지는 않았다. 대학은 인류 문명에 대한 중세, 특히 12세기의 업적이다.

대학이라는 단어는 원래 조합 내지 일반적으로 길드를 의미하였으며, 중세에는 이러한 조합적 생활을 영위하던 조직이 많았다. 대학은 점차 좁은 의미의 지식인 조합 내지 교수 및 학생 공동체만을 지칭하게 되는데, 이는 대학에 대한 초기의 정의이자 가장 적절한 정의였다. 일반적인 의미에서 복수의 장인 길드가 존재하듯, 한 도시에 복수의 대학이 존재할 수 있었고, 독립된 법학부 내지 의학부는 상대의 조합체적 생활을 서로 시샘하며 전문 학부들과 함께 서서히 단일 대학

중세 파리 대학의 교수단

으로 통합되었다. 넓은 의미에서 볼 때 대학이라는 새로운 제도의 요체는

북유럽의 교수단과 남유럽의 학생단이었다. 하지만 이 두 단체 중 보다 중요한 요소가 된 것은 교사단 내지 교수단에 입회하는 것이었으며, 입회하지 못하면 가르칠 자격을 얻을 수 없었다. 교수단에 입회하기 전까지 후보자는 학생에 불과했지만, 입회 후에는 직업이 아니라 지위에서 교수가 되었고 직인의 단계를 넘어섰다. 정실주의와 독점의 폐해를 방지하기 위해 입회 여부는 시험으로 결정되었으며, 시험의 통과 기준은 당연히 해당 분야의 여러 주제에 대한 학문적 성취였다. 따라서 교수 자격증*licentia docendi*은 초기 형태의 학위였다. 역사적으로 볼 때 모든 학위는, 박사학위와 석사학위라는 명칭으로 알 수 있듯이, 교수 자격에 기원을 두고 있다. 인문학 석사학위 취득자는 인문학부, 법학 내지 의학 박사학위 취득자는 법학부나 의학부 교수의 자격을 갖추었다는 말이 된다. 더욱이 교수 후보자는 정규적으로 시범강의나 취임강의를 하였으며, 취임강의는 근대 대학 졸업식의 기원이 되었다. 졸업식에는 가르침을 시작한다는 함의가 내포되어 있었다. 후보자가 치르는 시험은 일군의 자료, 주로 표준적 교과서들을 전제로 하며, 체계적인 가르침과 최소한의 학습기간도 포함하고 있었다. 교과과정, 시험, 졸업 및 학위는 대학이라는 제도의 핵심적 요소로서 이 모든 것이 중세의 유산이며 그 중 일부는 12세기까지 거슬러 올라간다.

초기 대학들이 태동하게 된 배경에는 수도원과 주교좌성당 학교가 있으며, 이들 기관은 카롤링 왕조의 법제를 통해 재편 내지 확대되었다. 당시 카롤링 왕조에 의한 교육개혁의 주요 목표는 성직자 교육이었고, 수도사 및 주교좌성당에 소속된 성직자 학교와 직결되어 있었다. 비성직자를 위한 '외부' 학교의 개연성도 존재하기는 했지만 기본적으로 보완적이거나 부수적인 역할을 하였고, 일반적인 정규 교육기관으로는 간주되지 않았다. 심지어 내부 학교에서조차도 지역적 편차가 매우 컸다. 7자유학은 종종 매우 불완전하게 구현된 이상이었다. 몬테카시노와 벡 등의 수도원 학교는 예외적인 경우로서 대표적인 학교가 아니었다. 더욱이 앞에서도 살펴보았듯이, 12세기에 접어들면서 문화 중심지로서 수도원이 갖는 위상이 약화되고 수도원 학교도 쇠퇴하였다. 따라서 수도원은 학문의 부활과 새로운 교육기관의 발달에 거의 기여하지 못했다. 사실상 수도원은 상당 규모의 비수도사 학생들을 수용할 준비가 되어 있지 않았으며, 그 수에 관계없이 학생들은 규칙에 따라 생활하는 수도원 수도사들에게 방해가 되었을 것이다. 이에 비해 기본적으로 도시적 성격을 띠는 주교좌성당은 이러한 문제에서 자유로웠으며, 12세기에 주교좌성당의 강화된 위상은 이들 학교의 보다 중요한 활동에 투영되었다. 여기서 우리는 주교좌성당의 정규 교육을 위한 성직록을 과장해서는 결코 안 된다. 예컨대 1179년 라테란 공의회의 법령조항에 명시된 모든 주교좌성당의 학교 교사를 위한 성직록이 많은 교회에서 확보되지 않았고 이에 1215년에 이 조항을 다시 시행해야 했다.

12세기의 주요 주교좌성당 학교는 북부 프랑스의 학교들이었다. 초기의 대표적인 주교좌성당 학교는 랭스, 샤르트르 등의 몇몇 학교였으며, 이들 학교는 12세기에 절정에 달하였다. 랑, 투르 등 나머지 학교들의 영향력은 일시적인 것에 불과하였고, 파리와 아마도 오를레앙 등 다른 주교좌성당 학교들은 대학을 형성하게 되었다. 모든 주교좌성당 학교는 정도의 차이는 있지만 지식의 부활에서 영향을 받았으며, 일부 학교는 특히 고전의 부활에서, 나머지 학교들은 주로 변증론과 신학에서 영향을 받았다. 이 모든 학교의 교사는 처음에는 학교 이상의 존재로 간주되었으며, 개별 교사와는 무관하게 발전의 계기를 마련한 파리는 독특한 매력에 힘입어 학생들을 유치한 사실상의 유일한 지적 중심지였다. 더욱이 파리는 12세기에 충분히 대학으로 성장한 유일한 지적 중심지이기도 했다. 대학이 형성되기 전에는 교과과정이나 규정된 학습기간 내지 학위와 상관없이 학생들이 저명한 교사를 찾아 여러 곳으로 마음껏 이동해도 될 정도로 지적 분위기가 자유로웠다. 이러한 상황은 존 솔즈베리의 유명한 구절에서 확인된다. 존은 1136-47년의 지적 분위기를 다음과 같이 기술하였다.[1]

젊은 시절 학업을 위해 먼저 갈리아로 떠난 나는 (당시는 영국의 군주, 즉 정의의 사자 헨리라는 명예로운 군주가 세상을 떠난 다음 해로서) 팔레의 소요학파였던 [아벨라르의] 문하생이 되었다. 당시 아벨라르는 탁월한 교사로서 [파리의] 생 쥬느비에브를 지배하고 모든 이들의 존경을 받았다. 나는 그의 지도를 받으며 변증론의 가장 기본적인 내용을 습득하였고, 변변치 못한 재능에도 나는 학구열에 불타 그의 입에서 나오는 모든 말을 이해하고자 하였다. 아벨라르가 생 쥬느비에브를 떠나자 모든 학생이 서둘러 그곳을 떠난 것처럼 보였다. 나는 교사 알베릭의 학생이 되었는데, 그는 뛰어난 변증론자들 중에서도 두각을 나타냈으며, 유명론자 진영의 매우 강력한 논객이었다.

그리하여 거의 2년간 생 쥬느비에브에서 공부하였던 나는 교사 알베릭과 로버트 멜룽에게서 변증론을 습득하였다(로버트가 영국 출신이기는 하였지만, 학교를 운영하는 데 있어 마땅히 가져야 할 별칭을 그에게 붙여주었다). 알베릭은 중요한 문제를 제기하고, 로버트 멜룽은 날카롭고 간략하며 논리적인 답변을 하였다. [이들은 일종의 상호보완 관계였다. 만약 알베릭의 뛰어난 분석력과 로버트의 명쾌한 결론을 내리는 자질을 겸비하였다면], 우리 시대에 논쟁에 관한 한 적수는 없을 것이다. 이들은 예리한 지식의 소유자로, 학문에서 이들을 능가할 자가 없었기 때문이다. …… 이에 나는 오랜 시간 그들과 대화를 나누었다. 나중에 알베릭은 볼로냐로 갔는데

---

1) *Metalogicus*, ii, 10. R. L. Poole tr., *Illustrations of the History of Medieval Thought and Learning* (1920), pp. 177-186.

거기에서 무엇을 가르쳤는지는 알지 못한다. 물론 그는 [파리로] 되돌아왔으나 과거처럼 학생들을 가르치지는 않았다. 좋든 싫든 그 이전이나 이후의 알베릭에 대한 판단은 나중에 그의 이야기를 들은 사람들에게 맡기도록 하자. 신학을 연구한 로버트는 고상한 철학자 내지 명성이 자자한 학자의 명예를 열망하였다.

이 유능하고 학자적 자질을 갖춘 스승들과 함께 학생들의 마음에 새겨진 문구와 규칙 그리고 다른 기본적인 지식을 익히는 데 꼬박 2년이 소요되었다. 이렇게 해서 나는 내 손과 손톱을 들여다보듯 지식을 훤히 꿰뚫어볼 수 있게 되었다. 젊은 시절 나는 경솔하게도 내가 알고 있는 것 이상의 지식을 과시하고자 하였다. 배운 것을 신속하게 이해한 나는 젊은 학자처럼 보였다. 이후 자신을 되돌아보고 스스로의 역량을 평가한 이후 스승들의 호의로 3년간 콩슈(윌리엄)에게서 문법을 배웠다. 많은 것을 배운 이 3년의 시간에 후회는 없다. [존 솔즈베리는 또 샤르트르에서 리처드 에베크에게 배웠지만 그의 가르침에서 부족한 것은 거의 없었다. 그는 말보다는 따뜻한 심성을, 기예보다는 지식을, 허영보다는 진리를, 과시욕보다는 덕을 가진 교사였다. 내가 다른 교사들에게 배운 모든 것을 그에게 다시 배우고 이전에 습득하지 못하였던 것을 일부 배웠으며 이전에 독일인 하르트빈에게 잠시 동안 배웠던 4과를 연마하였다. 교사 테오도릭이 수사학을 충분히 다루지 않게 되자, 나는 이전에 거의 이해하지 못하였던 수사학 책을 다시 읽었다. 그 이후 나는 피터 엘리아스에게서 이전보다 수사학을 더 많이 배우게 되었다.

생활비를 마련하기 위해 귀족 자제들을 가르친 덕분에 친구와 친척의 도움 없이도 신은 나의 필요를 채워주었으며, 의무감과 나의 학생들 덕분에 나는 이전에 배웠던 것들을 더욱 빈번하게 환기할 수 있었다. 나는 스승 아담[프티 퐁]과 가깝게 지내게 되었다. 날카로운 기지의 소유자였던 그는, 다른 사람들이 어떻게 생각하든, 그 스스로 아리스토텔레스 다음 가는 학자라고 생각하였다. 비록 나는 그의 제자가 아니었지만 매우 현명한 그는 나를 자신의 제자처럼 친절히 대해주었으며 공개적으로 자신의 이론을 설명해주었다. 원래 그는 다른 교사들의 질시로 곤경에 빠지게 될까 봐 …… 자기 제자가 아니면 그 누구에게도 친절을 베푸는 사람이 아니었다. 이후 경제적으로 궁핍해진 나는 동료들의 사례와 친구들의 조언을 받아 교사 직책을 받아들였다. 그렇게 3년의 시간을 보낸 후 되돌아온 나는 스승 질베르[라 포레]를 만나 그에게서 논리학과 신학을 배웠다. 하지만 그는 곧 떠났고, 그의 후임 교사인 로버트 풀루스는 생활은 물론 지식에서도 찬사를 받았다. 이후 나는 시몽 푸와시의 제자가 되었는데 그는 신뢰할 만한 교사였지만 논쟁에는 능하지 못하였다. 나는 이 두 교사에게서 신학만 배웠다. 이렇게 여러 가지 학문을 습득하느라 거의 12년의 세월을 보냈다. 나는 해묵은 논쟁의 쟁점을 토론하기 위해 이전에 수학하였던 [파리] 몽 생 쥬느비에브의 옛 동료들과 재회하게 된 것이 기뻤다. 우리는 상호 비교를 통해 우리가 그동안 이룩한 많은 발전을 확인하였다. 그들은 예전과 다를 바 없었고, 여전히 그곳에 머물고 있었다. 그런데 그들은 아직도 해묵은 쟁점을 해결하지 못한 것 같았고, 어떤 전제에 아무것도 덧붙이지 못하였다. 한때 그들을 고무시켰던 목표는 여전히 그들을 자극하고 있었다. 예전과 달라진 것이 있다면, 그들은 절제를 배우지 못했으며 겸손을 깨닫지 못했다는 점이다. 현명한 사람이라면 이들의 복귀를 경멸할 수도 있을 것이다. 그리하여 경험을 통해 나는 한 가지 명백한 결론에 도달하게 되었다. 변증론 은 다른 학문을 심화시키는 반면, 홀로 있을 경우 그것은 활기가 없고 황량하며, 그것이 외부로부터 [무엇인가를] 인식하는 것을 제외하면 영혼에 철학의 결실을 가져다주지 못할 것이다.

존 솔즈베리는 여기서 파리와 샤르트르에 관해 언급하고 있는데, 우리도 곧 이 지역들을 다루게 될 것이다. 존은 랭스와 프로방스를 방문했

을 수도 있다. 덜 알려진 학교들 가운데 랭스는 알베리쿠스의 영향력에
힘입어 두각을 나타냈다. 상당한 지명도를 가진 신학자 알베리쿠스는
1121-36년 사이에 랭스의 학교 교장을 역임하였으며, 랭스 대주교로부터
고대의 시인 프리스키아누스 내지 시인들이 아니라 성서에 충실한 인물이
라는 찬사를 받았다.

이 시인의 글을 읽지 말고
요한과 예언자의 글을 읽어라

랭스는 학문의 유명한 후원자였던 대주교 기욤(1176-1202)의 재임 시절에
대단히 중요한 지적 중심지로 보였지만, 10세기에 대주교 제르베르의
재임기 때 누렸던 만큼의 위상이나 영향력은 결코 행사하지 못하였다.
랑은 알베리쿠스의 스승 안셀름(1117년 사망)이 활동하던 시절에 알려지
게 되었다. 아벨라르는 안셀름을 경멸적 의미를 담아 '랑의 늙은이'라고
표현하였지만, 안셀름은 '명제집'이라는 신학적 방법론의 발전에 상당한
기여를 하였다. 아벨라르는 안셀름의 형제이자 수학자로 명성이 자자하
였던 랄프에 대해서도 언급하였다. 하지만 이들 형제가 활동한 이후
랑은 사람들의 기억에서 사라졌다. 한편 일찍이 수학자인 아델라르 바스
가 랑에서 수학하고 여기에서 학생들을 가르쳤으며, 투르와도 관련이
있었던 것으로 보인다. 투르의 가장 저명한 학자는 플라톤주의 철학자
베르나르 실베스터였다. 12세기에 오를레앙에 대해서는 문학과 수사학의
주요 중심지라는 사실 외에 딱히 알려진 것이 거의 없었는데,[2] 13세기
들어 오를레앙 대학이 법학 분야에서 명성을 얻게 되었다. 오를레앙의
경우 종래의 수사학 학교와 신생 오를레앙 대학과의 연관성을 확실하게

---

2) 제4-6장을 볼 것.

지적할 수 없을 정도로 제도적인 측면에서 매우 모호하였다.

샤르트르 주교좌성당 학교가 대학으로 발전하지 못한 것은 분명하며, 파리가 지적으로 확고하게 우위를 점하게 된 12세기 중엽에 샤르트르의 전성기는 사실상 종말을 고했다. 1089년부터 1115년까지 그곳의 주교를 역임한 유명한 교회법학자 성 이보의 활약에 힘입어 샤르트르는 교회법은 물론 신학의 중심지가 되었다. 이보가 주교로 재임한 시절에 시편의 편집에 종사하고, 변증론에 관한 책을 필사하고 주석을 달았던 딘 아놀드의 조카 두 명이 집으로 보낸 서신에서는 흥미로운 학교 생활이 발견된다. 이들은 양피지와 '자신들이 가지고 있는 쓸모없는 분필(백악)'을 대신할 새로운 분필, 부친의 부츠 그리고 코트의 재료인 어린 양가죽을 보내달라고 요청하였다. 모친 레티치아에게도 돈을 보내달라는 요구를 잊지 않았으며, 다음과 같이 모친의 이름을 가지고 라틴 운문 놀이도 하였다.

당신의 이름
사라진 이름
그 이름은 우리에게 기쁨을 준다[3]

샤르트르 학교의 대표적인 학자들은 일련의 저명한 상서였다. 즉, 문법학자로서 '갈리아에서 문학의 가장 풍부한 원천'이었던 베르나르, 논리학자 겸 신학자로서 샤르트르의 장서에 대해 애정이 각별하였던 질베르 라포레, 베르나르 실베스트로부터 우주에 관한 책을 헌정받은 티에리, 프톨레마이오스의 『천체도』를 번역한 달마치아인 헤르만 등이 대표적인

---

3) |옮긴이| 원문은 "*Nomen tuum, Nomem letum, Prebet nobis gaudia*"이다. 이 구절은 멀리서 학업을 하느라 어머니의 이름을 잊어버렸지만, 돈이 필요할 때 어머니의 이름을 기억하게 된다는 사실을 풍자적으로 보여주고 있다.

학자였다. 7자유학에 대한 광범위한 지식은 약 1150년경 유능한 학자를 양성하고자 3학과 4과를 결합시키려 한 티에리의 저서 『7자유학』에 등장하였다. 앞서 살펴보았듯이,[4] 샤르트르는 주로 문학 분야에서 명성을 얻었으며, 동시대인인 기욤 콩슈와 리처드 에베크가 소개하고 있듯이, 베르나르의 철저한 방법론은 존 솔즈베리에 의해 언급되었다. 또한 이미 살펴보았듯이,[5] 샤르트르는 12세기 플라톤주의의 주요 중심지였다. 1155년경 티에리의 사망과 함께 샤르트르의 위대한 시대는 종말을 고하였다. 이 시기 "성인 및 군주에게 헌정된 조각상들"과 함께 샤르트르 대성당에는 우리가 알고 있는 양식이 있었으나, 샤르트르 학파의 전성기는 끝이 났다.

숲에 묻힌 절벽처럼 고요하며 회색빛을 띠고
바다의 느린 후퇴로 내륙에 남겨진 [샤르트르]

사람들은 샤르트르의 성모 마리아에서 파리의 성모 마리아로 방향을 틀었으며, 활기찬 파리는 빠르게 프랑스 왕국의 수도가 되어가고 있었다.
　노트르담 주교좌성당 학교, 생 빅토르 수도 참사위원회 학교, 생 쥬느비에브 참사위원회 교회[6] 학교에 힘입어 파리의 지적 상황은 역동적이었다. 기욤 샹포는 12세기 초엽 생 빅토르 학교 최초의 유명 교사였으며, 생 쥬느비에브 학교의 운영은 1147년 수도 참사위원회의 수중으로 넘어갔다. 그리하여 아벨라르는 노트르담에서 학업을 시작하고 거기에서 학생들을 가르치기 시작하였다. 그는 노트르담의 참사위원이 되었던 것 같으

---

4) 제4, 5장을 볼 것. 그리고 존 솔즈베리의 저서에서 발췌된 부분인 본문 386-388쪽을 볼 것.
5) 제9장을 참조할 것.
6) ㅣ옮긴이ㅣ 주교좌가 없이 참사위원들로만 구성된 교회.

며, 이후 생 빅토르에 있던 기욤 샹포의 외부인을 위한 학교에서 수학하다 성년이 된 후 생 쥬느비에브에서 학생들을 가르쳤다. 존 솔즈베리는 앞서 인용한 구절처럼 생 쥬느비에브에서 아벨라르에게서 가르침을 받기도 하였다. 유서깊은 지적 전거들에 대한 섭렵과 전거들 간의 모순에 대한 예리한 인식, 독창적이고 영감을 불러일으키는 교수법 그리고 '진지한 학생들에게 웃음을 자아낼 정도로 유능한' 아벨라르의 명성은 학생들을 파리로 끌어모으는 데 중요한 역할을 하였다. 물론 아벨라르는 여러 가지 이유로 오랫동안 파리를 떠나 있었고, 많은 학생들은 멜룽과 코르베이유 및 심지어 사막 같은 황량한 곳으로까지 그를 따라 이동하였다. 그래도 그 당시 파리는 변증론 연구의 주요 중심지가 되어 있었고, 비록 나중에 그가 생 쥬느비에브에서만 가르쳤고 그의 영향력이 이 학교의 쇠락으로 줄어들기는 했지만, 아벨라르는 넓은 의미에서 심도있는 공부를 원하던 학생들의 파리 행을 관례화하는 데 크게 기여하였다. 충실하게 서술되어 있는 교사로서의 아벨라르가 거둔 성공담은 아벨라르 본인의 덕인 것이 사실이지만, 존 솔즈베리와 오토 프라이징 등의 증인을 통해 전반적으로 명확히 확인될 뿐만 아니라 보다 일상적인 증거를 통해서도 확인된다. 그런데 아벨라르는 존 솔즈베리가 파리에서 배운 많은 교사들 중 한 명에 불과하였다는 그의 서술에 우리가 주목할 필요가 있다. 우리는 "파리가 교사들의 도시, 즉 중세 세계에서 최초로 교사 도시가 되었던" 다음 세대에서 래쉬달이 목격한 변화의 징후들을 보게 된다.[7] 학생들과 마찬가지로 교사들도 그 출신지가 다양하였다. 오토 프라이징과 아달베르는 존 솔즈베리에 앞서 파리에서 수학하였다. 프리드리히 바바로사의 숙부였던 오토는 이후 프라이징의 주교가 되었으며, 아달베르는 마인츠 주교를 역임하였다. 1142년경의 교사목록에는 아벨라르와 티에리 샤르트

---

7) Rashdall, *Uniiversities*, i, 289.

르 등 브레타뉴 출신의 교사들, 기욤 콩슈 등 노르망디 출신의 교사들, 로버트 멜룽과 나중에 엑스트의 주교가 된 아담 프티 퐁 등 영국 출신의 교사들 그리고 피터 롬바르드르 등 이탈리아 출신의 교사들이 등장하고 있다. 그로부터 얼마 지나지 않아 그보다 훨씬 더 멀리 떨어져 있는 국가에서 온 학생들이 있었으며, 그 가운데 스웨덴 룬드 대주교의 조카들과 헝가리 출신으로 월터 맵의 친구이자 그란의 대주교가 된 인물도 있었다.

파리는 12세기 후반에 성장하고 그 위상도 공고해지게 되었다. 베켓 대신에 1164년 파리를 다시 방문한 존 솔즈베리는 거의 1년 동안 머물렀다. 그는 파리의 번영, 새로 건축된 화려한 주교좌성당, '그에게 야곱의 사다리를 오르내리는 천사들을 연상시키는 파리 철학자들의 다양한 직업'에 대해 찬사를 보냈다. 그는 "진심, 신은 파리에 존재한다. 그러나 나는 그렇지 않은 줄로 알았다"고 결론 내렸다. 하지만 존과 서신을 주고받고 존보다 고위 성직자였던 셀의 수도원장은 독실한 영혼의 소유자인 존에게 파리가 지닌 위험과 유혹을 환기시켜줄 필요가 있다고 생각하였다. 이 조언은 파리 주교가 교구 성직자들에게 주중에는 파리에서 시간을 보내고 일요일에만 자신의 교구에서 지내는 것을 금하고 나서 얼마 되지 않아 다시 등장한 것이었다. 1175년경 기 바조쉬는 파리가 철학, 법학 및 7자유학의 유서깊은 중심지인 시테 섬, 선박 및 상품과 더불어 센 강 우안과 연결된 그랑 프티, "논리학자들은 물론 산책하는 사람과 행인의 논쟁을 위해 분리된" 프티 퐁의 좌안과 함께 "왕실의 후원에 힘입어 다른 도시들보다 우위에 있다"는 것을 강조하였다. 파리의 지적 매력은 존 솔즈베리의 제자였던 피터 블루아에 의해 더 분명하게 확인된다. 파리에서 로마법과 신학을 수학한 피터 블루아는 직업과 관련된 공부 때문에 고전을 경시하는 지적 풍토를 개탄하면서도 난해하고 까다로운 문제들이 파리에서는 해결된다고 지적하였다. 웨일즈 출신으로 자만심 많고 쾌활한 성격을 지녔던 기랄두스 캄브렌시스 또한 파리에서 법학을 수학하고, 자신의 일요 교회법 강좌를 자랑스럽게 소개하였다. 즉, 재판관이 증거에 입각해 판결을 내려야 할지 아니면 자신의 견해에 입각해서 판결을 내려야 할지를 논하는 '자신의 활기찬 목소리'를 듣기 위해 일요일에 거의 모든 박사와 학자들이 모였다는 것이다. 파리의 로마법학자들은 '세상의 보다 현명한 철학자'의 가르침을 찾아 톨레도로 향한 다니엘 몰리에게 반감을 드러냈지만, 신생 대학이 로마법의 중심지가 될 수도 있다는 우려는 1219년 교황 셀레스틴 4세가 파리 대학에서의 로마법 연구를 금지시키면서 사라지게 되었다. 1142년에 작성된 시에 등장하는 교사들은 주로 신학자였고, 1160년 사망하기 이전에 피터 롬바르드가 오랜 기간 표준적인 교과서가 될 자신의 『명제집』에서 신학적 논쟁방식을 확립하였기 때문에, 신학의 승리는 오래 전에 확고해졌다. 데니플의 주장에 따르면, 13세기의 위대한 신학체계는 그 뿌리를 12세기에서 찾아야 하며, 신학에서의 위대한 종합은 직간접으로 파리와 결부되어 있었다. 사실상 새로운 세기로의 전환기에 스테픈 투르네는 파리에서 이루어지는 신학적 논의가 정도를 벗어났으며, 불가분의 삼위일체 신을 길모퉁이에서 논하고, 모든 강의실과 광장에서는 상스러운 말과 신성모독이 쏟아져나온다고 비판하였다. 교황들은 철학자들의 예측불허의 말과 행동을 신속하게 규제하고 이들을 최고 학부인 신학부에 종속시켰다. 파리 대학의 학부들 가운데 최초로 교회학교가 된 것은 신학부였다. 파리는 이미 중세 주석가들에 의해 '학문의 도시'로 불린 키리아스-세퍼[8]와 동일시되었다. 또한 1231년 파리 대학은 교황 그레고리우스 9세로부터 '학문의 모태'*Parens scientiarum*라는 명예로운 이름도 받았다.

---

8) |옮긴이| 팔레스타인의 헤브론 근교에 위치한 유서 깊은 도시로 학문적 명성이 높았다.

교사와 학생 공동체가 상당 규모로 존재했고, 활발한 지적 활동이 이루어졌던 등의 여러 가지 사실에도 불구하고 대학이 공식적인 교육기관이었다는 증거는 거의 발견되지 않는다. 심지어 13세기 이전에는 대학이라는 명칭조차 보이지 않는다. 교황 이노켄티우스 3세가 교황이 되기 이전의 학창 시절인 1208-09년에 작성한 서신들에 대학이라는 이름이 우연히 등장하기는 한다. 하지만 제도사에서 종종 그렇듯, 위 서신에서 언급된 대학이라는 명칭은 대학이 형성된 후에 사용된 것이다. 하지만 그 이전 시기에 4개 학부, 지역단 내지 학장직 등과 같이 완전히 성숙한 제도를 발견할 수는 없지만, 대학 생활의 공통된 특성 중 일부를 추적할 수 있다. 교과과목은 학부의 존재 여부와 관계없이 학부별로 묶이고 학생들은 국지적 집단을 결성하여 생활하였던 것으로 보이는데, 전문적인 용어로 후대의 지역단까지는 아니었다 해도 그렇게 생활했던 것 같다. 1180년경에는 최초의 칼리지가 등장하였다. 규정된 학업기간이 있었던 것 같으며, 1179년 개최된 라테란 공의회에서 제정된 교회법에서는 재능 있는 학생들이 교수가 될 수 있도록 모든 학교에 이들을 무료입학시킬 것을 요구하였다. 이 조항에 등장하는 초기의 파리 대학 조직은 파리 주교좌성당 학교 학감의 통제 아래 있었다. 교수자격증을 부여하는 권한은 학감에게만 있었다. 대학의 맹아는 교수자격증을 보유한 교사 내지 교수였으며, 이들 단체 내지 교수단이 대학이 되었다. 이미 아벨라르와 파리 및 랑의 교회 당국 사이에 벌어진 갈등이 보여주듯이, 주교좌성당이 교육을 감독하였고 공식적인 교수단 입회에 대한 규제는 12세기가 경과하면서 증가하였다. 이 같은 발전이 점진적으로 이루어졌기 때문에, 파리의 주교좌성당 학교가 정확히 언제 대학으로 발전하였으며 파리 대학이 언제 설립되었는지 단정적으로 말할 수는 없다. 유서 깊은 다른 모든 대학과 마찬가지로 파리 대학은 설립된 것이 아니라 성장한 것이다. 그 성장 역시 어느 정도는 초기 학교들이 자리 잡은 주교좌성당 경내에서 시작하여 교사와 학자들이 활동하고 '이곳 철학자들이' 자발적으로 집단까지 형성한 프티 퐁, 그 이래로 파리의 라틴구가 된 좌안에 이르기까지 자연적인 것이었다.

파리 대학은, 자생적으로 형성되었지만 군주 및 더욱이 교황청의 지지에 의존하였는데, 교황청의 지원과 함께 그 통제 아래 놓이게 되었다. 파리 대학의 역사에 관한 최초의 명확한 사료는 존엄왕 필리프가 1200년 하사한 유명한 특허장인데, 이것을 가지고 파리 대학의 설립년도로 삼기도 한다. 물론 파리 대학은 실제로 더 이른 시기부터 존재하기는 하였다. 특허장에는 대학이 새로 설립되었다는 어떤 언급도 없지만, 이미 기존의 교수단과 학생단을 승인하고 있다. 프레보*prévot*[9] 및 그 추종자들이 독일 학생 기숙사를 공격하여 몇몇 학생을 살해하였고, 살해된 사람들 중에는 리에주의 주교 선출자도 포함되어 있었다. 프랑스 군주는 프레보에게 엄중한 벌을 내리고, 학생들과 이들의 숙소에 정의가 구현되도록 하였을 뿐만 아니라 세속 법정의 사법권으로부터의 면제권도 부여하였다. 대학이라는 명칭은 보이지 않지만, 학자들의 협의체는 단체로 승인을 받았으며 그 이후 군주의 관리들은 이 단체 앞에서 선서를 해야 했다. 1208년 내지 1209년의 초기 규정들은 교복, 장례식 그리고 '강의와 토론에서의 관례적인 순서'를 다루었고, 교황은 이 학문공동체 내지 대학의 조합적 성격을 승인하였다. 대학자치권은 1215년 교황 특사가 보낸 문서를 통해 더욱 확대되었는데, 이 문서에는 인문학부의 초기 학업 과정이 소개되어 있다. 파리 이외의 다른 도시에서 도시민과 학생 사이에 갈등이 생기고 강의가 지속적으로 중단되는 사태가 발생하자 1231년 교황이 부여한 중요 특권과 함께 대학의 핵심 문서가 구비되게 되었다. 총장은 대학에 조직이 너무 많고 학사 업무에 시간이 너무 많이 들어간다며 불평을

---

9) Ｉ옮긴이Ｉ 도시의 관리 및 법관 등을 지칭하며, 때로는 파리 시장도 의미하였다.

하기 시작하였다. 즉 "각각의 교수가 자력으로 가르치고 대학이라는 이름이 등장하기 전에는 강의와 논쟁도 더 활발하였고 학구열도 강하였다"는 것이다. 파리 대학은 이미 과거 좋은 시절의 전통을 상실한 것이었다.

13세기에 파리는 대학은 물론 학문의 모태가 되었다. 파리 대학에서 유래한 다수의 대학들 중 최초의 대학에는 영국, 독일은 물론 북부 프랑스 및 저지대 지방에 소재한 중세 북유럽의 모든 대학이 포함되었다. 1205년에는 콘스탄티노플 라틴 제국의 신임 황제가 그리스 학문을 개혁하기 위해 파리에 지원을 요청하였는데 이 서신으로 파리의 위상은 더욱 강화되었다. 파리 대학의 방대한 계보 중에서도 가장 유서깊은 대학은 옥스퍼드 대학으로, 영국 대학의 모태가 되었다.

영국 최초의 대학이 옥스퍼드에서 출현하게 된 이유는 알려져 있지 않다. 중세의 옥스퍼드는 주교좌성당이 소재한 도시가 아니었고 영국의 대도시도 아니었다. 색슨에서 기원한 옥스퍼드는 노르만족의 요새였고, 성 프리드위드의 수도원이 소재하였으며, 인접한 아빙돈, 오세니 및 아인스햄에 각기 수도원이 하나씩 있었을 뿐 아니라 멀지 않은 곳에 군주의 성도 자리하고 있었다. 장차 대학이 태동할 수 있었을 것 같은 지역을 꼽자면 그 다수가 런던, 요크, 윈체스터 내지 캔터베리 같은 기존의 중심지였다. 특별히 1836년에야 설립된 런던 대학의 경우, 파리 대학만큼이나 일찍이 태동할 기회가 있었던 것으로 보였다. 래쉬달은 "옥스퍼드 대학은 타고난 교역의 중심지로서 학문적 위상을 수용하기에 충분하였을 것이다"라고 결론 내렸는데, 교역과 함께 뛰어난 접근성도 옥스퍼드에 대학이 처음 등장하게 된 부차적 요인으로 지적할 수 있을 것이다.

영국 최초의 대학이 옥스퍼드에서 정확히 언제 등장하였는지에 대해서는 알려진 바가 없다. 사실 옥스퍼드는 기존 체제에서 워낙 중요하고 유서도 깊은 곳으로 보여 그 기원이 알프레드 치세기 내지 영국 최초의 군주이자 아이네이스의 손자였던 브루투스가 그리스 철학자들을 영국으로 데리고 온 시기로까지 거슬러올라간다고 생각한 때가 있었다. 인간의 기억은 이 생각에 반박을 하지 못하게 되어 있었다. 옥스퍼드에서 대학이 성장한 것에 대해서는 어떤 것도 분명하게 드러나지 않아, 옥스퍼드 대학은 파리 대학처럼 '똑같이 성장할' 수 없었다. 1117년 이전에 옥스퍼드에서 가르쳤던 테오발드 에탕프는 학교의 교장이 아닌 독립된 교사였으며, 그가 분명하게 후계자를 두었는지, 12세기 옥스퍼드의 학교들과 다른 지역의 많은 학교들 사이에 차별성이 있었는지 불분명하다. 예를 들어 피츠스테픈은 12세기 말엽 런던의 학교들에서 이루어진 논쟁에 관한 생생한 기록을 남겼다. 설명하기는 쉽지 않지만 옥스퍼드를 자신들의 주요 근거지로 삼으려 한 영국인 학생들이 1167년경 파리에서 귀국함으로써 옥스퍼드가 혜택을 본 것은 사실이며, 대학 내지 외국 출신 학생들이 참여하는 보편적 학문공동체*studium generale*, 즉 대학으로 그 위상이 신속하게 격상되었다. 1197년 리처드 왕은 옥스퍼드 학교의 헝가리 성직자를 지원하고 있었다. 하지만 이들 외국 학생을 대학 형성의 핵심 요소로 간주해서는 안 된다. 옥스퍼드는 대학 조직의 모델을 파리 대학에서 차용한 것처럼 보이지만, 핵심 요소인 교사와 학생은 영국 출신이었다. 헨리 2세 치세기에 이러한 교사와 학생들은 영국에 많이 있었으며, 그 중 다수가 파리에서 이미 목격되었지만, 헨리 2세 이래로 대거 국내에 자리잡고 있었다. 1180년경 상당 규모의 학문공동체가 존재하였다는 것이 제본업자 1명, 필경사 1명, 양피지 제조업자 2명 및 성모 마리아 교회 근교에서 육로운송의 증인들인 채색업자 3명에 의해 드러났다. 1188년경 불굴의 기랄두스 캄브렌시스는 "모든 자서전들 가운데 매우 과시적인 자서전에서"[10] 자신이 영국에서 서기로 주로 활발하게 활동하였으며, 서기로서 탁월한 역량을 발휘한 옥스퍼드에서 자신의 최신 책을 어떻게 공개적으로 낭독하였는지 언급하였다. 그는 자신의 숙소에서 모든 박사와 학자들을 앞에 두고 3일에 걸쳐 연속 강의를 하였으며, 즐거움도 제공하였다. 이는 고대 시인들의 신뢰할 만하고 유서 깊은 시대를 부활시킨 고상한 지적 행위로 비용이 많이 소요되었으며, 오늘날만이 아니라 과거 어떤 시대에서도 영국에서는 이런 학문적 활동을 볼 수가 없었다. 1217년 세상을 떠난 알렉산더 네캄은 파리, 볼로냐, 몽펠리에 및 살레르모와 함께 옥스퍼드의 이름을 언급하기는 했지만, 파리 대학과 다르지 않은 옥스퍼드 대학의 학풍에 대해서는 어떤 기술도 남기지 않았다.

어쨌거나, 1200년경의 옥스퍼드 대학은 파리 대학이나 볼로냐 대학에 비하면 아직 걸음마 단계에 불과하였다. 당시 옥스퍼드 대학은 저명한 교수들도 확보하지 못했고 특허장이나 법규도 보유하지 못한 상태였다. 옥스퍼드 대학이 확보한 최초의 특권, 즉 1214년 교황의 특사가 공포한 법령은 5년 전 도시민과 학생들 사이에 일어난 갈등의 산물로, 이때 처음으로 총장이라는 용어가 등장하였다. 이 갈등으로 교수와 학생들이 캠브리지와 다른 지역으로 흩어졌으며 옥스퍼드 대학의 역사는 진정한 위기를 맞았다. 옥스퍼드 대학의 초기 칼리지들인 베일리얼, 머튼 및 유니버시티 칼리지는 13세기 후반에야 등장한다. 이들 칼리지는 유럽 대륙에서 먼저 출현하였으나, 시간이 흐르면서 영국 대학제도의 매우 두드러진 특징을 이루게 된다. 근대 칼리지 제도의 또 다른 요람인 캠브리지 대학은 1209년 옥스퍼드 대학의 교수와 학생들이 이동하기 전까지는 거의 알려지지 않았으며, 캠브리지가 영국 대학사에서 중요한 위상을 갖게 된 이유를 설명할 합리적 근거가 발견되지 않고 있다. 여하튼 캠브리지 대학의 기원 내지 역사는 이 책에서 다루는 12세기에서 벗어나 있다.

---

10) Rashdall, *Univerisities*, ii, p.341.

주교좌성당 학교 및 수도원 학교와 함께 지중해 대학들의 기원을 검토할 경우, 우리는 존속되고 있던 속인 교육의 전통, 특히 법학 및 의학 분야에서의 속인 교육의 전통을 고려해야 한다. 적어도 처음부터 이들 지중해 대학은 7자유학이라는 유서깊은 교과과정을 확대한 논리학과 수학에 비해 법학과 의학 등 전문적인 교과에 초점을 맞추었으며, 중세 전 시기에 걸쳐 이들 대학은 전문학부로서 명성을 얻었다. 이들 대학은 여전히 학문 부활의 일부였지만, 아마도 다소 일찍이 그리고 확실히 보다 모호하게 일어난 부활의 일부였다. 유럽에서 가장 유서깊은 의학교인 살레르노 대학의 기원은 매우 모호하다. 의학 중심지로서의 위상은 10세기로까지 거슬러 올라가지만, 프리드리히 2세의 재편작업이 이루어질 때까지는 방치되어 교육기관으로서는 거의 알려지지 않았다. 의학부와 법학부가 설치된 몽펠리에 대학도 살레르노에 비해 분명 신생 대학이었지만 역시나 기원이 모호하였다. 살레르노 대학 의학부는 아마도 살레르노 대학 및 스페인의 학문과 연관되어 있는 것 같고, 법학부는 1160년경 이 도시를 방문한 플라켄티우스와 더불어 볼로냐 대학에서 기원한 것이 분명하다. 볼로냐 대학은 모든 지중해 대학들 가운데 매우 저명하고 중요한 대학이었다.

볼로냐 대학은 앞의 제7장에서 논의한 로마법 부활의 직접적인 산물이지만, 이탈리아 최초의 법률학교는 아니었던 것으로 보인다. 로마, 파비아 및 인접한 라벤나의 법률학교는 볼로냐 법률학교보다 시기적으로 앞섰지만, 모두 대학으로 성장하지 못하였다. 이들 11세기 법률학교의 역사는 모호하고 불분명할 뿐만 아니라, 적어도 로마의 법률학교가 대학으로까지 발전하지 못한 이유는 명확하지 않다. 볼로냐는 대학이 최초로 태동한 곳은 아니지만 북유럽의 교차로라는 지리적 이점을 가지고 있었다. 즉, 볼로냐는 피렌체에서 북부로 향하는 대로와 아펜니노 산맥 이북지역으로 가는 아에밀리안 가도가 만나는 교통의 요충지였다. 오늘날에도 볼로냐는 동일한 길을 따라 놓인 철도 노선의 분기점으로서 지리적 이점을 가지고 있다. 대학 구성원들의 눈에 비친 볼로냐는 학업에 전념하기에 풍요롭고 쾌적한 환경을 갖추고 있었고, 일찍이 1155년 황제가 이들 구성원에게 볼로냐를 선택한 이유를 묻자 다음과 같이 적절한 답을 한 것으로 알려져 있다.

우리는 이 땅과 위대한 군주를 존경하며,
[이 땅에는] 학생들이 널리 사용할 수 있는 필요한 것들로 가득 차 있다고 말하였다.

볼로냐는, 11세기에 적어도 페포가 탁월한 법학자로 활약할 동안 법률과 관련된 수사학 연구로 오랫동안 명성을 누렸다. 1120년대에 이르러서야 사마리아인 알베르트가 크레모나가 아니라 볼로냐에서 작문학교를 운영하기 위해 학생들과 계약을 맺었으며, 법률보다는 수사학과 문법 연구, 그리고 프랑스의 새로운 신학에 관해 언급하면서 서간문 작성법을 학생들에게 가르쳤다. 12세기 중엽부터 이와 유사한 서신들은 여전히 수사학을 강조하였으며, 서간문 작성법은 이 볼로냐를 통해 프랑스로 전해졌다. 이르네리우스가 활동한 때부터 볼로냐는 법학 분야에서 대단한 명성을 얻었고, 볼로냐 법학교가 먼 지역 출신의 학생들을 유치할 수 있었던 동력은 뛰어난 교사들과 우수한 방법론이었다.

외국인 학생 및 특히 알프스 이북지역 출신의 학생단은 볼로냐 대학의 중추를 형성하였다. 고향을 떠나 제대로 된 보살핌을 받을 수 없었던 학생들은 자신들의 보호와 상호 이익을 위해 학생단이라는 조직을 결성하였다. 이들은 도시민들에게 도시에서 떠나겠다는 위협을 가해 양보를 얻어내곤 하였는데, 이 같은 위협은 대학이 정착할 건물이나 토지가 없던 시절에 학생들이 손쉽게 실행에 옮길 수 있었던 무기였다. 학생들은 대학 형성에서 중요한 요소 중 하나였던 집세와 도서 가격 결정권을 가진 단체를 일찌감치 결성하였다. 교수들에 맞서 학생들이 구사할 수 있었던 무기는 수업거부로서, 학생들이 지불하는 수업료에 생계를 의존하던 당시의 교수들에게 효과가 있었다. 시간이 경과하면서 학생들은 수업료에 부합한 양질의 강의를 요구하였고, 교수들은 강의의 철저한 이행과 이에 관한 규정을 제출할 수밖에 없었다. 교수들도 단체를 결성하였는데, 입회자의 수를 통제함으로써 학위와 동등하였던 교수 자격의 요건을 규정하였다. 대학은 이 학생단과 교수단의 두 조직에서 발전하게 되었다. 하지만 볼로냐에서 교수단이 칼리지로 불리게 되고 학생단이 대학이라는 명칭을 사용하게 되었다는 사실은 의미심장하다. 학생단은 아마 네 개였다가 마지막에는 두 개로 축소되어 알프스 이북 학생단과 알프스 이남 학생단이 사실상 대학을 형성하게 되었다. 설립 특허장이 없었던 볼로냐 대학의 이 같은 제도는 12세기 말엽 서서히 형성된 것으로 보이며, 볼로냐의 다른 조합의 모델이 되었다. 통상적인 세속 사법권에서 면제를 부여받는 학생의 일반적인 특권들은 1158년에 공포된 이른바 진정한 법률 *Habita*이라는 프리드리히 1세의 칙령에 기초하고 있다. 이 같은 양보를 얻어내는 과정에서 볼로냐 법학자들은 의심의 여지없이 적극적인 역할을 하였고, 볼로냐의 학생들은 3년 전인 1155년에 황제 프리드리히 1세의 행렬을 환영하였다. 프리드리히의 이 칙령은 특정 대학*studium*을 언급하지 않았지만, 북부 이탈리아 전역의 학생에게 적용되는 핵심적인 규범으로 간주되었다. 설립자가 없었던 볼로냐 대학은 그 설립년도를 명확히 확인할 수 없으며 따라서 볼로냐 대학이 1888년에 개교 800주년 기념행사를 거행할 명확한 근거도 없었다. 다만 매우 유서깊은 대학들은 근년에 설립된 신생 대학들이 그렇게 하듯 대학 기념일이나 축하 행사를 거행해야 한다. 볼로냐는 일찍이 1119년에 '지식의 전당'으로 불렸으며, 그 이래로 줄곧 지적 중심지가 되었다.

파리 대학이 북유럽에서 그러하였듯이, 볼로냐 역시 남부 유럽의 대학과 고등교육 기관의 모태가 되었다. 물론 볼로냐 대학이 몽펠리에 대학에 끼친 영향을 논외로 치면, 12세기에 볼로냐를 모델로 하여 어떤 대학들이 태동하였는지는 명확하지 않다. 하지만 볼로냐와 인접한 경쟁 도시였던 파두아는 볼로냐로부터 독립을 획득함으로써 1222년에 파두아 대학을 설립하였다. 대학사에서 중요성이 덜한 모데나, 레지오 및 비첸자 등의 초기 대학 사례는 여기서 언급할 필요가 없다. 프리드리히 2세는 1224년 볼로냐 대학 출신의 교수들과 더불어 자신이 지배하던 나폴리 왕국의 학생 유출을 방지하기 위해 나폴리에 대학을 설립하였다. 스페인의 초기 대학에 속하는 팔렌시아 대학과 아마도 이 시기의 살라만카 대학도 역시나 본국 학생들을 유치하려 하였을 것이다. 파리 대학에서 분리되어 옥스퍼드 대학이 형성되었듯이, 북부 이탈리아에서는 주로 분열을 통해 대학 숫자가 증가하였으며, 볼로냐 유형의 대학이 뒤를 이었다. 볼로냐를 모델로 삼아 등장한 후대의 대학들은 그 상당수가 법학부 중심 대학이었다.

12세기 대학의 교과과정과 교수법에 관해서는 그저 일반적인 용어로 기술할 수밖에 없다. 이 시기에는 학칙도 없었고, 존 솔즈베리가 샤르트르 학교에 관해 언급한 세밀한 내용이나 규정 지침도 없었기 때문이다. 그저 대학의 강좌가 주로 교재에 대해 주석을 행하는 강의[11]와 꼼꼼한 노트 필기 그리고 토론과 논쟁으로 이루어졌다는 일반적인 서술에 만족해야 한다. 대학의 건물이나 강의실도 없었기 때문에, 강의는 교수의 주거지나 교수가 강의용으로 임대한 공간에서 이루어졌다. 핵심 교재는 다른 방식으로 알려졌는데, 1200년경 알렉산더 네캄이 여러 학문적 주제와

---

11) 오도프레두스의 법학 강의에 관해서는 본문 221-222쪽을 볼 것.

관련하여 활용되었던 교재에 대해 체계적으로 서술을 해둔 덕분에 당시의 학습 과정을 보다 구체적으로 이해할 수 있게 되었다. 7자유학 가운데 문법은 그 전거를 여전히 프리스키아누스와 도나투스에 두었고, 고대의 시인들과 수사학자들에 대한 연구가 문법을 보완하였다. 논리학은 아리스토텔레스의 『신논리학』에 의해 크게 확대되었는데, 아리스토텔레스의 과학과 『형이상학』을 통해 많이 보완하였다. 산수와 음악은 여전히 보에티우스에 의존하였지만, 유클리드의 기하와 프톨레마이오스의 천문학에 대한 아랍의 개요서들을 주로 활용하였다. 『로마법 대전』은 시민법에 관한 모든 강의의 근간을 이루었고, 그라티아누스의 『교회 법령집』과 후대 교황들의 교서가 교회법 강의의 토대가 되었다. 의학은 아랍 저술들의 초기 번역본들과 함께 여전히 갈렌과 히포크라테스의 이론에 기초하였지만, 당시까지 아비세나의 저술에 의존하지는 않았다. 그 당시에는 값비싼 성서를 신학 교재로, 피터 롬바르디아의 『명제집』을 보조 교재로 이용하였다.

초기 대학인의 인간적인 면모도 자연스럽게 기록으로 남게 되었다. 이르네리우스가 오히려 그 실체가 잘 드러나지 않은 인물이라면, 12세기 후반 그의 후학들은 그 실체가 보다 명확하게 드러났다. 으뜸가는 시인이 자신의 시를 통해 자신의 존재를 드러내었듯이, 아벨라르가 자서전에 힘입어 매우 저명한 학자가 되었다는 것은 당연하다. 이들보다 덜 유명한 인물들 가운데는 기랄두스 캄브렌시스만이 우리에게 대단히 잘 알려져 있다. 개별 학생들에 관한 정보는 거의 남아 있지 않지만 학생에 관한 일반적인 사례는 많다. 니겔 위렉커의 당나귀라는 인물은 풍자 대상인 학생을 의미하였다. 파리에서 7년을 수학하고 빈털터리가 되어 울고 있는 당나귀라는 애칭을 가진 이 학생의 암울하고 초췌한 삶에 대한 묘사는 동정의 대상이 되었다. 만약 당나귀로 묘사된 학생들 중 일부가 웰스[12]가 한탄한 '불량 학생'이었다면, 일부는 어떤 테스트도 충분히 만족시킬 그런 순수한 학생이었을 것이다. 이 순수한 학생들은 서신이나 시를 통해 자신들을 잘 보여준다. 골리아드의 운문은 이들의 유쾌하고 다소 무책임한 모습을 보여주고 있다. '돈은 없어도 마음은 넉넉한' 이들은 이 학교 저 학교를 전전하고, 유쾌하고 걱정거리가 없었으며, 길가 선술집에서 서로 인사를 나누거나 이 도시 저 도시, 그리고 이집 저집으로 구걸을 하고 다녔다.

> 우리는 방랑하고 있다,
> 흥겹게 흥청망청 하면서
> 타라, 탄타라, 테이노!
>
> 배가 부를 때까지 먹자,
> 주도와 더불어 술을 마시자
> 타라, 탄타라, 테이노!
>
> 포복절도할 때까지 웃자,
> 누더기를 우리 몸에 맞추자
> 타라, 탄타라, 테이노!
>
> 재담을 영원히
> 지독하게 술을 마시자
> 타라, 탄타라, 테이노! 등등

---

12) |옮긴이| Herbert G. Wells, 1866-1946. 영국의 소설가이자 문명비평가로서 『타임머신』, 『투명인간』 등 다수의 과학소설을 저술하였다.

유랑하는 젊은 학생인 나는
고통과 근심으로 태어났으며
종종 가난으로
미칠 지경이다

내가 기꺼이 얻고자 하는 것은
문학과 지식,
원하지 않았던 금전 문제는
나에게 학업을 중단하도록 만든다

내가 걸친 남루한 옷은
너무 얇고 낡았다
나는 종종 감기에 걸린다
온기를 잃어버렸기에

나는 좀처럼 예배에 참석하지 않으며
당연히 신을 좀처럼 찬미하지도 않는다
미사와 저녁기도에 모두 참석하지 않는다
비록 진심으로 이것들을 좋아할지라도

오, N에 대한 그대의 자긍심
나는 그대의 진가를 믿기에 그대에게 기도하노라
도움이 절실하여 간청하는 자에게 도움을 주소서
하늘은 분명 그대에게 보답을 할 것이다.13)

---

13) |옮긴이| 시의 제목은 *A Song of the Open Road*이다.

학생들의 서신에는 샤르트르 서신에도 나오는 분필과 양가죽에서부터 오를레앙의 서신이라는 세련된 연애편지에 이르기까지 갖가지 내용이 기술되어 있다. 학생들이 파리와 옥스퍼드의 도시민들에게 공격을 받은 사건을 언급하고 있는 이들 서신에서 학생들은 몽펠리에의 의학과 좋은 기후에 찬사를 보내고, 볼로냐의 진흙창에서 구걸하며, 부모에게 돈과 필요한 것들을 보내달라고 요구하는 기발하면서도 순진한 내용을 담고 있다. 또 부모의 비난에는 왼쪽 뺨을 돌리고, 모성애에 인위적으로 호소하며, 동료에게 프리스키아누스의 책을 빌리며, 보조 교수와 특정 연구 주제에 대해 찬사를 보낸다. 1220년경 옥스퍼드에서 작성된 한 통의 서신은 그 대표적인 사례다.[14]

존경하옵는 주인님 A께 B가 문안드립니다. 저는 옥스퍼드에서 매우 열심히 공부하고 있지만, 당신께서 제게 돈을 보내주신 지도 벌써 두 달이 지났기 때문에 제 앞길을 심각하게 위협하고 있는 것은 돈이라는 사실을 알려드리고자 합니다. 이곳 도시의 생활비는 비싸고 많은 것이 필요합니다. 방도 임대해야 하고, 필요한 물건들을 구매해야 하며, 지금 정확하게 말씀드리기 어려운 여러 가지 것들도 준비해야 합니다. 따라서 소자, 부모님께 간청하는 바, 신에 대한 외경심을 발휘하시어 소자에게 도움을 제공해 주신다면 소자는 시작한 학업을 제대로 마무리할 수 있을 것입니다. 케레스[15]와 바쿠스가 없는 아폴론이 냉담해지고 있다는 점을 인식하셔야 합니다.……

이 서신에는 모든 시대를 불문한 학생의 모습이 투영되어 있으며, 이는 새로운 대학 생활에 대한 명확한 증거이기도 하다.

---

14) 본문 159-160쪽의 서신을 볼 것.
15) |옮긴이| 고대 로마의 곡물의 신.

이 학생 계층은, 만약 국가들이 이제 겨우 형성 과정에 있던 시대에 이 용어를 사용할 수 있다면, 몹시 유동적이고 몹시 국제적인 집단이었다. 영국의 부주교들과 독일의 로마법학자들이 볼로냐에서 수학하였으며, 스웨덴과 헝가리 출신 성직자뿐 아니라 영국, 독일 및 이탈리아 출신 성직자들도 파리에서 수학하였다. 심지어 주교좌성당 학교는 알프스 이북 출신의 학생들과 영불 해협 너머의 학생들도 유치하였다. 게다가 학생들은 여러 대학에 적을 두기도 하였다. 아달베르 마인츠는 12세기 초엽에, 기 드 마조쉐는 12세기 말엽에 북부 프랑스의 파리와 남부 프랑스의 몽펠리에를 모두 방문하였다. 존 솔즈베리의 스승 가운데 한 사람[16]은 파리에서 볼로냐로 가서 이전에 가르쳤던 것을 모두 버렸으며, 파리로 되돌아와서도 학생들을 가르치지 않았다. 당나귀라는 애칭을 가진 브루넬루스는 학업을 위해 살레르노에서 파리로 간 영국 출신 유학생으로, 그런 예는 브루넬루스만이 아니었다. 대학에서 보이던 타국 출신 학생은 12세기의 국제적 언어와 국제적 문화의 자연스러운 부산물이었던 것이다.

---

16) |옮긴이| 알베릭을 가리킨다. 본문 386쪽 참고.

중세 대학에 관한 표준적인 교과서는 래쉬달(H. Rashdall)의 *The Universities of Europe in the Middle Ages*(Oxford, 1895)이고, 현재 크라스터(H. H. E. Craster)와 포윅(F. M. Powicke)에 의해 신판이 준비 중이다. 필자는 *The Rise of Universities*(New York, 1923)에서 대학에 대해 간략히 살펴본 바 있다. 데니플(H. Denifle)의 *Die Universitäten der Mittelaters bis 1400*, i(Berlin, 1885)는 대학사에서 여전히 중요한 기념비적인 저서다. 말레(C. E. Mallet)의 *History of the University of Oxford*(London, 1924) 신판은 대학의 기원과 관련하여 래쉬달의 견해에 따로 첨가할 만한 것이 없다.

주요 자료집은 12세기에 관해서는 취약하다. 이 가운데 데니플과 샤틀렝(Denifle and Chatelain)이 엮은 *Chartularium Univerisitatis Parisiensis*(Paris, 1887-97)는 훌륭한 자료집이라 할 수 있는데, 약 1160년에서 시작하고 있어 초기의 문헌자료는 빠져 있다. 옥스퍼드의 초기 학교들에 관해 편리하게 이용할 수 있는 주요 자료는 옥스퍼드 *Collectanea*, ii(137-192, 1890)에 수록되어 있다.

12세기의 많은 주교좌성당 학교에 관해서는 연구된 것이 별로 없다. 이에 관한 가장 뛰어난 저서로는 클러발(A. Clerval)의 *Les écoles de Chartres*(Paris, 1895), 풀(R. L. Poole)의 *Illustrations of the History of Medieval Thought and Learning*(second edition, London, 1920) 및 "The Masters of the Schools at Paris and Chartres in John of Salisbury's Time," *English Historical Review*, xxxv(1920, pp.321-342)가 있다. 이 밖에 로버트(G. Robert)의 *Les écoles l'enseignment de la théologie pendant la première motié du XIIe siècle*(Paris, 1909) 및 호프마이스터(A. Hofmeister)의 "Studien über Otto von Freising," *Neues Archiv*, xxxvii(pp.99-161, 633-768)을 참고할 것. 이탈리아의 학교들

에 관해서는 나라코다(G. Nanacorda)의 *Storia della scuola in Italia*, i(Milan, 1915)가 유용하다. 영국의 학교들에 관해서는 리치(A. F. Leach)의 *The Schools of Medieval England*(London, 1915)에 많은 정보가 포함되어 있지만, 활용에는 신중을 기할 필요가 있다.

지식의 내용에 관해서는 앞 장들의 참고문헌을 참조하기 바란다. 네캄의 목록은 필자의 책 *Mediaeval Science* 제18장에 나와 있다. 학생들이 지은 시에 관해서는 제6장을 참고하고, 서신에 관해서는 제5장을 보기 바란다. 필자는 학생들의 서신을 *American Historical Review*, iii(1898, pp.203-229)에서 전반적으로 논의하였다. 볼로냐에서의 알베르트 사마리아에 관해서는 *Mélangers H. Pirenne*(Brussel, 1926, pp.201-210)을 참조하기 바란다.

지은이 | C. H. 해스킨스 (1870-1937)

하버드 대학 사학과 교수 및 인문자연과학 대학원장을 역임하였고, 미국 중세사학회(Medieval Academy of America)의 창설에 주도적 역할을 하는 등 미국에서의 유럽 중세사 연구와 지적 전통의 확립에 중요한 초석을 놓았다. 중세 유럽이 어떻게 로마 제국 와해 이후의 암흑기를 극복하고 합리적 효율적 정치제도 내지 사회제도를 확립하게 되었으며, 이를 기반으로 어떻게 고유한 문화를 꽃피우게 되었던가라는 문제의식에서 제도사와 문화사에 대한 학문적 지평을 크게 확대하였다. 주요 저술로는 *Norman Institutions, Studies in the History of Mediaeval Science, Studies in Mediaeval Culture* 등이 있다.

옮긴이 | 이희만

숭실대학교 사학과 및 동대학원 졸업, 미국 하버드 대학 대학원 수학, 문학박사
미국 애리조나 주립대학 겸임교수, 국사편찬위원회 연구위원
저·역서로 『알자스 문화예술』(공저), 『중세 유럽의 정치사상』 등이 있다.

12세기 르네상스

The Renaissance of the Twelfth Century

C.H.해스킨스 지음 | 이희만 옮김

초판 1쇄 발행 2017년 12월 6일
초판 2쇄 발행 2018년 10월 20일

펴낸이 오일주
펴낸곳 도서출판 혜안

등록번호 제22-471호
등록일자 1993년 7월 30일

주소 ㉾ 04052 서울시 마포구 와우산로 35길3(서교동) 102호
전화 3141-3711~2
팩스 3141-3710
이메일 hyeanpub@hanmail.net

ISBN 978-89-8494-594-4 93920
값 30,000 원